DESCRIPTION
DE
L'ÉGYPTE,
RECUEIL
DES OBSERVATIONS ET DES RECHERCHES
QUI ONT ÉTÉ FAITES EN ÉGYPTE

PENDANT L'EXPÉDITION DE L'ARMÉE FRANÇAISE.

SECONDE ÉDITION

DÉDIÉE AU ROI
PUBLIÉE PAR C. L. F. PANCKOUCKE.

TOME NEUVIÈME.

ANTIQUITÉS. — MÉMOIRES ET DESCRIPTIONS.

IMPRIMERIE
DE C. L. F. PANCKOUCKE.

M. D. CCC. XXIX.

Nota. Les deux planches de cartes relatives à la géographie comparée, auxquelles renvoie le dernier mémoire du tome IX, ont été introduites, faute de place, dans le tome XVIII (3ᵉ partie), après l'*Index géographique* de l'Égypte. Quant aux seize gravures représentant l'inscription intermédiaire de la pierre de Rosette et à celle des médailles de Syrie, elles se trouvent dans la dernière livraison des planches de l'ouvrage.

DESCRIPTION

DE

L'ÉGYPTE.

DESCRIPTION

DE

L'ÉGYPTE

OU

RECUEIL

DES OBSERVATIONS ET DES RECHERCHES

QUI ONT ÉTÉ FAITES EN ÉGYPTE

PENDANT L'EXPÉDITION DE L'ARMÉE FRANÇAISE.

SECONDE ÉDITION

DÉDIÉE AU ROI

PUBLIÉE PAR C. L. F. PANCKOUCKE.

TOME NEUVIÈME.

ANTIQUITÉS. — MÉMOIRES ET DESCRIPTIONS.

PARIS

IMPRIMERIE DE C. L. F. PANCKOUCKE

M. D. CCC. XXIX.

ANTIQUITÉS
MÉMOIRES.

RECHERCHES
SUR LES SCIENCES
ET LE GOUVERNEMENT
DE L'ÉGYPTE,

Par M. FOURIER.

Et cum luce tamen dubiæ confinia noctis.
(Ovid. Nas.)

INTRODUCTION,

CONTENANT LES RÉSULTATS GÉNÉRAUX.

Exposition. — Sphère égyptienne. — Division de l'ouvrage, énumération des questions traitées dans chaque mémoire. — Conséquences principales de l'examen de ces questions.

ARTICLE PREMIER.

EXPOSITION.

I. *Objet de cet ouvrage.*

Les monumens de l'Égypte sont ornés d'une quantité innombrable de bas-reliefs qui intéressent l'histoire civile, et peuvent répandre une lumière nouvelle sur l'origine des sciences et des arts. Plusieurs de ces tableaux sculptés représentent la situation et le mouvement des astres; ils prouvent que l'observation du ciel était un des principaux élémens de la religion. L'objet de nos recherches est de découvrir les conséquences exactes que l'on peut déduire de ces vestiges précieux d'une ancienne astronomie. Nous plaçons au commencement de l'ouvrage, sous le titre d'*introduction*, l'exposé des résultats principaux qu'il contient, afin que l'on puisse juger de leurs rapports mutuels et des principes de critique que nous avons suivis.

L'étude des antiquités de l'Égypte a quelques élémens fixes qui sont établis depuis long-temps. Nous supposons ces principes connus du lecteur, et nous nous bornons à les rappeler sommairement, soit dans cette introduction, soit dans le cours des mémoires, lorsque la discussion l'exige.

Cet ouvrage est divisé en sept sections ou mémoires. Le premier mémoire contient la description de toutes les sculptures astronomiques qui ont été découvertes en Égypte. On y a joint diverses remarques sur la situation respective des figures.

L'objet du second mémoire est l'examen des questions qui se sont élevées sur l'origine des constellations zodiacales. On y expose l'opinion de Macrobe, que plusieurs modernes avaient déjà adoptée, et qui est pleinement confirmée par les monumens et par l'observation du climat.

On trouve dans les trois mémoires suivans une explication plus détaillée des antiquités astronomiques. Voici la conséquence la plus générale que l'on peut en déduire.

La comparaison de ces monumens montre que la sphère égyptienne, telle qu'elle est représentée dans tous les édifices subsistans, se rapporte au xxve siècle avant l'ère chrétienne. A cette époque, l'observation avait déjà fait connaître les premiers élémens de l'astronomie; on les réunit alors, et l'on en forma une institution fixe qui servit à régler l'ordre civil des temps et devint une partie de la doctrine sacrée.

Plusieurs de ces sculptures ne remontent point à la même origine; elles expriment un déplacement de la sphère qui a été observé quelques siècles après. Quant à l'époque de l'institution, elle est celle de la splendeur de Thèbes : nous l'avons vue écrite en caractères astronomiques dans les plus beaux ouvrages d'architecture des Égyptiens. Ainsi l'origine de leurs lois et de leurs arts est plus ancienne. Leur monarchie s'est conservée pendant un grand nombre de siècles; car elle subsistait encore dans tout son éclat sept cents ans environ avant l'ère chrétienne. Elle subit alors le joug des Perses, et ensuite elle fut soumise aux Macédoniens et aux Romains.

Cette époque de la sphère de Thèbes est donc intermédiaire; elle ne fixe point l'âge de la monarchie, mais celui des principales institutions égyptiennes. On la déduirait aussi des traditions astronomiques qui se sont répandues dans l'Orient, de l'établissement des périodes cyniques, et de la position de la sphère que les Grecs ont décrite et imitée. Elle s'accorde avec les mesures du progrès

1.

séculaire de l'exhaussement du sol. Elle est confirmée par la chronologie et les annales des Hébreux, qui nous font connaître l'état du gouvernement et des arts à Memphis au XXIe siècle et au XVIe siècle avant l'ère chrétienne. Enfin cette époque est une conséquence directe de l'histoire des Égyptiens : le nombre des rois qui les ont gouvernés, ne permet pas d'assigner une moindre durée à leur empire.

L'énumération précédente peut donner une idée générale des questions que nous avons traitées dans les six premières sections ou mémoires; nous en indiquerons le sujet avec plus de détail dans la suite de cette introduction.

La forme didactique, propre aux questions qui sont discutées dans ces premiers mémoires, excluait en quelque sorte des considérations générales sur les sciences, les arts et le gouvernement des Égyptiens; nous les avons réunies dans le discours qui termine notre ouvrage. Il a pour objet de présenter à-la-fois, et sous un point de vue commun, tous les élémens de l'ancienne civilisation de ces peuples.

ARTICLE SECOND.

SPHÈRE ÉGYPTIENNE.

II. *Année civile.*

L'étude des antiquités astronomiques de l'Égypte exige, en premier lieu, que l'on connaisse exactement les principes que les législateurs de ce pays observèrent pour la division civile du temps. Nous les exposerons sommairement dans cet article, en nous réservant d'indiquer par la suite ceux de ces élémens qui paraissent sujets à quelque incertitude.

L'année égyptienne était composée de douze mois de trente jours, et de cinq jours épagomènes. Les mois portaient les noms des douze premiers dieux, ou des principaux attributs de la divinité. L'intercalation d'un sixième jour, qui fut adoptée long-temps après par d'autres nations, n'a jamais eu lieu pendant la durée de la monarchie égyptienne : l'usage en était interdit par une loi fondamentale, dont nous ferons connaître le motif. Le jour était divisé en vingt-quatre parties égales. L'intervalle de temps qui sépare deux solstices d'été consécutifs, surpasse beaucoup la durée de trois cent soixante-cinq jours, et la différence est d'environ un quart de jour. Ainsi l'année civile égyptienne était très-sensiblement plus courte que l'année solsticiale. Si l'on suppose que le solstice d'été coïncide d'abord avec le premier jour du premier mois qui portait le nom de *Thot*, il est évident que ce concours ne doit plus avoir lieu plusieurs années après. Le jour du solstice avançait, dans l'année civile, d'un jour tous les quatre ans environ. Il en était de même du commencement de chaque saison et de la succession des travaux agricoles. Les saisons étaient mobiles dans l'année de trois cent soixante-cinq jours : elles en parcouraient toutes les parties ; et les fêtes sacrées, ayant des places fixes dans cette année, passaient assez rapidement d'une saison à une autre : c'est pour cette raison que l'année civile égyptienne a été appelée l'année *vague* ou *sacrée*, et qu'on l'a distinguée de l'année naturelle ou agricole, qui dépend du retour des équinoxes et des solstices.

III. *Premier lever de l'étoile d'Isis. Période cynique.*

Les Égyptiens observaient les levers et les couchers des astres, et surtout ceux de l'étoile Sirius ou Sothis, qu'ils avaient consacrée à Isis ou à la nature féconde. Cet astre cessait, pendant un mois et demi environ, d'être visible sur l'horizon de Thèbes; il se levait et se couchait pendant le jour : ensuite on commençait à l'apercevoir à l'orient un peu avant le lever du soleil; les jours suivans, il se montrait de plus en plus sur l'horizon avant la fin de la nuit. Ces premières apparitions de Sothis, ou les levers héliaques de l'étoile d'Isis, avaient lieu quelques jours après le solstice d'été; elles concouraient exactement avec les premières crues du fleuve. Le progrès des eaux devenait ensuite de plus en plus sensible; et, après un mois environ, elles affluaient avec leur plus grande vitesse; enfin elles sortaient de leur lit, se répandaient dans les canaux, et, inondant toutes les terres cultivables, elles renouvelaient l'aspect de la nature terrestre et l'ordre des occupations rurales.

Le temps écoulé depuis le premier lever de Sothis jusqu'à son premier lever dans l'année suivante, avait alors pour valeur exacte trois cent soixante-cinq jours et un quart. Ce phénomène avançait régulièrement d'un jour tous les quatre ans dans l'année civile : il passait successivement du premier jour de thot à tous les autres jours de cette année, et il revenait au premier de thot après mille quatre cent soixante-une années vagues. C'est cette durée de mille quatre cent soixante-un ans de trois cent soixante-cinq jours qui constitue la période sothique ou cynique : elle servait à mesurer les intervalles de temps très-étendus; on l'employait dans les annales et dans les supputations astronomiques.

IV. *Observation des planètes.*

L'observation du ciel étant favorisée par la sérénité constante de l'air, on n'avait pas tardé à reconnaître que les astres ont un mouvement diurne commun, et qu'ils conservent leur situation respective, à l'exception de quelques-uns d'entre eux qui changent successivement de position et paraissent avoir un mouvement propre dans une certaine région du ciel. Leurs astronomes avaient observé la durée des révolutions apparentes du soleil, de la lune et des planètes, ou le temps que chacun de ces astres met à revenir au point du ciel d'où il était parti. Ils les rangeaient dans l'ordre suivant, qui est celui des durées des révolutions : Saturne, Jupiter, Mars, le soleil, Vénus, Mercure, la lune.

V. *Division du jour; noms donnés aux heures.*

Les noms des planètes étaient ceux des sept divinités du second ordre. On donnait un de ces noms à chaque heure du jour, et le nom de chaque jour était celui du dieu à qui l'on avait consacré la première heure de ce même jour. En appliquant aux vingt-quatre heures du jour les noms des sept planètes suivant l'ordre que nous venons de rapporter, on voit que la première heure était dédiée à Saturne, la seconde à Jupiter, la troisième à Mars; ainsi de suite jusqu'à la septième, qui portait le nom de la lune. L'heure suivante était dédiée à Saturne, la neuvième à Jupiter; et l'on continuait ainsi à répéter ces dénominations dans le même ordre, en passant à toutes les heures d'un premier jour et à toutes celles des jours suivans. Ainsi, la dernière heure du premier jour étant dédiée à Mars, la première heure du second jour portait le nom du soleil, la seconde heure du même jour était dédiée à Vénus, la troisième à Mercure, etc. Il en résultait que la première heure du troisième jour était dédiée à la lune; la première heure du quatrième jour, à Mars; ainsi de suite, selon une règle constante.

VI. *Période de sept jours; noms donnés aux jours; période de sept ans.*

Les noms successifs des jours, étant déterminés par celui de leur première heure, n'étaient donc point rangés suivant l'ordre de la durée des révolutions des planètes; et l'on reconnaît facilement que la suite de ces noms est celle qui est encore observée aujourd'hui dans les jours de la semaine. Elle a une relation évidente avec la durée des révolutions des planètes : c'est un vestige authentique et universel d'une astronomie très-ancienne.

Le nom de chaque année était celui du premier jour de cette année, et, par conséquent, de la première heure de ce jour. L'année dédiée à Saturne était donc suivie d'une année dédiée au soleil, puisque chaque année comprenait cinquante-deux semaines et un jour de plus. On composait ainsi, au moyen de la période de sept jours, une période de sept années, qui se succédaient dans le même ordre que les jours de la semaine, et portaient les noms suivans : la lune, Mars, Mercure, Jupiter, Vénus, Saturne, le soleil.

VII. *Date du style égyptien.*

On voit que la division du temps chez les Égyptiens avait pour fondement principal la supputation des jours : elle servait à mesurer en jours et en parties du jour la durée comprise entre deux événemens donnés. La date précise d'un événement désignait le nombre d'années écoulées depuis le commencement de la période sothique, le nom du mois, le numéro du jour dans le mois, et le numéro de l'heure dans le jour : on y pouvait ajouter les noms de l'heure, du jour et de l'année rapportés à la période des sept planètes. Par exemple, une date complète du style égyptien aurait pu être exprimée comme il suit : « L'an de Mars 578e de la première période isiaque, le jour de Vénus, 16e du mois de paophi, à la cinquième heure dédiée à Jupiter. » On pouvait aussi omettre les noms de l'année, du jour et de l'heure, parce qu'ils se déduisent des nombres correspondans.

VIII. *Marche des saisons.*

On déterminait facilement, pour chaque année, le jour de cette même année qui devait répondre à la première apparition de Sothis, et cela suffisait pour marquer la place des saisons. Le quart du nombre qui fixait la place de l'année dans la période, faisait connaître le mois et le jour du lever de Sothis. Ainsi, pour les années 576, 577, 578 et 579, le lever héliaque répondait au quarante-quatrième jour de l'année, c'est-à-dire au vingt-quatrième d'athyr, qui est le troisième mois.

Cette progression d'un jour tous les quatre ans a donné lieu à plusieurs chronologistes de regarder l'intervalle d'un premier lever de Sirius au premier lever de l'année suivante, comme une année naturelle égyptienne, différente de l'année vague de trois cent soixante-cinq jours. Nous employons aussi cette dénomination pour nous conformer à un usage déjà ancien : mais il est nécessaire de remarquer que les Égyptiens n'avaient en effet qu'une seule année; savoir, l'année civile de trois cent soixante-cinq jours que nous venons de définir. La place du premier jour de chaque saison était indiquée, comme on l'a dit plus haut, par la période de quatre ans, qui se rapportait à l'apparition de Sothis.

IX. *Mesure du temps, division de l'écliptique. Observation des levers et des couchers des astres.*

Les Égyptiens faisaient usage des clepsydres et des cadrans solaires. Nous ignorons de quels instrumens leurs astronomes se servaient pour mesurer le temps : il est difficile de connaître le degré de précision de leurs observations; mais il est certain qu'ils traçaient de très-longues lignes méridiennes avec une exactitude remarquable.

Ils avaient divisé en douze parties la région du ciel où l'on observe les planètes. Les noms des constellations étaient dérivés, ou de leurs formes apparentes, ou des effets naturels qui coïncident avec l'apparition des astres. Ces dénominations populaires avaient sans doute précédé d'un ou deux siècles l'institution astronomique qui fixa les douze signes égaux et les parties de ces signes.

On remarquait aussi les astres qui parvenaient en même temps à l'horizon, soit qu'ils se levassent ensemble, soit que le lever des uns eût lieu lorsque les autres se couchaient. Cette correspondance mutuelle des levers et des couchers des étoiles, et leurs rapports avec les saisons, sont indiqués dans les calendriers de tous les anciens peuples : elle était souvent exprimée par des symboles mythologiques. Les Égyptiens remarquèrent principalement les constellations de l'écliptique opposées à celles que le soleil occupe pendant le cours de chaque année, et qui se montraient le soir à l'orient, au-dessus de l'horizon, au commencement de la nuit. Les noms donnés à ces constellations étaient devenus les signes des saisons et des travaux. La religion avait consacré ce spectacle naturel et populaire, qui se reproduisait chaque année et avait une relation sensible avec les occupations communes.

X. *Division en signes et en degrés. Lieu du soleil, usage des périodes.*

Leurs astronomes divisaient les cercles de la sphère en 360 degrés ou en parties de ces degrés; ils avaient observé la marche des planètes et celle du soleil dans l'écliptique, et marquaient le signe et la partie du signe où se trouvait chacun de ces astres à un jour donné. En général, on conservait la mémoire de tous les faits naturels et civils, et l'on désignait avec soin le jour et l'heure de chaque événement. La persévérance des observations suppléait, en quelque sorte, à la précision des instrumens.

Il est facile de voir que le lieu du soleil, ou le point qu'il occupe sur la sphère des étoiles fixes au premier jour du premier mois, changeait très-sensiblement dans l'intervalle de quelques années égyptiennes. On avait déterminé la quantité de ce déplacement, et l'on connaissait la période qui ramenait avec précision les levers du soleil pour chaque jour aux mêmes points du ciel. Les Égyptiens paraissent avoir fait un usage fort étendu des périodes de ce genre : ils n'assignaient point la durée d'une période en années, jours et parties du jour; mais ils cherchaient un nombre d'années vagues presque équivalant à un multiple de cette durée. Ils ont connu toutes les premières approximations des mouvemens célestes propres aux applications communes, et qui peuvent s'exprimer facilement au moyen des nombres les plus simples, 2, 3, 5, 7. Ils ont fait un emploi singulier, et, pour ainsi dire, superstitieux, des propriétés des nombres. Ils se plaisaient à les considérer dans les proportions de leur architecture, dans les lois de l'harmonie et l'ordre des cordes sonores; dans leurs théorèmes de géométrie ; enfin, dans la composition de leur calendrier, et même celle de leur alphabet. Les Égyptiens observaient assidûment l'ordre des phénomènes célestes, et les mesuraient avec toute la précision qu'exigent les usages communs de la société. L'explication de l'inégale durée des jours, des phases de la lune, des éclipses, celle des mouvemens apparens des planètes, enfin l'étude de tous les autres principes fondamentaux de l'astronomie, composaient une science qui dut alors exciter l'admiration, et qui était toute consacrée à l'utilité publique; mais on ne peut point comparer cette science à celle que nous possédons aujourd'hui. L'usage des nouveaux instrumens et la découverte des théories dynamiques ont élevé l'astronomie à un degré de perfection que l'on n'aurait pas même prévu il y a peu de siècles.

XI. *Déplacement des solstices. Année tropique; année astrale; année caniculaire.*

Nous avons indiqué, dans cet article, les principaux élémens qui servaient aux Égyptiens à régler l'ordre et la division des temps. Ces institutions eurent une longue durée; mais elles portaient en elles-mêmes des causes qui devaient les altérer de plus en plus. La suite des observations fit connaître que le lever des mêmes astres cessait, après l'intervalle de plusieurs siècles, de correspondre aux mêmes saisons. Les monumens qui subsistent aujourd'hui montrent que les Égyptiens avaient remarqué ce déplacement. Nous avons découvert des témoignages évidens de cette ancienne observation, dans les sculptures du grand temple de Tentyris. On connaît aujourd'hui la cause de ce changement de situation de la sphère. Newton et les géomètres qui lui ont succédé, ont soumis à l'analyse mathématique ce grand phénomène : ils ont clairement expliqué pourquoi l'intervalle de temps qui sépare deux solstices d'été consécutifs, est un peu moindre que le temps nécessaire pour ramener le soleil au point de l'écliptique d'où il était parti. Le premier intervalle est l'année naturelle ou tropique qui règle les saisons; le second est l'année sidérale.

On pourrait d'abord penser que cette dernière année est la même que l'année caniculaire ou isiaque des Égyptiens, parce que le premier lever de Sirius dépend de la position du soleil par rapport à cette étoile : mais, en examinant cette question, nous avons reconnu que l'année caniculaire a une valeur variable qui peut s'écarter beaucoup de la durée de l'année sidérale. A l'époque où Thèbes florissait, et pour ce climat, la valeur de l'année caniculaire était plus grande que celle de l'année tropique, et moindre que celle de l'année sidérale : elle différait extrêmement peu de trois cent soixante-cinq jours et un quart. Quant à l'année sidérale, elle a une valeur fixe, qui a été mesurée par les modernes avec beaucoup de précision, et qu'ils ont trouvée de 365 jours 6 heures 9 minutes 11 secondes et demie. La durée de l'année tropique est sujette à des variations très-lentes et peu étendues : elle est aujourd'hui de 365 jours 5 heures 48 minutes 51 secondes; et, 2500 ans avant l'ère chrétienne, elle était moindre d'environ 20 secondes.

Nous rappellerons plusieurs fois, dans le cours de nos recherches, les élémens que l'on vient d'indiquer dans l'article précédent, et nous y ajouterons alors les explications ou les preuves nécessaires à la discussion.

XII. *Ouvrages qui traitent de la sphère égyptienne.*

On ne peut citer aucun ouvrage où tous les élémens de la sphère égyptienne soient réunis et distinctement exposés. Pour remonter à l'origine de cette discussion, il faut consulter les traités chronologiques de Joseph Scaliger [1], du P. Pétau [2], de Marsham [3], et un opuscule très-remarquable de Bainbridge [4]. On peut y joindre les dissertations de Fréret [5] et de La Nauze [6] sur le calen-

---

[1] Joseph. Scaligeri *De emendatione temporum.* Ejusdem *Canones isagogici.*

[2] Dionysii Petavii *De doctrina temporum.*

[3] Johann. Marsham, *Chronicus Canon Ægyptiacus, Hebraïcus, etc.*

[4] Johannis Bainbrigii *Canicularia,* unà cum demonstratione ortûs Sirii heliaci, etc.

[5] Fréret, *Mémoires de l'académie des inscriptions,* t. XVI, Paris, année 1751, pag. 205 et 308 des mémoires.

[6] La Nauze, *Mém. de l'acad. des inscript.,* t. XIV, Paris, ann. 1743,

drier égyptien. On trouve les mêmes principes dans une multitude d'autres ouvrages dont il serait peut-être inutile de faire mention, parce qu'ils n'ont rien ajouté aux premières recherches. L'ancien astronome Geminus, qui paraît avoir vécu au temps de Sylla, a donné dans un écrit succinct une exposition fort claire des principes de la sphère et du calendrier de l'Égypte. La lecture de ce traité et de celui de Bainbridge et de Greaves, peut, en quelque sorte, dispenser de toute autre étude. Il suffirait d'y ajouter quelques passages de Censorin, de Dion et de Macrobe, que l'on doit regarder comme classiques, et que nous rapporterons plus bas. Le traité de Geminus est publié dans le recueil du P. Pétau[1].

Nous pouvons maintenant exposer avec plus de détail l'objet et les résultats de nos recherches. L'article suivant indique la série des questions que nous avons traitées ; cette énumération était nécessaire pour faire connaître d'avance l'ensemble d'un travail dont toutes les parties ne sont pas publiées à-la-fois.

---

pag. 334 des mémoires, et tom. xvi, année 1751, pages 170 et 193 des mémoires.

[1] Dionysii Petavii *Uranologion*. Gemini *Isagoge*, tom. III, pag. 1, edit. Antwerpiæ, 1703.

ARTICLE TROISIÈME.

DIVISION DE L'OUVRAGE.

XIII. *Énumération des questions traitées dans chaque mémoire.*

Nous avons divisé cet ouvrage en huit sections ou mémoires; on va indiquer le sujet de chaque section et les résultats généraux.

1er MÉMOIRE.

Description des monumens astronomiques.

Ces monumens contiennent les constellations du zodiaque grec.

Les figures sont rangées suivant l'ordre connu. On peut les distinguer de celles qui les accompagnent.

Dans la série des douze constellations, la première place et la dernière sont clairement désignées : la constellation de la Vierge occupe la première place dans les sculptures de Latopolis, et celle du Lion y occupe la dernière; dans les sculptures astronomiques du temple d'Isis à Tentyra, la constellation du Lion est la première, et celle du Cancer est la dernière.

2ᵉ MÉMOIRE.

Origine des constellations zodiacales.

Les noms et les figures des constellations ont des rapports certains avec le climat de l'Égypte ; ils avaient pour objet d'annoncer l'ordre des saisons par les levers de ces constellations, au commencement de la nuit.

Les constellations équinoxiales sont distinguées dans les monumens égyptiens.

3ᵉ MÉMOIRE.

Établissement de l'année caniculaire.

Les douze parties de l'année agricole sont représentées dans les temples : la première se rapporte à l'inondation ; la dernière, au lever de l'étoile d'Isis. L'image de l'apparition héliaque de cet astre termine le zodiaque rectangulaire du grand temple de Tentyris.

La comparaison des sculptures prouve que les Égyptiens avaient remarqué le déplacement sidéral du solstice.

Ces monumens n'ont aucun rapport avec l'année vague égyptienne ou l'année fixe d'Alexandrie.

4ᵉ MÉMOIRE.

Époques historiques données par les monumens.

La sphère de Thèbes, représentée dans les temples, se rapporte au xxvᵉ siècle qui a précédé l'ère chrétienne.

Cette conséquence est conforme à l'histoire de l'Égypte, aux traditions répandues dans l'Orient, aux annales des Hébreux, à l'opinion de la Grèce.

5ᵉ MÉMOIRE.

Année sidérale

Les astronomes de l'Égypte, en observant le lieu du soleil aux différens jours de l'année civile, avaient déterminé la durée de l'année sidérale.

Ces observations ont donné lieu à la tradition qu'Hérodote nous a transmise concernant le déplacement des levers du soleil.

6ᵉ MÉMOIRE.

Période isiaque.

L'année caniculaire doit être distinguée de l'année sidérale. Sa valeur est très-variable; mais elle était presque constante aux époques égyptiennes, et différait extrêmement peu de trois cent soixante-cinq jours un quart.

L'institution de la période d'Isis suffirait pour indiquer les époques historiques de l'Égypte; elle est propre à ce pays pour le temps et pour le climat.

7ᵉ MÉMOIRE.

Discours sur le gouvernement, les mœurs et les arts de l'Égypte.

L'objet de ce discours est indiqué par les titres suivans : nous n'y avons compris que des résultats principaux, fondés sur les témoignages les plus constans de l'histoire et sur les monumens que nous avons nous-mêmes observés; ce tableau se rapporte principalement à l'époque marquée par la sphère de Thèbes :

Lois générales, monarchie, sacerdoce héréditaire, magistratures;

Principes des mœurs, religion, culte public, double doctrine, institutions funéraires, notions de la vie future, sépultures royales, sépultures privées;

Arts physiques, usage des tissus, des métaux, des couleurs, du verre, des pierres précieuses, etc.;

Littérature, langue, hiéroglyphes, caractères alphabétiques;

Poésie, musique;

Géométrie, astronomie;

Médecine, anatomie, préceptes d'hygiène publique;

Architecture, ordonnance, construction, décoration, sculptures, peintures;

Histoire, changement des mœurs, de la religion, des lois, superstitions, révolutions politiques, conquête.

Nous avons fait connaître dans cet article la nature et l'ordre de nos recherches; nous allons maintenant développer le sujet des différens mémoires, en présentant avec plus de détail les résultats qu'ils contiennent, et dont on trouvera l'explication et les preuves dans la suite de l'ouvrage.

ARTICLE QUATRIÈME.

CONSÉQUENCES PRINCIPALES DE L'EXAMEN DE CES QUESTIONS.

XIV. *Origine du zodiaque grec. Noms que les Égyptiens donnèrent aux constellations, et rapports de ces signes avec les saisons.*

L'examen des sculptures astronomiques nous fournira d'abord la solution des questions qui se sont élevées jusqu'ici sur l'origine du zodiaque grec; il sera facile d'en conclure que cette institution est due aux Égyptiens : elle ne remonte point à l'origine de leur empire; elle est, au contraire, le résultat d'une science antérieure : il était nécessaire que ces peuples eussent remarqué et mesuré les mouvemens des astres quelques siècles auparavant. Mais, vers les temps dont nous parlons, on régla plus exactement le calendrier; on établit l'année caniculaire et le cycle sothique; on consacra l'usage de la période de sept jours; on donna aux constellations zodiacales des noms nouveaux, ou l'on perfectionna ceux qu'elles avaient d'abord reçus, en sorte qu'elles devinssent les signes manifestes des saisons.

La religion et le gouvernement civil empruntèrent de l'astronomie des connaissances élémentaires qui servirent à marquer les temps et se mêlèrent à tous les élémens de la doctrine sacrée.

Nous ignorons si les Égyptiens ont acquis, par leurs propres observations, les connaissances antérieures que suppose cette division du ciel, ou s'ils les ont reçues des autres nations de l'Asie : le défaut de monumens ne permet point d'entreprendre cette discussion. Quoi qu'il en soit, on ne peut douter qu'ils n'aient désigné les douze constellations de l'écliptique par des noms et des figures qui ont des rapports évidens avec le mouvement du soleil et les propriétés naturelles ou agricoles du climat de l'Égypte. Cette opinion, que les anciens ont connue, et qui avait été renouvelée par plusieurs modernes, est confirmée par les dernières observations. Il suffit de considérer la série des constellations zodiacales qui, pendant le cours d'une année, se montraient au-dessus de l'horizon de l'Égypte vers le commencement de la nuit, pour reconnaître que l'apparition de ces astres annonçait l'ordre des saisons.

XV. *Époque de cette institution.*

Les rapports dont il s'agit ne subsistent plus aujourd'hui, et les constellations de l'écliptique ont cessé d'être les signes naturels des saisons; mais cette correspondance devient manifeste, si l'on suppose que le solstice d'été occupe le premier degré du signe du Lion; ce qui a eu lieu environ vingt-cinq siècles avant l'ère chrétienne. Les sculptures astronomiques que l'on trouve aujourd'hui en Égypte dans les temples et dans les hypogées, se rapportent, en général, à cette position primitive de la sphère, et plusieurs d'entre elles indiquent les changemens survenus quelques siècles après. Elles supposent toutes que l'on a placé les équinoxes au commencement des signes du Taureau et du Scorpion, et les solstices au commencement du Lion et du Verseau. La coïncidence des signes et des saisons se rapporte aussi à l'époque où l'équinoxe vernal occupait le signe de la Balance. Cette considération, purement rationnelle et propre à l'astronomie, ne s'applique point à la chronologie civile; elle serait, sous ce rapport, évidemment opposée à tous les témoignages de l'histoire. Non-seulement elle n'est pas nécessaire pour expliquer les antiquités égyptiennes, mais elle ne pourrait se concilier avec les monumens.

On trouve la série des douze constellations zodiacales dans le portique du temple d'Isis à Tentyra, dans l'intérieur du même édifice, et dans les deux temples de l'ancienne Latopolis.

XVI. *Monumens égyptiens où l'on trouve les constellations du zodiaque.*

Les constellations équinoxiales du Taureau et du Scorpion sont séparées des dix autres, et sculptées dans le plafond du sanctuaire, à Hermonthis. Elles sont indiquées dans le zodiaque circulaire du temple d'Isis, à Tentyra : on les remarque aussi dans les sépultures des monarques des dynasties thébaines, où elles sont séparées par le signe solsticial du Lion. Les formes symboliques qu'on a données aux constellations sur tous ces monumens, leurs noms et leurs attributs accessoires, s'interprètent d'eux-mêmes de la manière la plus claire : il suffit de supposer l'équinoxe du printemps au commencement du Taureau, et de remarquer la suite des constellations qui, dans le cours d'une année naturelle, se placent au-dessus de l'horizon immédiatement après le coucher du soleil.

On regarda primitivement cette situation de la sphère comme invariable, et l'on pensa que les rapports de noms et de figures établis entre les signes et les saisons subsisteraient toujours. On ne reconnut que long-temps après le mouvement presque insensible des étoiles autour des pôles de l'écliptique ; et, dans les allégories religieuses que l'on avait reçues de l'astronomie, on considéra les signes du Taureau et du Scorpion comme équinoxiaux, quoique les équinoxes fussent un peu éloignés de l'origine des divisions où ils étaient d'abord. On voit en général que, dans la suite des douze signes, les Égyptiens placèrent comme équinoxial ou solsticial le premier de ceux que le soleil décrit tout entiers après l'équinoxe ou après le solstice. Cette désignation appartenait plutôt à la religion qu'aux sciences : elle pouvait prendre sa source dans un ancien état des connaissances astronomiques, où l'on ne considérait point douze signes de trente degrés, mais douze constellations inégalement étendues.

XVII. *Image de l'année agricole gravée dans les temples.*
— *Premier et dernier signes.*

La comparaison attentive des monumens nous apprend aussi que les Égyptiens avaient coutume de graver sur les plafonds de leurs grands édifices l'image de l'année naturelle divisée en douze parties, selon l'ordre des signes que le soleil doit parcourir. La constellation qui occupe la dernière place, est celle où se termine l'année d'Isis, c'est-à-dire où l'on observe le soleil au lever héliaque de Sirius. Quant à la constellation qui précède toutes les autres dans cette marche allégorique des saisons, elle est celle que le soleil parcourt dans le temps de la plus grande affluence des eaux du Nil, lorsqu'elles se répandent dans les canaux et sur les plaines cultivables. Cette constellation est aussi la première de celles que le soleil décrivait tout entières dans le cours de l'année d'Isis.

XVIII. *Durée de cette année d'Isis, et période cynique.*

Cette année, qui commençait à la première apparition de Sirius, diffère de l'année tropique, ou de l'intervalle de temps qui s'écoule entre deux retours consécutifs du soleil au solstice d'été, et, ce qui est remarquable, elle diffère aussi de l'année sidérale, ou du temps qui s'écoule entre deux retours consécutifs du soleil à la même étoile de l'écliptique. Elle était, aux époques dont nous parlons, plus grande que l'année tropique, et moindre que l'année sidérale. Sa longueur est très-variable; elle dépend du temps et du climat : mais, pendant toute la durée de l'empire égyptien, elle avait, dans ce pays, une valeur presque constante, et égale à trois cent soixante-cinq jours un quart. Il en résulte, comme on l'a dit plus haut, que si le lever de Sothis concourait d'abord avec le premier jour de l'année vague, cette coïncidence se renouvelait après un intervalle de mille quatre cent soixante-une années vagues égyptiennes ; ce qui constitue le cycle sothique. Cette période avait été déterminée exactement, et elle devint un des principaux élémens du calendrier de l'Égypte. Elle s'est renouvelée, suivant le témoignage de Censorin, le xii⁰ des calendes d'août, sous le second consulat de l'empereur Antonin [1] (20 juillet de l'an 139 après J.-C).

XIX. *Précession du point qui répond à la première apparition de Sirius.*

Le point où se termine l'année d'Isis, c'est-à-dire celui où le soleil doit parvenir pour renouveler le lever héliaque de Sirius, n'est point fixe dans le ciel ; il se meut par rapport aux étoiles : il était encore dans le signe du Lion vers le milieu du xxv⁰ siècle avant l'ère chrétienne, lorsque l'on imposa en Égypte aux constellations zodiacales, des noms et des figures propres à ce climat. Environ trois siècles après, il était au point de division qui sépare le Lion du Cancer, et il s'est avancé de plus en plus dans cette dernière constellation. Ce point hé-

---

[1] Censorinus, *de Die natali*, cap. 21, pag. 129, edit. Cantabrigiæ.

liaque a donc, comme le solstice, une précession annuelle : mais nous avons reconnu que son mouvement ne se fait point toujours dans le même sens; il est alternativement rétrograde et direct. Ainsi, le terme de l'année d'Isis est mobile par rapport aux étoiles; mais il ne fait point, comme le solstice, le tour du ciel : il ne peut jamais s'écarter des deux constellations voisines du Lion.

XX. *Observation que les Égyptiens ont faite de ce mouvement.*

Les Égyptiens ont connu, par le long usage de l'année caniculaire, le déplacement du point héliaque. Ils ont vu autrefois cette année se terminer lorsque le soleil était entré dans le signe du Lion. A cette époque, le lever de Sirius suivait de peu de jours le solstice d'été. L'inondation avait lieu un mois après cette apparition, lorsque le soleil décrivait le signe de la Vierge. Ce premier état est représenté dans les deux temples de Latopolis. Dans chacun de ces édifices, le Lion occupe la dernière place, et la Vierge, la première.

Ils observèrent dans la suite que le soleil n'était point encore sorti de la constellation du Cancer, lorsque le lever héliaque de Sirius désignait la fin de l'année naturelle de trois cent soixante-cinq jours un quart. Ils représentèrent l'année dans cette nouvelle position; ce que l'on observe sur les deux monumens de Tentyris. On reconnaît distinctement dans le zodiaque rectangulaire du temple d'Isis, que le terme de l'année agricole est marqué dans le ciel par la première apparition de Sothis, le soleil étant dans le signe du Cancer. Le zodiaque circulaire du même temple se rapporte aussi à cet état du ciel. Dans l'une et l'autre sculpture, le Cancer occupe la dernière place, et le Lion, la première.

XXI. *Variations remarquables dans la durée de l'année caniculaire et de la période sothique.*

Il est surtout nécessaire de s'assurer que la durée de l'année d'Isis n'est point une quantité constante, mais qu'elle est alternativement moindre ou plus grande que la durée de l'année sidérale, dont elle différait beaucoup à l'époque de la sphère de Thèbes. Alors, cet intervalle de temps qui sépare deux levers héliaques consécutifs, étant presque égal à trois cent soixante-cinq jours un quart, la période cynique comprenait mille quatre cent soixante-une années vagues de trois cent soixante-cinq jours. Mais, si l'on remontait à des époques très-antérieures, par exemple à celle où le solstice d'été occupait les constellations du Capricorne, du Sagittaire ou du Scorpion, on trouverait, pour la durée du cycle cynique, une valeur fort différente de mille quatre cent soixante-un ans. Ainsi l'on ne peut pas attribuer une antiquité aussi excessive à l'invention et à l'usage de ce cycle.

Si l'on détermine, par une analyse exacte, la durée de la période cynique, on reconnaît qu'elle est très-variable : elle dépend, comme l'année caniculaire, de la position de la sphère et de la latitude du lieu. La durée de cette dernière année était, deux mille ans avant l'ère chrétienne, de trois cent soixante-cinq jours un quart; ce qui correspond à très-peu près à la moindre valeur possible. Cette valeur changeait alors très-lentement; elle avait été sensiblement constante pendant les douze siècles précédens, et elle demeura presque la même pendant les douze siècles qui suivirent. On pouvait donc, à ces époques, évaluer le cycle sothique à mille quatre cent soixante-un ans pour l'Égypte. Mais cette période était très-différente pour d'autres climats; et elle le serait aussi pour l'Égypte, si l'on considérait les temps qui ont suivi la conquête des Grecs, ou ceux qui ont précédé les dynasties thébaines. Ainsi les périodes isiaques ont un caractère spécial qui les rend propres à l'Égypte. On ne peut pas, sans être en contradiction avec les principes de la géométrie sphérique, appliquer ces périodes à d'autres temps que ceux où Thèbes était florissante, ou à d'autres climats.

XXII. *Rapport de la position de Sirius avec la latitude de Tentyris.*

Par l'effet du mouvement apparent de la sphère des étoiles fixes, qui s'accomplit dans une très-longue période, l'étoile Sirius, dont les apparitions règlent le cours de l'année d'Isis, doit cesser entièrement d'être visible à Memphis pendant une partie de cette période. Il n'en est pas de même de la région la plus méridionale de l'Égypte; car on y pourra toujours observer cette étoile dans le cours de l'année. Il est facile de déterminer le parallèle qui sépare les deux portions du territoire égyptien, dont l'une comptera Sirius parmi les étoiles australes, et dont l'autre ne cessera point d'observer cet astre. Si l'on fait ce calcul, en ayant égard aux variations futures de la position de l'écliptique, telles qu'on peut les prévoir aujourd'hui, on trouvera fort exactement la latitude du temple d'Isis à Tentyra. Cette coïncidence est remarquable; mais on n'a aucun motif suffisant de croire que les Égyptiens l'aient connue.

XXIII. *Durée de l'année sidérale observée par les Égyptiens.*

L'année civile égyptienne était composée de douze mois égaux et de cinq jours épagomènes. Cet intervalle de trois cent soixante-cinq jours était sensiblement moindre que le temps qui s'écoule entre deux retours consécutifs du soleil à la même étoile. Il suit de là qu'en observant le lieu de cet astre pour chaque jour d'une même année, on remarquait des étoiles de l'écliptique fort différentes de celles qui coïncidaient quelques siècles auparavant avec les lieux du soleil pour les mêmes jours de l'année. La suite de ces lieux du soleil se transportait insensiblement aux points opposés; ensuite elle revenait à ceux qu'elle avait occupés d'abord. Un long usage de l'année de trois cent soixante-cinq jours suffisait donc pour conduire à la connaissance de la durée de l'année sidérale. En effet, nous savons que les astronomes de ce pays lui attribuaient une valeur très-peu différente de celle que l'on observe aujourd'hui. Ce résultat est donné explicitement par l'Arabe Albategnius, qui nous apprend que les plus anciens Égyptiens évaluaient à trois cent soixante-cinq jours six heures onze minutes la durée de l'année astrale.

XXIV. *Tradition conservée par Hérodote sur la conversion des levers et des couchers du soleil; explication de ce récit.*

On peut aussi puiser cet élément dans l'ouvrage d'Hérodote : en effet, cet historien rapporte une tradition remarquable sur la conversion des levers et des couchers du soleil, et il désigne en années égyptiennes le temps pendant lequel plusieurs de ces révolutions s'étaient accomplies. Nous avons cherché à déduire de ce nombre d'années la durée que les astronomes de l'Égypte attribuaient à l'année sidérale; et nous avons trouvé par un calcul exact que cette durée équivaut précisément à celle qui a été donnée par Albategnius. On voit par là que l'astronome arabe et l'écrivain grec ont exprimé le même fait en des termes fort différens. Les deux nombres qu'ils nous ont transmis ont entre eux une relation nécessaire; en sorte que le premier peut être déduit du second, et réciproquement. Il résulte de cette discussion, 1°. que le récit d'Hérodote s'explique de lui-même par la comparaison de l'année civile et de l'année astrale; 2°. que la tradition dont il s'agit nous fait connaître exactement la durée que les Égyptiens attribuaient à cette année; 3°. que le nombre rapporté par Hérodote est purement astronomique, et qu'on ne doit point le regarder comme appartenant à l'histoire civile, ce qui d'ailleurs ne pourrait se concilier avec le nombre des rois dont le même écrivain fait mention.

XXV. *Déplacement séculaire de la sphère égyptienne.*

La religion égyptienne empruntait de l'astronomie des notions générales, propres à diriger l'esprit vers la contemplation des grands objets de la nature. Les législateurs de ce pays retiraient aussi de la même science un avantage immédiat et sensible : ils considéraient les astres, suivant l'expression de Platon, comme les instrumens du temps, et cherchaient la division et la mesure de toutes ses parties dans l'observation du ciel. On a vu précédemment d'après quels principes ils avaient réglé les jours et parties du jour, les mois et les années. Ils voyaient les saisons se déplacer d'un mouvement uniforme, suivre l'étoile d'Isis, et s'avancer, comme cet astre, d'un jour tous les quatre ans : ils connaissaient une période lunaire fort exacte, composée de vingt-cinq années civiles qui formaient trois cent neuf lunaisons. Ainsi, les Égyptiens évaluaient à 29 jours 12^h $44'$ $16'' \frac{1}{3}$ la durée de la révolution synodique; ils avaient établi de temps immémorial la période de sept jours; et l'ordre des noms suffit pour démontrer qu'ils observaient les révolutions des planètes : ils suivaient le même principe dans la supputation des années, et en composaient des semaines. La comparaison de l'année d'Isis avec l'année vague et l'année sidérale leur fournissait de longues périodes qu'ils employaient dans leurs annales pour les faits civils ou pour les calculs astronomiques. Cet ordre était régulier et simple; ils l'ont maintenu pendant une longue suite de siècles avec une persévérance admirable. Le peuple trouvait dans le spectacle des astres, sous un ciel toujours serein, les signes manifestes des saisons. Les temples lui offraient l'image de l'année naturelle, et les préceptes qui devaient régler ses occupations et ses mœurs; car tous les monumens publics étaient autant de livres sacrés. Les Égyptiens faisaient donc une application judicieuse et utile de l'astronomie à la religion et au gouvernement civil; mais, après la destruction de leur empire, le temps occasiona des changemens remarquables dans les élémens de cette institution. Le mouvement général de la sphère sépara insensiblement les phénomènes qui coïncidaient lorsqu'ils avaient formé leur calendrier. La première apparition de Sothis s'éloigna de plus en plus du solstice, et cessa d'être le présage des inondations annuelles.

XXVI. *Observation qui en a été faite par leurs astronomes.*

Les constellations de l'écliptique n'ont plus aujourd'hui avec l'ordre des saisons les rapports que l'on avait remarqués; en sorte que l'état du ciel, dont nous trouvons l'image sur les plafonds de leurs édifices sacrés, n'est pas celui que l'on observe aujourd'hui dans le climat de l'Égypte : c'est cette différence même qui nous instruit du siècle auquel se rapporte leur calendrier ; car nous connaissons la cause et la quantité du déplacement des équinoxes, et l'on peut déterminer ainsi l'origine de la sphère égyptienne. Lorsqu'on examine avec attention les sculptures astronomiques de la Thébaïde, on voit clairement qu'elles supposent toutes une époque commune, qui est celle où les équinoxes coïncidaient avec les premiers degrés des signes du Taureau et du Scorpion. Alors Thèbes était florissante, et fondait ses institutions sur des connaissances antérieures, fruit d'une longue étude de la philosophie et des arts : les astronomes de l'Égypte remarquèrent eux-mêmes que le commencement de l'année caniculaire, ou le point occupé par le soleil au lever héliaque de Sirius, n'était pas fixe dans le ciel. L'apparition de cet astre, qui avait eu lieu d'abord pendant que le soleil était dans la constellation du Lion, s'avança d'une quantité très-sensible, et répondit à la constellation du Cancer. Ce mouvement rétrograde des saisons, par rapport aux étoiles fixes, nécessita des changemens dans la représentation de l'année naturelle. La constellation de la Vierge, qui présidait à l'inondation, fut remplacée par celle du Lion, comme on le voit expressément sur les plafonds du temple d'Isis à Tentyra.

XXVII. *Époque historique donnée par cette observation.*

On peut déterminer, par un calcul très-approché, le siècle où le point héliaque qui sert d'origine à l'année caniculaire, a passé du signe du Lion dans celui du Cancer : il est évident que cette époque, qui diffère peu de deux mille cent ans avant l'ère chrétienne, a précédé la construction du temple de Tentyra, et qu'elle est postérieure à celle des monumens de Latopolis ; elle appartient donc, comme l'époque de l'institution du zodiaque, à l'histoire civile de l'Égypte. La monarchie subsistait alors dans toute sa force ; elle obéisssait à des lois sages et constantes. L'expérience avait fixé les principes du gouvernement et des mœurs, et les arts étaient cultivés depuis un temps immémorial ; ils avaient produit les monumens admirables de Latopolis, et ils devaient en produire de nouveaux, puisque le temple d'Isis à Tentyra n'était pas construit.

XXVIII. *Conséquences qui résultent de la chronologie égyptienne et de l'institution des périodes sothiques.*

L'étude de la chronologie égyptienne conduirait aussi à des conséquences semblables. En effet, les fragmens des annales ou les traditions que nous ont conservés Hérodote, Ératosthène, Manéthon, Diodore, Jules Africain et Eusèbe, sont inconciliables, si l'on veut y puiser un système suivi de dates historiques, tel que nous le possédons pour les empires modernes : mais une comparaison très-attentive de ces fragmens montre qu'ils ont des élémens communs. Il nous paraît manifeste qu'ils dérivent de la même source, et ils s'accordent tous pour nous faire connaître avec précision le nombre des rois qui ont gouverné l'Égypte, et dont les noms étaient inscrits dans les annales. On ne peut point ici évaluer exactement la durée moyenne des règnes; et d'ailleurs les conséquences de ce calcul seraient toujours incertaines, à raison des changemens assez fréquens de dynastie, et des troubles politiques pendant lesquels plusieurs princes ont régné en même temps. On est du moins assuré que la valeur dont il s'agit est moindre que la durée moyenne des générations dans le même climat. Nous entendons par cette durée l'intervalle moyen qui s'écoule depuis la naissance de l'homme jusqu'à celle du fils qui lui succède dans une ligne généalogique donnée. Les écrivains grecs ont commis, à ce sujet, une erreur grave en appliquant à l'histoire des autres peuples et aux successions royales les usages communs de l'Attique; et c'est la raison pour laquelle ils évaluent avec tant d'inexactitude la durée des temps historiques de l'Égypte. En soumettant cette question à une juste critique, on apprend à connaître l'objet et la composition des chroniques égyptiennes : on distingue facilement les temps qui se rapportent aux faits civils, des supputations relatives aux événemens du ciel ou aux faits cosmogoniques; enfin on vérifie, en quelque sorte, les résultats des tables de Manéthon. Le nombre des rois s'accorde précisément avec celui qui était compté par les Grecs; et l'on n'a aucun motif de rejeter la durée que cet historien attribue aux différens règnes.

XXIX. *Comparaison de ces époques avec celles qui sont données par les annales des Hébreux.*

La haute antiquité des arts à Thèbes et à Memphis est encore attestée par les livres des Hébreux. Ces peuples arabes, dont les ancêtres avaient fait un long séjour en Égypte, conservèrent aussi avec beaucoup de soin l'histoire de leur origine, et nous avons aujourd'hui plusieurs copies de leurs annales sacrées qui étaient déposées dans les temples. La seule diversité des textes suffirait pour rendre incertaine la chronologie des temps qui précédèrent les voyages des Hébreux en Égypte; mais les époques subséquentes sont mieux connues, et il n'y a aucun doute que l'on ne puisse déduire de leurs annales une partie importante de l'histoire de l'Égypte. Par exemple, elles nous font connaître quel était l'état de la société civile et des arts, lorsque les premiers Hébreux arrivèrent à Memphis, et surtout lorsqu'ils entreprirent de s'établir en Palestine; elles nous apprennent que, plus de vingt siècles avant l'ère chrétienne, l'Égypte était soumise à un gouvernement fixe qui subsistait depuis long-temps, et était fondé sur le respect des mœurs et sur les principes d'une monarchie régulière. Il est évident que les Hébreux sortant de ce pays dûrent conserver plusieurs des arts qui étaient d'un usage général. Quoique leur condition les séparât des Égyptiens et leur donnât des mœurs fort différentes, un grand nombre d'entre eux participait aux connaissances communes; c'est ce que l'on voit clairement dans l'énumération des arts et des préceptes qu'exigèrent la construction du tabernacle et l'établissement de la loi hébraïque. Il est très-important de comparer, sous ce point de vue, les arts que les Juifs connaissaient alors, avec ceux dont il subsiste encore tant de vestiges sur le bord du Nil. On retrouve, en effet, dans les descriptions de l'Exode, les élémens de l'architecture égyptienne, l'ordonnance du plan, les proportions numériques des parties, l'emploi des colonnes avec leurs bases et leurs chapiteaux, et les principes de la décoration des édifices. On y remarque aussi l'usage de divers métaux, l'art des tissus et des broderies en or, celui de teindre les peaux et les étoffes de couleurs vives et variées; enfin l'art de polir et de graver les pierres précieuses, art qui en suppose plusieurs autres, et qui était perfectionné en Égypte et en Asie long-temps avant que Cécrops eût paru dans l'Attique.

XXX. *Résultats généraux de l'étude des monumens.*

Les mêmes conséquences sont confirmées par l'étude des monumens; elle nous montre que les arts dont on vient de parler, florissaient dans la première capitale de l'Égypte; on les trouve sur toutes les parties des temples, dans les habitations des rois, dans leurs sépultures et dans celles des particuliers : il est manifeste que la nation possédait alors des connaissances fort étendues, et qu'elle s'appliquait depuis plusieurs siècles aux grands ouvrages d'architecture et de sculpture. Ainsi l'époque intermédiaire que nous avons déduite des monumens astronomiques, s'accorde avec les antiquités de Thèbes et les annales des Hébreux.

Non-seulement elle est une conséquence nécessaire de la perfection des arts physiques, mais elle résulte aussi de l'état général de la civilisation, et des progrès que les Égyptiens avaient faits dans la science du gouvernement; enfin elle dérive des chroniques égyptiennes, de l'opinion de la Grèce, et de tout le corps de l'histoire des anciens peuples. Les Égyptiens possédaient les principes des lois et des mœurs, les élémens des sciences et ceux de tous les arts, c'est-à-dire tout ce que les connaissances humaines ont de plus important et de plus difficile à découvrir. Ces notions fondamentales, fruit du temps et du génie, peuvent être mal appréciées depuis qu'un long usage les a rendues familières. La plupart des hommes réservent leur admiration pour les découvertes récentes.

Les édifices où l'on trouve des sculptures astronomiques, et dont la haute antiquité est ainsi démontrée, ne sont pas moins remarquables que les autres monumens; peut-être même portent-ils des témoignages plus éclatans des progrès des arts. En général, tous les ouvrages de l'Égypte ont un caractère commun; ils annoncent les mêmes principes et le même génie. Les bas-reliefs dont les surfaces des édifices sont couvertes, représentent des offrandes et des cérémonies graves et pompeuses, où les magistrats et le peuple qui les suit font hommage aux dieux des fruits de la terre et des productions dues au travail de l'homme, à son industrie, aux beaux-arts et au commerce. Ces sculptures rappellent les combats, les siéges, les victoires, et des superstitions inhumaines abolies dans les âges suivans; elles font connaître l'espèce des armes, les chars et les instrumens de guerre; elles montrent la puissance du monarque, l'infortune des captifs, les marches triomphales et les honneurs suprêmes réservés aux vengeurs de la patrie. Les scènes innombrables que l'on y observe, se rapportent aux usages publics, aux lois, aux sciences, aux coutumes funéraires, aux jugemens prononcés par les hommes ou par les dieux, enfin à tous les arts physiques et à tous les élémens qui constituaient alors la société. Cette étude sera donc désormais la source d'une lumière précieuse, et la publication de ces monumens est un des faits les plus singuliers et les plus éclatans que l'on puisse jamais citer dans l'histoire de la littérature.

On voit aussi combien il était important d'acquérir une connaissance exacte de l'époque où quelques-uns de ces grands édifices ont été construits; rien ne pouvait contribuer davantage à rendre la description des monumens plus intéressante et plus utile : ils forment, en quelque sorte, un livre immense que l'on doit réunir à tous les témoignages de l'histoire. Cette comparaison résout, sans aucun doute, plusieurs questions qui s'étaient élevées sur l'origine de nos connaissances; appliquée à l'histoire civile de l'Égypte, elle fournit des résultats incontestables, et sert à distinguer les faits les plus anciens de ceux qui appartiennent aux derniers âges de la monarchie.

XXXI. *Objet du discours sur l'Égypte ancienne.*

C'est d'après ces principes que nous avons composé le discours qui termine cet ouvrage. Il a pour objet de représenter fidèlement, mais dans un tableau peu étendu, l'ancien état de l'Égypte, les traits les plus remarquables de ses institutions, et les principes fondamentaux de ses mœurs, de son gouvernement, de sa religion et de ses arts.

L'étude de l'Égypte doit agrandir le champ de l'histoire; elle reporte la pensée sur l'antique civilisation de l'Asie, qui a précédé les temps fabuleux de la Grèce, et nous présente la société politique sous des formes qui diffèrent, à plusieurs égards, de celles que les nations modernes ont adoptées. Aucun objet n'est plus digne de notre attention que cette ancienne philosophie des Égyptiens: car ce peuple, dont l'Europe a reçu la plupart de ses institutions, possédait les connaissances morales qui servent de fondement à une police sage et régulière; il exerçait son industrie sur toutes les substances naturelles; il a inventé, perfectionné ou conservé tous les arts physiques; il a rendu son territoire plus salubre, plus fécond et même plus étendu, et en a développé les avantages avec un art admirable. L'Égypte a donné à son architecture un caractère sublime, et enseigné aux Grecs les procédés sans lesquels la sculpture et la peinture n'auraient pu faire aucun progrès; elle consacrait à ses dieux la poésie et la musique, et toutes les nations lui doivent, selon le témoignage de Platon, l'écriture alphabétique, et les vérités fondamentales de la géométrie et de l'astronomie.

Nous venons d'indiquer les questions qui sont traitées dans cet ouvrage : on aurait donné une étendue excessive à ces recherches, si l'on y eût compris les résultats probables que suggère l'examen des monumens de l'Égypte; car le champ des conjectures est immense, et il n'est que trop fertile. Nous avons borné la discussion des antiquités astronomiques à quelques propositions distinctes que nous croyons fondées sur des preuves solides. Nous serons satisfaits d'avoir préparé de plus heureuses découvertes, en déterminant quelques points fixes parmi tant d'objets incertains et confus, que leur extrême éloignement permet à peine d'entrevoir, ou qui nous échappent pour toujours dans la nuit des siècles.

PREMIER MEMOIRE

SUR LES

MONUMENS ASTRONOMIQUES
DE L'ÉGYPTE.

Hæc super imposita est cœli fulgentis imago,
Signaque sex foribus dextris, totidemque sinistris.
Ovid. *Metamorph.* lib. II, v. 17.

I. *Énumération des monumens.*

Les monumens astronomiques qui sont l'objet de notre examen, ont été découverts dans les temples des anciennes villes de Latopolis, de Tentyris, d'Hermonthis, et dans les sépultures royales de Thèbes : ils sont tous sculptés ou peints sur les plafonds; les figures se détachent sur un fond d'azur parsemé d'étoiles peintes. On est redevable à MM. les ingénieurs Jollois et Devilliers, de la description authentique et exacte des sculptures astronomiques : personne ne pouvait mieux en apprécier l'importance; nous invitons le lecteur à recourir à cette description.

Les tableaux astronomiques dont il s'agit sont au nombre de six. On en trouve deux à Denderah (l'ancienne Tentyris) : le premier, qui est représenté par la pl. 20 (*A.*, vol. IV), est sculpté au plafond du portique qui précède le grand temple; le second, que représente la pl. 21 du même volume, est sculpté au plafond d'une salle qui appartient au même édifice.

Deux autres tableaux sont à Esné, l'ancienne Latopolis. L'un est sculpté sur le plafond du portique qui précède le grand temple; il est représenté par la pl. 79 (*A.*, vol. I) : l'autre est sculpté sur le plafond du portique d'un second temple situé au nord d'Esné; il est représenté par la pl. 87 du même volume. Enfin les deux autres tableaux ont été découverts à Hermonthis et à Thèbes : l'un est sculpté sur le plafond du sanctuaire du temple d'Hermonthis (pl. 96, fig. 2, *A.*, vol. III); l'autre est peint au plafond d'une salle sépulcrale (pl. 82, *A.*, vol. II).

Ainsi les lieux où se trouvent les monumens astronomiques qui subsistent encore, sont tous très-voisins de Thèbes. Leur distance de cette capitale est, au nord ou au sud, moindre qu'un demi-degré de latitude. Malgré les recherches les plus attentives, nous n'avons pu découvrir en Égypte, dans les édifices ou dans les hypogées, aucune autre sculpture ou peinture qui présente plusieurs constellations.

Des six tableaux dont on vient de faire l'énumération, il y en a quatre que nous regardons comme les plus importans, parce que l'on trouve dans chacun toutes les constellations zodiacales. Les deux premiers sont à Tentyris, et les deux autres à Latopolis; ils contiennent la suite des douze signes du zodiaque, exprimés par des figures presque entièrement semblables à celles que nous connaissons, et qui ont été transmises par les Grecs.

Dans ces quatre zodiaques, les signes ne sont point placés à la suite les uns des autres immédiatement; ils sont mêlés avec plusieurs autres figures qui représentent des hommes, des animaux ou des assemblages formés de parties d'animaux de différentes espèces. Il paraît d'abord qu'au milieu de tous ces objets on ne pourrait point distinguer des autres figures les douze constellations du zodiaque, si l'on n'en avait pas la connaissance antérieure; car elles ne sont point distribuées symétriquement : mais nous verrons que l'on serait nécessairement conduit à cette distinction, soit par des indices particuliers que nous ferons connaître, soit par la comparaison des quatre monumens. Il faut auparavant remarquer avec attention la place que ces sculptures occupent dans les édifices; car nous avons plusieurs conséquences à déduire de la disposition respective des figures.

Pour rendre cette disposition plus sensible, nous avons réuni sur un seul dessin joint au texte les quatre sculptures, dont chacune renferme toutes les constellations zodiacales.

Sur ce plan général des zodiaques, la fig. 1 montre le plafond du portique qui précède le grand temple à Denderah. Elle se rapporte à la pl. 20, *A.*, vol. IV. On a seulement indiqué dans la figure les lignes principales du plan, et les douze signes, tels qu'ils sont placés dans le monument.

On voit dans la fig. 2 le plafond du portique du temple du nord à Esné; cette figure se rapporte à la pl. 87, *A.*, vol. iv.

La fig. 3 du plan général représente le plafond d'une salle supérieure du grand temple à Denderah; elle répond à la pl. 21, *A.*, vol. iv.

Enfin la fig. 4 du plan représente le plafond du portique qui précède le grand temple d'Esné; elle répond à la pl. 79, *A.*, vol. i.

Indépendamment du dessin général, où les quatre zodiaques sont réunis, il est nécessaire de recourir aux planches séparées que l'on vient d'indiquer, et qui contiennent toutes les figures accessoires.

Pour se former une idée exacte de la situation des sculptures, il faut considérer chaque planche comme un fragment du plafond, et rétablir ce fragment dans le lieu qu'il occupait, en appliquant sur le plafond le *verso* de la feuille. Tout se réduit donc à connaître quelle est dans chaque édifice la place où la feuille doit être appliquée. Nous l'indiquerons d'abord en nous servant du plan général des zodiaques. Si l'on tient cette feuille devant soi par ses côtés M et N, et si on la ramène au-dessus de sa tête sans cesser de l'observer, on pourra, en l'élevant horizontalement, l'appliquer par le *verso* sur le plafond, et alors on reconnaîtra d'une manière distincte la position des figures dans chaque monument. Nous considérerons séparément chacun des bas-reliefs.

II. *Portique du grand temple à Tentyris.*

Ce portique est composé de six rangs de colonnes d'égale hauteur; il y a quatre colonnes dans chaque rang : elles supportent un plafond rectangulaire, dont le plan est représenté par la fig. 1 du dessin général. Le portique est compris entre deux murs latéraux D et G placés à quelque distance des colonnes, et deux autres murs T et F, dont l'un F, moins élevé, fait partie de la façade extérieure du portique, et l'autre T lui sert de fond en le séparant du temple proprement dit. La surface du plafond du portique est divisée par les rangées des colonnes en sept parties rectangulaires, dont le grand côté est parallèle à l'axe A A du temple. Tous ces soffites sont ornés de sculptures. C'est dans les deux rectangles extrêmes B et C que l'on aperçoit les constellations du zodiaque : il y en a six dans le rectangle B, qui est à droite de l'axe, c'est-à-dire à la droite de celui qui regarde le temple T en entrant dans le portique; il y en a six autres à gauche dans le rectangle C. Les sculptures du premier rectangle B sont représentées en détail dans la moitié inférieure de la pl. 20, *A.*, vol. IV; celles du second rectangle C sont représentées dans la moitié supérieure de la même planche. Il faut tenir cette planche devant soi par ses deux extrémités, de manière à lire les titres qu'elle porte, et l'élever au-dessus de sa tête en l'observant toujours. Si l'on suppose que l'on est placé au centre du portique en regardant en face le mur latéral D qui est à la droite, la planche montrera exactement la situation des figures, la partie inférieure se rapportant au rectangle B, et la partie supérieure, au rectangle C.

On ne peut trop insister sur les remarques relatives à la position des objets sculptés, parce qu'elles sont absolument nécessaires dans cette discussion. On observera, en premier lieu, que la hauteur de chaque figure est perpendiculaire à l'axe du temple; toutes celles qui sont tracées sur le plafond de l'espace rectangulaire B, ont la tête dirigée vers l'axe A A du temple, et les pieds tournés du côté du mur latéral D, comme si elles marchaient sur ce mur. Cette situation est commune à toutes les figures tracées sur la partie du plafond qui est à la droite de l'axe; mais les figures qui occupent la partie du plafond qui est à la gauche de l'axe, ont toutes les pieds tournés vers le mur latéral G, et la tête dirigée vers le milieu du portique. Tous les plafonds égyptiens ont une disposition semblable; on en voit un exemple dans la pl. 19, *A.*, vol. IV, qui représente les sculptures de tout le plafond du portique du grand temple.

On remarquera surtout que les figures qui occupent le premier rectangle B, marchent dans un même sens, et qu'elles paraissent s'éloigner du temple pour sortir du portique : mais, dans le second rectangle C, le sens de la marche commune des figures est différent; elles s'avancent vers le fond T du portique, et s'approchent du temple. On pourrait concevoir qu'elles y pénètrent, qu'elles passent devant le sanctuaire en suivant la ligne indiquée *pppp,* et qu'elles viennent se placer à la suite des premières qui occupent le rectangle B, afin de sortir après elles du portique.

Le soffite B est divisé, parallèlement à sa longueur, en deux rectangles inégaux. Le plus grand, qui est le plus voisin du mur latéral, est lui-même divisé en deux parties, dont une contient des barques symboliques : le moindre rectangle présente une suite de figures, parmi lesquelles on reconnaît six constellations; savoir : le Lion, la Vierge tenant un épi, la Balance, le Scorpion, le Sagittaire et le Capricorne. Quant au second soffite C, il est aussi divisé en deux rectangles inégaux, dont le plus grand, voisin du mur latéral, est formé de deux parties, et contient une suite de barques symboliques. L'autre rectangle présente une suite de figures parmi lesquelles on distingue six constellations; savoir : le Verseau, les Poissons, le Belier, le Taureau, les Gémeaux, et enfin le Cancer. Ce dernier signe est déplacé, et ne se trouve qu'en partie dans le cadre rectangulaire qui contient les barques et les figures.

Il a été publié, en France et en Angleterre, deux dessins du même monument, où la situation des objets est différente de celle que nous venons de décrire. Le premier représente les figures du second soffite C comme s'éloignant du temple, et s'avançant toutes ensemble pour sortir du portique; la palme qui sert de gouvernail à chaque barque symbolique, est placée du côté du temple. Dans une pareille disposition, on ne pourrait point reconnaître quelle est celle des douze constellations qui occupe la dernière place.

Dans le second dessin, la marche des figures accessoires de l'un des rectangles, et celle de quelques figures principales, sont contraires à ce que l'on observe sur le monument.

Il faut beaucoup de temps et de soin pour dessiner des tableaux aussi étendus; ce qu'on ne peut faire que par parties séparées. Il est facile de se méprendre sur la position des figures, à moins qu'on ne se propose, comme nous, de la remarquer avec une attention spéciale. Nous avons constaté par des observations réitérées auxquelles plusieurs personnes ont concouru, que les figures du second rectangle s'avancent vers le temple comme pour y pénétrer ; elles regardent le temple, et non l'entrée du portique, en sorte que toutes les constellations forment une procession commune, dans laquelle le Lion occupe évidemment la première place, et le Cancer, la dernière.

On voit à l'extrémité du rectangle C diverses figures qu'il est nécessaire de remarquer, et dont nous donnerons l'interprétation par la suite : nous nous bornons ici à les énumérer. Ce sont, 1°. un cercle environné de rayons qui tombent obliquement sur une tête d'Isis ; 2°. une barque qui contient deux figures, dont l'une porte une tige de lotus, l'autre tient deux urnes dont les eaux s'écoulent ; 3°. une troisième barque plus petite, où l'on voit le serpent dressé qui semble sortir de la fleur épanouie du lotus.

III. *Portique du temple du nord à Esné.*

Examinons maintenant les sculptures du temple qui est situé au nord d'Esné : elles sont représentées dans la pl. 87, *A.*, vol. 1, et dans le dessin général (fig. 2). Le portique de ce temple est formé de quatre rangs de colonnes, et chaque rang, parallèle à l'axe A A, a deux colonnes seulement. Le plafond est divisé en cinq rectangles, parallèlement à l'axe : D est le mur latéral à droite; G est le mur latéral à gauche; T est le mur du fond qui sépare le portique du temple, et F est la façade du portique. C'est dans les deux soffites extrêmes B et C que sont les sculptures représentées par la pl. 87. Il faut tenir cette planche devant soi par ses extrémités, en lisant les titres qu'elle porte, et l'élever horizontalement au-dessus de sa tête, sans cesser de lire ces titres. Si l'on se place au milieu du portique, ayant en face le mur latéral à droite, marqué D dans le dessin général, la planche représentera exactement la position des objets sur le plafond. On remarquera, comme précédemment, que la hauteur de chaque figure est perpendiculaire à l'axe A A; la tête est dirigée vers cet axe, et les pieds, vers le mur latéral le plus voisin. Chaque moitié du dessin contient trois rangs de figures : c'est dans celui du milieu que se trouvent les signes du zodiaque. Les figures qui occupent le premier rectangle B, marchent dans le même sens et s'éloignent du temple. Le rang intermédiaire contient les six constellations suivantes : la Vierge, la Balance, le Scorpion, le Sagittaire, le Capricorne et le Verseau. Telles étaient les sculptures avant que l'édifice fût dégradé; mais la partie antérieure du soffite B est tombée : les débris que l'on a trouvés au-dessous du lieu où ces pierres étaient placées, représentent une partie des signes de la Vierge, de la Balance et du Scorpion; on n'a pu dessiner entièrement que les figures du Sagittaire, du Capricorne et du Verseau. Il est constant, par le témoignage d'un grand nombre d'observateurs, que l'on a vu distinctement l'épi de la Vierge, un des bassins de la Balance, la

4.

queue du Scorpion, et beaucoup d'autres fragmens qui composaient ces trois signes. Quant au second soffite C, qui est à la gauche du portique, il est entièrement conservé : les figures ont aussi une marche commune ; elles paraissent s'approcher du temple, et l'on reconnaît dans le rang intermédiaire les six constellations suivantes : les Poissons, le Belier, le Taureau, les Gémeaux, le Cancer et le Lion.

Si toutes les figures du rectangle C continuaient à s'avancer en suivant la ligne *pppp*, elles passeraient devant le sanctuaire, et se trouveraient placées à la suite de celles qui occupent le premier rectangle B. Toutes ces figures, rangées sur une même ligne droite, marcheraient dans le même sens et sortiraient successivement du portique.

IV. *Portique du grand temple d'Esné.*

On observe une disposition analogue dans le grand édifice d'Esné : le portique qui précède le temple, est formé de six rangs de colonnes ; elles supportent un plafond rectangulaire dont le plan est indiqué dans la fig. 3 du dessin général. Chaque rang de colonnes, parallèle à l'axe, en contient quatre : D et G sont les murs latéraux, T est le mur du fond du portique, F est la façade extérieure ; le plafond est divisé en sept soffites rectangulaires, dont le grand côté est parallèle à l'axe du temple. Toutes les constellations zodiacales sont réunies dans le second soffite, que l'on trouve à sa gauche lorsqu'on entre dans le portique : ce soffite est divisé, suivant sa longueur, en deux rectangles B et C représentés dans la pl. 79, *A.*, vol. 1. Si l'on prend cette planche de la même manière que les autres, et si l'on se place au-dessous du milieu du soffite de l'entre-colonne E, ayant en face le mur latéral le plus voisin G, on verra les figures dans leur véritable situation. La hauteur de chacune est perpendiculaire à l'axe; elles ont la tête dirigée vers cet axe, et les pieds dirigés vers le mur latéral le plus voisin. Les figures qui occupent le rectangle B, marchent dans le même sens, et paraissent s'éloigner du temple; on y reconnaît les six constellations suivantes : la Vierge portant un épi, la Balance, le Scorpion, le Sagittaire, le Capricorne et le Verseau. Les figures comprises dans la seconde bande rectangulaire ont aussi une marche commune, et paraissent s'avancer pour entrer dans le temple : on voit parmi ces figures six constellations, qui sont, les Poissons, le Belier, le Taureau, les Gémeaux, le Cancer et le Lion.

Les douze constellations du zodiaque que contient ce monument, sont distinguées des figures intermédiaires par de grandes étoiles sculptées en relief, très-différentes des étoiles peintes qui forment le fond commun. Chaque signe est couvert et pour ainsi dire environné de ces étoiles sculptées. Il n'en est pas de même des autres figures; aucune d'elles n'est ainsi distinguée : ces marques distinctives ont été reconnues par toutes les personnes qui ont observé le monument avec attention. On n'a point représenté dans les dessins astronomiques les étoiles peintes qui ornent en général les plafonds égyptiens; mais on a marqué les étoiles sculptées. On voit dans ce tableau, comme dans les précédens, que si les figures qui occupent le second rectangle C s'avançaient jusqu'au fond du temple, et si elles retournaient ensuite vers l'entrée, en suivant dans leur marche la ligne *pppp*, elles se trouveraient placées à la suite de celles qui occupent le premier rectangle B; et toutes les figures, ne formant plus qu'une seule ligne droite, sortiraient successivement du portique.

V. *Disposition commune aux zodiaques rectangulaires.*

En comparant les trois tableaux rectangulaires que l'on vient de décrire, savoir, celui du portique du grand temple à Denderah, celui du temple au nord d'Esné, et celui du grand temple dans la même ville, on voit qu'ils présentent une disposition commune : elle consiste en ce que chacun d'eux est divisé en deux parties, dont la première contient six constellations qui paraissent sortir du temple, tandis que la seconde contient les six autres constellations qui paraissent entrer dans le temple. Ainsi l'on peut distinguer quel est le premier des douze signes du zodiaque dans chacun des monumens : on regardera comme occupant la première place celui qui sort le premier du portique, et que suivent les cinq autres; la dernière place est celle du signe qui entre après tous les autres dans le temple.

Il faut concevoir que les douze constellations et les figures qui les accompagnent, soit en marchant après elles, soit en marchant à côté sur des lignes parallèles, formaient hors du temple une procession commune, et se dirigeaient toutes dans le même sens, pour entrer dans le portique par un entre-colonne. Les six premières constellations ont pénétré dans le temple : alors la marche a cessé pour les six autres constellations et pour toutes les figures qui les accompagnent; elles sont restées dans le portique à la place qu'elles occupent présentement. Quant aux six premières et aux figures dont elles sont accompagnées, elles ont poursuivi leur marche, et, étant sorties du temple, elles se sont arrêtées sous le portique dans la place où on les observe.

Quoique les figures qui ornent les plafonds soient en général assujetties à une marche commune, on en voit cependant quelques-unes, mais en très-petit nombre, qui sont placées dans un sens contraire : cette opposition n'empêche point l'ordre de la marche d'être manifeste; elle le rend, en quelque sorte, plus sensible, et montre l'intention que l'on a eue de l'intervertir pour quelques objets seulement : on le remarque, par exemple, pour le signe du Cancer, qui, sur quelques monumens, suit le sens direct, et dans d'autres paraît marcher en sens oblique ou opposé.

La disposition que l'on a décrite précédemment, s'applique aux trois zodiaques rectangulaires : on se représentera donc que toutes les figures sculptées qui couvrent les deux soffites B et C dans le portique de Tentyris (fig. 1 *du plan général*), sont rangées sur une seule ligne droite à la suite les unes des autres; c'est ce qui aurait lieu, comme on l'a vu plus haut, si les six dernières figures, continuant leur marche, pénétraient dans le temple, et venaient se placer à la suite des six premières : alors, en ne considérant parmi toutes les figures que celles des douze constellations, on les trouverait rangées par ordre; le Cancer occuperait la dernière place, et le Lion, la première.

Il faut supposer aussi, pour les sculptures du petit temple d'Esné, que les figures du second rectangle C se sont avancées dans le temple en suivant la ligne *pppp*, et se sont placées après le rectangle B : alors toutes les figures forment une procession commune sur une seule ligne droite; et, dans l'ordre des constellations zodiacales, le Lion est à la dernière place, et la Vierge, à la première.

En examinant les sculptures du portique qui précède le grand temple d'Esné, on trouvera un résultat semblable. Il suffit de concevoir que les figures du second rectangle C ont pénétré dans le temple selon la ligne *pppp*, et se sont rangées à la suite de celles qui occupent le premier rectangle B : la constellation du Lion sera à la dernière place, et celle de la Vierge, à la première.

VI. *Zodiaque circulaire de Tentyris.*

Le zodiaque de forme circulaire que l'on trouve dans le grand édifice de Tentyris, est représenté sur la pl. 21, *A.*, vol. IV, et il offre, comme les précédens, l'image d'une procession allégorique des différentes parties de l'année.

Ce tableau sculpté occupe en partie le plafond d'une des salles supérieures qui dépendent du temple. Un escalier très-bien construit et entièrement conservé conduit sur la terrasse de cet édifice : on y trouve plusieurs pièces séparées, qui semblent avoir été destinées aux études sacrées. Le bas-relief que nous examinons orne une de ces pièces : on y voit un grand cercle environné de caractères hiéroglyphiques et de figures allégoriques. On remarque d'abord, dans l'intérieur du cercle, un certain nombre de figures qui ont les pieds placés sur la circonférence : elles sont debout; et leur hauteur, qui est sensiblement égale, est toujours perpendiculaire à la circonférence : il en résulte une espèce de cercle intérieur, dont la circonférence passerait par le sommet de toutes ces figures. C'est dans ce cercle intérieur que sont placés les signes du zodiaque mêlés avec beaucoup d'autres figures de grandeur inégale.

Ce tableau paraît d'abord confus; mais, en l'examinant avec attention, nous avons reconnu, sur le monument même, l'ordre suivant lequel les figures sont distribuées. On peut remarquer, en premier lieu, que les figures placées dans le grand cercle sur la circonférence paraissent toutes marcher et tourner dans le même sens: celles qui sont placées dans l'intérieur du moindre cercle, et qui, à la première vue, sembleraient avoir été distribuées sans ordre, marchent aussi dans ce même sens. En général, toutes les figures placées dans l'intérieur ont cela de commun, qu'elles tournent dans le même sens, et que la hauteur de chacune est dirigée selon un rayon du cercle.

Quant aux signes du zodiaque, il faut les rechercher par ordre, et on les voit disposés sur une ligne qui peut être comparée à une spirale. Le dernier des signes, le Cancer, se trouve, de cette manière, placé à côté du premier, qui est le Lion, mais non point à la même distance du centre; en sorte que le premier signe, étant plus éloigné du centre que le dernier, est placé au-dessus de lui dans le même rayon.

Les signes s'avancent suivant cette ligne spirale et dans l'ordre connu; ils tournent tous pour suivre le premier dans le sens de la marche commune aux figures placées sur la circonférence.

Ainsi ce zodiaque circulaire représente la procession céleste dont nous avons parlé, et qui, au lieu de continuer à s'avancer en ligne droite, s'est placée de manière qu'elle pût demeurer dans un cercle, sans que le dernier signe se confondît avec le premier.

L'examen de ce tableau suffit pour reconnaître que le signe de la Vierge n'occupe point la première place: cette assertion, que l'on a répétée dans divers ouvrages, est dénuée de fondement. Les figures ne sont pas placées sur une circonférence continue : il est donc facile de reconnaître le premier point de la courbe; il ne correspond pas au signe de la Vierge, mais à celui du Lion.

Si par le centre du grand cercle on tire un diamètre qui passe devant la tête du Lion et qui la touche, on divisera la ligne spirale en deux parties, et chacune contiendra six constellations : dans la première, sont le Lion, la Vierge, la Balance, le Scorpion, le Sagittaire et le Capricorne; dans la seconde partie, sont le Verseau, les Poissons, le Belier, le Taureau, les Gémeaux et le Cancer : ce dernier signe est traversé par le diamètre, et l'on remarque qu'il est tourné dans un sens opposé à celui des autres figures.

Cette division est expressément indiquée par la disposition même du bas-relief. En effet, on voit, dans le limbe dont le tableau circulaire est environné, deux cartels hiéroglyphiques très-remarquables, qui signalent les extrémités du même diamètre. Au-dessous de ces cartels, dans l'espace extérieur qui contient les cercles concentriques, on trouve, de part et d'autre, des légendes hiéroglyphiques, parallèles, qui ont évidemment pour objet de faire distinguer cette partie du monument.

On remarque aussi, dans une autre partie du limbe, deux signes singuliers qui se correspondent aux deux extrémités d'un diamètre, et qui remplacent les cartels hiéroglyphiques dont on vient de parler. Le diamètre mené par ces deux signes traverse le Taureau et le Scorpion ; ou plutôt, la constellation zodiacale la plus rapprochée de l'un des signes est, d'un côté, le Scorpion, et, de l'autre, le Taureau. Au-delà de chacun des deux signes, dans l'espace extérieur, se trouvent plusieurs légendes hiéroglyphiques qui appartiennent distinctement à ces deux parties du bas-relief. Nous n'avions pas aperçu sur le monument même ces deux signes singuliers placés au-dessus des légendes, dans le limbe du monument. Nous sommes redevables de cette remarque à M. Jomard ; elle se rapporte, comme on le verra par la suite, à la distinction des constellations équinoxiales.

VII. *Remarque générale sur l'ordre des figures.*

On vient de faire connaître la situation des sculptures de Tentyris, de Latopolis, et l'ordre dans lequel les constellations sont placées.

Les deux autres tableaux contiennent seulement quelques figures fort semblables à celles des constellations zodiacales : il sont représentés dans les pl. 96 (*A.*, vol. 1, fig. 2) et 82 (*A.*, vol. 11). Nous les examinerons plus en détail dans le mémoire suivant.

Il suit de la description précédente, que, dans chacun des quatre monumens qui contiennent les douze constellations, ces figures sont rangées suivant un ordre déterminé : il est aussi facile de reconnaître cet ordre, que si les figures étaient placées sur une seule ligne droite et marchaient toutes dans le même sens; seulement la ligne sur laquelle elles se trouvent est courbée en une sorte de spirale dans un des monumens, et dans les autres elle est pliée en deux branches parallèles. On voit aussi que la série des douze signes est divisée en deux parties, dont l'une contient les six premiers signes qui entrent, et l'autre, les six derniers qui sortent. Dans les deux sculptures du temple de Tentyris, le dernier signe est la Vierge, et le premier est le Lion : mais, dans les deux sculptures de Latopolis, le signe du Lion est à la dernière place, et la Vierge est à la première.

VIII. *Distinction des constellations zodiacales.*

Si l'on ne connaissait point les constellations du zodiaque grec, on ne pourrait point les distinguer dans un des monumens de Tentyris; car elles sont mêlées avec un grand nombre d'autres figures emblématiques que la religion égyptienne avait aussi consacrées : mais il n'y a plus d'incertitude, lorsque l'on compare les quatre monumens que nous avons décrits. En effet, chacun d'eux contient les douze constellations; et, si l'on choisit ce qu'ils ont de commun, on trouvera le zodiaque grec tel qu'il est connu aujourd'hui de tous les peuples. On observe que, parmi les figures qui séparent celles des signes, il y en a plusieurs qui sont répétées sur deux monumens, ou du moins qui sont presque semblables; mais elles ne se trouvent point sur les quatre tableaux, en sorte que les douze signes forment seuls la partie commune.

La comparaison des quatre monumens fait voir aussi qu'une même constellation n'était pas toujours représentée de la même manière : on admettait quelques différences accessoires dans la position, la forme, les ornemens ou les attributs.

Nous avons déjà remarqué que les douze signes sont indiqués spécialement dans le portique d'Esné, au moyen des étoiles sculptées qui les environnent. Par conséquent, en supposant même que l'on n'eût point la connaissance antérieure des constellations zodiacales, on parviendrait à les distinguer avec certitude. Quant aux monumens d'Hermonthis et des sépultures royales de Thèbes, ils ne contiennent que quelques signes du zodiaque; savoir, dans le sanctuaire d'Hermonthis, le Taureau et le Scorpion, et, dans une salle sépulcrale à Thèbes, le Taureau, le Lion et le Scorpion.

On trouve encore des figures fort semblables à celles de ces signes, comme celles du Sagittaire et des Poissons, sur des fragmens d'obélisque qui ont été apportés en Europe; mais ces observations isolées n'auraient pu fournir aucune conséquence remarquable.

IX. *Remarques diverses.*

1°. MONUMENS OU SE TROUVENT DES CONSTELLATIONS ZODIACALES.

Les tableaux sculptés ou peints dont on a fait ici l'énumération, sont les seuls où nous ayons reconnu les constellations zodiacales. On ne peut douter cependant que les ornemens des plafonds n'aient en général pour objet la représentation des phénomènes célestes, ou plutôt, qu'ils ne se rapportent tous à la partie de la religion qui était fondée sur la connaissance du ciel. Nous avons vu plusieurs sculptures où l'on a certainement indiqué le mouvement des planètes; mais il entre dans ces mêmes tableaux un si grand nombre d'élémens entièrement inconnus, que nous n'avons pu nous arrêter à aucune idée fixe. Leur interprétation suppose de nouveaux progrès dans l'étude de la philosophie égyptienne. C'est pour concourir à ce but qu'on a multiplié les dessins des bas-reliefs; mais, en quelque nombre qu'ils soient dans notre collection, ils ne représentent qu'une petite partie des sculptures existantes. Quant à celles où l'on trouve des constellations connues, nous pouvons du moins assurer qu'elles sont toutes indiquées dans le présent mémoire; les édifices qui subsistent aujourd'hui n'en contiennent aucune autre : mais on pourrait en découvrir par la suite dans les hypogées; car plusieurs de ces excavations ont sans doute échappé aux recherches des voyageurs. On pourrait encore trouver des tableaux du même genre sur les plafonds des temples qui existent sur les bords du fleuve au-dessus de la cataracte de Syène. Toutefois, nous n'avons aucune raison de le croire, d'après les rapports de ceux qui ont décrit ces édifices.

Avant le voyage des Français, on avait publié en Europe quelques fragmens d'antiquités trouvés dans l'Égypte, dans la Perse ou dans l'Inde, et que l'on a regardés, avec plus ou moins de fondement, comme relatifs à la sphère égyptienne. Leur examen n'entre pas dans le plan de notre collection : elle comprend seulement les objets qui existent aujourd'hui en Égypte. On peut consulter à ce sujet les ouvrages de Kircher, *OEdip. Ægyptiac.* tom. II, cap. VII, pag. 208; de Montfaucon, *Antiquité expliquée*, Suppl., t. II, pag. 200; de Hyde, *Veterum Persarum religionis Historia*, edit. 2ª, p. 111, Oxon. 1760; *Mémoires de l'Académie des sciences de Paris*, année 1708, *Hist.*, pag. 111; et *Transactions philosophiques*, année 1772, pag. 353.

Les sculptures astronomiques que nous venons de décrire, étaient jusqu'ici entièrement ignorées. Les voyageurs qui avaient parcouru l'Égypte avant nous, n'avaient pu se consacrer à des observations lentes et pénibles. La plupart n'ont point pénétré dans l'intérieur des édifices ; des recherches aussi rapides, et souvent troublées par le sentiment du danger personnel, ne pouvaient donner que des résultats très-imparfaits. Les Romains ont visité toutes les parties de l'Égypte ; mais ils ne nous ont laissé que des mémoires succincts, et qui prouvent que leurs voyageurs ne connaissaient pas l'intérieur des temples. Quant aux Grecs qui formaient l'académie des Ptolémées, nous n'avons qu'un petit nombre de leurs écrits ; il n'y est point fait mention des sculptures astronomiques de l'Égypte. Nous ne possédions aucun ouvrage ancien ou moderne qui indiquât l'existence de ces monumens.

Le docteur Richard Pococke, dont les recherches ont procuré des résultats précieux, est le seul des voyageurs qui ait cru reconnaître les constellations zodiacales sur les édifices de l'Égypte. Il indique un monument de cette espèce dans les ruines d'un temple à Akhmym[1]. Nous nous sommes attachés avec soin à vérifier cette première observation, et nous avons reconnu distinctement le lieu où elle avait été faite par le savant anglais ; mais les traces qui subsistent aujourd'hui sont si légères et si confuses, qu'il était entièrement impossible de les représenter par le dessin avec quelque exactitude.

Pour y suppléer, nous transcrivons ici la feuille de notre journal où cette recherche est mentionnée. Cette pièce était rédigée sur les lieux mêmes par l'auteur du présent mémoire, alors secrétaire perpétuel de l'Institut du Kaire, et président de l'une des deux commissions

---

[1] *Description of the East*, by Richard Pococke, vol. 1, pag. 77. London, 1743.

littéraires envoyées dans la haute Égypte. Ce procès-verbal était lu, chaque soir, en présence de tous les voyageurs, et rectifié d'après leurs observations.

« Le 17 fructidor an VII (4 septembre 1799) au matin, nous visitâmes les ruines d'Akhmym : on y reconnaît les vestiges d'un temple égyptien. Des pierres taillées, de très-grandes dimensions, occupent le fond d'une enceinte, environnées de décombres. Nous vîmes une de ces pierres qui est peinte sur l'une des faces, et qui a été remarquée par le voyageur anglais Pococke. On y distingue encore quatre cercles concentriques inscrits dans un carré; les angles paraissent avoir été occupés par les figures peintes : nous avons compté douze divisions dans les deux cercles du milieu. Dans l'aire comprise entre la première et la seconde circonférence, on reconnaît, mais avec peine, douze figures d'oiseaux. L'aire qui suit contient des images effacées; la dernière couronne, qui n'est pas divisée, semble avoir contenu vingt-quatre figures humaines. Il est extrêmement difficile d'apercevoir les traces que l'on vient de décrire; la face de la pierre où elles sont représentées est tournée vers la terre : je n'ai pu la voir qu'en m'introduisant au-dessous, avec un flambeau, dans une cavité singulièrement étroite. MM. Jomard et Lancret m'ont succédé dans cet examen; il a fallu renoncer à faire le dessin. »

2°. DIRECTION DE L'AXE DES ÉDIFICES.

Les grandes pyramides de Memphis sont exactement dirigées vers les quatre points cardinaux. Le côté du carré qui forme la base coïncide avec la ligne nord-sud. La déviation de 17 minutes que l'on a observée, est si petite, que l'on demeurera toujours incertain si elle doit être attribuée à l'erreur de la direction primitive, ou aux dégradations que le temps a causées et qui ne permettraient point maintenant des mesures plus précises.

Quant aux monumens où se trouvent les sculptures astronomiques, ils ne sont point orientés. A Denderah, l'axe du monument fait avec la ligne nord et sud un angle d'environ 17 degrés. A Esné, l'axe du temple du nord fait avec la ligne nord-sud un angle de 43 degrés; et l'axe du grand temple fait avec cette ligne nord-sud un angle de 71 degrés. Les Égyptiens ont presque toujours disposé les grands édifices par rapport au cours du Nil, en sorte qu'étant sur ce fleuve on pût découvrir l'entrée du monument et jouir de son aspect principal.

3°. CARACTÈRES DES SCULPTURES.

Il serait superflu sans doute de s'attacher à prouver ici que les édifices où l'on a découvert les sculptures astronomiques, sont des ouvrages égyptiens, et qu'on ne peut les attribuer à aucun autre peuple : la collection que l'on publie aujourd'hui nous dispense de cette discussion. Il est évident que ce ne sont point les Perses, les Macédoniens, les Romains ou les Arabes, qui ont construit les merveilles de l'Égypte, et ont élevé des temples aux dieux de ce pays dans les anciennes villes de Tentyris, de Latopolis et d'Hermonthis, ou qui ont peint les sépultures des rois de Thèbes : ces villes et leurs temples étaient célèbres dès la plus haute antiquité. Les principes d'après lesquels tous ces monumens ont été fondés et construits, ceux que l'on a suivis pour les décorer; le style des bas-reliefs, où il n'y a point une seule trace du ciseau grec; la nature des sujets qu'ils représentent, l'exhaussement du sol, l'usage de peindre les édifices, les fragmens que l'on trouve dans les fouilles, le choix et l'emploi des pierres, les inscriptions hiéroglyphiques dont elles sont couvertes, prouvent incontestablement que ces ouvrages appartiennent aux Égyptiens.

Il ne peut y avoir rien de plus contraire à tous les témoignages de l'histoire, que de supposer que les sculptures qui ornent les plafonds dans le portique et dans l'intérieur des temples de Tentyris, dans les édifices sacrés de Latopolis, dans le sanctuaire d'Hermonthis, ne se rapportent point à la religion, à l'astronomie et aux sciences de l'Égypte.

On ne peut douter que dans les temps qui suivirent la première invasion des Perses, et ensuite sous la domination des Lagides, les Égyptiens n'aient entrepris quelques ouvrages accessoires ou achevé la décoration des monumens sacrés. Nous en avons reconnu diverses preuves dans le cours de notre voyage, et notamment à Philæ. Les vestiges des édifices les plus anciens, de ceux qui datent, pour ainsi dire, de l'origine de la monarchie, sont en quelque sorte confondus avec les constructions des âges suivans. Les rois Macédoniens ne refusèrent ni leur protection ni même leurs hommages à l'antique religion de l'Égypte, dont la Grèce avait emprunté ses fables sacrées. La reconnaissance et l'adulation voulurent perpétuer le souvenir de ces princes, et on leur attribua les honneurs divins. Dans ce mélange de tant de monumens d'époques successives, il est très-important de remarquer que tous ces ouvrages appartiennent exclusivement à l'art égyptien. On n'y peut découvrir aucun indice des rites étrangers ou de l'art grec : ils sont dus évidemment aux seuls artistes de l'Égypte. Les monumens mixtes sont rares et très-faciles à distinguer. Quant aux constructions romaines et aux sculptures qui les décorent, elles ont un caractère entièrement différent. Enfin, l'objet direct de nos recherches n'est point d'assigner les dates respectives des ouvrages des Égyptiens, mais de faire connaître les époques auxquelles se rapportent nécessairement les monumens de leur science astronomique.

4°. ORIGINE DU ZODIAQUE GREC.

Il suit de ces remarques générales qu'après avoir découvert dans les sculptures égyptiennes les figures des douze constellations semblables à celles que tous les peuples connaissent aujourd'hui, il est impossible de ne pas conclure que cette division du ciel est un des élémens de l'ancienne doctrine de l'Égypte, et que les Grecs l'ont puisée, soit dans ce pays, soit dans la Chaldée. Mais cette conséquence ne résulte pas seulement de l'examen des bas-reliefs de Thèbes et de ceux des villes voisines ; elle est démontrée d'une manière non moins manifeste par la comparaison des propriétés du climat avec les noms et les figures des constellations zodiacales. Cette seconde preuve sera développée dans le mémoire suivant.

Nous ferons remarquer auparavant que l'identité des deux zodiaques grec et égyptien a été reconnue depuis long-temps. Les Grecs, qui étaient si portés à attribuer à leur nation les découvertes étrangères, n'ont point prétendu être les inventeurs de leur zodiaque : ils nous ont appris, au contraire, qu'il était le même que celui de l'Égypte et de la Chaldée. Quant aux constellations extra-zodiacales, nous savons, par divers témoignages, que quelques-unes n'étaient point nommées de la même manière dans la sphère égyptienne et dans la sphère grecque; cela est évident d'ailleurs pour toutes celles qui se rapportent à l'histoire et à la mythologie des Grecs : ils changèrent dans les sphères chaldéennes ou égyptiennes plusieurs des constellations que l'écliptique ne traverse point; mais ils ne firent aucun de ces changemens dans la partie du ciel où s'accomplissent les phénomènes qui sont l'objet spécial de l'astronomie. Les principes de cette science leur étaient alors entièrement inconnus; et les premiers élémens qu'ils en reçurent de la Chaldée et de l'Égypte auraient été pour eux inutiles et inintelligibles, s'ils n'eussent point conservé intacte la partie de la sphère céleste qui montrait le cours du soleil et des planètes. Cette opinion sur l'origine du zodiaque grec est celle des écrivains anciens ou modernes qui ont étudié avec soin les monumens : elle n'a pas été contestée dans les ouvrages où l'on attribue l'institution du zodiaque à un peuple de l'Asie, qui a, dit-on, précédé et instruit tous les autres, quoiqu'il ait été ignoré de l'antiquité tout entière; on y suppose seulement que l'Égypte et la Chaldée ont reçu leur zodiaque de cette nation antérieure. Mais nous ne considérons point ici cette question, qui est entièrement conjecturale et hors des bornes de l'histoire.

La seule différence que l'on remarque entre le zodiaque de l'Égypte et celui qui faisait partie de la sphère grecque, consiste en ce que le signe de la Balance a souvent été remplacé par les serres du Scorpion : ce changement avait été fait par les Chaldéens, et il est facile de voir ce qui l'avait occasioné. En effet, la constellation du Scorpion est très-apparente dans le ciel; et les étoiles qui marquent les deux bassins de la Balance, sont disposées de manière à désigner sensiblement les serres du Scorpion. On conçoit donc que l'on a pu changer les noms, et supposer que la forme de cet animal devait comprendre deux divisions entières. Le passage de Servius qui a été cité dans cette discussion, et que nous allons rapporter, explique clairement la différence du zodiaque de l'Égypte et de celui de la Chaldée :

« Les Égyptiens comptent douze signes, et les Chaldéens, onze seulement : car ces derniers forment un seul signe de la Balance et du Scorpion. Les Chaldéens supposent aussi que ces mêmes signes sont inégaux, et que chacun a une étendue qui lui est propre; en sorte que l'un pourrait avoir vingt et l'autre quarante degrés : mais les Égyptiens comptent précisément trente degrés dans chaque signe. »

SUR LES MONUMENS ASTRONOMIQUES.

Ægyptii duodecim esse asserunt signa; Chaldæi verò, undecim : nam Scorpium et libram unum signum accipiunt; chelæ enim Scorpii libram faciunt. Iidem Chaldæi nolunt æquales esse partes in omnibus signis; sed, pro qualitate suî, aliud signum XX, *aliud* XXXX *habere, quum Ægyptii* XXX *in omnibus velint* [1].

Les Grecs, qui eurent des rapports avec la Chaldée, remplacèrent donc la Balance par les serres du Scorpion; et il résulta aussi de leurs communications avec l'Égypte, qu'ils comprirent quelquefois la Balance, et non les serres, dans l'énumération des douze signes : d'autres indiquèrent à-la-fois les deux dénominations.

Au reste, les sculptures astronomiques de la Thébaïde mettent fin à toute discussion sur la composition de l'ancien zodiaque égyptien, et confirment pleinement le témoignage de Macrobe. Il est manifeste, comme le rapporte cet écrivain [2], que l'on faisait usage depuis très-long-temps, dans l'Égypte, de cette division de l'écliptique en douze parties égales, et que l'on y désignait les constellations par les figures et les noms qu'elles ont encore aujourd'hui, et qui sont devenus communs à tous les peuples. Les figures des douze constellations ont été imitées par les Grecs, et elles ont subi quelques changemens qui rendent le dessin plus régulier, sans faire disparaître le style égyptien.

Cette origine semble aussi être indiquée par les caractères dont on se sert encore aujourd'hui pour désigner les douze parties de l'écliptique. Ces caractères et ceux

---

[1] Serv. *Comment. ad* 1 *Georg.* vers. 33.
[2] *Somn. Scip.* lib. 1, cap. XXI.

qui se rapportent aux planètes, se trouvent, avec quelques légers changemens, sur des pierres gravées et dans les plus anciens manuscrits.

On voit, dans les ruines magnifiques qui subsistent à Palmyre, les figures des douze constellations telles que les Romains les connaissaient : elles ornent le plafond d'un des principaux édifices.

En général, les nations qui ont reçu de l'Égypte les élémens de la religion ou des sciences, ont continué de sculpter dans les temples les signes du zodiaque. L'élégante description qu'Ovide nous a donnée du temple du Soleil, exprime ce même usage. « On voit, dit le poëte, au-dessus de ces objets, l'image éclatante du ciel : six constellations sont placées à la droite, et six à la gauche. » La première vue du portique de Tentyris nous a rappelé ce passage : aucun autre ne convenait mieux pour indiquer le sujet que nous venons de traiter.

5°. RÉSUMÉ DU PRÉSENT MÉMOIRE.

Les sculptures ou les peintures zodiacales que les voyageurs français ont découvertes en Égypte, et dont on vient de donner la description précise, existent dans les anciennes villes de Tentyris, de Latopolis, d'Hermonthis, et à Thèbes dans un hypogée. Nous n'avons pu trouver aucun autre tableau de ce genre. De ces six monumens, il y en a quatre dont chacun contient les douze constellations du zodiaque. Ces figures sont évidemment celles que les Grecs ont imitées : elles se succèdent toujours suivant l'ordre connu. Elles ne sont point seules, mais accompagnées d'une multitude de figures symboliques qui, en général, marchent dans le même sens.

Au milieu de cette série de figures, on distingue les douze constellations zodiacales, 1°. parce qu'elles appartiennent seules au zodiaque grec; 2°. parce qu'elles forment seules la partie commune des quatre zodiaques égyptiens; 3°. parce que, dans celui de ces monumens qui orne le grand temple de Latopolis, les douze signes ont seuls des marques distinctives.

Dans chacun des quatre zodiaques égyptiens, on reconnaît le signe qui occupe la première place. Cette désignation est aussi évidente qu'elle le serait, si les douze figures marchaient sur une même ligne droite, à la suite les unes des autres.

La ligne sur laquelle sont placées les douze constellations, est pliée en deux droites parallèles dans chacun des deux zodiaques de Latopolis et dans le zodiaque du portique à Tentyris; mais cette ligne forme un arc de spirale dans le zodiaque circulaire de Tentyris.

Le signe qui occupe la première place dans les deux monumens de Latopolis, est celui de la Vierge, et, dans les deux monumens de Tentyris, le premier signe est le Lion.

Les édifices où l'on trouve les bas-reliefs astronomiques n'ont pas été orientés. Les astronomes de l'Égypte traçaient les lignes méridiennes avec une exactitude remarquable, et l'on a fait usage de cette méthode dans d'autres constructions : mais, pour les édifices dont il s'agit, la direction des faces a été rapportée au cours du fleuve.

Dans chacune des sculptures qui contiennent les douze constellations, la série qu'elles forment est divisée en deux parties distinctes : chaque partie contient six signes.

Les constellations que l'on trouve séparément à Hermonthis et à Thèbes, sont, pour le premier monument, le Taureau et le Scorpion ; et, pour le second, le Taureau, le Lion et le Scorpion.

Tous ces ouvrages portent l'empreinte de l'ancienne religion et des arts de l'Égypte, sans aucun mélange des rites ou des arts étrangers.

Nous examinerons maintenant si les dénominations des signes conviennent à l'Égypte, et si elles ont une relation certaine avec les propriétés du climat.

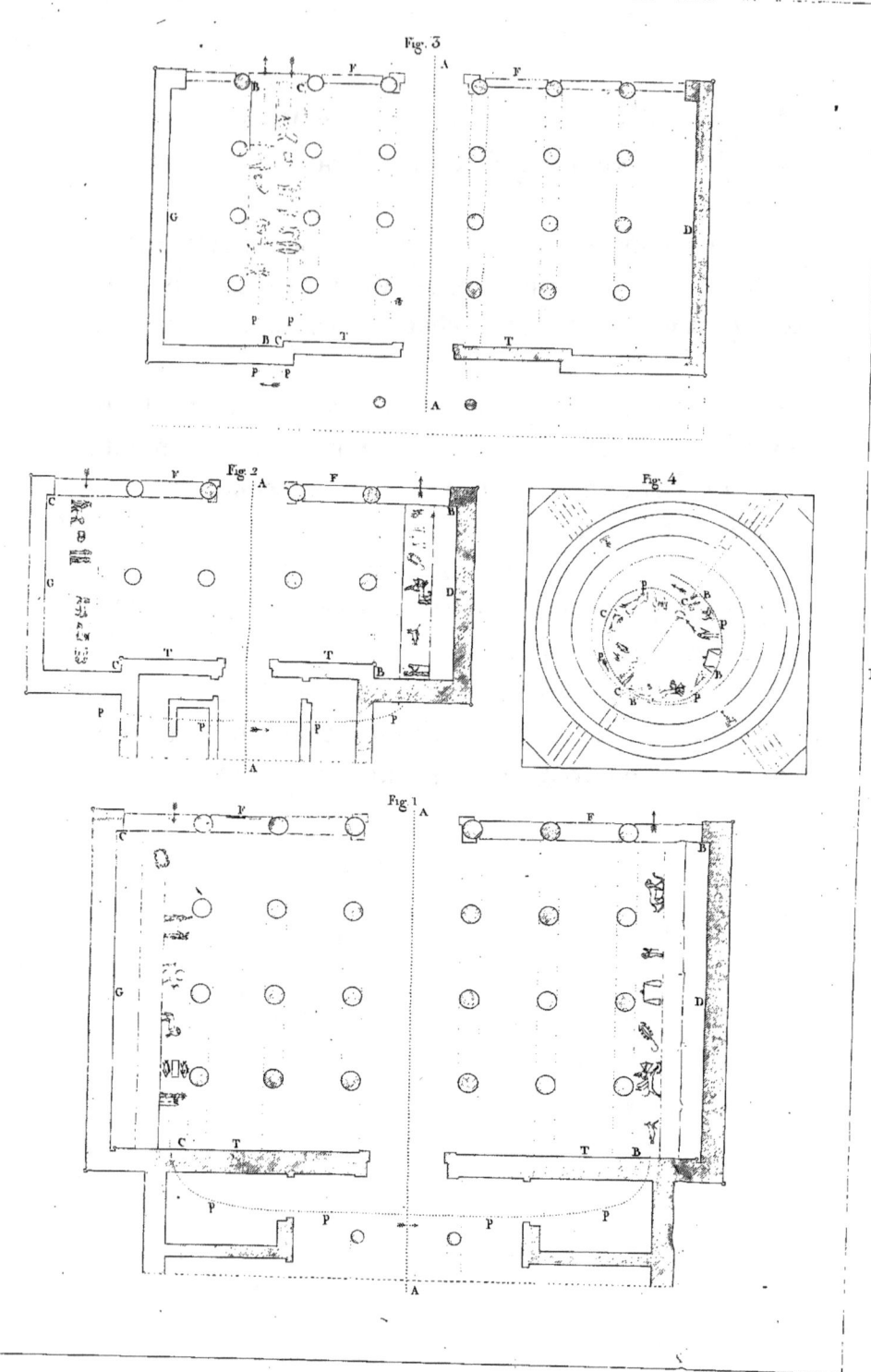

PLAN GÉNÉRAL DES ZODIAQUES ÉGYPTIENS.

REMARQUES

SUR

LES SIGNES NUMÉRIQUES

DES ANCIENS ÉGYPTIENS,

FRAGMENT D'UN OUVRAGE AYANT POUR TITRE :

OBSERVATIONS ET RECHERCHES NOUVELLES

SUR LES HIÉROGLYPHES,

ACCOMPAGNÉES D'UN TABLEAU MÉTHODIQUE DES SIGNES ;

Par E. JOMARD.

Si l'on réfléchit un moment que ceux qui ont cherché à interpréter les hiéroglyphes, ignoraient, pour la plus grande partie, leurs véritables formes ; qu'ils se trompaient de moitié sur leur nombre ; qu'ils confondaient les figures dissemblables, ou distinguaient des figures identiques ; qu'ils n'avaient pas distingué les hiéroglyphes simples et les hiéroglyphes complexes ; enfin qu'ils ne les ont jamais classés d'une manière quelconque, même arbitraire : on ne sera pas surpris que tant d'écrivains, livrés à cette étude, aient échoué complètement ;

que les uns se soient perdus dans des abstractions purement métaphysiques, et que les autres se soient livrés au délire de leur imagination, qui leur montrait, non le sens exprimé dans les inscriptions hiéroglyphiques, mais celui qu'ils cherchaient à y voir. En effet, les signes, pour ainsi dire flexibles selon le caprice des interprètes, se prêtaient sans empêchement à toutes les formes qu'on voulait leur attribuer, semblables à une cire molle qui reçoit docilement toutes les empreintes. En un mot, on prétendait expliquer une écriture dont les signes mêmes restaient inconnus, et l'on commençait par où il fallait finir.

Il est donc interdit d'espérer la solution d'un problème si compliqué, si abstrus, avant de posséder un *catalogue exact,* une série complète des formes de l'écriture, où tous les signes soient rigoureusement déterminés, distincts les uns des autres par un type constant, et surtout classés dans un ordre méthodique, afin de guider les recherches au milieu de cette multitude de caractères qu'on n'a que trop bien comparés à un labyrinthe sans issue. J'ai cru devoir m'attacher d'abord à trouver un fil qui pût me diriger à travers ce dédale; s'il ne me conduit pas au but, je me plairai à le remettre dans une main plus habile.

J'ai commencé par une sorte d'analyse de toutes les inscriptions en hiéroglyphes les plus authentiques, en ayant égard au lieu qu'elles occupent, aux monumens dont elles font partie, aux tableaux qu'elles accompagnent : les unes sont puisées dans les monumens du premier, du second et du troisième ordre; les autres, dans les monolithes : ceux-ci ont été copiés dans les manuscrits sur papyrus, et ceux-là, dans les antiques portatives les mieux caractérisées. Cette méthode, toute simple qu'elle est, m'a fourni des remarques utiles par leur généralité. En continuant mes recherches, j'ai bientôt reconnu qu'elles pouvaient se classer sous trois chefs principaux :

1°. Composition et distribution de l'écriture hiéroglyphique en général ;
2°. Classification et tableau des hiéroglyphes ;
3°. Conjectures sur la valeur de plusieurs des signes.

PREMIÈRE PARTIE.

Distribution des hiéroglyphes.

La première partie roule sur les points suivans :
Du sens dans lequel sont dirigés les hiéroglyphes ;
De l'inversion symétrique des signes ;
Quel est le côté antérieur dans les hiéroglyphes non symétriques ;
Quelles sont les phrases ou groupes distincts ;
Des différentes espèces de légendes liées ou non liées, et de leur situation verticale ou horizontale ;
Phrases finales, phrases initiales ;
Phrases et légendes propres à chaque temple, ou édifice, ou monument quelconque ;
Quels signes sont répétés par deux, par trois, ou un plus grand nombre de fois ;
De l'emploi des hiéroglyphes et des signes embléma-

tiques dans la décoration architecturale; de leur disposition en colonnes, etc.

DEUXIÈME PARTIE.

Classification et tableau des hiéroglyphes.

Division des hiéroglyphes, suivant la nature des signes; classification et tableau.

Quels sont les signes les plus fréquens; quel est l'ordre de fréquence de chacun, suivant les divers monumens.

Des signes propres à tel lieu ou à tel sujet; des signes rares en particulier.

Quels sont les signes simples et les signes complexes.

Quels animaux, plantes et objets propres à l'Égypte, sont figurés ou omis dans les hiéroglyphes.

TROISIÈME PARTIE.

Conjectures sur la valeur de plusieurs signes hiéroglyphiques.

Rapport entre les hiéroglyphes et les tableaux ou scènes qu'ils accompagnent.

Des signes génériques; des signes qui paraissent faire les fonctions de relatifs et de modifications grammaticales.

Conjectures sur le sens de plusieurs hiéroglyphes et de quelques inscriptions.

Des signes des nombres.

Des explications et traductions données par les anciens : *Traité d'Horapollon, pierre de Rosette, obélisque d'Hermapion*, etc.

Une introduction précède les trois parties, et traite,

1°. Des connaissances qu'avaient les écrivains grecs sur les hiéroglyphes;

2°. Du degré d'authenticité de l'ouvrage d'Horapollon;

3°. De la sculpture des hiéroglyphes et de leur exécution générale.

4°. Des imitations faites par les Grecs et les Romains, et où les figures hiéroglyphiques sont méconnaissables;

5°. De la distinction des diverses figures qu'on a confondues mal à propos sous le nom commun d'*hiéroglyphes;*

6°. Aperçu des tentatives faites par les modernes, jusqu'à la fin du dix-huitième siècle, pour l'interprétation des hiéroglyphes; de l'ouvrage de Zoëga en particulier, et de quelques autres essais tentés depuis le commencement du siècle.

Dans un appendice, on examine ces questions :

1°. Si le passage des hiéroglyphes à un alphabet littéral est admissible;

2°. Existe-t-il une transition entre les hiéroglyphes tracés sur les rochers, sur les terrasses des temples, ou autres inscriptions semblables, et l'écriture alphabétique des Égyptiens?

3°. Quel est le rapport des hiéroglyphes avec les caractères de l'écriture cursive des papyrus, des bandelettes de momies et des inscriptions peintes et gravées?

Voici la division que j'ai adoptée pour mon tableau des signes :

Tableau général des hiéroglyphes divisés par classes.

CLASSES.

Ire — Figures humaines.
IIe — Portions de figures humaines.
IIIe — Figures d'animaux.
IVe — Portions de figures d'animaux.
V^e — Figures imitatives d'objets inanimés, comme meubles, vases, instrumens, outils, etc., et autres figures qui paraissent l'imitation d'un ouvrage de l'homme.
VIe — Figures rectilignes non imitatives, la plupart empruntées à la géométrie.
VIIe — Figures courbes ou mixtilignes et figures indéterminées.
VIIIe — Figures de végétaux.
IXe — Signes complexes ou figures combinées.
X^e — Groupes de figures ou phrases, répétitions des figures, etc.
XIe — Légendes ou phrases particulières enfermées dans un lien, et appelées ordinairement *scarabées*.

Ainsi les signes des classes Ire, IIe, IIIe, IVe, VIIIe, appartiennent à l'imitation des corps naturels et organisés.

Les signes de la Ve classe représentent des objets artificiels, la plupart produits de l'industrie de l'homme social.

Les signes des classes vi[e] et viie ne sont point des imitations d'objets déterminés ; ils sont empruntés d'un ordre de choses purement idéal : la division n'est ici que systématique ; elle est faite pour faciliter les recherches.

Il résulte de ce qui précède, une division générale des figures en trois grandes classes : 1°. celles qui représentent l'ouvrage de la nature ; 2°. celles qui représentent l'ouvrage de l'homme ; 3°. celles qui sont composées des unes et des autres, réunies et combinées suivant différens modes.

Je dois faire observer ici que mon tableau, ayant été dressé en Égypte avec le plus grand soin et à l'aide d'une méthode qui devait en faciliter la composition, ne s'est accru que d'un petit nombre de caractères par l'examen des principaux monumens qui me sont connus en Europe, et qui présentent le caractère de la haute antiquité ; je suis donc porté à croire qu'il est, sinon complet, du moins au niveau des connaissances actuelles. Toutefois, je dois avertir que j'en ai rejeté ce qui ne m'a pas paru assez authentique.

Ici, je ne m'occuperai que d'un seul point, susceptible d'être accueilli avec plus de faveur que la question générale, qui, on ne doit pas se le dissimuler, est environnée de bien des écueils, marqués par plus d'un naufrage. Le seul objet que j'aie en vue est relatif *aux signes des nombres*. Parmi les conjectures auxquelles je me suis livré, cette question particulière a toujours été l'objet de mes recherches favorites. Pouvais-je négliger cette partie du sujet, qui, reposant sur des faits d'un ordre positif, se prête le moins à l'arbitraire des suppositions, et qui doit amener des conséquences fécondes? En effet, si l'on réussit à déterminer, par exemple, tous les signes des quantités numériques, n'a-t-on pas l'espérance de faire ensuite des découvertes entièrement neuves dans l'astronomie ancienne et dans l'histoire, puisqu'il est constant, 1°. que les Égyptiens ont gravé une multitude de tableaux astronomiques et historiques; 2°. qu'ils les ont toujours accompagnés d'inscriptions en hiéroglyphes, qui me paraissent être, par rapport à ces tableaux, ce que sont à nos gravures les légendes, les index et les explications [1]?

Il serait trop long d'exposer, dans ces remarques, les moyens par lesquels je suis arrivé à reconnaître, du moins avec une vraisemblance plausible, les valeurs des signes que je crois consacrés à l'expression des quantités abstraites. Je me bornerai à une indication rapide des raisons sur lesquelles j'appuie ces résultats. Les bases dont je me suis servi sont principalement la pierre de Rosette, l'analogie avec les systèmes connus, la comparaison des divers monumens, et plusieurs passages importans des hiéroglyphes d'Horapollon.

Les Égyptiens écrivaient les nombres à la manière des Romains, la même que celle dont usaient les Grecs lorsqu'ils employaient les lettres capitales. Ils avaient des signes pour l'unité, pour 5, pour 10, pour 100 et

---

[1] Zoëga n'a rien hasardé sur les signes des nombres. Dans l'*Essai sur les hiéroglyphes* de Warburton, l'on trouve, à ce sujet, une conjecture de Bianchini, qui ne supporte par le plus léger examen.

pour 1000; c'est ce que je vais m'efforcer de faire reconnaître sur les monumens.

En considérant avec quelque attention, dans le palais de Karnak à Thèbes, la partie de ce grand édifice qui, contre l'ordinaire, est bâtie entièrement en granit, on remarque une façade toute sculptée et couverte de peintures[1]. Au lieu de tableaux religieux ou de scènes historiques, encadrés entre des colonnes d'hiéroglyphes horizontales ou verticales, les artistes y ont représenté des étendards, des vases précieux, des meubles richement ornés, des colliers de corail, de perles et de pierreries, des parures dorées, et une multitude d'objets de prix placés les uns à côté des autres, sur plusieurs séries et sans aucune séparation. Cette disposition, rare dans les monumens, est propre au genre de représentation qui nous occupe. Ici, tous ces objets paraissent rassemblés dans le seul but d'en faire l'énumération : or, on trouve au-dessous, et dans des bandes horizontales qui correspondent aux colonnes des hiéroglyphes ordinaires, des signes d'une espèce particulière, groupés de plusieurs façons, deux à deux, trois à trois, quatre à quatre, cinq à cinq, etc. L'un est un rectangle très-étroit et allongé, placé verticalement, 𝕝; l'autre a presque la forme d'un fer-à-cheval, quelquefois celle du Π grec. Ces mêmes signes sont aisés à distinguer dans d'autres tableaux de Thèbes à Karnak[2], où ils ont été renfermés dans des cases, comme pour empêcher qu'on ne les confondît avec les autres signes

---

[1] Une partie est gravée pl. 35, *A.*, vol. III.
[2] *Voyez* pl. 38, *A.*, vol. III.

de l'écriture hiéroglyphique. En examinant ces caractères, l'ordre dans lequel ils sont disposés, la place qu'ils occupent, il est impossible de ne pas reconnaître qu'ils ont une destination différente de celle des hiéroglyphes ordinaires; et il n'est personne qui ne conçoive aussitôt l'idée que ces signes peuvent être des chiffres, exprimant la quantité des objets placés au-dessus. Ces deux figures représentent, la première, l'unité; et la seconde, une dixaine.

Il ne peut y avoir aucune difficulté, du moins aucun doute raisonnable, sur le signe de l'unité; et l'on ne comprend point comment des écrivains ont conçu l'idée bizarre que le 1 des Égyptiens était représenté par deux lignes séparées : peut-être est-ce un passage d'Horapollon qui l'a suggérée; mais il me paraît avoir été mal entendu. Entre autres significations que l'auteur attribue à la figure du vautour, il assure que cet oiseau indiquait 2 drachmes, et la raison qu'il en donne est que, chez les Égyptiens, deux lignes expriment l'unité : (γὺψ) δραχμὰς δὲ δύο, διότι παρ' Αἰγυπτίοις μονάς ἐστιν αἱ δύο γραμμαί. Or, ces deux lignes sont, selon moi, les deux côtés longs du rectangle. Les interprètes et les commentateurs n'avaient pas rendu un compte satisfaisant de ce passage [1].

Le signe du nombre 5 était quelquefois une étoile. Horapollon nous apprend, au 13ᵉ chapitre du 1ᵉʳ livre, que la figure d'un astre exprimait le nombre 5, ἀςέρα.... τὸν δὲ πέντε ἀριθμὸν : mais j'en trouve une autre preuve

---

[1] *Voy.* les notes de N. Caussin et de Corneille de Pauw sur le onzième chapitre d'Horapollon, pag. 24, 248 et 294 de l'éd. d'Utrecht, 1727, in-4°.

dans l'inscription hiéroglyphique de la *pierre de Rosette*, qui est la traduction de l'inscription grecque, ainsi qu'on le sait positivement par le texte de celle-ci[1]. A la cinquantième ligne du grec, on lit ΗΜΕΡΑΣ ΠΕΝΤΕ, ou *cinq jours;* et à l'endroit correspondant des hiéroglyphes, treizième ligne, on trouve ces deux signes ✱ ⊚, c'est-à-dire, cinq soleils, ou cinq jours solaires[2].

Pour écrire *cinq*, on réunissait aussi cinq rectangles ou unités, placés parallèlement et debout : on conçoit aisément comment on a eu l'idée de ranger ces cinq barres sous la forme d'une étoile[3].

Horapollon et les monumens nous faisant reconnaître ainsi le 1 et le 5; et le signe en fer-à-cheval, ou en Π, étant placé immédiatement avant celui de l'unité dans les inscriptions numérales, il est visible qu'il est supérieur à 5, et il est déjà très-probable que sa valeur est 10. Or, la pierre de Rosette donne la preuve de ce dernier fait, deux fois :

1°. A la quarante-troisième ligne de l'inscription grecque, on trouve ces mots : ΒΑΣΙΛΕΙΑΣ ΔΕΚΑ, c'est-à-dire, *dix couronnes.* A la place correspondante dans

---

[1] Les nombres 30, 9, 4, 18, 2 et 8, sont inscrits dans les lignes 2, 4, 6, 18 et 24 de l'inscription grecque; malheureusement les parties correspondantes des hiéroglyphes manquent. D'autres nombres se trouvent dans les hiéroglyphes subsistans; mais je n'en parlerai point dans cette notice.

[2] La double circonférence de cette figure ne doit pas empêcher d'y reconnaître le disque du soleil, si souvent représenté dans les monumens par un cercle recreusé et en relief. Les caractères gravés sur la pierre étaient trop petits pour exprimer ce relief dans le creux; et il fallait deux cercles pour rendre le disque plus sensible et se rapprocher de l'effet de la sculpture en grand.

[3] Je dois renvoyer ici à l'écrit que j'ai publié *sur le Système mé-*

l'inscription en hiéroglyphes, onzième ligne, on trouve les signes suivans, ⊡.

2°. A la quarante-sixième ligne du grec, on lit ΤΡΙΑΚΑΔΑ ΜΕΣΟΡΗ, *le trentième jour de mesori;* à l'endroit des hiéroglyphes correspondant (douzième ligne), on trouve les caractères qui suivent, ○........ ∩∩∩. Comme on l'a vu plus haut, le dernier signe à gauche indique le mot *jour;* les deux signes qui précèdent se rapportent sans doute au mois de mesori, puis viennent les trois dixaines.

Dans un passage d'Horapollon, liv. II, chap. 30, on lit qu'une ligne droite accolée à une autre ligne courbée supérieurement, indique dix lignes planes[1]. Les commentateurs n'ont pas expliqué ce passage, qui me semble éclairci tant par le signe dont il est question, que par la valeur que je lui donne. En effet, les deux lignes 𝄁 étant rapprochées font la dixaine, ∩.

Dans le monument de Karnak précité, on lit aisément, dans cette hypothèse, le nombre 35, en procédant de droite à gauche, ||| ∩∩∩, et les nombres 1, 2, 3, 4, etc., |, ||, |||, ||||, etc. Maintenant, si l'on consulte la planche 38, *Antiquités*, volume III, on reconnaîtra sans peine beaucoup de

---

trique des anciens Égyptiens et leurs connaissances géométriques, A. M., tome VII, chap. XII, 1ʳᵉ partie, et où j'entre dans quelques détails sur l'étoile égyptienne.

[1] Γραμμὴ ὀρθὴ μία ἅμα γραμμῇ ἐπικεκαμμένῃ ἢ δέκα, γραμμὰς ἐπι- πέδους σημαίνουσι. M. Letronne propose de lire ainsi : ἐπικεκαμμένη, ἢ δέκα, ἢ γραμμὰς ἐπιπέδους....... c'est-à-dire, *désigne, ou le nombre dix, ou des lignes planes.* J'adopte en entier cette correction, qui vient à l'appui du sens que j'ai suivi.

DES ANCIENS ÉGYPTIENS.   87

nombres exprimés avec les deux mêmes figures ; j'en citerai seulement quelques exemples, où se rencontre un nouveau chiffre égal à *cent*, formé d'une ligne spirale, ainsi qu'on va le voir :

𝟿𝟿 𝟿𝟿	QUATRE CENTS	𝟿𝟿𝟿 𝟿𝟿𝟿	SIX CENTS
∩∩∩∩ ∩∩∩	SOIXANTE-DIX.	∩ 𝟷 𝟷 𝟷 𝟷 𝟷 𝟷 𝟷	DIX-HUIT.

𝟷 𝟷 𝟷	TROIS
𝟿	CENTS
∩∩∩ ∩∩∩	SOIXANTE-
𝟷 𝟷 ∩	DOUZE.

Le signe de la centaine ressemble beaucoup à la tige accolée à cette coiffure des dieux et des prêtres, qui est disposée en forme de mitre ou plutôt de *cidaris;* mais ici la queue de la tige est plus courte. La partie postérieure du pylône au temple de Medynet-abou est entièrement couverte de carreaux qui renferment cette même figure numérique et les deux autres citées plus haut.

Dans le grand manuscrit hiéroglyphique, pl. 72 à 75, *Antiquités*, vol. II, il y a d'autres exemples de nombres encore composés des mêmes signes : 𝟿𝟿𝟿𝟿, ∩∩∩, 𝟷𝟷𝟷𝟷𝟷∩∩, ∩∩∩∩, 400, 30, 25, 40.

88   SIGNES NUMÉRIQUES

En étudiant le même monument de Karnak, on remarque une figure très-fréquemment répétée, et qui représente, selon moi, une feuille de *nymphæa* ou *lotus*, que supporte une tige placée verticalement et coupée par une barre, ⌶. Cette tige semble dominer sur l'eau, représentée peut-être par le trait horizontal : sa position, toujours voisine des autres signes de nombres, qu'elle précède constamment, suffit pour faire présumer qu'elle a une valeur numérique. Le fait sera presque démontré, si l'on observe que le signe est répété quatre, cinq, six et sept fois; ce qui n'arrive jamais des caractères ordinaires de l'écriture hiéroglyphique. Divers rapprochemens, aussi bien que l'analogie, font voir que cette valeur est égale à mille. En effet, 1°. ce signe précède le *cent*, comme le *cent* précède le *dix*, comme le *dix* précède l'*unité*; 2°. il se trouve placé d'une manière correspondante au X des Grecs et au M des Romains; 3°. quand plusieurs nombres, valant au-delà de 100, sont figurés à la suite et en avant des objets dont ils expriment la quantité, les chiffres qui les composent ont toujours en tête le caractère dont il s'agit, gravé une ou plusieurs fois; 4°. ce signe a de la ressemblance avec le signe de 1000 dans l'écriture chinoise, 千, et surtout avec le caractère antique.

Ici je reconnais plus paticulièrement le *nymphæa cærulea* ou lotus azuré; la feuille est aisée à distinguer de celle du *nymphæa lotus*, qui est fortement dentelée. Or, en coupant le fruit du *nymphæa cærulea*[1], on a

---

[1] *Voyez*, dans cet ouvrage, *Botanique*, pl. 62.

DES ANCIENS ÉGYPTIENS. 89

sous les yeux, dans les deux coupes, environ un millier de graines : ce n'est là qu'un simple rapprochement. Le fait est que les graines sont très-nombreuses et fines comme du millet. Il est même remarquable que les graines de lotus ont, en Égypte, le surnom de *millet*. M. Delile observe, dans son excellente *Description des lotus*, qu'il a entendu appeler ces graines *dokhn el-bachenyn*, c'est-à-dire millet de bachenyn [1]. Ajoutons que le mot arabe *noufar*, qui signifie *lotus*, paraît se rapporter à la racine *nâf* (être élevé, dominer), d'où *nyf*, *nyfa*, نيف نيڧ, qui signifie, dans les lexiques, *nombre rond, supérieur à* 10, *comme* 100, 1000, etc. Au reste, le nombre exact n'est pas ici à considérer; il suffit de reconnaître dans la plante des traits qui se rapportent à un nombre élevé en général, multiple de 10, et qui ont pu engager à le choisir comme le signe de mille [2].

Je vais rapprocher plusieurs exemples de nombres assez considérables, que nous avons copiés sur le monument de Karnak [3] : on y reconnaîtra la même disposition, la même marche, que j'ai décrites; toujours les nombres sont écrits de droite à gauche et de haut en bas; d'abord les mille, ensuite les cents, puis les dixaines, et enfin les unités : c'est cette disposition constante qui m'a conduit à conjecturer la valeur

---

[1] *Voyez* les *Mémoires d'histoire naturelle*, tome XIX, pages 91, 415.

[2] On trouve dans plusieurs langues orientales, au sujet du lotus et de sa signification numérique, divers autres rapprochemens qui ne sont pas indignes d'attention, mais que je crois devoir passer sous silence.

[3] *Voyez* pl. 38, *A.*, volume III, fig. 26 à 31, et l'explication de la planche par MM. Jollois, Devilliers et moi.

6.

90   SIGNES NUMÉRIQUES

du signe que je regarde comme celui de la centaine [1].

La chose comptée est figurée à la suite des chiffres par deux ou trois signes de l'espèce ordinaire, exprimant sans doute des mots simples, qui se trouvent par-là isolés et distincts. Il faut remarquer ici l'avantage qu'on pourra tirer par la suite de la connaissance des chiffres, pour reconnaître les objets substantifs ou les êtres qu'ils sont destinés à énumérer, comme des hommes, des chevaux, des vases, des poids, des jours, des années, etc.

TROIS MILLE SIX CENTS TRENTE-SIX.

TROIS MILLE SIX CENTS VINGT-DEUX.

DEUX CENTS SOIXANTE-SEIZE MILLE.

SIX MILLE QUATRE CENTS VINGT-HUIT.

Tous les exemples que j'ai cités d'après les monumens, montrent que les signes numériques des Égyptiens, du moins ceux que nous connaissons, étaient

[1] Il serait impossible, du moins, d'admettre une hypothèse plus plausible.

employés suivant le même système que les chiffres grecs en lettres capitales, c'est-à-dire, 1°. que la valeur ne changeait point avec la position ; 2°. que les signes étaient au nombre de cinq, exprimant les valeurs de 1, 5, 10, 100, 1000, avec lesquels on composait tous les nombres, depuis 1 jusqu'à 10000.

Il reste à découvrir s'il y avait des signes pour exprimer 10000, 100000, etc. Il serait possible que le nombre 10000 s'exprimât simplement par la dixaine placée à la droite du mille, ⚹⚹ ; 100000, par la centaine à la droite du mille, ⚹⚹, et que, par exemple, ⚹⚹ signifiât 276000, au lieu de 1276. Il y a même un exemple qui indiquerait qu'à la manière des Chinois[1], les Égyptiens écrivaient 300 en plaçant trois unités devant le signe de cent[2]. Peut-être trouvera-t-on d'autres caractères encore dans le monument de Medynet-abou, sur lequel j'ai observé une quantité innombrable d'hiéroglyphes numériques, parfaitement reconnaissables.

Je soupçonne que les fractions étaient indiquées par le signe de l'unité plus petit et par des cercles d'une

---

[1] Les Chinois écrivent ainsi 30 三十 ; 300, 三百, ou $\frac{3}{10}$, $\frac{3}{100}$.

[2] *Voyez* la planche ci-jointe, fig. 10.

moindre proportion que les chiffres. En effet, de petites figures de cette espèce suivent les unités et précèdent le nom de la chose comptée.

Le monument de Thèbes que nous venons d'examiner, est sans doute un des lieux où les prêtres d'Égypte expliquèrent à Germanicus le *dénombrement* des tributs et des dépouilles que Ramessès avait rapportés de ses conquêtes; ce dénombrement, selon le témoignage de Tacite [1], était gravé sur les édifices de Thèbes : *Legebantur et indicta gentibus tributa, pondus argenti et auri, numerus armorum equorumque, et dona templis, ebur atque odores, quasque copias frumenti et omnium utensilium quæque natio penderet.* Ce récit n'a pas besoin de commentaire. L'application que je fais du passage de Tacite est confirmée par ceux de Diodore de Sicile et d'Ammien Marcellin. Selon le premier [2], Sésostris avait fait graver, sur deux grands obélisques, des inscriptions qui marquaient la *quantité* des tributs qu'il avait perçus, et le *nombre* des peuples qu'il avait subjugués.

Il est possible qu'on rencontre encore dans les monumens des chiffres pour 50, pour 500, pour 5000, comme dans la notation romaine, puisque nous avons déjà le chiffre 5. Ce système quinaire n'est pas particulier aux Romains; il se retrouve aussi chez les Grecs, qui enfermaient dans un Π le Δ, le H et le X, pour multiplier par 5 les nombres 10, 100, 1000.

Le Traité d'Horapollon ne renferme que six passages relatifs à des nombres : j'en ai cité trois. Dans les

---

[1] *Annal.* lib. II.   [2] Livre 1, chapitre 67.

autres, on trouve cités le nombre 1095, et le nombre 16 simple ou redoublé[1]; mais malheureusement, au lieu d'en définir la figure, l'auteur en donne seulement la signification symbolique. Il serait curieux de rencontrer les groupes de signes correspondans, qui, d'après nos idées, seraient exprimés ainsi :

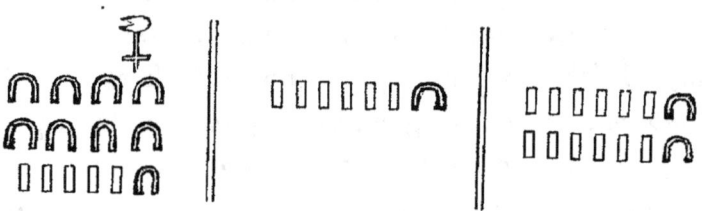

La même planche 38, *Antiquités*, volume III, qui a été citée, offre un signe qui, au premier coup d'œil, a beaucoup d'analogie avec une forme de poids : c'est une masse plate, surmontée d'un crochet propre à la saisir. Cette disposition est commode, et rend probable l'idée que nous attachons à la figure dont il s'agit. Ici elle est précédée du nombre 10...... : cette notation est trois fois répétée; on pourrait donc la regarder comme l'expression de dix fois un poids déterminé. Au-dessous il y a ; on lirait de même deux fois le poids dont il s'agit. Mais il faut se rappeler que le monument souterrain d'*Elethyia* représente les poids antiques sous une figure bien différente; ces poids ont la forme annulaire, précisément comme les poids de *rotl* usités de nos jours au Kaire et dans toute

---

[1] Livre I, chapitres 28, 32, 33.

l'Égypte, ◎, et cette forme est encore plus commode que celle qui est représentée à Karnak. En effet, des poids pareils sont faciles à empiler jusqu'à une assez grande hauteur; ils sont aussi très-faciles à enlever. J'ai vu maintes fois des marchands transporter au loin, sur leurs épaules ou sur leurs bras, et sans aucune fatigue, une quantité considérable de ces poids, qu'il eût été presque impossible de porter sous une autre forme.

Je n'ai pu découvrir si, outre l'usage des caractères dont je viens de parler, les Égyptiens avaient un système de notation analogue au nôtre. On sait que le système de la progression décimale, c'est-à-dire, par lequel les caractères ont une valeur décuple en avançant de droite à gauche, et qui est aujourd'hui adopté universellement, n'est point une condition nécessaire ni même la meilleure de toutes pour la numération. Les philosophes modernes, dans leurs spéculations, se sont occupés de rechercher quels avantages résulteraient de la progression binaire, de la progression duodénaire, ou d'autres semblables. Il est constant que nous tenons notre progression dénaire des Arabes, qui l'ont empruntée aux Indiens; mais, si les Indiens ont mis ce système en pratique à une époque déjà ancienne, ainsi que le fait voir le savant auteur du *Traité de l'arithmétique des Grecs*[1], il devient probable que

---

[1] *Histoire de l'astronomie ancienne*, tome 1er, pages 518, 519, 537, 542 et suivantes.

cette idée ingénieuse de fixer la valeur des signes par la place qu'ils occupent, n'a pas été entièrement inconnue aux Égyptiens. On nous opposera sans doute les signes numériques détachés que nous venons de faire reconnaître sur les monumens; mais ne faisons-nous pas usage des chiffres romains, malgré la généralité de l'emploi de l'arithmétique décimale? Seulement je conjecture que la notation dont je parle n'était point apparente comme les signes ordinaires de nombres, qu'ils n'ont pas cherché à envelopper d'un voile. Selon moi, les caractères systématiques, s'ils ont existé, devaient être puisés dans la série ordinaire des signes, pris alors dans un sens tropique; ce qui est sensible par l'application du passage connu de Clément d'Alexandrie.

Les signes dont j'ai parlé dans ces *remarques* étaient eux-mêmes des symboles de l'écriture hiéroglyphique, ayant une signification toute différente, selon leur place dans le discours. La pierre de Rosette en est une preuve démonstrative, puisqu'il n'y a que dix ou onze nombres cités dans le grec, tandis que les hiéroglyphes de 1, 10, 100, ⌷, ⊓ et 𝟵, sont répétés plus de trois cent seize fois dans la seule partie conservée.

Au reste, on sera porté à croire que les Égyptiens avaient deux manières de noter les quantités et les nombres, si l'on considère qu'à *Elethyia*, où sont représentées des scènes domestiques et rurales, on voit des marchands vendre des denrées et compter des ballots, des hommes de la campagne comptant des mesures et des sacs de grains, enfin un personnage occupé à enregistrer le résultat du calcul; et que cependant les signes numériques ordinaires ne se retrouvent point dans les inscriptions qui sont contiguës à ces tableaux expressifs, tableaux dont le sens ne laisse aucun doute[1]. La figure de l'unité est la seule qu'on y voie; mais elle y a certainement une autre signification : je ne donne cette réflexion que comme une conjecture, qui ne peut nullement infirmer les résultats précédens.

D'autres planches de l'ouvrage, qui n'ont pas été mentionnées plus haut, renferment, en assez grand nombre, des exemples curieux et même importans de caractères numériques. Nous aurons occasion de les citer, et d'en tirer les conséquences qui se présentent naturellement.

[1] *Voyez* pl. 68, *A.*, vol. 1.

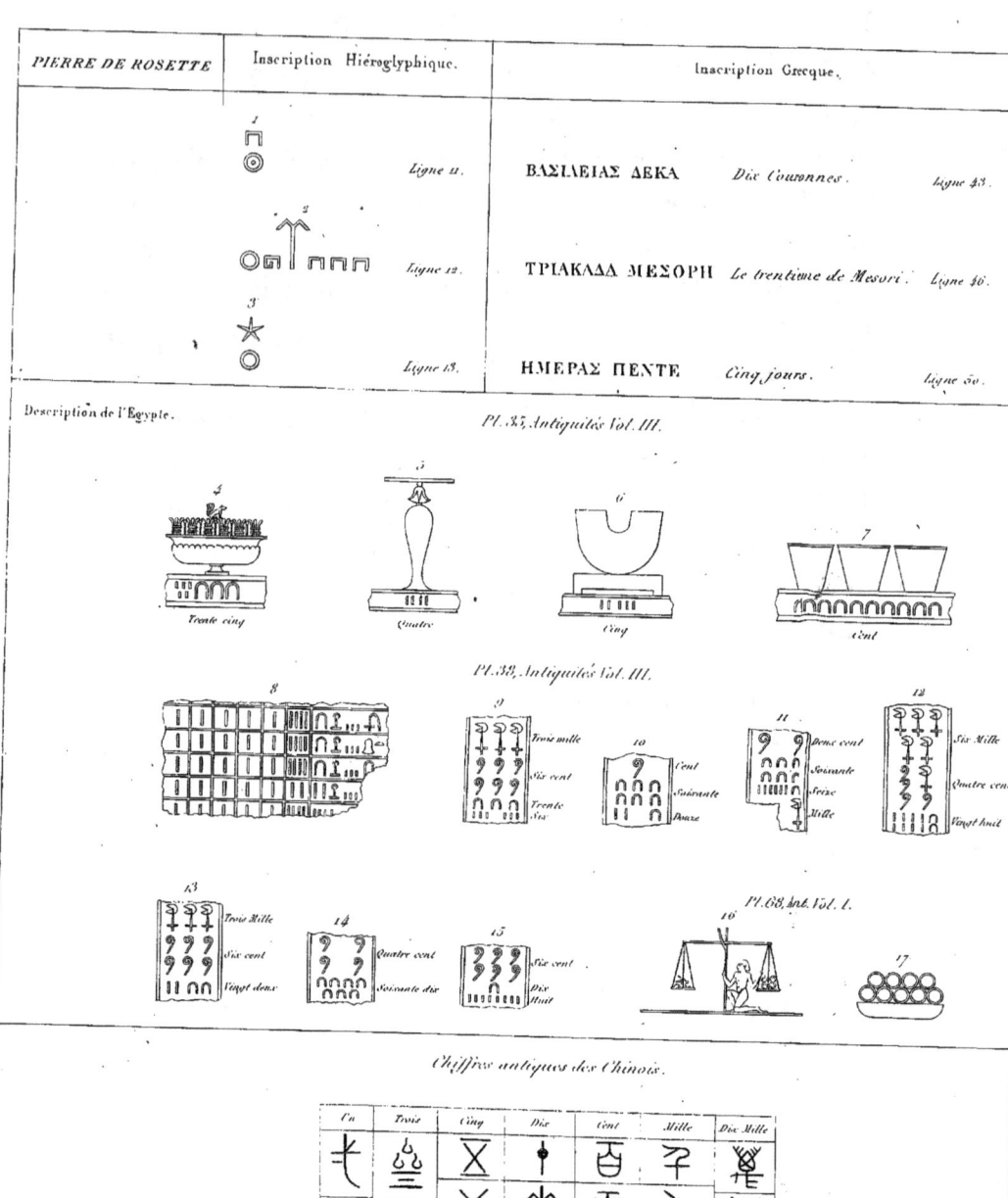

EXPLICATION DE LA PLANCHE.

1°. PARTIE HIÉROGLYPHIQUE DE L'INSCRIPTION DE ROSETTE.

FIGURES.

1. Hiéroglyphes de la ligne 11, qui paraissent répondre aux mots ΒΑΣΙΛΕΙΑΣ ΔΕΚΑ de l'inscription grecque, ligne 43, c'est-à-dire *dix couronnes*.

2. Hiéroglyphes de la 12ᵉ ligne, dont le premier et les trois derniers paraissent correspondre aux mots ΤΡΙΑΚΑΔΑ ΜΕΣΟΡΗ de la 46ᵉ ligne de l'inscription grecque, c'est-à-dire *le trentième jour de mesori*; les deux autres signes ont du rapport avec les circonstances physiques de ce mois égyptien.

3. Hiéroglyphes de la 13ᵉ ligne, correspondant aux mots ΗΜΕΡΑΣ ΠΕΝΤΕ de l'inscription grecque, ligne 50, c'est-à-dire *cinq soleils* ou *jours solaires*.

2°. CHIFFRES DES BAS-RELIEFS ÉGYPTIENS.

4. Fragment de la planche 35, *Antiquités*, vol. III, représentant un vase richement orné, et sous lequel sont sculptés des signes numériques représentant le nombre 35; ce qui paraît signifier l'énumération de *trente-cinq* vases de la même espèce.

5. Fragment de la même planche, indiquant *quatre* vases d'une autre espèce.

6. Fragment de la même planche, désignant *cinq* colliers.

A. M. IX.

7. Ce fragment de la même planche renferme *neuf* vases d'une forme très-simple : on n'en a gravé ici que trois. Le nombre qui est gravé au-dessous, renferme *dix* signes de dixaine ou *cent*. On présume que chacun des neuf vases avait quelque caractère particulier, soit dans la couleur ou autrement, mais difficile à distinguer, et qui n'aura pas été remarqué par le dessinateur; l'indication numérique signifiait probablement une centaine de chacun des *neuf* vases.

8. Fragment trouvé auprès des appartemens de granit à Karnak, et dessiné par MM. Jollois et Devilliers : les carreaux, à gauche, ne renferment chacun que le signe de l'unité; comme ce morceau est brisé, l'on ne peut donner de conjecture certaine à ce sujet. La 6ᵉ colonne de carreaux renferme les nombres *quatre* et *deux*; et la partie suivante, le nombre *dix*, suivi d'une forme de poids à crochet, et de trois petites unités, que l'on conjecture pouvoir désigner des fractions : puis viennent des hiéroglyphes ordinaires, indiquant sans doute l'objet pesé. La 4ᵉ colonne horizontale porte *deux* poids au lieu de *dix*.

9. Portion d'une inscription hiéroglyphique en colonne verticale, dessinée à Karnak par M. Viard. Au-dessous de ces dix-huit signes, valant *trois mille six cent trente-six*, il y a des hiéroglyphes exprimant sans doute l'objet dont ils énumèrent la quantité.

10. Portion d'une inscription copiée à Karnak par M. Viard, de laquelle on a détaché ces *dix* signes numériques : au-dessous, sont deux hiéroglyphes ordinaires; au-dessus, sont *trois* unités (*voyez* ci-dessus, page 87). Peut-être, avec le signe suivant, signifient-ils *trois cents*. Au lieu de répéter le signe de la centaine *trois* fois, comme dans les autres exemples, on aurait écrit d'abord *trois*, puis *cent*. C'est ainsi que les Chinois expriment *trois* dixaines, *trois* centaines, ou *trois* mille, etc.

FIGURES.

11. Autre portion de l'inscription précédente, exprimant le nombre *mille deux cent soixante-seize*.

Il est à noter que le signe de *mille*, au lieu d'être placé en tête, est mis ici le dernier; il est suivi de trois hiéroglyphes qui représentent une perdrix, un demi-cercle et une figure de quadrupède. C'est peut-être la disposition des hiéroglyphes qui aura exigé ce déplacement. Les écrivains et les sculpteurs avaient coutume de subordonner, pour l'arrangement, certaines figures aux autres, et surtout aux figures d'hommes ou d'animaux. Ici, la place étant indifférente pour la valeur des chiffres, il y avait encore moins d'inconvénient à mettre le signe de *mille* après les autres. Il serait possible cependant que les chiffres qui précèdent indiquassent le nombre de fois qu'on a voulu répéter *mille*, et que ce groupe signifiât *deux cent soixante-seize* mille, au lieu de *mille deux cent soixante-seize*.

12. Fragment d'une autre inscription numérique trouvée à Karnak et dessinée par M. Viard; au-dessous il y a, comme à l'ordinaire, des caractères indiquant l'objet dont ces chiffres expriment le compte. Les Égyptiens, qui recherchaient la symétrie et ordonnaient tout avec régularité, ont eu soin, dans ces divers exemples, de disposer les mille, les centaines, les dixaines et les unités, d'une certaine manière tout-à-fait symétrique, à moins que ces divers ordres d'unités ne fussent en nombre impair : cette remarque s'applique aux autres fragmens qui suivent.

13. Troisième fragment de l'inscription dont les figures 10 et 11 font partie : le nombre *trois mille six cent vingt-deux* est suivi de *trois* petits cercles qu'on suppose être des fractions.

14. Portion de l'inscription de la figure 12, signifiant *quatre cent soixante-dix* : au-dessous sont trois hiéroglyphes ; puis vient le nombre *six mille quatre cent vingt-huit*, etc.

7.

FIGURES.

15. Autre portion de l'inscription précédente, signifiant *six cent dix-huit* : au-dessous sont plusieurs hiéroglyphes analogues à ceux qui suivent le nombre *mille deux cent soixante-seize* (*voyez* figure 11).

16. Fragment du grand bas-relief des hypogées d'*Elethyia*, représentant un marchand qui pèse des animaux dans une balance : les poids sont de forme annulaire, et semblables à ceux que l'on connaît aujourd'hui en Orient sous le nom de *rotl*.

17. Une pile de poids de même espèce, représentés dans ce bas-relief à côté du sujet précédent, et supposés vus debout.

3°. ANCIENS CHIFFRES DES CHINOIS.

A gauche des deux derniers fragmens, on a figuré les chiffres antiques des Chinois, tels qu'ils sont tracés dans divers ouvrages de la Bibliothèque du roi à Paris, principalement les magnifiques recueils intitulés *Tchouen-tseu-'weï* et *Tching-chi-me-youan*, que j'ai consultés à l'aide de M. Abel-Rémusat, professeur de chinois au collége de France, membre de l'Académie des inscriptions et belles-lettres.

J'ai rassemblé ici quelques-uns de ces chiffres, parce qu'ils présentent presque tous une forme qui est le signe du végétal, ou de la plante en général, chez les anciens Chinois ; ou bien une indication de tiges, de feuilles, de fleurs ou de fruits : ce qui peut contribuer à expliquer pourquoi un autre peuple a aussi puisé la figure de plusieurs chiffres dans le règne végétal. Ces mêmes chiffres se trouvent rapportés dans beaucoup d'autres ouvrages, avec les anciens caractères de l'écriture chinoise. Ceux qui sont gravés dans la planche ci-jointe, ont été tirés du dictionnaire intitulé *Tchouen-tseu-'weï*.

On les retrouve sur des monumens chinois d'une haute antiquité, tels que des trépieds, des miroirs, des vases très-riches en bronze et en autre matière, dont les copies sont tracées avec le plus grand soin dans l'ouvrage qu'on vient de citer. Chacun des chiffres antiques a un très-grand nombre de formes différentes : mais presque tous ont une figure commune, qui paraît être celle d'une tige de plante, couronnée ou de feuilles, ou de fleurs, ou de fruits ; du moins, c'est la ressemblance la plus prochaine qu'on puisse trouver.

Dans la planche, on a représenté seulement dix-neuf chiffres, sur près de cent cinquante que j'ai copiés dans les recueils chinois.

Pour exprimer le *un*, le *deux* et le *trois*, il y a une, deux ou trois barres horizontales, tracées en dedans d'une croix curviligne et bifurquée. Dans une de ces figures du *trois*, les barres paraissent accompagnées d'une tige que couronnent trois fleurs (ou peut-être trois fruits).

Le *cinq* est la même chose que le X romain, ou simple, ou entre deux barres. Il y a des remarques de M. Hager sur ce sujet, dans un ouvrage qui a été publié à Londres en 1801, et dans un article du *Moniteur* du 15 brumaire an XIV (6 novembre 1805).

Une des formes du *dix* est une boule, et probablement une graine, enfilée dans une barre verticale ; ce qui rappelle l'abaque chinois et l'abaque romain : sa seconde forme est une tige avec deux branches coudées, pareilles à un hiéroglyphe qui est fréquent chez les Égyptiens ; et la troisième se compose, en partie, d'un signe à trois branches, qui est connu pour être l'emblème des plantes ou des végétaux en général.

Le *cent* a plus de vingt figures différentes, qui ont cependant un type commun ; savoir, un vase surmonté d'un large couvercle. La troisième pourrait bien représenter la capsule du *nelumbo* (le *ciborium* des auteurs), dont les Égyptiens faisaient un vase où ils aimaient à boire l'eau du Nil ; cette plante était autrefois commune à l'Égypte, à l'Inde et à la Chine, et partout consacrée à la religion.

Le *mille* a aussi beaucoup de formes différentes : il est remarquable que plusieurs d'entre elles, de même que le signe égyptien, se composent d'une croix surmontée d'une forme de feuille, ou peut-être du calice d'une fleur qui a beaucoup d'analogie avec celle du lotus. Nous regardons la première forme gravée dans la planche, comme la figure d'une tige de cette plante, dominant au-dessus de l'eau ; ce qui est presque absolument la même chose que le chiffre égyptien. Une autre figure du *mille* présente la forme du végétal deux fois répétée, etc.

Le signe de *dix mille* porte également le type de la plante; parmi beaucoup de formes assez compliquées, on retrouve toujours des tiges plus ou moins reconnaissables. Mais on distingue aussi une figure toute rectiligne, qui s'écarte tout-à-fait des autres, et qui a de la ressemblance avec des monogrammes antiques : cette forme est une barre deux fois coudée, traversée à angle droit par une autre toute pareille.

MÉMOIRE

SUR

LA POPULATION COMPARÉE

DE L'ÉGYPTE

ANCIENNE ET MODERNE,

Par E. JOMARD.

La connaissance de la population d'un pays est non-seulement une donnée dont nous avons besoin pour juger de ses ressources, de sa prospérité, en un mot de son existence politique, mais c'est encore un des premiers élémens de l'administration même de l'État, et sans lequel il est presque impossible au gouvernement de comparer la production à la consommation, l'impôt au revenu, enfin de régler sûrement l'économie publique.

Les Égyptiens paraissent avoir senti cette vérité, puisqu'ils faisaient tenir soigneusement des registres publics, et qu'on faisait le dénombrement exact de tous les habitans. Dans une contrée telle que l'Égypte, il serait d'un grand intérêt de savoir à quoi s'en tenir sur la population réelle du pays, sous ses anciens rois; il suffit, pour s'en convaincre, de considérer les grands ouvrages qu'elle a produits et qui ont rendu son nom immortel. S'il est vrai qu'elle fut l'école des Grecs, de ceux à qui l'Europe doit son haut degré de civilisation, on doit vivement désirer de connaître par quels moyens elle avait acquis sa prospérité si vantée : malheureusement, ses registres publics ont disparu avec ses annales; à peine en trouvons-nous dans les auteurs une faible mention. L'obscurité où les auteurs grecs nous laissent à cet égard, la contradiction de leurs témoignages, l'éloignement des temps, les vicissitudes du pays, tout concourt à jeter un voile épais sur une des questions les plus curieuses de l'antiquité; je ne parle pas des auteurs modernes, qui, en général, semblent, pour ainsi dire, avoir conspiré pour cacher de plus en plus la vérité.

Puisque l'histoire ne jette sur cette matière qu'une lueur incertaine, il faudra puiser à d'autres sources; nous interrogerons la nature, force immuable, qui brave les révolutions des empires. Ce que le sol de l'Égypte a été autrefois, il l'est encore : la fertilité du pays, la salubrité de l'air, la fécondité des femmes, rien n'a changé de ce qu'il n'est pas donné à l'homme de détruire; et, de même que dans certaines circonstances les anciens habitans conjecturaient avec justesse pour un avenir éloigné, nous pouvons, avec la même assurance, remonter du présent dans le passé. Nous consulterons donc l'état actuel de la contrée, la superficie du sol, le nombre des lieux habités, la population connue de plusieurs villes et provinces, les tables que l'Institut d'Égypte a rapportées, la proportion des sexes, la fécondité extraordinaire des femmes, la production et la consommation du pays. Une seule de ces données serait insuffisante; combinées ensemble, elles formeront, sinon un corps de preuves, du moins une base admissible, de manière à ce qu'on puisse y asseoir un calcul probable; car il ne faut pas se le dissimuler, l'antique population de l'Égypte est une des questions les plus épineuses qu'on puisse se proposer dans le vaste champ de l'histoire ancienne.

Si nous trouvons de l'accord dans les résultats obtenus partiellement, nous nous arrêterons à un terme moyen, dans lequel les erreurs seront balancées et atténuées, comme il arrive dans tous les résultats tirés de l'expérience (et il doit être permis d'adopter en érudition ou, si l'on veut, en économie politique, un moyen admis, même dans les sciences exactes); nous pourrons, ensuite, comparer ce résultat aux données imparfaites des auteurs. Si nous avions suivi la méthode contraire, nous aurions couru le risque de tomber dans de graves erreurs, ou de suivre une fausse route; tant est grande l'incertitude ou l'opposition des témoignages sur la question dont il s'agit !

ARTICLE Ier.

Superficie de l'Égypte.

Il faut d'abord se rendre un compte exact de l'étendue réelle du pays; cette recherche est fondamentale, et on n'est pas libre de se contenter d'approximations, quand on a le moyen de s'établir sur un fondement solide, et hors de toute attaque. Elle est dans la grande carte topographique, fruit des travaux de plus de cinquante ingénieurs ou officiers instruits, et à laquelle je m'honore d'avoir pris quelque part. En songeant à l'utilité qu'elle aura un jour, non-seulement pour les recherches historiques, mais pour l'état futur de cette contrée, et des relations que l'Europe, la France surtout, doit continuer d'entretenir avec elle, les voyageurs oublient aisément les fatigues et les périls qu'il leur a fallu braver pour en recueillir les matériaux; qu'on me pardonne ce souvenir, puisqu'il s'agit du grand intérêt de la civilisation, et de l'avantage de la patrie.

Hérodote[1] nous apprend que les habitans de Maréa, désirant se soustraire à la domination égyptienne, consultèrent l'oracle d'Ammon. La réponse fut que les pays qui étaient arrosés par l'inondation des eaux du Nil, appartenaient à l'Égypte. L'on ne saurait donner en effet une autre définition à l'Égypte proprement dite; en l'adoptant, nous serons aussi d'accord avec Strabon[2]. « On n'appliquait, dit-il, le nom d'Égypte qu'aux terrains arrosés par le fleuve, depuis Syène jusqu'à la mer. » Ainsi les limites du pays seront Syène et l'île de Philæ au sud, vers les 24° 1′ 25″ de latitude; le cap Bourlos au nord, par les 31° 37′ de latitude; à l'est, un point situé auprès de la branche Pélusiaque, et à l'ouest, la tour des Arabes, où vient aboutir le lac *Mareotis* : ces deux derniers points sont compris entre le 30ᵉ degré 16′ ½ de longitude et le 27ᵉ degré 14′ ½. Toutefois, les cartes modernes étendent l'Égypte bien

---

[1] Lib. ii, cap. 18.   [2] Lib. xvii, p. 70.

au-delà, et, géographiquement parlant, cette extension est légitime, puisque la Cœlé-Syrie d'une part, et la Libye de l'autre, ne réclament point l'espace compris à l'ouest du 35ᵉ degré 22′ de longitude, et, à l'est, du 26ᵉ degré 30′; mais les eaux du Nil ne parviennent jamais jusqu'à ces distances reculées. Des déserts sablonneux et entièrement stériles, fréquentés seulement par les caravanes ou par les bêtes sauvages, remplissent la plus grande partie de cette étendue. Il en est de même des déserts qui séparent le Nil de la mer Rouge, ou de ceux qui confinent à la chaîne libyque. Des stations établies pour le commerce ne méritent pas d'entrer en ligne de compte; puisque la culture a toujours été impossible dans ces régions, elles n'ont jamais été peuplées par des hommes. Nous ne pouvons nous y arrêter.

Bornons donc nos calculs à l'espace compris entre la mer et les montagnes sablonneuses qui resserrent la vallée du Nil, et que les eaux fécondantes de l'inondation annuelle n'ont jamais pu atteindre en aucun temps. Cet espace est bien plus rétréci qu'on ne le croit communément. Les historiens modernes et les géographes se sont trompés de beaucoup sur l'étendue actuelle de l'Égypte cultivée ou cultivable. Est-il donc étonnant que, sur la foi de quelques auteurs, l'on soit tombé dans des exagérations infinies et sur la population du pays, et sur les hommes de guerre qu'il mettait sur pied, et sur le nombre des villes et des bourgades ? On reculait jusque dans des sables inaccessibles les limites du pays, et des chaînes de montagnes escarpées disparaissaient sous la plume des écrivains.

Ce n'est pas tout de se renfermer rigoureusement dans les limites que j'ai définies, il faut encore distinguer dans cet espace toutes les espèces de superficies qui composent le territoire.

Ici, j'emprunterai à M. le colonel Jacotin, qui, avec autant de zèle que de talent, a dirigé en Égypte les travaux de la carte, et en France la rédaction de tous les matériaux[1], l'énumération qu'il a faite des différentes espèces de terrain, la mesure qu'il en a prise, et les calculs auxquels il s'est livré. Refaire une pareille opération, serait un travail complètement inutile, quand on sait avec quel succès cet habile ingénieur a rempli sa tâche.

« 1°. Les terrains occupés par les villes, villages, hameaux, habitations, tombeaux, places vagues, etc.;

« 2°. Les terres cultivées et cultivables;

« 3°. La superficie des terres incultes et qui pourraient être rendues à la culture;

« 4°. Celle des îles du fleuve, que l'on doit considérer en général comme terres cultivées et cultivables, et qui varient aussi selon les crues du Nil;

« 5°. Celle des canaux, de leurs berges, digues, chemins, et tout ce qui y a rapport;

« 6°. Celle de l'emplacement des ruines et décombres des villes et monumens anciens;

« 7°. Celle du fleuve dans les hautes eaux;

« 8°. Celle des lacs, étangs et marais également dans les hautes eaux;

---

[1] *Voyez* le *Mémoire sur la construction de la carte d'Égypte et de Syrie*, É. M., tome XVII, p. 437 et suivantes.

« 9°. Enfin, la superficie des sables, plages, dunes, renfermés dans la partie de l'Égypte susceptible d'être inondée par le fleuve, et qui ne tiennent pas au désert. »

L'étendue respective de chacune de ces neuf superficies est comprise dans le tableau suivant; l'approximation y est poussée jusqu'à la précision d'un hectare, et l'on ne peut guère désirer plus. Dans le tableau original que m'a communiqué M. Jacotin, l'on a distingué les seize provinces actuelles de la haute, de la moyenne et de la basse Égypte, et même les deux rives du Nil; enfin, la surface y est calculée en hectares, en myriamètres carrés, en arpens, en lieues et en *feddân*. Mais je me borne à rapporter le tableau qui suit, et qui exprime le résultat principal :

	EN HECTARES.	EN LIEUES carrées de 25 au degr.	EN FEDDAN.
	h.	l.	f.
Villes, villages, habitations......	43316.	21,93.	73058.
Terres cultivées et cultivables....	1907757.	965,85.	3217671.
Terres incultes.................	444165.	224,87.	749140.
Iles du fleuve..................	21708.	10,99.	36613.
Canaux et digues...............	71484.	36,19.	120567.
Ruines et décombres............	9674.	4,89.	16316.
Eaux du fleuve.................	94236.	47,71.	158941.
Étangs et lacs..................	558992.	283,	942810.
Sables.........................	134668.	68,18.	227134.
	3286000.	1663,61.	5542250.

D'après ce tableau, 965$^{\text{li.}}$,85 seulement sont habituellement en état de culture. Une quantité aussi faible a de quoi étonner au premier abord ; mais, si la surprise ne cédait pas à l'évidence géométrique, il faudrait se rendre au calcul tout-à-fait concordant fourni par les percepteurs de l'impôt ; et on n'accusera le fisc, dans aucun pays, de réduire l'étendue du territoire imposable : or, les intendans qobtes, qui tenaient avec beaucoup de soins les registres d'arpentage destinés à asseoir le myry, ou impôt territorial, ont fourni des états qui se montent à 3163618 *feddân*[1]. Le *feddân* est un carré de 20 *qasab* en tous sens ; le *qasab*, une perche de 6 coudées (*pyk belady* ou du pays) et 2/3 ; le pyk est de 0^{m}5775 : ainsi le *feddân* est de 5929 mètres carrés, et les 3163618 *feddân* font 1875709 hectares ou 949$^{\text{li.}}$,63. Voilà donc un nombre encore inférieur d'environ 16 lieues carrées au compte précédent ; en adoptant celui-ci, on ne craint donc pas de se tromper en moins. Enfin, le cadastre de Melik-el-Naser, publié par M. le baron Silvestre de Sacy, à la suite de la version d'Abdellatif, présente un total de 3172136 *feddân* ou 952 lieues carrées 1 dixième.

Mais il ne faudrait pas borner là l'espace réellement susceptible d'être mis en culture. Beaucoup de parties du territoire ont été envahies par les sables, depuis qu'avec ses lois et ses anciens usages, le pays a perdu sans retour, cette police vigilante qui protégeait le ter-

---

[1] *Voyez* le Mémoire de M. Estève *sur les finances de l'Égypte*, É. M., tome XII.

ritoire contre toute espèce d'ennemis. Par les affluens de la vallée, les vents apportent incessamment des nuées de sable fin, tantôt des déserts de la Libye, tantôt de ceux de la mer Rouge ou de l'Arabie. Cette cause d'empiètement a toujours existé; les anciens savaient s'en défendre par des canaux et par des plantations d'arbres épineux. Depuis que ces barrières n'existent plus, le pays perd de plus en plus de son terrain fertile, et le fleuve, quoique son niveau s'exhausse de plus en plus, n'arrive pas à une assez grande hauteur pour recouvrir les sables de son limon fécondant. On peut estimer à près du quart l'étendue stérilisée par cette cause.

Les *îles* sont toutes cultivables; leur position a beaucoup changé, leur superficie beaucoup moins. Le Nil ne fait que les déplacer, selon que sa pente et les variations de son cours le portent plus vers la rive droite ou vers la rive gauche : aussi sont-elles réclamées, tantôt par un village, tantôt par un autre.

Beaucoup de canaux abandonnés, comme l'observe judicieusement M. le colonel Jacotin, ont été remplacés par de nouveaux; les berges des uns et des autres couvrent un grand espace : voilà une nouvelle cause de terrain perdu pour la culture.

Enfin, depuis que l'équilibre est rompu entre les branches du Nil, la mer a fait des irruptions fréquentes. Des lacs salés occupent maintenant toutes les anciennes embouchures, à l'exception des seules branches Phatmétique et Bolbitine, et encore le Nil est resserré de près, à ces deux points, par les lacs d'Edkoû, de Bourlos et de Menzaleh.

La vaste étendue que ces lacs ont comblée est d'environ la septième partie de tout le pays; mais il faut avoir égard aux lacs qui existaient dans l'antiquité.

Ainsi les sables et la mer, qui étaient jadis un des plus sûrs boulevards du pays, ont, à leur tour, conquis les frontières de l'Égypte, et sont devenus ses plus cruels ennemis. Si on a égard à l'une et à l'autre de ces invasions, on trouve, par une mesure qui approche de la vérité, que la somme est un peu au-dessus du tiers, mais bien au-dessous de la moitié de l'étendue totale de l'Égypte; en voici le calcul :

	Lieues carrées de 25 au degré.
Territoire aujourd'hui cultivé.	965,85.
Terres incultes cultivables.	224,87.
Iles du fleuve, également cultivables.	10,99.
Eaux du Nil et de ses branches, et digues des canaux.	83,90.
Emplacemens des habitations et des ruines. . . .	26,82.
	1312,43.
Sables intérieurs ou dans les limites actuelles du pays cultivé.	68,18.
Étangs, lacs et marais; en totalité.	330, »
Territoire frontière envahi par les sables dans la haute et la basse Égypte, évalué à.	490, »
Total.	2200,61.
En nombre rond.	2200,

dont environ 700 dans la haute Égypte et 1500 dans la basse.

Dans cette superficie, je comprends les eaux courantes et les lacs d'eau douce, qui, sans doute, ne peuvent être comparés d'une manière absolue au terrain cultivé, soit pour les produits du sol, soit pour le nombre des lieux habités, mais qui cependant participaient jadis à ces deux genres d'utilité. Nous en avons des preuves qu'on me dispensera d'énumérer; je me bornerai ici à rappeler la multitude immense de barques et de navires dont le Nil et les canaux étaient couverts, au rapport d'Hérodote, d'Athénée, de Diodore de Sicile, et encore le produit de la pêche du lac de Mœris, qui montait, seul, à 240 talens[1]; j'ajouterai qu'en outre de la pêche, les canaux fournissaient abondamment plusieurs substances nourricières, telles que les bulbes de lotus, dont l'usage alimentaire n'est pas encore perdu.

On retrouve encore aujourd'hui une partie de l'ancien état des choses. Les lacs renferment des îles habitées, et beaucoup de marakbyeh (ou mariniers) habitent sur leurs barques. Les sables intérieurs renferment aussi plusieurs villages, et ceux des Arabes, surtout dans la haute Égypte, sont établis hors de la limite cultivée, au milieu des sables. Des 888 lieues de sable et de lacs, on peut en regarder 700 comme ne contribuant en rien à la population ni à la culture. De là nous concluerons un nombre total de 1500 lieues habitées ou cultivées à l'époque présente.

---

[1] Selon l'évaluation de Paucton, ce revenu représente 1800000 fr.: Diodore dit qu'il servait à payer la parure de la reine. (*Voyez* mon Mémoire sur le lac de Mœris, A. M., tome VI.)

ARTICLE II.

Nombre des lieux habités.

Connaître exactement le nombre des lieux habités, exige de notre part la même attention que l'examen de la superficie du sol; pour ceux qui ne connaissent pas bien le pays, ce serait un chaos à débrouiller que les listes de villages arabes. Bien loin d'y puiser des lumières sur l'état des choses dans l'antiquité, ils n'en pourront même tirer rien de positif sur le nombre réel des bourgs, villages et hameaux. Tantôt, sur leurs registres, les Qobtes donnent un nom collectif et unique à plusieurs villages séparés d'une demi-lieue ou plus éloignés; tantôt un seul village porte deux noms, ce qui a donné lieu de les compter deux fois. Ce n'est pas tout; là où le sol n'est pas assujéti à l'impôt territorial, soit à cause des ouâqf ou fondations religieuses, soit à cause des prétentions des cheykhs arabes, soit parce que certains Mamlouks *moultezim*[1] abusaient du pouvoir, il n'est fait nulle mention de lieux peuplés et fertiles qui existent réellement; en outre, plusieurs villages arabes n'ont jamais été portés sur les registres[2]. Enfin, l'impôt du myry est assis sur des terres dont les dénominations ont été prises pour des noms de lieux peuplés et habités. Plusieurs villages, dont les maisons subsistent encore en partie, ont été abandonnés par

[1] Propriétaires.
[2] Sur cent soixante-un villages dans la seule province de Minyeh, j'en ai trouvé soixante-seize de plus que le nombre inscrit aux registres.

diverses causes; ils figurent encore dans les registres et sur les cartes; il faut en faire abstraction pour connaître le nombre effectif des lieux habités. Ainsi, faire de ces villages un catalogue bien complet, et dépouillé de toute méprise, n'est pas une opération aussi simple et aussi facile qu'on pourrait le croire, en considérant la chose trop superficiellement.

Nous avons donc consulté les registres des intendans, non comme base de notre travail, mais comme un moyen de vérification. Ce n'est pas moins une publication bien importante que celle de la liste des villages que M. le baron Silvestre de Sacy a donnée (d'après le cadastre de Melik el-Nasar, dressé en 1315) à la suite de sa version d'Abdellatif[1]. Si cette liste ne présente pas l'état actuel du pays, elle le fait connaître du moins avec exactitude à une époque antérieure, et donne des moyens de comparaison, soit pour la division des provinces, soit pour le nombre des habitations ou groupes de villages; en faisant le relevé de ceux-ci, on ne trouve que 2259 noms. A la vérité, plusieurs villages sont compris sous une dénomination commune avec les hameaux (*koufour*) qui en dépendent. Dans un des registres qobtes, qui ont servi à l'administration française, on en compte 2967; mais les agens des provinces ont formé une liste de 3447 villages, et la grande carte topographique en renferme 3554. Ce dernier nombre, qui est le plus fort, pêche encore par défaut, puisque les ingénieurs n'ont pas séjourné aussi long-temps dans un canton que dans l'autre, et qu'il a nécessairement

---

[1] *Voyez*, à la fin de ce mémoire, les *Notes et Éclaircissemens*.

échappé à quelques-uns d'entre eux plusieurs positions. Les borner à 46 seulement, c'est faire une part bien petite à la chance des omissions : mais comme tous les lieux marqués sur la carte ont été vus et déterminés par des opérations géométriques, on ne peut douter de la réalité du nombre des 3554 villages; et par conséquent celui de 3600 en totalité, non compris les grandes villes ou chefs-lieux, présente un résultat qui ne peut visiblement pécher par excès.

D'Anville cite un catalogue portant 2696 noms, qui lui avait été remis par le P. Lequien; je ne parle pas d'un nombre inférieur cité par Schultens, d'après un lexicographe arabe. Comme l'Égypte a toujours été en se dépeuplant depuis la conquête des Romains, on voit que les listes pèchent toutes en moins par l'une ou plusieurs des causes que j'ai énumérées plus haut.

On doit encore ici faire une distinction entre les lieux habités; après les villes de 3 jusqu'à 15 ou 20 mille habitans, viennent les bourgades de 1000 à 3000; les villages de 300 à 1000; les nazlet (*nezel*), colonies ou dépendances de 2 à 300; enfin, les kafr (*koufour*), hameaux.

Il faut savoir qu'en Égypte il n'y a point, comme dans les pays civilisés de l'Europe, de maisons isolées dans la campagne, de fermes habitées par une famille et ses domestiques, ou du moins les exemples en sont excessivement rares. Toutes les habitations sont groupées et serrées; la plupart des lieux sont fermés d'une enceinte : c'est l'effet nécessaire des incursions des Arabes et de la facilité qu'ils trouvent pour piller la campagne. Si les *felláh* sont obligés de leur abandonner la terre, du moins ils sauvent leurs familles et leurs biens; heureux quand l'audace de ces cavaliers redoutables ne leur enlève pas leurs récoltes au milieu même des habitations [1].

Une dernière observation à faire, c'est qu'on doit distinguer les villages livrés à une industrie quelconque en outre de la culture ordinaire.

Dans ceux-ci, la population est plus serrée qu'ailleurs. Il ne faut pas moins de bras pour le travail des champs; les hommes excédens consomment du grain sans en produire. La consommation y est donc plus grande; mais l'exportation est moindre, et le sol peut suffire sans peine à la nourriture de tous.

Je n'ai point encore parlé des ruines de villages, si fréquentes sur presque toute la surface de l'Égypte: il faut se garder de croire que chacune d'elles représente une position antique; une grande partie de ces ruines est l'ouvrage des temps récens, et le fruit des avanies des beys ou de leurs lieutenans, des incursions des Arabes, des vexations du fisc. En allant bâtir ailleurs de nouvelles habitations pour se soustraire à leurs tyrans, les malheureux *felláh* ont encore contribué à réduire la superficie du sol cultivable.

Ces lieux ruinés demandent donc à être envisagés sous deux rapports : sous le premier, il ne faut point les compter comme fournissant à la population ; sous le second, on doit penser que le sol cultivable a

---

[1] *Voyez* les *Observations sur les Arabes de l'Égypte moyenne*, État moderne, tome XII, pages 267 et suivantes.

perdu, par ces déplacemens, une partie de son étendue.

J'ai eu égard à toutes les considérations qui précèdent, en fixant le nombre des lieux habités à 3600; maintenant, pour essayer d'en déduire quelque conséquence pour la population du pays, je vais prendre un exemple dans une des provinces qui ont été mesurées et décrites le plus exactement, la province de Minyeh, qui a succédé en partie à l'ancien nome d'Hermopolis; elle a également servi à M. Jacotin, pour la supputation qu'il a faite, de son côté, de la population actuelle de l'Égypte.

ARTICLE III.

Calcul de la population d'après celle de plusieurs lieux de l'Égypte.

1°. PROVINCE DE MINYEH

(Égypte moyenne).

J'ai été assez heureux pour recueillir, sur les lieux mêmes, de la bouche des cheykhs et des personnes instruites, des renseignemens détaillés sur le nombre des individus de chaque village. Plusieurs fois j'ai dû rectifier ceux qui me paraissaient inexacts; mais quand ils péchaient, c'étaient toujours en moins; on en sent aisément la cause. Il est bien superflu de placer ici tout le détail de ce dénombrement, que l'on trouvera dans les *Éclaircissemens*. En voici le résultat sommaire et en nombres ronds :

Nombre des lieux habités, 161.

    2 Villes. . . . . 11750 habitans.
    39 Bourgades. 53230
    63 Villages. 30820
    57 Nazlets et hameaux. . 8850

    Total. . . . . 104650 habitans,
    Et sans les villes. . 92900*.

La superficie de la province est égale à 67 lieues carrées 1/10; il se trouve donc, par lieue carrée, 2 à 3 villages et 1560 habitans; mais comme les deux villes de Minyeh et Meylâouy renferment à elles seules 11750 individus, il convient de les distraire; le résultat pourra être ensuite regardé comme un terme moyen très-admissible, attendu que les villages tiennent un milieu entre les hameaux et les bourgades. Ainsi, dans une province peu habitée, en comparaison du Delta et de la province de Charqyeh, dans un des cantons de l'Égypte les plus exposés aux dévastations des Arabes, et où les canaux ont perdu presque toute leur utilité, nous trouvons, par lieue carrée, à peu près 1385 habitans; autrement 584 habitans par village, l'un dans l'autre.

D'un autre côté, on compte autant de provinces qui le cèdent à celle de Minyeh, pour la fertilité, le nombre de canaux, ou l'étendue des terres inondées, qu'il y en a qui l'emportent sur elle sous ces divers rapports. Je trouve donc une juste compensation entre les unes et les autres, et celle-ci peut fournir un terme moyen dont la justesse est vraisemblable.

* *Voyez*, à la fin de ce mémoire, les *Notes et Éclaircissemens*.

Ici l'on demandera comment l'on n'a pas, dans le pays, un dénombrement tout fait, puisque les individus au-dessus de douze ans y paient une capitation. Il est vrai que cet impôt y était perçu avant l'expédition; on s'y prenait même d'une façon assez extraordinaire pour connaître, à défaut de registres de naissance, les individus ayant atteint l'âge de douze ans. Ce moyen consistait à présenter un anneau de corde sur la tête des jeunes gens : ceux dont la tête passait à travers étaient exemptés de l'impôt; reste à savoir si la corde avait toujours la même mesure dans les mains de tous les percepteurs. Toute autre énumération était inconnue.

Nous sommes donc dans la nécessité de nous en tenir à la base que nous venons de choisir, sans nous dissimuler cependant l'incertitude dont le calcul est affecté. A plus forte raison, de simples aperçus sont de bien peu de valeur, ou, pour mieux dire, ne méritent nulle confiance.

Il résulte de ce que j'ai dit plus haut, 1°. que la superficie aujourd'hui cultivée ou peuplée, défalcation faite des étangs, lacs et sables, monte à 1500 lieues carrées (*voyez* ci-dessus, page 113);

2°. Que le nombre des lieux habités doit être porté à 3600; dans ce nombre ne sont point comprises les villes de 3 à 4000 habitans et au-dessus;

3°. Que le nombre des habitans peut être estimé à 1385 par lieue carrée [1].

Conséquemment, nous compterons en Égypte, à la

---

[1] La France renferme au moins 1100 habitans par lieue carrée. Dans les cinq départemens de l'ancienne Normandie, il y en a 1642, d'après le calcul de M. le colonel Jacotin.

fin du xviiie siècle, 2076000 individus, non compris les habitans des villes.

2°. VILLES ET CHEFS-LIEUX EN GÉNÉRAL.

A l'égard de celles-ci, nous avons des données dont l'approximation est suffisante. Le long séjour des ingénieurs ou des officiers de l'armée française dans chacune d'elles, a permis de savoir à quoi s'en tenir.

La population de Rosette, ville située près de l'ancienne bouche Bolbitine, est comprise entre 12 et 15000 âmes; celle de Damiette est beaucoup plus considérable, on l'a portée à 20000. La ville qui vient après est Mehallet-el-Kebyr, dans le Delta : nous y comptons 17500; à Alexandrie, 15000; Syout, 12000; Qené, 5000; Girgeh, 7000; Beny-Soueyf, 5000; Medynet-el-Fayoum, 5000; Atfyh, 4000; Gyzeh, 5000; Qelyoub, 4500; Belbeys, 3000; Mansourah, 7500; Menouf et Tant, 15500[1].

En sommant tous ces nombres, et y ajoutant 11750 individus pour les villes de Minyeh et Meylâouy, on aura, pour le total de la population des chefs-lieux des provinces, abstraction faite du Kaire, 147750 habitans.

3°. LE KAIRE.

Le Kaire est déjà une ville assez considérable, sans y faire entrer, comme on l'a fait souvent, Boulâq et le vieux Kaire; nous ne considérerons donc ni la superficie ni la population de ces deux ports de la capitale de l'Égypte.

[1] J'emprunte ces résultats à M. le colonel Jacotin.

En mesurant à grands traits de compas le périmètre du Kaire, on trouve environ 13500 mètres; mais si l'on suit toutes les sinuosités de ses murailles, on en compte à peu près 24000. La superficie enfermée dans cette enceinte, est égale à 793 hectares, environ 2320 arpens. Ce n'est pas le quart de la surface de Paris, entre ses barrières actuelles. La presque totalité des rues est excessivement étroite, au point que l'on peut communiquer très-aisément d'un côté à l'autre. Cet usage tient à la grande chaleur du pays. Ainsi les rues du Kaire enlèvent peu de sa superficie; le reste est composé de maisons à plusieurs étages, dans la plus grande partie des quartiers.

Si l'on jugeait de la population du Kaire par les quartiers du Mousky ou de Bâb Zoueyleh, on en aurait une idée exagérée; en effet, la foule qui se presse à tout instant, par exemple, à l'Hamzaoueh, au Khân-khalyl, etc., est telle qu'on a une peine extrême à les parcourir; et Paris, peut-être, dans aucune de ses rue, n'en pourrait donner une idée. Peut-être Hârt-el-Youdy, le quartier des Juifs, est-il encore plus populeux que tous les autres; mais le quartier de Teyloun, celui de Birket-el-Fyl, celui de Qasim bey, etc., sont beaucoup moins peuplés. Bornons ici ces remarques, la description spéciale du Kaire étant destinée à renfermer beaucoup d'autres observations sur les monumens, le commerce et l'industrie de cette ville.

Il y a au Kaire, comme dans toutes les capitales, quelques places publiques, des jardins, des terrains vagues, et des maisons abandonnées ou en ruines : on y trouve encore des places de tombeaux; mais, à tout prendre, il y a beaucoup moins de ces espaces non habités qu'à Paris. Aussi pourrait-on, sans craindre de se tromper, comparer ensemble la population et la superficie des deux capitales, pourvu qu'on choisît dans la ville de Paris les quartiers qui ont le plus de rapport avec celle du Kaire. M. le colonel Jacotin a déjà fait ce calcul. En partant de la donnée qui est fournie par les quartiers du Louvre, de la Halle, de la Banque, des Arcis, de Sainte-Avoie, du Mont-de-Piété, et qui forment les 4ᵉ et 7ᵉ arrondissemens de Paris, il trouve 102692 individus pour une surface de 130 hectares [1]. Mais cette proportion serait trop forte pour le calcul des habitans du Kaire, puisque, ainsi qu'il l'observe lui-même, le nombre des étages est double à Paris, dans les quartiers que j'ai nommés. Réduisant donc le calcul à moitié, on trouverait au Kaire une population de 253210 habitans.

Il a été fait une autre supputation pour l'année 1797, qui porte la population à 500000 habitans, et dont voici le détail :

Hommes adultes.

Militaires, Mamlouks et odjaqlis.	12000.
Propriétaires [2].	6000.
Négocians.	4000.
Ouvriers et maîtres artisans.	25000.
A reporter.	47000.

[1] C'est-à-dire 790 individus par hectare. — La population moyenne pour Paris entier, est de 419 habitans par deux hectares.
[2] Ce nombre paraît comprendre les gens de loi.

Report.	47000.
Petits marchands détaillans.	5000.
Autres marchands tenant les cafés.	2000.
Domestiques mâles, compris les esclaves (kaouâs, sâys, saqqâ, farrach).	30000.
Manouvriers, journaliers.	15000.
Femmes adultes et enfans des deux sexes, environ.	201000.
TOTAL.	300000.

Mais si le premier calcul est trop faible, je regarde celui-ci comme trop fort : il n'est point fondé sur un dénombrement effectif, mais sur des renseignemens fournis par des Européens établis au Kaire; et cependant il est incomplet, puisqu'on n'y fait pas entrer les esclaves en ligne de compte, bien que le nombre en soit assez considérable, surtout celui des esclaves du sexe féminin. Toute personne tant soit peu aisée a une ou plusieurs femmes noires à son service; il n'est pas absolument rare d'en trouver jusqu'à 6 dans une seule maison; enfin, il n'est pas possible qu'il y ait 6000 propriétaires mâles au Kaire[1] : tous ces nombres doivent être réduits d'un huitième environ[2].

Heureusement nous avons une troisième donnée, plus probante que les autres, et c'est à celle-ci que je m'arrêterai. Peu après l'établissement des Français au Kaire, on a fait ouvrir, pour la première fois, des re-

---

[1] En 1797 on comptait environ 4000 propriétaires, savoir : 200 odjaqlis, 1000 femmes, 1000 chelebis ou fils de famille, 500 cheykhs, 200 Mamlouks, 200 négocians et 900 autres individus, effendis, etc.

[2] *Voir* la Description du Kaire, ch III, §. IV (E. M., f^lle 18, 2ᵉ part.).

gistres de décès; ces registres ont été tenus avec exactitude pendant trois années; on y inscrivait avec la distinction d'hommes, femmes et enfans, l'âge des décédés, le sexe, et la nature de la maladie. M. le docteur Desgenettes, médecin en chef, avait mis, avec raison, une grande importance à ces Tables nécrologiques, soit pour l'avancement de la statistique, soit pour reconnaître la marche des maladies ou l'état de la santé de l'armée et des habitans. Il résulte du dépouillement général que j'ai fait de ces différentes tables, qu'en 867 jours, il est mort 20985 individus; savoir, 3897 hommes, 5261 femmes, 11827 enfans : terme moyen par an, 8834 décès [1].

D'après un renseignement antérieur à l'expédition française, il mourait au Kaire environ 25 personnes par jour : 4 hommes, 6 femmes, 15 enfans, ce qui fait, pour toute l'année, 9125 individus, un peu plus que le terme précédent; ce qui dénote que celui-ci ne pèche pas par excès, et que l'action de la peste n'a pas été telle qu'elle ait influé sur le résultat d'une manière trop sensible pendant les trois années d'observation. D'ailleurs l'excès du nombre des femmes est constant dans chaque année : la première présente 1294 femmes et 898 hommes, la seconde 1376 femmes et 1903 hommes, la troisième 2591 femmes et 1996 hommes.

Or, la population est peu variable au Kaire; c'est beaucoup si l'accroissement est d'un soixantième ou

---

[1] Ces Tables ont été commencées le 17 brumaire an VII, et terminées le 15 messidor an VIII, sans autre interruption que pendant les trois mois du siège du Kaire, en l'an VIII.

d'un cinquantième. On peut, d'après cela, estimer d'une manière vraisemblable le nombre des naissances annuelles, et croire qu'il s'éloigne peu de 9000.

Essayons d'appliquer à ces données la loi de mortalité; cette loi varie sans doute un peu pour chaque pays; mais, quant à présent, nous ne pouvons faire usage que de celle qui nous est connue, sauf à appliquer par la suite une correction.

On a reconnu qu'il y avait, dans une population stationnaire, un rapport fixe entre cette population et le nombre des naissances annuelles[1]. Le nombre qui exprime ce rapport est aussi égal à la durée moyenne de la vie[2]. Ainsi, en multipliant les naissances par le nombre qui exprime ce rapport, on connaît la population. En France, le nombre des naissances annuelles est à fort peu près d'un million. La quantité par laquelle il faut les multiplier, se trouve en divisant le nombre qui exprime la population connue d'une partie du pays, par le terme moyen des naissances dans la même étendue. C'est ainsi que M. Laplace a trouvé, en comparant trois années du registre des naissances[3], sur une population connue de 2037615 individus, que ce rapport est en France de 28352845. Il en conclut que la population de la France est de 28352845 individus.

En 1818, la population était regardée comme égale à 29217465 habitans, et le nombre des naissances a été de 914351 : le rapport de ces deux quantités est 31,9

---

[1] *Introduction à la Théorie analytique des probabilités*, par M. Laplace, pages 91 et suiv. In-4°. 1820.

[2] *Voyez*, à la fin de ce mémoire, les *Notes et Eclaircissemens*, etc.

[3] Ces trois années correspondent précisément à celles des observations faites au Kaire.

environ, terme plus grand que le précédent ; mais on ne doit pas s'en servir, parce que ce rapport n'est sensiblement exact qu'en ayant égard à plusieurs années consécutives. Je m'arrête, pour le Kaire, au rapport 29,3, un peu plus fort que celui qui a été déterminé ci-dessus : voici sur quoi je me fonde. Le nombre que nous cherchons n'est pas le même dans les villes que dans les campagnes, dans les capitales que dans les villes du second ordre : nous devons donc préférer pour le Kaire, qui est une grande capitale, le rapport trouvé à Paris.

Or, ce nombre nous est connu depuis peu, d'une manière encore plus exacte. D'après le dénombrement de 1817, la population de Paris est de 713765 individus ; en 1819, le nombre des naissances s'est trouvé de 24344 ; il tient le milieu entre celle des dernières années. Le rapport de ces deux quantités est à fort peu près 29,3.

C'est par ce nombre que je vais multiplier 9000, nombre moyen présumé des naissances annuelles au Kaire. Ainsi, en résultat, je trouve, pour la population de cette capitale, 263700 individus [1]. Ce qui confirme la justesse du résultat, c'est qu'il tient un juste milieu entre les deux calculs par lesquels j'ai commencé, c'est-à-dire 253210 et 300000. Enfin, on comptait alors au Kaire 26000 maisons, qui, à 10 individus par chacune, terme moyen, supposent une population de 260000 habitans.

[1] Paucton comptait 600 mille individus au Kaire. (*Traité des mesures*, page 483.)

Portons donc ici pour la ville
du Kaire. . . . .   263700 habitans.
Pour la population des autres
villes d'Égypte.   147750
Pour celle du reste du pays. . 2077500

            Total. . . . . 2488950.

Je ne comprends point dans ce compte la population des Arabes vivant sous la tente, n'ayant point de demeure fixe, ou même le plus souvent campés dans le désert, et qui cependant se nourrissent des fruits du pays. Le nombre en est estimé à 27500 cavaliers [1] ; il faut compter au moins autant de piétons : ce qui suppose plus de 130000 individus de tout âge et de tout sexe. Je suis porté à croire ce nombre trop faible.

ARTICLE IV.

De la proportion des deux sexes, et de la fécondité des femmes.

Il n'est pas hors de propos de dire ici quelque chose de la proportion des sexes et de la fécondité des femmes. Maintenant il paraît démontré qu'en Europe le nombre des naissances mâles est plus grand que celui des autres; il semblerait même que la différence est plus grande dans le Nord que dans le Midi. Ainsi, à Lon-

---

[1] J'ai admis ce nombre d'après la Nomenclature publiée par mon collègue et savant ami M. Jaubert, professeur de turck à l'école des langues orientales. *Voyez* État moderne, tome XVI, page 107.

dres on a trouvé, sur 95 années d'observations, le rapport de 19 à 18; à Paris, sur 40 ans, le rapport de 25 à 24 : à Naples, il est de 22 à 21 [1].

Il y a donc en Europe supériorité dans le nombre des naissances de garçons. En Égypte, il paraît que c'est le contraire : d'après le renseignement que j'ai cité et qui est antérieur à l'expédition, il mourait chaque jour au Kaire, terme moyen, 6 femmes et 4 hommes; d'après le relevé des Tables nécrologiques du Kaire, je trouve 5261 décès de femmes, 3897 d'hommes : rapport 27 à 20. A Rosette, on a observé le même fait; il y naît et meurt plus de femmes que d'hommes. Que si l'on objecte que ce rapport de 6 à 4, même celui de 27 à 20, paraissent excessifs, il restera toujours que s'il y a excès d'un sexe sur l'autre, ce n'est pas du sexe masculin [2].

S'il était permis d'ajouter une réflexion sur un fait dont la cause est pour nous un mystère profond, ne pourrait-on pas observer que les femmes, en Égypte, cessent de bonne heure de donner des enfans? Non-seulement au Kaire, mais dans les provinces, on voit souvent les femmes du peuple, pour ainsi dire vieilles à trente ans, la plupart frappées d'affections maladives, et

---

[1] *Introduction à la Théorie analytique des probabilités*, p. 380. Le savant auteur pensait que cette proportion existe partout.

[2] Dans l'île de Ceylan, il naît aussi plus de filles que de garçons : c'est encore la même chose en Nubie.
On fait une objection tirée de ce qu'il arrive en Égypte plus d'esclaves du sexe féminin que de l'autre. Mais la différence serait bien loin d'expliquer celle des décès, même en supposant qu'il meurt plus de ces femmes que des hommes dans les années de peste. Ordinairement, sur quatre années, il y en a une où la peste sévit : c'est ce qui est arrivé pendant le séjour de l'armée française; les Tables nécrologiques sont donc assez étendues pour que l'on considère le cas de peste comme étant entré dans le calcul.

peu après décrépites : or, cette stérilité précoce est compensée par l'excédent des naissances des filles. En outre, l'âge nubile n'est pas moins précoce; à 12 ans, les femmes commencent à produire des enfans, et leur fécondité est extrême pendant les six premières années du mariage. Les accouchemens de deux jumeaux sont une chose tout-à-fait commune[1] : or, telle était aussi jadis la fécondité des femmes égyptiennes, Columelle dit que les femmes donnaient communément deux jumeaux; selon Strabon[2], elles accouchaient de quatre à-la-fois, et Aristote[3] raconte aussi que les femmes produisaient jusqu'à cinq enfans. Aulugelle[4] cite le même fait sur la foi d'Aristote : « *Aristoteles philosophus memoriæ tradidit mulierem in Ægypto uno partu quinque pueros enixam : eumque esse finem dixit multijugæ hominum partionis, neque plures unquam simul genitas compertum : hunc autem esse numerum ait rarissimum.* »

Enfin, le même Strabon[5], d'après Aristote, Pline[6] et le jurisconsulte Paul[7], avancent que l'on a vu jusqu'à sept enfans naître à-la-fois. Je conviens qu'il y a bien de l'exagération dans ces récits; mais en les rapprochant de ce qui se voit de nos jours, on est autorisé à conclure que de tout temps les femmes ont été plus fécondes en Égypte que partout ailleurs. Toutefois, cet excès de fécondité n'appartient pas aux femmes étrangères qui s'établissent en Égypte : en général, les étran-

---

[1] *Voyez* le *Recueil de Mémoires et d'Opuscules sur l'Égypte,* par le docteur Savaresy, page 70 de l'édition française.
[2] Lib. xv, pag. 478.
[3] *Hist. anim.* lib. vii, cap. 5.
[4] Lib. x, cap. 2.
[5] *Loco citato.*
[6] Lib. vii, cap. 3.
[7] Lib. v, *Digest.* t. iv, leg. 3.

gers y propagent difficilement, ou plutôt ils n'y laissent que très-peu ou point de postérité; cela est vrai, non-seulement des Francs et des Européens, mais des Mamlouks, des odjaqlis, des Syriens, etc. S'il survit quelques-uns de leurs enfans, ils traînent une vie faible et languissante. C'est un fait que le recrutement annuel des Mamlouks (mal-à-propos attribué à la peste) rendait déjà probable, mais que les recherches de M. Fourier ont mis hors de doute et dont elles ont montré la généralité.

D'un autre côté, la mortalité des enfans est très-considérable au Kaire : on a vu plus haut que la proportion entre elle et celle des adultes approche du rapport de 4 à 3. On attribue cette mortalité en partie à la petite-vérole; mais d'autres causes non moins actives contribuent à l'augmenter : aussi, sans la fécondité extrême des femmes, la population irait en décroissant, tandis qu'elle paraît aujourd'hui stationnaire, sinon un peu croissante.

Enfin, sur le nombre des adultes qui habitent au Kaire, il y en a peut-être un tiers qui, à raison de leur âge ou de l'état de maladie, ne contribuent pas à la population.

Il suit de tout cela, que la fécondité des femmes est balancée, 1°. par cela qu'elles cessent d'enfanter de bonne heure; 2°. par la grande mortalité des enfans. On n'en peut donc tirer aucune induction pour conclure le fait ou la possibilité d'une population excédant toute mesure, telle que plusieurs savans l'ont admise.

J'ai dû entrer dans ces détails pour montrer que si,

d'une part, le pays renferme des causes d'accroissement dans la population, de l'autre, il s'y trouve des causes non moins agissantes de dépopulation; et je suis fondé à conclure que la considération tirée de la fécondité des femmes, ne doit que faiblement influer sur mon calcul, qui, se trouvant ainsi également éloigné des excès contraires, doit s'éloigner peu de la réalité.

ARTICLE V.

Production et consommation.

D'après l'exemple des écrivains qui ont le mieux traité de cette matière, il me reste à apprécier un autre élément de la population de l'Égypte; savoir, la quantité de grains qu'elle produit annuellement. Si, avec cette donnée, l'on connaissait exactement la partie qui est exportée, on pourrait évaluer ce qui est consommé dans le pays, et, par suite, le nombre des consommateurs; mais il s'en faut que la statistique de l'Égypte soit déjà parvenue à ce degré de certitude.

Nous avons observé, pendant notre séjour, que dans les terres communes le blé rend dix fois la semence: ce rapport, dans les plus fertiles, va jusqu'à quinze ou dix-huit fois, mais non pas à soixante-dix ou même cent, comme l'ont dit Ammien Marcelin[1], Pline[2] et d'autres auteurs; ce que Paucton admet pourtant sans difficulté[3]. Le riz produit, selon les calculs de M. Girard, plus

[1] Lib. 22.
[2] *Hist. nat.* lib. 18, cap. 10.
[3] Page 549.

de dix-huit fois la semence; mais ce n'est rien auprès du *dourah belady (holcus sorgo)* : ce grain qui ressemble au millet, rapporte jusqu'à deux cent quarante fois. Le *dourah* est une seconde providence pour les *fellâh*; dans toutes les campagnes, surtout de la haute Égypte, on en fait usage pour le pain, bien plus que du blé, dont la plus grande partie est réservée pour acquitter l'impôt, ou le payer en nature, ou, enfin pour le commerce. Je ne parle pas ici des autres grains, ni des différentes productions qui ne servent qu'à la nourriture des animaux.

Pour ensemencer un *feddân*, il faut $\frac{1}{2}$ ardeb de blé, mesure du Kaire, qui rapporte, terme moyen, 7 ardebs. Les frais de culture de tout genre se payent avec 1 ardeb $\frac{1}{2}$: le bénéfice net par *feddân* est donc de 5 ardebs.

Le *feddân* étant égal à $0^{hect.},5929$, l'ardeb à $1^{hectol.},849$, il suit qu'un hectare donne $21^{hectol.},83$ de blé, et, tous frais faits, un produit net de $15^{hectol.},60$. Cette quantité, à raison de 8 francs l'ardeb[1] ou 4 francs 32 cent. l'hectolitre, représente une somme de 67 francs 40 cent.

Dans la haute Égypte, le produit moyen en blé n'est que de 6 ardebs par *feddân*; mais, comme dans la basse Égypte, il approche de 8, on peut, ainsi que je l'ai fait, le fixer à 7 pour la masse du pays.

J'ai dit que le *dourah*, nourriture habituelle des

---

[1] Mon collègue M. Girard estime ce prix à 21 médins seulement, ou 7 francs 50 centimes. (*Voyez* son excellent Mémoire sur l'agriculture de l'Égypte, t. I et III de la *Décade égyptienne.*) — A Paris, l'hectolitre vaut, terme moyen d'après les mercuriales, environ 19 francs 90 cent. (*Voy*. les Tableaux servant à régler la limite légale du taux des grains.)

hommes de la campagne, donnait un produit beaucoup plus considérable : ce produit est de 10 ardebs par *feddân*; de plus, il n'exige qu'un rob' de semence ou la 24ᵉ partie de l'ardeb. Le prix moyen de l'ardeb de *dourah* est de 130 médins ; ce qui revient à plus de 2 francs 50 cent. l'hectolitre : l'hectare produit donc un peu plus de 31 hectolitres en *dourah*; le produit net par hectare est de 15$^{\text{hectol.}}$ 3/4.

Je m'arrête ici à ces grains nourriciers qui forment, avec les fèves, la base de la nourriture du peuple, et l'objet principal des exportations.

Il reste à évaluer les quantités de terrains affectées respectivement aux différentes cultures. 1°. Dans la haute Égypte, il y a 45 hectares environ sur 100 de cultivés en blé, 25 en dourah, le reste en fèves, en orge et fourrages pour les chevaux et les bestiaux, en lupin, pois et lentilles, enfin en sucre, coton et autres plantes à l'usage de l'économie domestique.

2°. Le *dourah* occupe dans la basse Égypte 6 hectares sur 100; le blé, environ 25 hectares [1]; le reste est semé en riz, en orge, en fourrages, et on y cultive les autres plantes que j'ai indiquées plus haut, à l'exception de celles qui sont propres au climat de la haute Égypte.

Ce n'est que dans la basse Égypte et particulièrement

---

[1] La quantité cultivée en blé et en dourah paraît avoir diminué depuis l'expédition. L'impôt territorial de la haute Égypte, ou myry, en grains, est, selon M. Estève, estimé à 365073 ardebs, valeur en orge, faisant 6750200 hectolitres. On compte un ardeb de blé pour 1 ½ d'orge. Or, le produit brut est bien de 7 fois le montant de l'impôt, c'est-à-dire 2500000 ardebs. La basse Égypte, en proportion, doit être comptée pour 3000000, en tout 5500000 ardebs, faisant plus de 10 millions d'hectolitres, dont il faut retrancher la semence.

dans les provinces de Rosette et de Damiette, qu'on récolte le riz : là se trouve en abondance l'eau nécessaire à sa culture, à un niveau très-voisin de celui du sol. Comme cette province ne représente guère que le 16ᵉ de la superficie de la basse Égypte, on peut tout au plus évaluer à 6 hectares sur 100 la portion de cette contrée cultivée en riz : au reste, les élémens relatifs à la culture du riz n'étant pas suffisans pour asseoir les calculs dont je m'occupe, je dois faire ici abstraction de cette denrée, ainsi que des autres subsistances végétales[1].

D'après ces bases, il est facile d'estimer le produit de l'Égypte en grains, avec une approximation suffisante.

En résumé, j'estime, comme il suit, les quantités de terres cultivées en blé et en dourah, pour environ 1000 lieues carrées, et leur *produit net* annuel, évalué en kilogrammes de grain, à raison de 80 kilogrammes l'hectolitre pour le premier, et de 40 pour le second :

GRAINS.	NOMBRE D'HECTARES.	NOMBRE D'HECTOLITRES.	NOMBRE DE KILOGRAMMES.
Blé..........	619000.	9656400[2].	772512000.
Dourah.......	238000.	3748500.	149940000.

Le blé d'Égypte soumis à la panification, d'après les expériences faites au Kaire par une commission

---

[1] Telles que lentilles, pois et lupins, le sucre ; ensuite le trèfle, le fenugrec et le guilban pour fourrages, etc.
[2] *Voyez* ibidem.

spéciale, fournit, terme moyen, les $\frac{14}{17}$ de son poids en farine et les $\frac{10}{11}$ en pain [1]. On n'a point d'expérience exacte faite sur le *dourah*, mais on peut évaluer à moitié, au moins, le poids spécifique de cette espèce de millet, et le produit qu'on en tire en pain.

Voilà donc environ 770500000 kilog. de pain, qu'on pourrait préparer dans une année avec les grains d'Égypte, et qui pourraient alimenter par jour environ 4222000 individus, à raison de $\frac{1}{2}$ kilogramme par jour, terme moyen; quantité qui me paraît admissible en Égypte comme en Europe, où elle est généralement reçue dans les calculs des économistes. A ce nombre de 4222000 individus, il faudrait ajouter tous ceux qui vivent des grains servant à payer les frais de culture, environ un cinquième en sus, et enfin tous ceux qui se nourrissent uniquement de fèves [2], de maïs et de denrées autres que le pain : on parviendrait ainsi à un nombre de 5 millions et demi d'habitans, ou tout au plus 6 millions.

Je ne fais pas entrer dans le calcul d'autres substances alimentaires dont le prix est très-modique; par exemple les œufs, dont le prix est si bas qu'on en a aisément jusqu'à cinq à six pour un médin (la 28ᵉ partie du franc), le lait, le beurre et le fromage, les dattes et les autres fruits, le poisson si abondant dans les lacs et les canaux, sans parler de la chair du mou-

---

[1] *Voyez* la Décade égyptienne, tome III, pag. 129.

[2] Le produit en fèves est aussi considérable que celui du blé; mais il faut observer que les bestiaux en consomment une grande partie, savoir les chameaux, les ânes, et même les chevaux. L'orge fait la moitié du froment, le maïs un huitième, à peu près.

ton, du buffle, des poulets, et des autres subsistances qui sont moins à la portée de la masse du peuple. Si je n'établis point d'évaluation pour ces denrées, c'est qu'il est presqu'impossible d'en déterminer la quantité précise, et d'en estimer la consommation soit absolue, soit relative; en second lieu, parce que ces substances alimentaires ne sont guère autre chose que le complément nécessaire de la nourriture en pain. En Europe, bien que l'on consomme une multitude de denrées autres que le pain, celui-ci cependant est regardé comme une base suffisante pour estimer la population; et en effet, c'est assez de connaître la quantité que chaque individu, l'un dans l'autre, consomme d'une denrée quelconque, lorsqu'on sait d'ailleurs la somme totale qui est consommée, pour évaluer le nombre des consommateurs; et le pain, en Égypte comme en tout pays à blé, est la seule qui se prête à des calculs de cette nature. Les autres données ne fournissent que des résultats très-vagues, et c'est pour ce motif que l'on n'a pas coutume d'en faire usage.

Mais il s'en faut que toute cette quantité de grains dont j'ai parlé plus haut, savoir 13 à 14 millions d'hectolitres, soit consommée en Égypte[1] : l'Arabie en extrait beaucoup par la voie de Qoçeyr; Alexandrie en exporte une quantité très-considérable. On n'a pas une

[1] Environ la moitié du tout, non compris les réserves, sort de l'Égypte. Quant au riz, le port de Damiette en laisse annuellement sortir 51787 hectolitres, terme moyen (*Voyez* la Décade égyptienne, t. 1, page 300); Rosette en exporte, dit-on, 24000. Ces nombres sont trop faibles; d'autres calculs font monter l'exportation à 80000 ardebs ou 147900 hectolitres.

évaluation précise de ces exportations, dont la mesure est fixée nécessairement par le besoin de la population; elles diminueraient peu si cette population venait à s'accroître, puisque tant de terres incultes peuvent être rendues à l'agriculture par le seul entretien des canaux.

On peut donc admettre que le pays nourrirait aisément plus que le double des habitans actuels sans ajouter un hectare au terrain cultivé, et le quadruple au moins, si l'on rendait à la culture en grain toutes les terres qui ont pu jouir autrefois du bienfait de l'inondation, c'est-à-dire 2000 lieues carrées. Ce qui précède confirme que l'exportation est, dans les bonnes années, égale au moins à la consommation : ainsi, en exportant 9 cent millions de kilogrammes de grains, le pays pouvait jadis nourrir, avec le reste de ses récoltes et ses autres produits alimentaires, près de six millions d'individus.

RÉSUMÉ.

Avant de passer à l'article suivant, nous ferons une récapitulation de ceux qui précèdent.

La détermination de la vraie superficie du sol, comparée à celle d'une partie du pays dont la population est connue, fournit un résultat très-vraisemblable, qui, joint au nombre actuel des habitans du Kaire et des villes principales, monte, en total, à 2488000 habitans [1].

En second lieu, nous avons trouvé 3600 villages

---

[1] Dans ce nombre, entrent les chrétiens et les Juifs pour au moins 215000, comme on le déduit du *karach*, ou capitation imposée sur les sujets non musulmans, mâles et âgés de 12 ans et au-dessus; car le droit, d'après M. Estève, était perçu sur le pied de 90000 assigna-

dans le pays, et 584 habitans, terme moyen, par village; résultat, pour les 3600 lieux habités, 2102400 individus, et, en y ajoutant les villes, environ 2500000.

En troisième lieu, nous avons reconnu que la proportion excédente du nombre des femmes, et leur grande fécondité, ne pouvaient avoir une influence bien sensible sur la population, attendu les causes qui en limitent les développemens ou en détruisent les effets.

Quatrièmement, il résulte de l'examen de la quantité de blé et de dourah, produits par le pays, qu'elle peut nourrir aisément 2 millions $\frac{1}{2}$, et peut-être jusqu'à 3 millions d'individus, en outre d'une exportation égale à la consommation [1].

Quelle conséquence devons-nous tirer de là pour remonter à l'ancien état des choses? Nous avons fait voir que jadis l'on pouvait tout au plus compter 2000 lieues cultivées et peuplées dans toute l'Égypte, au temps où pas un aroure n'était dérobé à la culture. Or, il est difficile de porter la population ancienne, par lieue carrée, à plus d'un tiers en sus de l'actuelle qui est déjà si forte, à moins de surcharger la terre fertile, et de réduire beaucoup l'étendue d'un territoire déjà si resserré. Accordons cependant moitié en sus, 2077 habitans par lieue carrée seulement pour la campagne, au lieu de 1385, population actuelle; c'est-à-dire un nombre au-delà de ce que l'on observe dans les pays les

---

tions. Les enfans âgés de moins de 12 ans, d'après les tables qui expriment la loi de la population, étant au nombre de près de 18 mille mâles, le total est de 108 mille mâles et 215 à 220 mille individus des deux sexes.

[1] Ce calcul est encore confirmé par l'opinion reçue qu'un individu, en Égypte, consomme un ardeb par an, terme moyen. *Voy.* la note p. 134.

plus peuplés de l'Europe, à l'exception du canton de Berne[1] : il en résultera un compte de 4154000 habitans ; joignons-y un million 200 mille habitans pour Thèbes, Memphis, Héliopolis, qui étaient les trois plus grandes villes du pays, plus 470000 pour d'autres villes du second ordre (*voyez* ci-dessous, page 158), on ne trouvera guère en tout, par ce calcul, au-delà de 5 millions $\frac{1}{2}$ à 5 millions 800 mille habitans.

Enfin, nous avons admis que toute la superficie cultivable étant supposée mise en culture, la contrée pouvait nourrir, au dedans, environ 6 millions d'individus et autant au dehors, en considérant d'ailleurs que l'une des causes de la mortalité actuelle, la peste, était extrêmement rare autrefois.

Nous pourrions appuyer ces résultats sur différentes données, telles que le prix moyen de la journée de travail en Égypte, le montant de l'impôt en argent ou en nature, les frais de perception pour chaque espèce d'impôt, le revenu net que le grand-seigneur tirait de l'Égypte avant l'expédition française, etc. Nous possédons sur ces questions intéressantes les élémens les plus exacts ; mais, outre qu'une partie de ces données est déjà comprise dans les Mémoires de M. Lancret *sur l'impôt territorial*, et de M. Estève *sur les finances* de l'Égypte, nous croyons qu'il n'est pas indispensable de les faire entrer dans la recherche spéciale de la population comparée, question déjà assez étendue par elle-

---

[1] L'Angleterre et le pays de Galles comptent 1619 habitans : les Pays-Bas en comptaient, en 1780, 1384 ; peut-être, aujourd'hui, 18 à 19 cents. La Chine est moins peuplée que ces deux pays.

même. Nous en dirons autant des revenus présumés de l'ancienne Égypte, soit sous Ptolémée-Aulètes, soit à l'époque de Ptolémée-Philadelphe, qui est celle de la plus grande prospérité de l'Égypte pendant le règne des Lagides. Nous passerons donc au dernier article de ce mémoire, savoir les témoignages des auteurs relatifs à l'ancien état des choses, en Égypte, sous le rapport de la population.

ARTICLE VI.

Examen des auteurs, et rapprochemens entre l'état ancien et l'état moderne du pays.

On a souvent rapporté le texte des passages des historiens qui ont parlé de la population de l'Égypte; il me paraît suffisant ici, d'en donner la substance. A en croire Hérodote, il y avait 20000 villes sous le règne d'Amasis. D'après Diodore de Sicile, on y comptait, dans les anciens temps, plus de 18000 villes et bourgades [1]. Théocrite portait ce nombre à plus de 33000 villes existantes sous Ptolémée-Philadelphe. C'étaient 13 mille bourgades, selon Caton l'Ancien, cité par Étienne de Byzance [2].

Le même Diodore de Sicile rapporte qu'il y avait eu 7 millions d'hommes sous les anciens rois; de son temps, ce nombre n'était pas inférieur à 3000000 : il ajoute que ces nombres étaient inscrits dans les registres sacrés [3].

---

[1] Lib. 1, cap. 31.
[2] *Voy.* au mot *Diospolis.* Étienne de Byzance attribue à Thèbes ce qui regarde la population de l'Égypte.
[3] *Voyez* plus bas les *Notes et Éclaircissemens.*

Josèphe porte à 7 millions et demi la population de l'Égypte, sans y comprendre Alexandrie, qu'il supposait contenir 300000 hommes.

Nous avons encore d'autres données pour apprécier, sinon la population réelle de l'ancienne Égypte, du moins l'idée qu'en avaient les auteurs grecs et latins.

Selon Hérodote, l'Égypte entretenait 410000 hommes de guerre, qui séjournaient dans dix-huit nomes, dont il donne la nomenclature.

En parlant de l'ancienne Thèbes, Strabon[1] paraît croire à l'existence d'une armée égyptienne, composée d'un million d'hommes. Du moins, il rapporte que, selon les prêtres, ce nombre était inscrit sur les obélisques, et il ne fait aucune observation contre l'exactitude d'un pareil récit.

Il résulterait du passage de Tacite[2] sur le voyage de Germanicus à Thèbes, que le pays comptait autrefois 700000 guerriers.

Quand Sésostris, dit Diodore, entreprit sa grande expédition, il avait, avec lui, 600000 piétons, 24000 cavaliers et 27000 chars de guerre.

L'armée égyptienne qui, au temps de Psammétique, passa en Éthiopie, était de 240000 hommes, selon Hérodote, et de plus de 200000, suivant Diodore de Sicile.

Enfin, Josèphe suppose à Avaris une garnison de 250000 hommes.

Pourquoi ne citerais-je pas encore le poëte, qui, par chacune des cent portes de Thèbes, fait sortir 200

---

[1] Lib. XVII, p. 816.   [2] *Ann.* lib. II.

hommes de guerre montés sur des chars[1]? En effet, rien ne choque la vraisemblance dans ces vers d'Homère; tandis que la plus grande partie des témoignages qui précèdent, est évidemment marquée au coin de l'exagération. Ce n'est rien pourtant auprès de celle des écrivains modernes. Qui croirait qu'un pays douze fois plus petit que la France ait été réputé contenir 27 millions d'hommes? Dans l'*Origine des lois, des arts et des sciences*[2], Goguet n'a pas craint d'admettre la chose comme certaine, et Dupuis, qui l'a combattu sous un autre rapport, allait encore au-delà; mais, que dire de Paucton, qui poussait jusqu'à 40 millions et plus le nombre des anciens habitans du seul Delta?

D'un autre côté, de Paw a réduit à près de 4 millions le nombre des anciens habitans; ce qui est sans doute au-dessous de la vérité.

D'Anville a gardé le silence sur ce point, et s'est borné à estimer à 2160 lieues carrées le territoire de l'Égypte; ce qui, par une compensation heureuse, est très-près de la réalité[3].

Nous aurions une donnée précieuse pour asseoir un

---

[1] .... Οὐδ' ὅσα Θήβας
Αἰγυπτίας, ὅτι πλεῖςα δόμοις ἐν κτήματα κεῖται
Αἵ τ' ἑκατόμπυλοί εἰσι, διηκόσιοι δ' ἀν' ἑκάστην
Ἀνέρες ἐξοιχνεῦσι σὺν ἵπποισιν καὶ ὄχεσφιν.

.... *Nec quot Thebas*
Ægyptias, ubi plurimæ in domibus opes reconditæ jacent,
Quæ centum habent portas, ducenti autem per unamquamque
Viri egrediuntur cum equis et curribus.

(*Iliad*. lib. IX, v. 381.)

[2] Deuxième partie, tome I, page 3.
[3] *Voyez* ci-dessus, page 112.

calcul, si le cadastre de l'ancienne Égypte fût parvenu jusqu'à nous, ou du moins la connaissance du nombre total d'*aroures* comprises dans le pays, car ce mot ne peut s'appliquer qu'à la terre cultivable; et, à cet égard, j'oserai citer un écrit où ce sujet a déjà été traité accessoirement; peut-être même ne sera-t-il pas inutile d'en rappeler quelques passages à la fin de ce mémoire[1].

Cet écrit avait, pour objet spécial, les mesures linéaires et superficielles de l'ancienne Égypte, base nécessaire de la géographie comparée. Il n'entrait pas dans le plan du mémoire d'approfondir davantage la population de l'Égypte; aujourd'hui j'entrerai dans de nouveaux développemens, en recherchant d'abord quelle a pu être la population de la ville de Thèbes.

Quelque réduction que l'on fasse subir à cette ancienne capitale, et quand bien même les maisons d'habitation n'auraient pas eu quatre ou cinq étages, comme l'atteste Diodore[2], il est impossible de ne pas lui accorder une population très-considérable. En effet, sa superficie, même restreinte à 2000 hectares, supposerait, d'après l'exemple de la ville de Paris, 450 à 500000 habitans[3]. Mais en comprenant dans la ville, comme paraît l'exiger l'examen attentif des passages, toutes les ruines situées jusqu'à la porte du nord-est, même à l'exclusion de celles de Med-a'moud et de l'hippodrome

---

[1] *Voyez*, à la fin de ce mémoire, les *Notes et Éclaircissemens*.

[2] Lib. 1, cap. 45.

[3] Selon un scholiaste d'Homère, cité par Isaac Vossius, la ville, ἄστυ, avait 3700 aroures ΓΨ', ce qui ne ferait que 790 hectares. Il est évident que ce nombre exprime la superficie d'un des quartiers de Thèbes, et non celle de la ville entière. (*Ad Pompon. Mel.* liber 1, cap. 9.)

au sud de Louqsor, la superficie est portée à 3400 hectares[1], précisément celle de Paris actuel, qui a 3407 hectares. Ainsi, que l'ancienne population de Thèbes ait pu être de 700000 habitans, c'est ce qui me paraît possible, surtout en combinant tous les élémens de la question avec la superficie des ruines visibles; savoir, l'étendue immense des catacombes qui servaient de tombeaux à la population, celle des ruines enfouies partiellement, la largeur de la vallée et la fertilité du sol aux environs, les grands ouvrages d'art qui supposent une multitude innombrable d'ouvriers en tout genre, indépendamment des artistes proprement dits, des peintres, des sculpteurs, et des conducteurs de travaux : mais il faudrait descendre jusqu'au sol même de l'ancienne Thèbes, aujourd'hui caché sous 3 à 4 mètres de limon, pour obtenir sur l'espace habité une certitude absolue.

On objectera que les monumens qui sont distribués sur la superficie de la ville doivent en être distraits, si l'on veut calculer le nombre des habitans. L'objection serait fondée, si, après avoir fait une évaluation des quartiers les plus habités, je l'étendais à toute la surface; mais je ne procède pas ainsi. Le Kaire a une population d'environ 263700 individus répartis sur une surface de 593 hectares. Il en résulte 444 habitans par hectare; mais cette population n'est pas celle des endroits les plus peuplés, qui monte à près de 800. C'est une proportion moyenne qui n'est applicable qu'à la recherche d'un résultat total. Or, ce terme moyen, je le réduis à moins

[1] Voyez les *Notes et Éclaircissemens.*

de la moitié pour Thèbes, c'est-à-dire 206 habitans par hectare. Ce terme n'est pas trop fort, puisque la capitale actuelle a plus d'édifices publics, selon toute apparence, qu'il n'y en avait dans l'ancienne. Celle-ci avait, à la vérité, des temples plus grands et plus magnifiques ; mais aujourd'hui le nombre des mosquées est bien plus considérable, et, en outre, il y a une multitude d'autres bâtimens publics servant aux usages civils, et dont rien n'annonce que les Thébains aient connu l'usage, tels que les citernes, les hôpitaux, les tombeaux intérieurs, les grands okels ou magasins publics, etc., sans parler des écoles, des jardins et des bains qui ont pu exister comme au Kaire. Il est vrai que je laisse dans Thèbes le grand hippodrome de Medynet-abou, de même que l'on comprend le Champ-de-Mars dans l'enceinte actuelle de Paris. Mais le Kaire a aussi son hippodrome, qui est le vaste emplacement appelé *Qarâmeydân,* auprès de la citadelle, sans parler des grandes places publiques, telles que el-Roumeyleh, Birket el-Fyl, et surtout la place el-Ezbekyeh, trois fois plus grande que notre place Louis xv.

Si, au lieu du Kaire, on prend Paris pour terme de comparaison, le raisonnement n'aura pas moins de force. En effet, il y a dans Paris une plus grande multitude de monumens publics, de lieux vagues, ou même bâtis et qui ne sont point peuplés ; or, on a égard à tous ces lieux inhabités, quand on prend le terme moyen, et ce terme est de $209\frac{1}{2}$ habitans par hectare. Je le réduis encore pour Thèbes, et, en faisant cette réduction, je trouve que cette ville a pu loger environ 700000 habitans[1].

Il existe un ancien passage qu'on pourrait regarder ici comme capital : en effet, grâces aux lumières de la science moderne, il serait propre à décider la question de la population ancienne de l'Égypte, à une époque mémorable, si l'historien eût rapporté fidèlement et sans méprise les traditions du pays, ou si les prêtres et les interprètes lui eussent dit la vérité, ou enfin si son texte était parvenu jusqu'à nous sans altération. Selon Diodore de Sicile, le père de Sésostris ordonna que tous les enfans nés le même jour que son fils seraient élevés avec lui[2]. Lorsque ce prince entreprit sa grande expédition, les compagnons de son enfance étaient au nombre de plus de 1700; il choisit parmi eux ses principaux officiers, espérant trouver en eux des hommes sûrs et dévoués.

Il faudrait connaître à quel âge était parvenu Sésostris au moment de l'expédition, et, par la loi de mortalité, on retrouverait le nombre des naissances correspondantes à 1700, et par conséquent la population. Dans un mémoire que l'historien de l'Académie des Inscriptions et belles-lettres, pour l'année 1762, a extrait au tome VI de la Collection de cette Académie, Dupuis critique l'opinion de Goguet, qui regardait avec raison comme faux et trop grand le nombre de 1700 : mais tous deux admettent comme

---

[1] C'est aussi la population qu'Étienne de Byzance donne à Diospolis : Ἀνθρώπων δὲ μυριάδας ἑπτακοσίας.

[2] Diod. lib. 1, cap. 53, 54. — Ce passage prouve que l'on enregistrait soigneusement les naissances, jour par jour.

démontrée une population de 27 millions d'hommes, ou même plus grande; c'est-à-dire qu'ils supposent ce qui est en question. Ils cherchent l'un et l'autre à juger de la vraisemblance du passage, en supposant la population connue. C'est la voie opposée qu'il fallait prendre. Je ne suivrai pas leur exemple, et je chercherai au contraire à deviner la population, s'il est possible, par le nombre des compagnons de Sésostris.

Goguet et Dupuis ne se sont pas bornés à supposer connue la population de l'Égypte; ils sont encore tous les deux tombés dans une erreur inexplicable, en calculant le nombre des naissances. Admettons un moment la population de 27 millions d'individus. Pour en déduire le nombre des naissances annuelles, il faudrait la diviser par 29 ou 30, on aurait, pour un an, 931034 ou 900000, et, par jour, 2550 ou 2465, un peu moins qu'en France; mais Goguet en conclut le nombre excessif de 4320 naissances par jour, et Dupuis ne lui dispute nullement cette conséquence que j'oserai dire absurde; car il en résulterait, pour le nombre par lequel il faut multiplier les naissances annuelles, et par conséquent pour la durée moyenne de la vie[1], seulement 17 ans. Ainsi l'erreur commune aux deux académiciens était, sous ce seul rapport, à peu près du simple au double. Goguet est parti de cette supposition, savoir qu'à Paris, sur 700000 individus, il en est 400000 qui donnent des enfans; mais cette hypothèse est purement arbitraire. Goguet veut encore qu'au

---

[1] L'égalité entre ces deux élémens existe pour une population stationnaire. (*Voyez* les *Notes et Éclaircissemens.*)

bout de quarante ans, il ne reste plus que le tiers des individus nés le même jour; mais cette réduction n'a lieu qu'au bout de quarante-cinq ans.

Essayons d'établir les vraies données de la question, afin d'en tirer, s'il est possible, des conséquences probables.

Si nous connaissions la population de l'Égypte au temps de Sésostris, et l'âge auquel il fit faire le compte de ses compagnons, nous pourrions en déduire, avec vraisemblance, au moyen de la loi de la mortalité, le nombre des enfans nés le même jour que ce conquérant. Exemple, pour une population de 2000000 d'individus, le nombre des naissances annuelles sera de 68244[1], et celui des enfans nés le même jour, de 187 : or, les tables nous apprennent que de quarante individus des deux sexes nés au même instant, il en reste, au bout de vingt ans, 20; de trente ans, 17 ou 18; de quarante ans, 15; de quarante-cinq ans, 13 ou 14. Par conséquent, de cent quatre-vingt-sept individus des deux sexes, il en resterait aux mêmes époques, savoir : après vingt ans, 93; trente ans, 84; quarante ans, 70; quarante-cinq, 62.

Posons que Sésostris eût trente ans; 1700 mâles de cet âge ou environ 3400 individus des deux sexes supposent 7711 personnes nées le même jour; alors le nombre des naissances annuelles sera de 2814515, et la population sera de plus de 82000000[1], trois fois environ autant qu'en France. Si on prenait l'âge de quarante ans, ce serait 95000000. Quand même on supposerait, contre

[1] En adoptant 29,3 pour le rapport de la population aux naissances annuelles.

toute probabilité, que Sésostris n'eût que vingt ans à l'époque de son expédition, ses 1700 compagnons d'âge supposeraient encore 6800 enfans nés le même jour, et 2482000 naissances annuelles; par conséquent une population de 72722600 individus.

Maintenant que l'on fasse toutes les suppositions imaginables, on trouvera toujours que le nombre de 1700, rapporté par Diodore, est exhorbitant et radicalement impossible. Accordons qu'en Égypte la loi de mortalité ne soit pas la même qu'en Europe, et que, sur quarante individus, il en subsiste, au bout de trente ans, non pas dix-sept, mais jusqu'à trente; qu'en résultera-t-il? 4534 naissances par jour, 1654910 par an, et une population de 48488863 habitans. Non-seulement cette conséquence excède toutes les bornes, mais la supposition en elle-même serait impossible, puisqu'on attribuerait par-là une durée de cinquante-deux ans à la vie moyenne.

Ainsi, en conservant le passage de Diodore intact, nous tournons dans un cercle vicieux, d'où il ne serait possible de sortir que par une conjecture, appuyée sur les conditions du pays et sur la nature des choses. Remarquons d'abord que le texte est uniforme dans les manuscrits, et qu'ils sont entièrement d'accord avec le texte de Wesseling; partout le nombre est en toutes lettres, Ὄντας τὸν ἀριθμὸν πλείυς τῶν χιλίων καὶ ἑπτακοσίων[1]; en second lieu, le nombre des compagnons de Sésostris excédait même 1700, πλείυς τῶν......;

---

[1] Diod. lib. 1, cap. 54. — Les critiques n'ont fait ici ni correction ni remarque sur le texte.

en troisième lieu, ces hommes étaient nécessairement le reste de ceux qui avaient fait partie des premières expéditions en Arabie et en Libye; 4°. Ils furent mis à la tête des divers corps de l'armée : Ἐπὶ δὲ τὰς κατὰ μέρος ἡγεμονίας ἔταξε τῶν στρατιωτῶν τὸς συντρόφους, κ. τ. α. Or, l'armée, d'après l'auteur, était composée de 600000 hommes à pied, 24000 à cheval, avec 27000 chars de guerre. De ce dernier passage, il résulterait que les corps de l'armée n'auraient eu l'un dans l'autre que 580 hommes. A la vérité, rien n'empêche d'admettre que l'armée fut divisée en fractions aussi petites ; mais on n'a non plus aucune donnée sur la composition des troupes égyptiennes, et on ignore entièrement à quoi correspondait la division militaire que Diodore appelle ici ἡγεμονία. Supposons des corps de 5000 hommes[1], il eut fallu environ 124 chefs pour les commander.

Puisque les compagnons de Sésostris avaient déjà fait partie d'une expédition, et que, par conséquent, plusieurs d'entre eux avaient succombé à la guerre ou aux fatigues, en outre de ceux que la mortalité commune avait enlevés; puisqu'aussi Diodore porte *à plus de* 1700 le nombre des survivans, il est de toute nécessité que la population générale soit calculée sur un terme plus fort. Ainsi les résultats excessifs que nous avons déjà trouvés, devraient subir encore une augmentation.

La conséquence à tirer de tout ce qui précède est qu'il faut choisir entre ces deux partis, ou rejeter en-

---

[1] On sait que la légion, chez les Romains, fut portée à 6000 fantassins, après avoir été d'abord de 3000 seulement.

tièrement le passage, si curieux d'ailleurs, de Diodore de Sicile, ou bien chercher à le réduire à des termes possibles.

Une question à examiner est l'âge qu'avait Sésostris à cette époque de sa vie. A peine était-il entré dans l'âge viril que son père l'envoya en Arabie, ainsi que ses compagnons. Il assujettit cette nation qui n'avait jamais été soumise; ensuite il réunit à l'empire la plus grande partie de la Libye : alors il était encore très-jeune, παντελῶς νέος ὢν[1].... Dès qu'il eut succédé à son père, il songea à la conquête du monde. On rapporte, dit Diodore, qu'il y fut poussé par sa fille Athyrte, personne d'une éminente sagacité, Συνέσει πολὺ τῶν ἄλλων διαφέρυσαν.

Consultons ici la nature du climat de l'Égypte. Chez nous, l'homme n'est adulte qu'à dix-sept ou dix-huit ans et plus tard; sur les bords du Nil, cette époque arrive à douze ans : les filles sont nubiles à onze ans. Il n'y a aucune raison de croire que les conditions naturelles aient changé. Ainsi Sésostris a pu se marier à douze ans, et faire à l'âge de dix-sept ans sa première expédition en Arabie. Treize ans plus tard, sa fille, alors mariée depuis six ans, pouvait avoir fait preuve de la supériorité de son esprit. Sésostris, dans ce cas, était âgé de trente ans; il était monté sur le trône peu après son retour de Libye[2]; ainsi, point de nécessité de donner à ce prince dix ans de plus, comme l'ont fait Go-

---

[1] Diod. lib. 1, cap. 53.
[2] Les grands travaux qu'il a faits en Égypte, à son retour, ont bien pu absorber vingt ans; on sait qu'il a régné trente-trois ans.

guet et Dupuis, sans réfléchir à la difficulté d'une entreprise qui exigeait une santé, une vigueur à toute épreuve; sans songer qu'à quarante ans, en Égypte, on est aussi mûr et aussi affaibli qu'à cinquante en Europe. D'ailleurs, moins les compagnons de Sésostris étaient avancés en âge, plus alors il en devait subsister, et moins forte en serait conclue la population du pays. Or, le calcul fait voir que pour une population de 6 millions d'individus, il devait rester, des enfans nés le même jour, après trente ans, 124 mâles. Ce nombre est bien loin de 1700 et plus; mais quand on supposerait 7 ou même 8 millions, on ne trouverait que 144 dans le premier cas, et 165 dans le second.

Concluons que Diodore de Sicile, ou les hommes qu'il a consultés, ont grandement exagéré le nombre des compagnons d'âge de Sésostris, en le portant à 1700: or, je le répète, ce nombre devrait être augmenté d'après les paroles même de l'historien; et il faudrait encore y ajouter les soldats morts dans les expéditions antérieures [1].

Si l'on pouvait croire à l'armée de 624000 hommes levés par Sésostris, le passage d'Hérodote sur les 160000 Hermotybies et les 250000 Calasiries n'aurait plus rien d'invraisemblable; mais il est difficile d'accorder qu'en temps ordinaire l'armée égyptienne régulière fût de 410000 hommes. Le reste du passage n'est guère plus

---

[1] On pourrait diminuer un peu de l'invraisemblance, en considérant ce nombre de 1700 individus et plus, nés le même jour que Sésostris, comme un cas sortant tout-à-fait des limites ordinaires, et non pas comme exprimant les naissances journalières.

vraisemblable; car Hérodote[1] donne à penser que ces troupes étaient fournies par dix-huit nomes et non par les autres[2]; il dit, en parlant des nomes affectés aux Calasiries, que *lorsque ces provinces étaient le plus peuplées, elles fournissaient* 250000 *hommes* (Traduction de Larcher, édition de 1786) : Οὗτοι δὲ οἱ νόμοι Καλασιείων εἰσί γενόμενοι, ὅτε ἐπι πλείςυς ἐγενέατο, πέντε καὶ εἴκοσι μυριάδες ἀνδρῶν.

Toutefois, supposons un homme de guerre sur douze personnes (ce qui est peu, car en général le cinquième des habitans d'un pays est dans le cas de porter les armes, et la moitié de ce nombre peut être appelée à servir), il n'en résulterait qu'une population de 4920000; voudrait-on réduire cette proportion au quinzième, ce rapport, même en admettant l'armée d'Hérodote, ne produirait guère que 6000000 d'individus.

Nous voyons, dans Strabon[2], que sur les obélisques des tombeaux des rois, on avait inscrit le nombre de soldats des anciens rois d'Égypte, et que ce nombre s'élevait à un million d'hommes. Il n'est pas nécessaire d'insister sur l'exagération d'un pareil récit : cependant, Pomponius Mela l'a reproduit, en disant que par chacune des cent portes de Thèbes, on faisait passer 10000 hommes armés. C'est une fausse interprétation du fameux passage d'Homère (quoi qu'en dise Isaac Vossius[3]); car le poëte se borne à dire qu'il pouvait sortir 200 chars par chacune des portes. Ainsi l'exagé-

---

[1] Herod. lib. II, cap. 164-165, 166.
[2] Liv. XVII, p. 816.
[3] *Ad Pomp. Mel.* lib. I, cap. 9. — *Voyez les Notes et Éclaircissemens.*

ration n'est pas cette fois l'ouvrage du poëte, elle appartient aux historiens (*Voyez* ci-dessus, page 143).

Quand Tacite parle de 700000 hommes de guerre sous les anciens rois, il enchérit encore sur Diodore de Sicile ; nous sommes donc réduits à rejeter cette partie d'un passage classique, si précieux d'ailleurs pour l'histoire ancienne du pays. Germanicus, à qui l'on rapportait ces exagérations, y croyait-il ? cela n'est pas vraisemblable. Je sais que de temps immémorial les armées ont toujours été très-nombreuses dans l'Orient, que les rois ne marchaient pas sans traîner à leur suite une grande partie de la population[1] ; mais l'Égypte n'obéissait pas à un régime despotique, et la police du pays aurait été plutôt détruite que protégée par un nombre d'hommes de guerre si considérable, aussi inutile contre les ennemis du dehors que dangereux pour la paix intérieure.

L'historien Josèphe n'exagère pas moins quand il place à Avaris, dans une ville frontière tout environnée de sables, une garnison de 250000 hommes (*Contr. Apion.* liv. 1). Cette ville était à l'orient de la branche Pélusiaque. Outre la difficulté de faire subsister une si prodigieuse quantité d'hommes sur un seul point, lorsque les anciens[2] en répartissaient le même nombre dans douze nomes différens[3], n'est-ce pas là une de ces exagérations qui ont rendu suspect le témoignage de Josèphe ?

---

[1] *Voyez* ce que dit Diodore de Sicile touchant l'armée de Ninus et celle des Bactriens, celles de Sémiramis, des Mèdes, etc.

[2] Herod. lib. II, cap. 166.

[3] Je ne discute pas ici le nom de nome que donne Hérodote à plusieurs districts de l'Égypte, sans avertir de la différence qui existe entre les uns et les autres.

A la vérité Eusèbe[1] rapporte la même chose; mais c'est sur l'autorité du même Josèphe. Celui-ci ajoute qu'Avaris avait une superficie de 10000 aroures; cette étendue correspond à un carré de vingt-cinq stades de côté, ou plus de 2000 hectares, ce qui est suffisant pour loger la prétendue garnison : mais on n'en conçoit pas davantage l'existence d'une ville aussi grande, située à la porte du désert, sinon même au milieu des sables; question que j'aurai occasion d'examiner ailleurs.

Il faut avouer que cet exemple donne peu de confiance dans l'autre passage de Josèphe, celui où il met dans la bouche d'Agrippa, roi de Judée, que, *de son temps*, il y avait en Égypte 7500000 habitans[2], sans compter ceux d'Alexandrie. N'avons-nous pas accordé assez en admettant que l'Égypte avait eu jadis une population plus que double de celle d'aujourd'hui ? les limites du pays ne s'opposent-elles pas à ce qu'on triple cette population ? peut-on supposer, dans la campagne, au-delà de 2 mille et même de 2077 habitans dans une seule lieue carrée ? A la vérité, l'antiquité parle de l'Égypte comme du pays le plus fertile et le plus peuplé de la terre; mais n'est-ce pas à cause des limites étroites du pays, qui faisaient paraître plus grande, relativement, cette population? C'est précisément pour le même motif que des voyageurs modernes ont estimé à 600000 et même à un million d'hommes la population du Kaire. En circulant avec une extrême difficulté dans les rues d'ailleurs si étroites de cette capitale, on est involontairement disposé à exagérer le nombre des

---

[1] *Præpar. evang.* x, c. 12.   [2] Lib. ii, c. 28, *de Bell. Iud.*

habitans; c'est un effet très-naturel et qui sera attesté par tous les Français qui ont résidé au Kaire; cependant la population n'excédait certainement pas de beaucoup 260000 individus; de même en voyant des villages plus nombreux qu'ailleurs, et serrés les uns contre les autres, les voyageurs Grecs et les Romains ont pu exagérer la population totale.

Je reviens au passage spécial de Diodore de Sicile, au sujet de la population de l'Égypte; voici comment il s'exprime : « Ce pays était autrefois le plus peuplé de la terre, et maintenant il ne paraît inférieur à aucun autre. Dans les temps anciens, il avait plus de 18000 tant bourgades considérables que villes, comme on le voit par les registres sacrés : on en a compté plus de 5000 sous Ptolémée, fils de Lagus; ce nombre subsiste encore maintenant. Il y avait autrefois 7 millions d'habitans; et, de notre temps, il n'y en a pas moins de trois[1]. »

Telle est la traduction que, dans son commentaire sur Hérodote, Larcher a donnée du passage. Il a cité, à la vérité, la leçon πλέιες τῶν τεισμυρίων, qui existe dans quelques manuscrits, au lieu de τῶν τεισχιλίων, et d'où il résulterait que, sous le premier Ptolémée, il y avait non pas 3000, mais 30000 villes ou bourgades; mais il rejette cette leçon, persuadé sans doute que c'est bien assez d'avoir à expliquer le nombre excessif de 18000 villes, sans admettre celui de 30000. Wesseling, au contraire, a préféré la leçon qui est la plus invraisemblable, s'appuyant sur une idylle de Théocrite[2]!

[1] Lib. 1, cap. 31.
[2] *Voyez* les *Notes et Éclaircissemens.*

Mais à qui persuadera-t-on que les révolutions de l'Égypte sous Psammétique, les troubles civils qui suivirent la dissolution de l'État, enfin les ravages de Cambyse, aient ajouté à la prospérité du pays, jusqu'à doubler presque le nombre de ses habitans ? Que le sol n'ait rien perdu de sa fertilité aux époques les plus désastreuses, c'est ce que prouve assez l'état de l'Égypte sous les Mamlouks ; mais comment croire que la population aille en croissant, là où le terrain cultivé perd de son étendue ?

La seconde partie du passage de Diodore correspond bien naturellement à la première : « Dans les temps, anciens, il y avait 7 millions d'habitans ; de son temps il n'y en avait pas moins de 3. » Le rapport de ces deux nombres n'est pas le même, à la vérité, que celui de 18000 villes à 3000 ; mais les lieux habités étaient peut-être beaucoup plus nombreux et moins populeux, dans le temps où une sage police donnait aux habitans la sécurité la plus complète, et où les groupes d'habitations pouvaient être moins chargés d'hommes. Il a pu exister, en effet, dans les temps de haute prospérité, 8000 villes, bourgades, villages, hameaux ou habitations isolées : aujourd'hui, dans une surface qui n'est guère que les deux tiers de l'ancien territoire peuplé, on en trouve 5600 ; donc il pourrait en exister 5300 sur la surface entière, et, en distribuant la population en masses plus petites, jusqu'à 8 mille ou même plus.

On nous fera ici, peut-être, deux objections : la première, que Diodore de Sicile s'expliquait d'après les registres des prêtres ; l'autre, qu'Hérodote, copié par

Pomponius Mela, parle de 20000 villes existantes sous Amasis. Mais Diodore ne dit pas qu'il a lu et consulté lui-même les livres; « comme on peut le voir, dit-il, par les registres sacrés » : Ὡς ἐν ταῖς ἀναγραφαῖς ὁρᾶν. En second lieu, les 20000 *villes* d'Hérodote portent un tel caractère d'exagération, qu'il est impossible de s'appuyer sur un pareil témoignage; car il ne parle pas de villages, de bourgades, mais de villes : Καὶ πόλεις ἐν αὐτῇ γένεσθαι τὰς ἁπάσας τότε δισμυρίας τὰς οἰκεομένας[1]. Quand ces villes n'auraient eu que 3 à 4 mille habitans, comme les moindres de celles d'aujourd'hui, voilà 80 millions d'habitans; et quand ce ne serait que des bourgs et villages de mille individus l'un dans l'autre, il faudrait compter 20 millions; de 6 à 700 individus, 12 à 14 millions; enfin, il y aurait eu au moins dix lieux habités dans une lieue carrée, et leur distance n'aurait pas été de 600 toises!

Si le reste du récit de Diodore n'était pas un peu suspect, si l'ensemble des faits, si la nature et l'étendue du pays étaient favorables au compte des 7000000 d'hommes, je ne le regarderais point comme exagéré; mais tout ce qui précède doit le faire croire tel, et surtout la fin du passage : « De notre temps, dit l'historien, il n'y a pas moins de 3 millions d'habitans. » L'on conçoit qu'après les temps désastreux des derniers Ptolémées, la population avait pu tomber à ce degré d'abaissement, mais non cependant jusqu'à perdre 4 millions d'individus sur 7.

Parlerai-je à présent des vers de Théocrite, qui, pour

[1] Lib. II, cap. 177.

honorer Philadelphe, vante ses 33000 villes? Vainement a-t-on dit qu'il entendait parler, non de l'Égypte seule, mais de tous les états soumis à Ptolémée; il n'y a là qu'une exagération poétique et une flatterie : ajoutons que 33000 villes enlèveraient à la culture plus de 80 lieues carrées. En France, où l'espace est douze fois plus considérable, on ne compte guère qu'un quart en sus de lieux habités; à la vérité, bien des pays de landes et de bruyères devraient en être distraits, puisqu'ils sont sans habitans : c'est une observation que M. de Paw a déjà faite.

Ce que j'ai dit de Théocrite, d'Hérodote et de Diodore, s'applique au passage de Caton l'Ancien, cité par Étienne de Byzance, et où ce qui est dit de la population de Thèbes regarde l'Égypte entière. Isaac Vossius a déjà remarqué que des descriptions de Thèbes et de sa puissance s'appliquent à toute l'Égypte[1]; Hérodote lui-même explique cette confusion : Πάλαι αἱ Θῆβαι Αἴγυπτος ἐκαλέετο (ἐκαλέοντο)[2]. Il en est de même d'Aristote : Τὸ ἀρχαῖον ἡ Αἴγυπτος Θῆβαι καλύμεναι (*Meteorol.* 1.)

Mais n'avons-nous pas un moyen d'évaluer par approximation le nombre des lieux habités de l'ancienne Égypte? Ce moyen consisterait à rassembler tous les noms de villes que les historiens et les géographes nous ont conservés; c'est par là que je terminerai ce mémoire, en me bornant d'ailleurs à peu de mots, renvoyant à d'autres écrits la recherche spéciale de toutes les dénominations que ces lieux ont reçues successivement, jusqu'à la conquête des Arabes.

[1] *Ad Pomp. Mel.* lib. 1, cap. 9.   [2] Lib. 11, c. 15.

Il résulte de l'énumération que j'en ai faite, en évitant autant que possible les doubles emplois, que 200 noms de villes environ nous sont connus[1]. Si on imagine trois fois autant de bourgades, neuf fois autant de gros villages, trente fois autant de hameaux, ce qui est à peu près la proportion ordinaire, nous aurons un total d'environ 8700 endroits habités, que l'on pourra distribuer ainsi qu'il suit :

3 *Villes capitales* : Thèbes, Memphis, Héliopolis............	1200000	individus.
47 villes, chefs-lieux de nome ou d'arrondissement, de 10000 habitans..	470000	
4 autres chefs-lieux de nome......	20000	
146 villes de 5000 habitans.........	730000	
600 bourgades de 1000 habitans.....	600000	
1800 villages de 500 habitans........	900000	
6000 hameaux de 250 habitans.......	1500000	
8600	TOTAL..... 5420000.	

Dans ce calcul, je crois être au-dessus plutôt qu'au-dessous de la réalité[2]. En France on compte, sur 555 chefs-lieux de préfectures et sous-préfectures[3], 3 villes au-dessus de 100000 âmes, 37 de 20 à 100 mille, 56 de 10 à 20 mille, 143 de 4 à 10 mille, 116 de 1000 à à 4 mille. On pourrait, au reste, distribuer autrement la population sans changer beaucoup le résultat final.

Il serait donc difficile de trouver pour l'ancienne po-

---

[1] Cinquante-quatre de ces villes sont des capitales de nomes.

[2] Le nombre des villes anciennes et des lieux où l'on a trouvé des ruines ou des vestiges de toute espèce, au temps de l'expédition française, est d'environ 400 (*voyez* les *Notes et Éclaircissemens*).

[3] Il y en a 363, mais 8 ont moins de 1000 habitans.

pulation de l'Égypte, beaucoup au-delà de 5 millions et demi à 6 millions. Nous voyons sortir cette proposition, et de la population actuelle, et de la superficie du sol exactement mesurée, et du nombre réel des lieux habités dans l'Égypte actuelle, et enfin des produits en grains que le sol fournit, sauf l'exportation. C'est aussi le sentiment de ceux qui ont examiné cette matière sur les lieux mêmes, avec les moyens de juger que peut donner l'étude attentive du pays ; car telle est incontestablement la base de toutes les recherches de géographie ancienne : il y a long-temps que d'Anville l'a posée, lorsqu'il s'exprimait en ces termes : « Il est de nécessité absolue que les notions actuelles du local accompagnent l'étude de l'ancienne géographie qui, privée de ce secours, demeure indéterminée, sans lumière et sans appui. »

Puisque les lois naturelles n'ont point changé en Égypte, on pourrait demander ici quelle conséquence il résulte de ces lois, relativement à la population des Hébreux, pendant leur séjour en Égypte dans la terre de Gessen, aujourd'hui la vallée de Saba'-byâr ; mais, outre la difficulté que présente ce sujet, nous doutons qu'on en pût tirer des conséquences pour la population même des indigènes, et nous ne croyons pas qu'on pût judicieusement conclure de l'une à l'autre : aussi est-ce à dessein que nous avons négligé cette question accessoire. Par un autre motif, nous omettrons également plusieurs passages des historiens grecs et latins, qui ne pourront être bien compris que quand on sera fixé sur le nombre des habitans sous les anciens rois ; car c'est surtout à cette époque reculée que se rapportent nos recherches sur les antiquités et la géographie du pays. Mais nous ferons ici quelques remarques sur un point qui touche à la question. Pourquoi, pourrait-on dire, ne pas tenir compte des dépendances de l'Égypte, des Oasis, et surtout de la Nubie inférieure, où ont pénétré les arts de l'Égypte? L'étendue des terres cultivables, dans les Oasis, est trop petite pour influer sensiblement sur le résultat cherché; aujourd'hui les deux Oasis possèdent peut-être 6 à 7 mille habitans, et l'Oasis d'Ammon, qui est d'ailleurs tout-à-fait étrangère à l'Égypte, environ 4 mille. On serait d'abord porté à juger différemment de la Nubie, en considérant qu'elle se prolonge très-loin au-delà de Syène; mais, pour cela, il faudrait ne pas connaître la constitution physique du pays. Dans cette partie de son cours, le Nil est souvent encaissé entre les montagnes; de loin en loin, le rocher s'en écarte de quelques centaines de toises, pour laisser place à des cultures médiocres. Ce que j'ai vu de la Nubie, en remontant un peu au-dessus de Philæ, le Journal de Norden, les relations de Bruce et d'autres voyageurs, m'avaient dès-long-temps fait conjecturer que tout le pays supérieur était dans le même cas; le Voyage de Burckhardt a mis ce fait hors de doute. Au reste, ce n'est pas dans ces rochers stériles, où le premier soin est de pourvoir, avec grande peine, aux nécessités les plus impérieuses de la vie, que les beaux-arts, enfans de la civilisation, fruit de l'abondance et de la prospérité, ont pu prendre naissance et se développer. Aussi la plupart des voyageurs français n'ont point partagé cette opinion, que les arts étaient descendus de proche en proche, des montagnes de l'Éthiopie; opinion que plusieurs savans ont cependant admise comme incontestable, d'après quelques passages d'une autorité suspecte.

A la vérité, les dessins de Norden étaient dépourvus de cette précision et de ces développemens qui permettent d'asseoir un jugement sûr; mais aussitôt que j'ai eu connaissance du véritable caractère des antiquités de la Nubie, dès que j'ai vu, dans les peintures et dans les sculptures, les mêmes sujets que ceux des monumens de Thèbes, et avec un cachet particulier qui montre plutôt les progrès de l'art que son berceau, il m'a été démontré que la plupart des monumens de la Nubie étaient postérieurs aux édifices de Thèbes, bien loin d'en avoir été les modèles. Cette opinion paraît d'autant plus fondée qu'elle concourt à expliquer un passage d'Hérodote, qui n'a pas été bien éclairci. L'historien raconte, comme nous l'avons dit, que sous Psammétique, 240 mille hommes, qui tenaient garnison depuis trois ans à Daphnæ, Éléphantine et Maréa, irrités de n'avoir pas été relevés depuis un si long-temps, s'enfuirent tous en Éthiopie, au pays dit depuis des *Automoles;* et que les Égyptiens s'étant établis dans ce pays, les Éthiopiens *se civilisèrent,* en adoptant les mœurs égyptiennes[1]. Diodore, qui raconte le même fait, l'attribue à une autre cause[2]; savoir, que Psam-

---
[1] Lib. II, cap. 30 : Τούτων δὲ ἐσοικισθέντων ἐς τοὺς Αἰθίοπας, ἡμερώτεροι γεγόνασι Αἰθίοπες, ἤθεα μαθόντες Αἰγύπτια.

[2] Lib. I, cap. 67.

métique donnait la préférence aux troupes étrangères sur l'armée nationale : mais il affirme aussi que plus de 200 mille soldats égyptiens se rendirent en Éthiopie et s'y établirent. Ainsi que Zoéga, je regarde le nombre de ces réfugiés comme exagéré, tant le pays au-dessus d'Éléphantine est difficile et aride. Mais le fait de l'émigration des Égyptiens ne peut être révoqué en doute : les anciens géographes et les écrivains qui ont traité de l'Éthiopie, ont presque tous rapporté ce fait[1] ; et le nom des *Automoles,* c'est-à-dire *transfuges,* qu'on a donné à ce pays, consacre le souvenir de l'exil volontaire de l'armée égyptienne. Rien d'ailleurs n'est plus conforme à l'état où se trouvait alors le pays, livré aux guerres intestines qu'avait amenées la dodécarchie. La protection accordée par Psammétique aux étrangers, repoussés jusque-là par les lois et les anciens usages, était un grave sujet de mécontentement pour ceux qui tenaient aux souvenirs de la vieille gloire nationale. Diodore le fait assez entendre dans le passage que j'ai cité.

Il paraît bien probable, par les nombreuses constructions élevées en Nubie, que les hommes dont je parle s'y établirent, soit à cette époque, soit dans la suite, y élevèrent des temples à l'instar de ceux d'Égypte, et creusèrent les rochers, comme avaient fait leurs ancêtres à Thèbes et à Memphis.

Le lieu qui a succédé à Adulis renferme des vestiges dont l'âge n'est pas bien connu. J'incline à penser que ces ruines appartiennent à l'époque de ces colons égyp-

[1] *Voyez* Aristot. *Rhetor.* lib. III; Plin. lib. VI, c. 30; Strab. l. XVII, p. 786; Plutarc. *de Exsilio.*

tiens. Mon sentiment est fondé sur un passage de Pline, qui atteste que la ville d'Adulis, port de mer sur la mer Rouge, fut bâtie par des esclaves sortis de l'Égypte[1]. Dans le passage déjà cité, Hérodote rapporte que les transfuges portaient dans leur langue le nom d'Asmach, nom que plusieurs regardent comme le même qu'Axum ; cette dernière ville est à plusieurs journées des restes d'Adulis. Toutes ces autorités prouvent qu'un grand nombre d'Égyptiens ont passé en Éthiopie : or, nécessairement ils ont traversé d'abord la Nubie, ils ont dû y séjourner, et sans doute y bâtir selon le goût de leur pays.

Mais tous ces monumens ne peuvent prouver que l'architecture de l'Égypte, que ses arts, que le style de ses ouvrages sont un présent de l'Éthiopie supérieure : les deux climats sont différens, les productions végétales ne sont pas les mêmes ; enfin, les principales plantes que les architectes égyptiens ont imitées si souvent, ont introduites dans la décoration avec tant de goût, le lotus, le papyrus, la vigne, etc., ne se trouvent point dans cette haute région ; le roseau, le dattier même y sont rares. On a pu porter, jusqu'à ces rives, des arts tout formés et déjà perfectionnés ; mais leurs ha-

---

[1] Lib. 1, cap. 29 : *Oppidum Aduliton. Ægyptiorum hoc servi a dominis profugi condidere.*
Cette conjecture est pleinement confirmée par les observations du savant M. Salt, touchant *une colonne, évidemment égyptienne*, trouvée sur le rivage opposé à Masouah, et apportée d'un endroit voisin du fond de la baie Anneslay. Or, cet endroit s'appelle *Zeyla* et *Azoole* (Azoul) ; auprès de ce lieu sont des ruines considérables de bâtimens et de colonnes avec *des pierres taillées, de 4 à 5 pieds de large.* (Voyage de Salt en Abyssinie, p. 451 et suiv. ; Londres, 1814.)

bitans n'ont pas pu établir, sur les bords du Nil inférieur, des arts dont leur patrie n'offrait pas le type naturel. Le climat et les productions de l'Égypte se réfléchissent dans son ancienne architecture, comme dans un miroir; pourquoi chercher le modèle en des lieux si éloignés de l'image[1]? Faire descendre les arts depuis les rives supérieures du Nil jusqu'en Égypte, c'est perdre de vue que la limite des pluies du tropique sépare les deux contrées. Au reste, la question de savoir quelle région, ou de l'Éthiopie ou de l'Égypte, a été peuplée la première, est bien distincte de celle de l'origine des arts égyptiens, de ces arts que nous connaissons bien aujourd'hui par les monumens de la Thébaïde. On ne doit pas confondre ces questions comme on semble l'avoir fait; la solution de l'une est tout-à-fait indépendante de celle de l'autre.

Nous terminerons ici cette digression, qui, si elle nous a écartés un peu du sujet, a confirmé, du moins, notre opinion sur la limite en plus de l'ancienne population de l'Égypte, puisque la Nubie est un pays sans ressources et peu habité; que sa population était distincte de celle de l'Égypte sous ses anciens rois; enfin, que, lors même qu'on l'y joindrait, ce serait un faible supplément, incapable de faire pencher la balance en faveur des récits exagérés qu'ont faits, sur ce sujet, Hérodote et d'autres auteurs.

[1] Voyez l'*Essai sur l'art en Égypte.*

APPENDICE.

Recherche de la population de l'Égypte à l'époque des Arabes, d'après la capitation ou imposition personnelle.

On a vu, page 138, à la note, qu'au moment de l'expédition des Français, la capitation payée par les sujets non musulmans pourrait offrir un moyen de supputer leur nombre, et nous avons conclu qu'il y avait alors environ 220000 chrétiens et Juifs. Le même procédé peut faire connaître la population du pays entier, à une certaine époque de son histoire; mais c'est seulement au moment de l'invasion des Arabes, alors qu'on affranchit de la capitation chaque sujet qui embrassait l'islamisme. C'est pourquoi je choisis l'époque de la capitulation qui fut accordée par A'mrou à Makaukas, commandant le fort de l'île de Roudah pour l'empereur Héraclius; cette pièce intéressante a été publiée en arabe par M. Silvestre de Sacy, dans son Mémoire sur le droit de propriété en Égypte [1]. Ce savant l'a

---

[1] *Mémoires de l'Académie des inscriptions et belles-lettres* (2ᵉ série, tome v, page 34).

Les passages des auteurs arabes qui suivent sont tirés presque textuellement du Mémoire de M. de Sacy *sur la nature et les révolutions du droit de propriété territoriale en Égypte* : je n'ai fait que disposer ces passages de manière à rendre claire la conclusion que j'essaie d'en tirer. L'objet de l'illustre orientaliste est différent et beaucoup plus important : c'est de montrer que le droit

tirée d'Abou-l-Mahsen, qui l'avait empruntée d'Ibn Kethyr. Quoiqu'on ne puisse en garantir l'authenticité, elle ne renferme rien, dit M. Silvestre de Sacy, qui choque la vraisemblance. En voici la substance : « Les habitans de l'Égypte seront obligés à payer le *gizyeh* quand ils auront donné leur consentement à cette capitulation et que le fleuve aura eu une crue complète. Leur gizyeh sera de 50 millions; si le Nil n'atteint pas ce terme, il sera réduit en proportion. Si quelqu'un des Grecs et des Nubiens accède à la capitulation, il jouira des mêmes avantages que les Égyptiens. La contribution imposée aux Égyptiens sera payable en trois termes et par tiers [1]. »

Cet événement se passait vers l'an 18 de l'hégire (639 de l'ère vulgaire).

Le gizyeh embrassait alors tous les Égyptiens, puisque l'acte porte ces mots : « Si quelqu'un d'eux refuse de souscrire à ces conditions, on diminuera le gizyeh à payer en proportion de leur nombre. »

Deux questions sont d'abord à examiner : s'il faut entendre capitation par le mot de *gizyeh*, quelle est la somme qui était à payer en total par les Égyptiens, combien payaient-ils par tête?

Selon Ebn A'bd-el-Hakim, A'mrou conserva le mode de recouvrement des impôts qui était en usage parmi les

---

de propriété n'a jamais cessé d'exister en Égypte, et que c'est la seule violence qui en a suspendu l'exercice. Au reste, les écrivains arabes ne sont point d'accord sur la nature du droit que les maîtres de l'Égypte ont acquis par la conquête, parce que, selon les uns, les Arabes ont pris le pays par capitulation, et que, selon les autres, ils s'en sont emparés de vive force.

[1] *Mémoires de l'Académie des inscriptions et belles-lettres* (2° série, tome v, page 35).

Égyptiens sous le gouvernement des Grecs. Cela s'entend de l'impôt foncier, *kharag*. On partageait les terres en 24 *qyrât*, comme le dynâr (monnoie d'or). On imposa un ardeb de froment par *feddân* et deux waïbas d'orge (mesure de 6 mudds)[1] ; mais cet impôt territorial est indépendant de l'imposition personnelle ou capitation, proprement appelée *gizyeh*, payable en argent. Le passage suivant, extrait d'el-Kodouri, ne laisse aucun doute à cet égard : « Le gizyeh..... impose sur le riche une capitation annuelle de 48 dirhems ou 4 dirhems par mois; sur l'homme d'une aisance moyenne, 24 par an ou 2 par mois; sur celui qui gagne sa vie à l'aide de son travail, 12 dirhems par an ou 1 par mois. On impose le gizyeh sur les Juifs, les chrétiens, les mages, les idolâtres étrangers; et non sur les idolâtres arabes, ni les apostats, les femmes, les enfans, les estropiés, les paralytiques. Les pauvres qui ne peuvent gagner leur vie n'y sont pas soumis. Si un homme soumis au gizyeh embrasse l'islamisme, il est exempt[2]. »

Ce passage se rapporte à une époque où il y avait déjà beaucoup de conversions à la religion musulmane. Plus tard, la plus grande partie du gizyeh fut convertie en kharag ou contribution foncière; mais il fut conservé dans les villes et aussi dans les villages pour les artisans et les journaliers. Cet impôt prit le nom de *galyeh* (pl. *geoualy*).... Maqryzy observe que le produit des *geoualy* diminuait à mesure que les Qobtes em-

---

[1] *Mémoires de l'Académie des inscriptions et belles-lettres* (2ᵉ série, tome v, page 47).
[2] *Ibid.* page 9.

brassaient l'islamisme. « Suivant le qâdy Fadhel, la recette des *geoualy* fut affermée, en 587, pour 31000 dynârs; aujourd'hui (845), il est considérablement diminué. En 810, il monta à 11400 dynârs, sans compter ce qui fut dépensé pour les soldats. Ebn A'bd-el-Hakim rapporte que le produit du *kharag* fut de 12 millions de dynârs, au temps d'A'mrou; que Makaukas en retirait 20000000, et qu'A'bd-allah ben-Saâd (nommé gouverneur par O'tmân) en tira 14000000[1]. »

Pour revenir au gizyeh, c'était, selon Maqryzy, une imposition personnelle qui était payable en argent; le plus souvent, il se convertissait en imposition foncière, et c'est pour cela qu'on l'a appelé quelquefois *kharag*[2].

Ces derniers mots servent à expliquer pourquoi la capitulation des chrétiens portait aussi le nom de *kharag* au temps de notre expédition; d'où il résulte une confusion apparente qui se trouve bien éclaircie par les recherches de M. de Sacy. C'est ainsi que les 90 mille assignations payables par les chrétiens et les Juifs, à l'arrivée de l'armée française, sont attribuées au karach (ou plutôt kharag) par M. Estève. (*Voyez* ci-dessus, page 138, à la note.)

« O'mar prescrivit (c'est Maqryzy qui le rapporte) de n'exiger le gizyeh que de ceux sur *le visage desquels le rasoir aurait passé*, et d'en tenir exempts les femmes et les enfans. Les individus soumis au gizyeh devaient payer, si leurs espèces étaient d'argent, 40 dirhems, ou

---

[1] *Mémoires de l'Académie des inscriptions et belles-lettres* (2ᵉ série, tome v, pages 55 et suiv.) — Maqryzy est mort en l'an 845 de l'hégire, selon Abou l-Mahsen.
[2] *Ibid.* page 47.

4 dynârs s'ils avaient des espèces d'or; et en outre, fournir à chaque musulman un ardeb de froment par mois, de la viande grasse et du miel[1]. »

La nature du gizyeh ou impôt personnel étant bien comprise, il s'agit d'en reconnaître le montant total à l'époque de la conquête, c'est-à-dire à l'époque où tout le monde le payait, et d'en découvrir la quotité pour en déduire la population générale. Les passages qui précèdent renferment déjà le moyen de résoudre la question; en effet, il résulte que la capitation fut fixée à 2 dynârs ou pièces d'or par tête. Plusieurs auteurs confirment ce fait; Leith (ou Yezid) dit qu'un impôt de 2 dynârs fut frappé sur les Qobtes, au temps d'A'mrou[2] : Abou-l-Mahsen dépose du même fait[3]. Il ne faut pas croire que l'impôt par tête fût de 4 dynârs, comme le pourrait faire croire le passage de Maqryzy, extrait ci-dessus[4] : ce n'était pas non plus 2 dynârs qui étaient l'impôt de chaque tête; mais cette quantité de 2 dynârs était *l'impôt moyen*, c'était la somme que les Égyptiens avaient à payer, l'un dans l'autre : ainsi, tel payait 4, tel autre 3 ou 2, et d'autres 1 seulement. C'est ainsi qu'en 1798, les 90 mille assignations étaient de trois degrés : il y en avait 9000 à payer par les riches, chacune de 440 médins; 18000 par la classe moyenne, de 220 médins; et 63000 par les individus

---

[1] *Mémoires de l'Académie des inscriptions et belles-lettres* (2ᵉ série, tome v, page 46).
[2] *Ibid.* page 24.
[3] *Ibid.* page 31.
[4] *Voyez* ci-dessus, p. 171, dernier alinéa. — Il ne faut pas non plus conclure de ce passage que les 40 dirhems correspondent à 4 dynârs; mais ceux qui changeaient leurs espèces d'or en argent, devaient gagner beaucoup à cette opération.

indigens ou peu aisés, chacune de 110 médins. C'est tout-à-fait le même rapport que j'aperçois au temps d'el-Kodouri, puisque le riche payait par an 48 dirhems ; l'homme d'une aisance moyenne, 24; et celui qui gagnait sa vie à force de travail, 12 seulement. (*Voy.* ci-dessus.) Ce qui prouve tout-à-fait que la capitation de 2 dynârs était une somme moyenne, c'est le passage suivant, relatif à la capitulation particulière de la ville d'Alexandrie : « Maqryzy cite Hosseyn ben-Châbi, du premier siècle de l'hégire, pour le fait suivant : « Quand A'mrou ben el-A'âs prit Alexandrie, les habitans, sans y comprendre les femmes et les enfans, étaient au nombre de 600 mille. Toute l'Égypte fut soumise à une contribution de 2 dynârs par tête d'homme; il y eut exception pour Alexandrie, dont les habitans dûrent payer le kharag (contribution foncière) et le gizyeh (capitation) au taux où il plairait de le fixer, parce que cette ville a été prise de vive force [1]. »

Il n'y a donc plus, selon moi, de difficultés pour comprendre le passage en question dans la capitulation d'A'mrou. Les Égyptiens furent assujettis à payer une capitation totale de 50 millions de pièces, au cas où la crue du Nil serait complète; et comme ces pièces étaient ou d'or ou d'argent, et qu'il ne peut pas évidemment être question de pièces d'or, il suit que la contribution frappée sur toute l'Egypte, d'après tous les auteurs, fut de 50000000 de dirhems.

Reste à évaluer le rapport du dynâr au dirhem. La

---

[1] *Mémoires de l'Académie des inscriptions et belles-lettres* (2ᵉ série, tome v, page 21).

valeur relative de ces deux monnoies n'a pas toujours été la même. Quand la monnoie d'argent s'altéra, le rapport alla en croissant; ce fut alors un signe de décadence et de misère pour le pays. Sous el-Hakim Bimr-Allah, le dirhem descendit à 34 pour un dynâr; plus tard, on frappa un nouveau dirhem, valant 18 : à diverses époques le dirhem descendit à 31, à 36; mais l'an 363 de l'hégire, dit Maqryzy, le dynâr moe'zzy était au pair de 15 dirhems $\frac{1}{2}$. Le dirhem monta aussi à $13\frac{1}{2}$ et à 15. Au reste, le dynâr fut long-temps en Égypte l'unité monétaire (quoique rarement les pièces d'or jouissent de ce privilège). Le dirhem le devint ensuite; cette pièce prit son nom du poids auquel elle était égale à son origine : enfin, le médin remplaça le dirhem comme l'unité des monnoies [1].

Je m'arrête à la valeur de 15 dirhèms au dynâr pour l'époque de la conquête, et je trouve que les 50000000 de dirhems répondent à 3333333 dynârs, qui, à 2 dynârs, terme moyen, par tête, représentent 1666666 individus; mais ce n'est là qu'une partie de la population de l'Égypte au temps d'A'mrou. En effet, on a vu que le gizyeh ne frappait point les femmes, ni les enfans, ni les pauvres incapables de le payer; et que c'est vers 12 ans qu'il faut commencer à comprendre les habitans mâles dans la capitation. Or, d'après la loi de population, sur 10000000 d'individus, on compte 2372842 enfans de onze ans; reste à 7627158 adultes des deux sexes, ou 3813579 mâles adultes, supposé

[1] *Voyez* le Mémoire de M. Sam. Bernard *sur les monnoies d'Égypte*, É. M., tome XVI, p. 267 et suiv.

les deux sexes en nombre égal. Ainsi le nombre cherché sera le quatrième terme de la proportion suivante :

$$3813579 : 10000000 :: 1666666 : x = 4369000$$

Resterait à ajouter, pour les indigens, une quantité qu'il est impossible d'assigner, mais qui devrait être fort peu considérable ; et une autre quantité pour l'excès du nombre des femmes sur celui des hommes. Celle-ci ne doit pas être calculée d'après la proportion actuelle des villes, parce que le nombre des femmes étrangères importées en Égypte par les caravanes, est beaucoup plus grand aujourd'hui qu'il ne l'était dans le premier siècle de l'hégire. En prenant pour le rapport des sexes 9 à 8, c'est-à-dire en fixant l'excès du sexe féminin sur l'autre à $\frac{1}{8}$ en sus, on accorde une différence admissible, et l'on arrive à une population totale de 4630000 environ. Tel est, selon nous, le résultat qu'il faut tirer de la capitulation d'A'mrou.

Comparons ce résultat à plusieurs autres passages des écrivains arabes : « Ebn Abd-el-Hakim rapporte, d'après A'bd-allah ben-Loheiah, qu'A'mrou ben el-A'âs, après avoir conquis l'Égypte, imposa une capitation de deux pièces d'or sur chaque habitant, excepté les vieillards, les femmes et les enfans ; leur nombre s'éleva à 8000000.... Le droit de capitation fut fixé à 40 dirhems sur le peuple, et à quatre pièces d'or sur les personnes riches. » Ce passage nous a été communiqué en arabe par M. Silvestre de Sacy ; il est d'accord, pour le montant de l'impôt, avec celui de Maqryzy, que nous avons rapporté page 171. Mais ce témoignage diffère beaucoup de celui d'el-Kodouri; selon ce dernier, le minimum de la capitation était de 12 dirhems, et le maximum de 48; ici, c'est 40 et 60 (en prenant le dynâr pour 15 dirhems). Le même écrivain fournit une donnée plus directe, mais qui n'est pas moins incertaine; observons d'abord que l'époque se rapporte aux années 96 à 99 de l'hégire : « Ebn A'bd-el-Hakim apprend que Ebn Refa'a étant gouverneur de l'Égypte parcourut tout son gouvernement pour faire le dénombrement des habitans et répartir le kharag entre eux avec équité : il passa six mois dans le Sa'yd, occupé de cette opération, et il alla jusqu'à Syène : il était accompagné d'officiers et de katebs, qui l'aidaient dans ce travail; il employa trois mois au même objet dans la basse Égypte...... L'on compta alors plus de 10000 villages; le moins peuplé avait pour le moins 500 hommes payant le gizyeh. » (*Mss. arabes* de la Bibliothèque du roi, n°. 655, p. 216 [1].)

Dix mille villages, renfermant chacun 500 hommes adultes, et en état de payer la capitation, supposeraient une population totale de près de 14000000, en comptant toujours les adultes comme âgés seulement de plus de onze ans, et les femmes comme étant en excès d'un huitième seulement. Que serait-ce en prenant l'époque des adultes à douze ou treize ans ? L'exagération n'est pas moins visible, si l'on considère le nombre des villages ou bien le nombre d'hommes faits, payant dans chacun d'eux l'imposition personnelle.

[1] *Mémoires de l'Académie des inscriptions et belles-lettres* (2ᵉ série, tome v, page 54).

On fera la même remarque sur le passage précédent; en effet, le nombre des individus imposés s'élève, selon l'écrivain arabe, à 8 millions, et encore les vieillards n'y étaient pas plus compris que les femmes et les enfans. A ne prendre pour l'âge des vieillards que 70 ans et au-dessus, on trouverait que les 8 millions d'imposés supposent une population de 23 millions. A la vérité, on pourrait à la rigueur entendre le passage d'une autre façon[1]; c'est-à-dire que le nombre qui s'élève à 8000000 n'est pas celui des imposés, mais celui des pièces d'or, car il y a doute pour le sens. Dans ce cas, et toujours à deux pièces par tête, le nombre des imposés serait de 4 millions, et la population, de 12 millions $\frac{1}{2}$. Mais ce résultat est encore trop au-dessus de celui que nous avons trouvé d'abord, pour qu'il soit possible de les concilier ensemble; et l'on reconnaît qu'il s'écarte de toutes les autres données produites dans le cours de ce mémoire, quand on remarque surtout que Diodore de Sicile, voulant faire connaître la population qui existait de son temps, par opposition avec celle des temps antérieurs, nous dit que l'Égypte ne comptait pas moins de 3000000 d'habitans. A moins d'imaginer une immigration prodigieuse, dont l'histoire ne fait aucune mention, la population n'aurait pas triplé ou quadruplé en six ou sept siècles de guerres intestines et étrangères. L'exagération des deux passages arabes est donc manifeste; mais il n'est pas impossible que, dans le même intervalle de temps, la population fût montée jusqu'à 4 millions et plus d'individus.

[1] *Voyez* p. 176.

Un passage d'Ebn-Haukal, cité par M. de Sacy dans sa traduction d'Abd-el-latyf[1], porte que, sous el-Mamoun ou el-Motassem, on proposa de détruire les pyramides d'Égypte; mais que le sultan renonça à ce projet, parce qu'il reconnut que tout le revenu de l'Égypte ne suffirait pas à son entreprise. Dans les notes de son édition de Norden[2], M. Langlès, d'après el-Haouqely[3], s'exprime ainsi : « Les impôts, sous el-Mamoun ou el-Motassem étant répartis avec justice et perçus avec douceur envers les cultivateurs, ne produisirent, quand le Nil atteignait 17 coudées 10 doigts, que 4257000 dynârs, à raison de 2 dynârs par feddân. » M. de Sacy pense que l'évaluation de 2 dynârs par feddân est trop forte; et en effet, la surface cultivée étant de plus de 3000000 *feddân*[4], ce ne serait qu'un dynâr et tiers par chaque feddân. Je pencherais à croire que l'auteur a voulu dire que l'impôt produisait 4257000 dynârs, à raison de 2 dynârs *par homme* (et non *par feddân*) : je me fonde sur tous les autres passages que j'ai rapportés plus haut. A la vérité, l'impôt dont il s'agit frappant les cultivateurs, il faudrait l'entendre de la contribution foncière, et non de la contribution personnelle; mais ce n'est pas là une difficulté, puisque le gizyeh, pour la plus grande partie, fut converti en kharag ou contribution foncière[5]. Cela posé, ces 4257000 dynârs supposeraient 2128500 têtes imposées, et, d'après les calculs qui précèdent, une popu-

---

[1] Page 220.
[2] Tome III, page 291.
[3] M. de Sacy attribuant à Ebn-Haukal le récit d'où ce passage est tiré, il paraîtrait qu'il s'agit d'un même auteur.
[4] *Voyez* ci-dessus, page 110.
[5] *Voyez* ci-dessus, page 170.

lation totale de 5912000 âmes; mais on peut encore regarder ce nombre comme étant très-enflé. Une exagération bien plus extraordinaire se remarque dans le passage de Maqryzy, qui, citant Hosaïn ben Schabi, prétend qu'Alexandrie, sous A'mrou, avait 600000 habitans, sans y comprendre les femmes et les enfans, c'est-à-dire plus d'un million et demi d'habitans. On doit donc être singulièrement en garde contre les assertions de ces écrivains.

Les curieux passages que j'ai empruntés au mémoire de M. de Sacy, pourraient fournir matière à examiner un autre genre de question, savoir : établir quel a été le revenu de l'Égypte à différentes époques de son histoire; mais je n'avais à examiner ici que le revenu produit par l'impôt personnel : je me bornerai donc à faire remarquer l'incohérence qui règne entre les données que fournisent les auteurs. En effet, les revenus du galyeh (ou du gizyeh) varient, entre l'an 587 et l'an 810, de 31000 dynârs à 11400; quant au kharag, on le voit descendre de 20 millions de dynârs (taux auquel il montait, dit-on, sous Makaukas) à 14 et à 12 millions. A en croire Maqryzy, tous les revenus de l'Égypte se bornaient à un million de dynârs sous le khalife Mostanser Billah, et même se réduisaient à 800000 à cause des non valeurs; et enfin, toutes dépenses prélevées, il ne restait net que 100000 dynârs qui entraient dans le trésor. Plus tard, ce revenu descendit encore plus bas, et tomba à 500000 dynârs. Avant le temps d'Emyr el-Djoyouch Bedr Djemaly, il était de 2800000, et sous ce prince (vers 482) il se trouva de 3100000 dynârs; sous Afdhal, son fils, il fut évalué à 5000000 [1]. Le revenu n'était guère moindre sous Saladin, puisque la solde de l'armée seulement montait à 3670500 pièces d'or, non compris un million pour les militaires retirés du service [2].

La conséquence que nous tirons de ces rapprochemens, c'est que l'écrivain le moins exagéré parmi ceux que nous avons cités, est Abou-l-Mahsen, et que la population, telle qu'on peut la conclure de l'impôt personnel payé à l'époque d'A'mrou, est d'environ 4 millions et demi. C'est d'ailleurs évidemment l'époque du maximum de cette capitation, puisque, dès ce jour, le nombre des individus exemptés alla toujours en croissant, à mesure que les habitans embrassaient l'islamisme : cette remarque prouve encore combien les autres supputations sont exagérées.

NOTES ET ÉCLAIRCISSEMENS.

Note (A), page 110 du Mémoire.

Cadastre de Melik el-Nasr.

A la suite de la traduction d'A'bd-el-latyf, M. Silvestre de Sacy a inséré un état des provinces de l'Égypte, qui date de l'an 777 de l'hégire (1375 de J.-C.), et se rapporte au temps du sultan Melik el-Achrâf Cha'bân, petit-fils de Melik-el-Nâsr Mohammed; il est extrait du Cadastre de Melik el-Nasr, dressé en 715 de l'hégire (1315). Le savant auteur a composé cet état, principalement

---

[1] *Voyez* le mémoire de M. de Sacy, p. 138; et les Mémoires sur l'Égypte, par M. Ét. Quatremère.
[2] *Ibid.* page 143.

d'après le manuscrit arabe de la Bibliothèque du roi, n°. 693; l'auteur s'est aidé du *Terrier de l'Égypte* de L. Picques, docteur en Sorbonne (*Terrier* qui a été mis à contribution par d'Anville), d'un manuscrit de la Bibliothèque bodleyenne d'Oxford, d'un ancien manuscrit turc de la Bibliothèque impériale de Vienne, enfin d'un manuscrit arabe de la Bibliothèque du Vatican. La récapitulation qui est en tête, et qui est de l'écrivain arabe, présente le nombre des villages : elle forme la première colonne du tableau suivant; j'ai mis dans la seconde le relevé que j'en ai fait moi-même :

ÉGYPTE SEPTENTRIONALE.

	NOMBRE DES VILLAGES.	
Banlieue du Kaire................	20.	26.
Province de Qelyoub.............	59.	61.
de Charqyeh............	380.	383.
de Daqahlyeh...........	217.	214.
de Damiette............	12.	14.
de Gharbyeh...........	471.	475.
de Menouf.............	132.	133.
d'Abyar et Beny-Nasr....	46.	48.
de Boheyreh...........	222.	231.
de Foueh.............	16.	16.
de Nesteraoueh.........	6.	6.
d'Alexandrie...........	8.	14.
de Gyzeh.............	158.	158.
TOTAL......	1747.	1779.

ÉGYPTE MÉRIDIONALE.

	NOMBRE DES VILLAGES	
Province d'Atfyeh................	50.	53.
du Fayoum.............	97.	101.
de Bahnasah............	156.	155.
d'Achmouneyn..........	103.	102.
de Manfalout...........		5.
de Syout..............	32.	32.
d'Achmym.............	26.	24.
de Qous..............	48.	43.
TOTAL......	512.	515.

En tout, 2259 villages d'après l'auteur arabe, et 2294 d'après le compte effectif. Il faut observer que plusieurs des noms de cette liste renferment deux ou trois villages sous une dénomination collective.

Le revenu en dynârs djeischis (de 13 dirhems $\frac{2}{7}$) est fixé, dans cet état, à 6228445 pour la basse Égypte, et à 3355808 $\frac{5}{6}$ pour la haute. Le total est, suivant l'auteur arabe, de 9584264.

Le nombre des *feddân* est à la suite de chaque village. Le relevé total est de 1970850 $\frac{1}{17}$ pour les provinces du nord, et de 1201286 pour les provinces du midi; en tout, 3172136 $\frac{1}{17}$. Il faut observer que dans les 2294 villages, il y en a 255 pour lesquels on n'a pas évalué le nombre des *feddân* : cette évaluation n'est donnée que pour 2039.

Il y a encore une remarque essentielle à faire : c'est que les terres n'y sont pas à beaucoup près de la même valeur ; du moins la superficie est bien différente, à produit égal. Je trouve, par exemple, pour un même revenu de 3000 dynârs, dans cinq villages différens, les superficies qui suivent : 982 *feddân*, 800, 910, 743, 580 ; ainsi des autres.

Voici le détail du nombre des *feddân* calculés par province :

PROVINCES.	NOMBRE DES VILLAGES.	NOMBRE DES FEDDAN.	NOMBRE DES VILLAGES dont l'évaluation en *feddân* manque.
Banlieue du Kaire............	15.	10476 $\frac{1}{7}$.	11.
Province de Qelyoub..........	52.	96531 $\frac{5}{17}$.	9.
de Charqyeh.............	351.	471997 $\frac{2}{7}$.	32.
de Daqahlyeh et de Martâhyth.	213.	170189.	1.
frontière de Damiette....	10.	6567.	4.
de Gharbyeh..........	458.	534474.	17.
de Menouf...........	131.	143808.	2.
d'Abyar et de Gezyreh Beny-Nasr.............	47.	94181.	1.
A reporter........	1277.	1528225.	77.

PROVINCES.	NOMBRE DES VILLAGES.	NOMBRE DES FEDDÂN.	NOMBRE DES VILLAGES dont l'évaluation en *feddân* manque.
Report........	1277.	1528225.	77.
Province de Boheyreh............	222.	309227 $\frac{1}{2}$.	9.
de Foueh et les deux *Mozâhameh*............	4.	3231.	12.
de Nesteraoueh..........	»	»	6.
Territoire d'Alexandrie...........	2.	4596.	12.
Province de Gyzeh..............	120.	125571.	38.
d'Atfyeh..............	2.	72.	51.
du Fayoum...........	79.	117722.	22.
de Bahnasah...........	146.	342861.	9.
d'Achmouneyn.........	92.	185976.	10.
de Manfalout...........	4.	18233.	1.
de Syout.............	31.	130417.	1.
d'Achmym............	23.	111070.	1.
de Qous.............	37.	294935.	6.
Total........	2039.	3172136 $\frac{1}{12}$.	255.

Il résulte de ces tableaux, 1°. que lors du Cadastre d'El-Nasr, les divers villages, l'un dans l'autre, étaient composés de 1555,73 *feddân*, et rapportaient 4700,47 dynârs; 2°. que le produit moyen d'un feddân en dynârs était de 3,02 (il n'est question ici que du revenu évalué dans le Cadastre d'el-Nasr); 3°. enfin, que la proportion du nombre de *feddân*, entre l'Égypte septentrionale et celle du midi, est de 41 à 25.

La division des provinces n'est pas la même, dans ce Cadastre, que celle qui existe à présent, surtout pour l'Égypte inférieure ; mais cela ne change rien au compte total des *feddân* : ce compte se rapproche extrêmement (à $\frac{1}{172}$ près) de celui qui a servi de base à l'administration française pendant l'expédition, et qui monte à 3163618 *feddân* (Voyez ci-dessus, p. 110). Il en résulterait que la diminution du territoire cultivable, ou du moins de la terre *imposée*, depuis 1315 jusqu'à 1798, c'est-à-dire en 483 ans, est un peu au-dessus de la quantité de terrain qu'occupaient les deux cent cinquante-cinq villages dont l'évaluation n'est pas portée au Cadastre, laquelle est d'environ 396711 *feddân* : c'est moins d'un huitième de la superficie totale. (Je suppose ici que le feddân n'a pas changé d'étendue, et que c'était alors, comme aujourd'hui, un carré de 20 *qasab* en tous sens, chacun de la mesure de 3 mètres 85 centimètres.)

Note (B), page 118.

Dénombrement approximatif des villages de la province de Minyeh, dans la haute Égypte.

EXTRAIT DU CATALOGUE GÉNÉRAL DES LIEUX DE L'ÉGYPTE
EN ARABE ET EN FRANÇAIS.

VILLAGES DE 400 HABITANS MALES ET AU-DESSUS.

MEYLAOUY EL-A'RYCH	3000	Nefs el-Achmouneyn	450
MINYEH EBN-KHASEM (chef-li.)	2000	Toûneh el-Gebel	400
El-Qousyeh	1350	El-Roudah	500
Nezel Abou-Gânoub (trois hameaux)	400	Ebchâdeh el-Bahry	450
		Cheykh Tmay	1000
Meyr	650	Et-Lidem	550
Misârah	450	Beny-Hasan	550
Sanaboû	1550	Garrys	700
El-Koudyeh	450	Bouqorqâs	550
Darout el-Cheryf	400	Beny-A'beyd	750
Dachlout	550	Bélansourah	650
Beny-Harâm	550	Koum el-Zoheyr	500
El-Tell	550	Mensafys	450
Beny-A'mràn	425	Rydeh	500
Deyr Mouâs	650	Toueh	450
Esmou	450	Tahà el-A'moudeyn	550
Dalgé	950	Etsà	425
El-Bercheh	450	Naouày el-Ibghàl	550

DE L'ÉGYPTE ANCIENNE ET MODERNE.

DE 125 HABITANS MÂLES A 400.

El-Ensâr	125	Qalendoul	125
El-Sarâqneh	200	El-Cheykh A'bâdeh	300
Nazlet Hablas	350	Saqyet Mouseh	275
Beny-Sâleh	150	El-Maharas	200
Nazlet Keleyb	300	Beny-Khaled	325
El-Fazârah	125	Hour	350
El-Menâchy	150	El-Qasr	350
Bâouyt	125	Esment	200
Bânoub	200	Hasanyeh el-Ouaqf	250
El-Mandarah Garf el-Kouleh	225	Mentout	300
Beny-Yhyé	300	Sefay	250
El-Gezyreh	175	Nazlet Esment ou Ghayâdah	150
Saoû el-Gharbyeh	300	Menhary	250
Emchoul	300	Karm Abou-O'mar	175
Sergené	200	Charârah	250
El-Haouatah	300	Abyouhâ el-A'gouz	250
El-A'meyryeh	350	El-Birbé	300
El-Hâggy Qandyl	250	Sannym el-Kafr	300
Kafr Khozàm	225	Beny-Khyàr	175
Tânouf	275	Beny-Mousy	175
El-Badramân	250	El-Sahâlleh	300
Tendeh	250	El-Haouâslyeh	200
Toukh	300	Saft el-Khammâr	200
Nezlet el-Bercheh	125	Tahnaché	150
Sengerg	175	Beny-Ahmed	275
El-Menchyeh	250	Talleh	275
El-Qouloubbé	225	Toukh el-Kheyl	200
El-Ma'sarah	225	Behdâl	300
El-Reyremoun	325	Demchyr	350
Deyr Abou-Hennys	200	Edmoû	200
El-Bayâdyeh	275	El-Bourgàyeh	350
El-Saouâhgeh	125	Saft el-Leben	200
El-A'ryn el-Bahry	150	Zohrah	250

DE 85 HABITANS MÂLES A 125.

El-Cheykh A'oun-allah	100	El-A'râmyeh	100
El-Menchât el-Gesr	100	Beblâou	100
El-Harâdneh	110	El-Nasryeh	100
Menchât Beny-Edrys	90	Nazlet Sa'yd ou el-Tell	100
El-Mezeyneh	120	Mouqouminous	100
Qasr Heydar	100	Deyr el-Nakhl	100
El-Nahâyeh	100	Nazlet deyr Abou-Hennys	100

POPULATION COMPARÉE

Demchâou.	87	Zâouyet Hâtem	112
Abou-Qalteh	90	Maqouseh	100
El-Baragyl	112	Nezel el-Chaouâdy	100
Menchât Da'bes	100	Nazlet el-Ameyryeh ou el-	
Nazlet el-Hamâyeh	100	Ghatayneh	100

AU-DESSOUS DE 85 HABITANS MALES.

El-Cheykh Dàoud	60	Dârout Omm-Nakhleh	35
Tenâghah	60	El-Berkeh	55
Nazlet el-Ensâr	40	El-A'ryn el-Qebly	60
El-Sabahab	40	Etqà	50
El-Cheykh Mesa'd	30	Nazlet Abou-Gama'	35
El-Qalânech	35	Ebchâdeh el-Qebly	50
Kafr Kharfèh	45	Nazlet el-Gamâseh	45
A'ouageh	35	Nazlet el-A'tayât	45
Nazlet Bâouyt	30	Cheykh Abou-A'ly	30
Nazlet Dârout ou Garf Sarhân.	28	Reyhâneh	40
Saoû el-Charqyeh	20	Menchât el-Tourkmân	35
Garf el-Haouatah	25	Deyr A'tyeh	50
Koum Engâcheh	45	Abou-Ya'qoub	50
Nazlet el-A'ouer	55	El-Mansourah	55
Zaouyet Abou-Haroun	35	Damârys	50
Abou el-Hedr	50	Nazlet el-Chorafeh	55
Nazlet el-Cheykh Abbâs	50	Nazlet el-Darâbsch	35
Nazlet Mahmoud ou el-Sangâq.	70	El-Hatâhteh	25
Nazlet Cheykh Hosseyn	25	Cheykh Ma'dyân	55

Nota. Les dix villages suivans, Beny-Edrys, Za'farâneh, Nezel Beny-Hasan (deux villages), el-Ekhsâs, Beny-Hasan el-Achrâf, Beny-Samrag, Bougeh, Zabarah, Nazlet Abou-Khalaga, sont aujourd'hui sans habitans et ruinés depuis plus de deux ans. Saoû el-Charqyeh n'est habité que par les Arabes Abou-Qorâym.

En résumant ce tableau, on voit qu'il comprend trente-trois bourgades renfermant 19800 habitans mâles, soixante-six villages, contenant 15700, vingt-trois *nazlet* ou villages moindres renfermant 2321, et trente-huit hameaux[1] contenant 1633 habitans mâles : total, 39454, et par conséquent 52605 individus du sexe féminin, en ajoutant au plus, un tiers en sus pour ce dernier; à quoi il faut joindre les deux villes de Minyeh et de Meylaouy, renfermant ensemble 5000 habitans mâles et 6750 femmes

---

[1] En comptant Saoû el-Charqyeh, omis page 119.

ou filles, d'après la proportion de la ville du Kaire. Total général, 103809; ce qui est encore au-dessous du nombre 104650 employé, ci-dessus (page 119). Cette population, qui m'a servi à évaluer celle des autres provinces, est donc plutôt trop forte que trop faible.

Quant aux tribus arabes dont il est question dans la même page, elles sont au nombre de cinquante-deux; savoir, vingt-deux dans la haute Égypte et l'Égypte en général, pouvant mettre sur pied 13300 cavaliers: vingt-quatre dans l'Égypte moyenne, qui en ont 10800; deux dans la basse Égypte, contenant ensemble 1000 cavaliers, et quatre dans les environs d'Alexandrie et des lacs de Natroun, contenant 2400: total, 27500 cavaliers.

~~~~~~~~

Note (C), pages 121 et 124.

De la population et de la mortalité au Kaire.

Dans la Description de la ville du Kaire, chap. I et chap. III, §. IV [1], nous sommes entrés dans d'assez grands détails sur la population de cette ville et la distribution de ses habitans en différentes classes, sous le rapport de la religion, de la nation à laquelle ils appartiennent, et de leur condition : nous devons donc inviter le lecteur à recourir à ce mémoire, qui complète, autant qu'il nous a été possible, les notions relatives à ce sujet intéressant; nous renvoyons également aux Tables nécrologiques dressées au Kaire par le docteur Desgenettes, médecin en chef de l'armée, pour les années 1798 à 1801, tables qui nous ont fourni un élément important pour le Mémoire sur la population [2]. Mais nous regrettons beaucoup de ne pas pouvoir produire ici deux morceaux curieux que M. Fourier s'était procurés pendant le cours de l'expédition : l'un est le relevé des registres mortuaires des chrétiens catholiques au vieux Kaire; l'autre est le tableau du nombre des individus morts au Kaire, pendant une année, avec des détails sur sa population et le rapport du nombre des hommes à celui des femmes. Les Tables nécrologiques ont été commencées le 29 brumaire an VII, ou 19 novembre 1798, et non pas le 17

[1] *Voyez* tome XVIII, 2ᵉ partie.   [2] *Voyez* tome XVI, page 229.

brumaire, comme il est dit ci-dessus, à la note de la page 125.

Comme il y a eu une forte année de peste sur les quatre années, il faut regarder le terme *moyen* de 8834 décès comme admissible à ce titre, et comme plutôt fort que faible. On a déjà remarqué plus haut qu'en Égypte, sur quatre années, il y en a une où la peste sévit d'une manière violente.

~~~~~~~~

Note (D), page 132.

Sur la production, la consommation et l'exportation en Égypte.

Quoique ce sujet ait été traité succinctement dans le mémoire ci-dessus, néanmoins les données qu'on y rapporte sont le résultat d'un très-grand nombre de recherches et de calculs dans lesquels nous avons fait entrer des documens recueillis avant et pendant l'expédition d'Égypte, en réduisant tous les faits à leur substance. A la vérité, l'économie politique est trop peu avancée dans ce pays pour pouvoir tirer des conséquences certaines sous ce rapport, et surtout pour que la population puisse être conclue de la quantité de grains produits, consommés ou exportés : mais nous avons essayé de rapprocher et de corriger l'une par l'autre les données des calculs. Enfin, nos résultats sont confirmés par ceux qu'on a recueillis depuis le départ de l'armée française jusqu'en 1818. On a vu que, selon M. Estève, le produit de la haute Égypte en grains était estimé à 1830647 ardebs; en 1818, il était aussi d'environ 1800 mille ardebs; c'était une année commune et non de crue extraordinaire. On estimait aussi, à cette époque, la consommation par tête, au Kaire, à un ardeb, comme nous l'avons établi dans le mémoire; or, la consommation annuelle du Kaire était de 250 mille ardebs. L'exportation de l'orge et du blé en Europe était égale à la moitié ou aux deux tiers du produit : quant au dourah, la plus grande partie était consommée dans ce pays; on gardait un quart de la récolte pour la réserve et pour les semences.

Dans la note de la page 134, l'impôt en grain dans la haute Égypte est évalué à 365073 ardebs : c'est en ajoutant la valeur des autres droits de tous genres, convertis en ardebs d'orge, que M. Estève est parvenu à fixer le produit brut à 1830647 ardebs, valeur en orge ; ou autrement, 1220431 ardebs, valeur en froment [1].

Note (E), pages 144 et 154.
Superficie cultivable et habitée dans la haute et la basse Égypte, et répartition de la population du pays.

La question de la superficie cultivable et celle de la population sont liées ensemble étroitement ; c'est pourquoi nous allons rappeler plusieurs passages des auteurs anciens et des écrivains arabes que nous avons déjà employés dans un autre mémoire [2].

Selon Hérodote, l'Égypte entretenait 410000 hommes de guerre, 160000 habitaient dans six nomes de la basse Égypte, c'étaient les Hermotybies ; et 250000 Calasiries occupaient douze autres nomes de la haute et de la basse Égypte. Chacun de ces guerriers jouissait de 12 aroures, exempts d'impôts et de toute redevance. « Cette portion de terre, dit Hérodote, leur est à tous particulièrement affectée. » Nous ne parlons pas des autres avantages qui leur étaient attribués. Ainsi, le territoire appartenant à la caste des guerriers montait à 4920000 aroures, c'est-à-dire mesures de terre cultivées et productives. En comptant, comme nous l'avons fait ci-dessus (page 154), un soldat sur 15 habitans ; faisant la déduction des femmes et des enfans qui forment près des deux tiers de la population ; attribuant aux cultivateurs, aux marchands et autres individus chefs de famille, 6 aroures par tête, le double aux prêtres et aux personnes dépendant des colléges, enfin, un dixième du sol pour les chefs militaires, religieux et civils, et pour le roi et sa famille, on trouvera 15 millions $\frac{1}{2}$ d'aroures distribués entre les habitans mâles, adultes, autres que les guerriers : total, 20 millions $\frac{1}{2}$ d'aroures environ.

Ce nombre est en harmonie avec la surface qui était cultivable au temps d'el-Ma'çoudy, ainsi que le rapporte Ben-Ayàs dans sa

---

[1] *Voyez* le *Mémoire sur les finances de l'Égypte*, É. M., tome XII, page 41.

[2] *Voyez* l'*Exposition du système métrique des anciens Égyptiens*, etc., A. M., tome VII.

Cosmographie [1]. « Cette surface, dit-il, renferme 180000000 de *feddân* (ou plutôt de *qirât* [2]) : le tribut n'est perçu en entier que lorsqu'il y a 480 mille cultivateurs occupés. » En effet, cette superficie productive équivaut, comme nous l'avons vu, à 7500000 *feddân* ou 20833333 aroures. La différence de ce nombre à celui de 20 millions $\frac{1}{2}$ doit être considérée comme peu importante [3].

Le nombre de 20 à 21 millions d'aroures nous paraît d'autant plus admissible qu'il s'éloigne très-peu de la valeur totale de la superficie de l'Égypte, égale à 2200 lieues carrées de 25 au degré. Ces 2200 lieues font environ 20360000 aroures.

Au temps de Philon-le-Juif, les soldats possédaient encore en Égypte, comme sous les anciens rois, chacun 12 aroures de terre. Ce passage est intéressant, en ce qu'il confirme celui d'Hérodote ; car la caste des gens de guerre était intéressée à perpétuer son privilége.

Le même Ben-Ayâs nous apprend que, d'après les derniers recensemens faits de son temps (au commencement du dixième siècle de l'hégire), on ne compta plus que 120000 cultivateurs d'occupés. A cette époque, le pays était dans un état déplorable. On trouva dans le dénombrement 50000 cultivateurs dans le bas pays, et 70000 dans le Sa'yd. J'observerai (si ces deux nombres ne sont pas cités, par méprise, dans un rapport inverse de la réalité) qu'il est difficile de comprendre comment l'Égypte supérieure a pu entretenir un plus grand nombre de cultivateurs que la basse, puisque les superficies respectives de ces deux contrées sont à peu près comme 7 et 12 (déduction faite des lacs qui sont presque tous dans la basse Égypte), attendu surtout que les lacs n'occupaient pas jadis une aussi grande surface qu'aujourd'hui.

---

[1] Notices des Mss., tome VIII, page 36.

[2] Voyez l'*Exposition du système métrique des anciens Égyptiens*, etc., A. M., t. VII, p. 377 et suiv.

[3] Dans le mémoire ci-dessus, j'ai estimé cette superficie à 24600000 aroures, et j'ai cité un géographe arabe, d'après Paucton, qui prétend que l'Égypte inférieure (ou plutôt l'Égypte entière) contenait 28000000 d'aroures ; mais il faut réduire ces deux nombres. L'excès du premier vient de ce que j'avais compris, au nombre des propriétaires, tous les individus faisant partie de la population. Ce passage exige quelques rectifications qu'on trouve dans cette note, et d'autres que nous donnerons ailleurs.

Cependant, il n'est pas impossible qu'à l'époque reculée où Thèbes était la capitale, et jouissait de sa plus grande splendeur, la Thébaïde fût beaucoup plus peuplée, relativement, que la basse, et même que la terre y fût mieux entretenue et plus fertile. Aujourd'hui, le nombre des lieux habités au-dessus du Kaire est, par rapport aux lieux inférieurs, à peu près comme 3 est à 4; il y en a environ 1550 au-dessus et 2050 au-dessous [1].

Voici comment nous croyons, par conjecture, qu'on pourrait diviser la population de l'Égypte à l'époque de ses anciens rois, en supposant qu'elle allât jusqu'à 6 millions et l'armée à 410000 individus; et quelle serait la répartition de la terre entre les habitans; non pas comme possession territoriale (puisque, selon Diodore, les rois, les prêtres et les guerriers étaient seuls possesseurs propriétaires, et que les laboureurs tenaient toutes les terres à loyer); mais comme superficie cultivée, superficie dont le produit était nécessaire à la consommation des différentes classes.

Nous avons suivi, dans ce tableau, la division des classes d'habitans, d'après le témoignage d'Hérodote, parce qu'il est l'auteur le plus ancien et le plus respectable; sauf cette remarque, qu'il a oublié les cultivateurs, qu'il faudra ranger avec les bouviers et les porchers, ainsi que les artistes (ou hommes occupés des arts) que nous mettons dans la cathégorie des individus attachés aux colléges des prêtres : nous joignons aussi à ces derniers les interprètes dont parle Hérodote, parce qu'évidemment ils ne peuvent point former une classe à eux seuls : tellement que les sept classes dont parle cet historien se réduisent en effet à cinq, savoir : 1°. les prêtres, interprètes et artistes ; 2°. les gens de guerre; 3°. les cultivateurs, pasteurs, bouviers et porchers ; 4°. les marchands ; 5°. les mariniers. Au reste, Diodore de Sicile divise aussi l'Égypte en cinq classes : les prêtres, les guerriers, les cultivateurs, les pasteurs et les artistes, ne parlant ni des marchands, ni des mariniers. Les deux premières classes possédaient, suivant lui, les deux tiers du territoire, et le roi, le troisième tiers : mais il y aurait eu à ce compte près de 600000 guerriers [2]; ce qu'il

---

[1] *Voy.* ci-dessus, p. 182 et 183, et le Catalogue général des noms des lieux.

[2] Le tiers de 2056000 aroures, à 12 par tête, fait 571000.

est difficile d'admettre autrement que dans les cas extraordinaires.

Nous compterons plus d'un huitième en sus, pour les femmes. Au reste, nous n'avons pas besoin d'avertir qu'il n'est question ici que de la répartition de la population, mais non pas de la question difficile et encore obscure des différentes castes égyptiennes.

Composition et distribution conjecturales de l'ancienne population de l'Égypte.

CLASSES D'HABITANS.	POPULATION.	NOMBRE d'aroures PAR TÊTE.	NOMBRE TOTAL d'aroures affectés à la consommation de chaque classe.
Soldats................	410000 *	12 *	4920000 *
Prêtres, interprètes, artistes, etc...............	500000.	12 l'un dans l'autre.	6000000.
Cultivateurs et pasteurs (bouviers, porchers)........	1000000.	6.	6000000.
Marchands.............	120000.	6.	720000.
Pilotes ou mariniers........	50000.	6.	300000.
Femmes adultes [1]........	2320000.	»	»
Enfans (sexe masculin) [2].....	660000.	»	»
Idem (sexe féminin) [2].......	740000.	»	»
Vieillards (sexe masculin) [3]..	94000.	6.	564000.
Idem (sexe féminin) [3].......	106000.	»	»
Pour le roi et sa famille, avec les principaux chefs militaires, religieux et civils, un dixième du sol...........	»	»	2056000.
TOTAUX...	6000000.	»	2056000.

Note (F), page 144.

Étendue et superficie de la ville de Thèbes.

Les ruines de la ville de Thèbes sont enfermées à peu près, dans un quadrilatère dont les angles sont Kafr Girgys et la porte du nord-ouest, sur la rive droite; la colline des tombeaux des rois et le petit temple au sud du grand hippodrome, sur la rive gauche : le côté du nord traverse le village el-Tahtany, où il y a des ruines, l'île d'Ourouzyeh, et passe près de Qournah; enfin

* D'après Hérodote.
[1] De 11 ans à 70 ans.
[2] De 11 ans et au-dessous.
[3] De 70 ans et au-dessus.

le côté du midi passe par le village d'Abou-a'moud et traverse l'île el-Gedydeh. Les ruines du palais de Karnak sont à environ 700 mètres du côté oriental; mais le côté de l'ouest est contigu aux limites des ruines : celles du palais de Louqsor sont à 6 ou 7 cents mètres du côté méridional. On ne peut donc restreindre davantage la superficie de la ville; mesurée entre ces limites, elle renferme 3400 hectares environ. La principale diagonale du trapèze est d'environ 11000 mètres, ou la circonférence de 26000. Au reste, les ruines du palais de Med-a'moud, qui sont à 3000 mètres plus loin, ne sont pas comprises dans cette étendue; il en est de même de l'hippodrome au sud de Louqsor.

Cette superficie est égale à plus de 15000 aroures, ainsi que je l'ai déjà observé dans le Mémoire sur le système métrique : il s'ensuit que la mesure de 3700 aroures, citée par Étienne de Byzance (d'après Caton-l'Ancien) et par un scholiaste d'Homère, n'équivaut qu'à un quart des ruines de Thèbes; et comme il y avait une certaine mesure de 4 aroures, il est possible que ce passage se rapporte à 3700 mesures de cette espèce, et non pas à 3700 aroures.

Il n'y a presque pas un point dans cette étendue où l'on ne puisse trouver des vestiges d'antiquités, en exécutant des fouilles : il faudrait seulement en déduire la largeur du Nil, pour avoir la superficie jadis bâtie et habitée, c'est-à-dire environ 250 hectares; ce qui réduirait la surface à 3700 tétraroures. Dans le Commentaire d'Eustathe sur Denys-le-Périégète, au vers. 248, on voit que Thèbes avait 420 stades : Caton lui donnait 400 stades de long, ce qui est encore exagéré. La longueur, suivant Strabon, était de 80 stades[1]. Diodore de Sicile est exact en donnant 140 stades de tour[2]; c'est en effet ce qu'on trouve dans les 26000 mètres. Il ne faut donc pas accorder à Thèbes, comme l'a fait d'Anville, une *longueur* de 140 stades, en interprétant le texte de Diodore un peu arbitrairement.

On peut être curieux de comparer cette superficie avec celle de Memphis. Ce n'est pas par les buttes actuellement visibles qu'on pourrait en juger; il faut faire usage des distances rappor-

---

[1] C'est ce qu'on trouverait dans une ligne dirigée de Med-a'moud à l'extrémité du grand hippodrome.
[2] Diod. Sic. lib. 1, cap. 45.

tées par les auteurs, qui fixent la position de cette ville, par rapport à plusieurs lieux. Selon Pline, les Pyramides étaient à sept milles ½ de Memphis, et aussi à six milles : il est évident qu'il s'agit de deux points différens, savoir, l'angle oriental et l'angle occidental, vers le nord. Dans Étienne de Byzance, une autre mesure de 120 stades, partant encore des Pyramides, fournit un point du côté occidental des ruines, à la hauteur d'Abousyr. L'itinéraire d'Antonin donne une distance de 12 milles entre Babylone et Memphis, ce qui tombe sur les ruines actuellement subsistantes. Il en est de même de la distance de 20 milles, comptée depuis les ruines de Latopolis. En s'avançant seulement de quelques centaines de mètres au midi des buttes actuelles, on tombe sur l'extrémité d'une distance de 3 schœnes, partant de l'origine de la branche Pélusiaque, selon Strabon. Or, tous ces points se rangent à peu près sur les côtés d'un quadrilatère arrondi, dont la longueur est de 10000 mètres environ, et la largeur, réduite, de plus de 5000 : ainsi, la superficie revient à 5000 hectares, c'est-à-dire beaucoup plus que Thèbes. On pourrait la réduire, en supposant que les deux distances de six milles et de sept milles ½, rapportées par les auteurs, sont défectueuses; mais il n'y a aucun motif pour admettre cette supposition, d'autant plus qu'on trouve des vestiges d'antiquités à l'extrémité de ces distances : vers l'ouest sont les vestiges d'une digue, et vers l'est les ruines ou buttes de décombres de Manaouât [1].

Note (G), pages 126, 128, 148.

Principe de population; rapport de la population aux naissances et à la mortalité; proportion des sexes; population absolue et relative de plusieurs contrées.

On sait que pour dresser une *table de mortalité*, il faut former un tableau des années 0, 1, 2, 3, 4, 5, etc., et inscrire à côté, successivement, 1°. le nombre des naissances; 2°. le nombre des enfans qui ont atteint un an; 3°. celui des enfans qui ont atteint deux ans; 4°. celui des enfans qui ont atteint trois ans, etc.;

[1] *Voir* la carte ancienne et comparée de la basse Égypte, *Ant.-Mém.*, t. II.

pour plus d'exactitude, il faut enregistrer de six mois en six mois, dans les deux premières années.

Si l'on divise la somme des années de la vie de tous les individus qui sont inscrits dans la table, par leur nombre, on a la *durée moyenne* de la vie. Pour obtenir ce résultat, on multiplie par $\frac{1}{2}$ le nombre des morts dans la première année, c'est-à-dire la différence des nombres d'individus inscrits à côté de 0 et de 1; leur mortalité devant être répartie sur l'année entière, la durée moyenne de leur vie est de $\frac{1}{2}$ année. On multiplie par $1\frac{1}{2}$ le nombre des morts dans la deuxième année; par $2\frac{1}{2}$ le nombre des morts dans la troisième, et ainsi de suite : la somme de tous ces produits, divisée par le nombre des naissances, sera la durée moyenne de la vie. On aura donc cette durée, en ajoutant les nombres inscrits dans la table à côté de chaque année, divisant la somme par le nombre des naissances, et retranchant $\frac{1}{2}$ du quotient (l'année étant prise pour unité).

Dans une population stationnaire, c'est-à-dire où le nombre des naissances égale celui des morts, la durée moyenne de la vie est le rapport même de la population aux naissances annuelles. La probabilité d'arriver à un âge quelconque, en partant d'un âge donné, est égale au rapport des deux nombres d'individus indiqués dans la table à ces deux âges.

Ces règles sont données par M. de Laplace dans son *Introduction à la Théorie analytique des probabilités* (Essai philosophique sur les probabilités).

M. Fourier établit une autre proposition, qui n'est pas moins importante. Dans un pays où il n'y a ni émigration ni immigration, la population est égale à la somme des âges des décédés dans un an ; s'il y a un mouvement extérieur, la somme des âges des morts au moment du décès, moins celle des âges des arrivans au moment de leur arrivée, plus celle des âges des sortis à l'époque de leur sortie, est égale à la population. Il résulte de là un moyen de connaître le mouvement extérieur, c'est-à-dire la différence de l'émigration à l'immigration. En Suisse, le nombre par lequel il faut multiplier les naissances pour connaître la population, est très-petit ; le motif en est dans les émigrations fréquentes et considérables. Ce rapport est généralement plus grand dans les villes que dans les campagnes : à Lyon, le nombre est environ 30. Dans les grandes villes, le rapport est plus grand que dans le reste du pays. Il augmente quand l'immigration, c'est-à-dire l'arrivée des étrangers qui viennent s'établir, est plus grande. Ainsi, il est plus grand à Paris qu'à Lyon, à Lyon qu'à Montpellier, à Montpellier qu'à Châlons, etc.

D'après la table de la *loi de population* en France, dressée par M. Duvillard, on peut former le tableau suivant, qui montre combien il y a d'individus ayant un certain âge pour seize époques différentes de la vie : c'est ce qu'on appelle la composition de la population. Pour connaître le nombre de ces individus, il faut retrancher un des nombres du tableau de celui qui le précède ; la différence exprime la quantité des individus qui ont un âge donné. Par exemple, pour savoir combien sur 10 millions d'individus il y en a qui ont 20 ans et plus, mais moins de 25 ans, il faut retrancher 5135193 de 5981844 ; la différence 846651 est le nombre cherché :

AGE.	NOMBRE des INDIVIDUS.	AGE.	NOMBRE des INDIVIDUS.
0 ans.	10000000.	40 ans.	2940060.
11 $\frac{1}{2}$.	7532460.	43 $\frac{1}{2}$.	2506411.
13.	7249870.	45.	2328466.
16.	6692273.	48.	1991407.
20.	5981844.	51.	1677643.
25.	5135193.	55 $\frac{1}{2}$.	1253382.
30.	4346126.	58 $\frac{1}{2}$.	995482.
37.	3366216.	60 $\frac{1}{2}$.	851319.

La *loi de mortalité* et les tables que l'on construit d'après le procédé que j'ai décrit plus haut, font connaître combien sur un nombre d'enfans nés le même jour, il en reste de vivans après un certain nombre d'années. Paucton croyait que la moitié de ceux qui naissent meurent avant 17 ans ; mais les nouvelles tables, dressées avec beaucoup de soin, montrent qu'en France ce terme est à peu près 20 ans : au bout de 45 ans, il ne subsiste qu'un tiers des individus nés le même jour. La table suivante a été calculée d'après celle de M. Duvillard, pour seize époques données de la vie :

DE L'ÉGYPTE ANCIENNE ET MODERNE.

AGE.	NOMBRE DES INDIVIDUS qui parviennent A UN AGE DONNÉ.	RAPPORTS APPROCHÉS.	
0. ans.	1000000	180	1
1 ¼.	695757.	135.	$\frac{1}{4}$
3 $\frac{11}{12}$.	600876.	108.	$\frac{1}{5}$
9.	555486.	100.	$\frac{5}{9}$
20.	502216.	90.	$\frac{1}{2}$
30.	438183.	»	»
35.	404012.	72.	$\frac{1}{5}$
40.	369000.	»	»
45.	334072.	60.	$\frac{1}{3}$
55 ½.	252988.	45.	$\frac{1}{4}$
67.	146882.	27.	$\frac{1}{10}$
77.	55511.	10.	$\frac{1}{18}$
85.	11886.	2 $\frac{4}{25}$.	$\frac{12}{1000}$
94.	1499.	$\frac{27}{100}$	$\frac{1}{3000}$
105 ¼.	10.	$\frac{9}{5000}$	$\frac{1}{100000}$
109.	1.	$\frac{4}{50000}$	$\frac{1}{1000000}$

Il n'est pas inutile de rapprocher ici le mouvement de la population en France et à Paris, en 1817 et 1818 ; et à Paris seul, en 1819, d'après les tableaux dressés au ministère de l'intérieur et à la préfecture du département de la Seine :

		NAISSANCES (TERME MOYEN)				
		PAR ANNÉE.			PAR JOUR.	
		Sexe masculin.	Sexe féminin.	TOTAL.	Sexe masculin.	Sexe féminin.	TOTAL.
FRANCE.	1817.	488423.	456148.	944571.	1338.	1250.	2588.
	1818.	471503.	442848.	914351.	1292.	1213.	2505.
PARIS...	1817.	12119.	11640.	23759.	33.	32.	65.
	1818.	11752.	11315.	23067.	32.	31.	63.
	1819.	12407.	11937.	24344.	34.	32,6.	66,6.

POPULATION COMPARÉE.

		DÉCÈS (Terme moyen)					
		PAR ANNÉE.			PAR JOUR.		
		Sexe masculin.	Sexe féminin.	Total.	Sexe masculin.	Sexe féminin.	Total.
France.	1817.	379972.	362967.	742939.	1041.	994.	2035.
	1818.	372618.	371024.	743642.	1021.	1017.	2037.
Paris...	1817.	10561.	10563.	21124.	29.	29.	58.
	1818.	10770.	11651.	22421.	29½.	32.	61½.
	1819.	11050.	11621.	22671.	30,1.	32.	62,1.

MARIAGES.

France.	1817..	205804.
	1818..	212987.
Paris...	1817..	6382.
	1818..	6616.
	1819..	6236.

		POPULATION TOTALE.	RAPPORT DE LA POPULATION aux naissances.
France.	1817.	29327388, non compris les militaires.	31,48.
	1818.	29217465, d'après les derniers recensemens.	31,95.
Paris...	1817.	713765.	30,04.
	1818.	Idem.	30,94.
	1819.	Idem.	29,30.

DE L'ÉGYPTE ANCIENNE ET MODERNE.

On a fait un dénombrement en France, en l'an x (1802); mais si on le compare à celui qui est reçu aujourd'hui, il paraît avoir été calculé trop faible. Sans parler de treize départemens qui avaient alors été ajoutés à l'ancien territoire, on comptait, dans les quatre-vingt-cinq départemens primitifs, 27989924 individus. La surface de ces départemens étant de 27000 lieues carrées environ [1], il en résultait 1037 habitans par lieue carrée; aujourd'hui (1818) 29217465 habitans supposent 1082 par lieue carrée.

Paucton, qui n'attribuait à la population de la France que 22000000 d'habitans (en 1780), en concluait 820 par lieue carrée; ce qui, je crois, était trop faible dès-lors, et l'est devenu bien plus depuis le commencement du dix-huitième siècle. W. Petty observe avec raison que, partout où l'on a fait un dénombrement exact, on a trouvé plus d'habitans qu'on ne l'avait cru avant de l'avoir effectué. Cette réflexion prouve qu'on ne doit pas rejeter certains dénombremens faits depuis quelques années, par cela seulement qu'ils sont fort au-dessus de l'opinion reçue. Il est donc probable, que le globe a plus d'un milliard d'habitans.

Suivant le docteur Rees (*New Encyclopedia*, t. XXVIII, part. 1re), l'Europe est estimée contenir 179112650 âmes (en 1812) : toute l'Angleterre a 15396650 habitans, d'après les documens imprimés par ordre du parlement; et Londres 1050000 habitans [2]; la Turquie en compte 8500000. D'après cette même Encyclopédie, la population s'accroît rapidement en Angleterre, dans le pays de Galles et en Ecosse : c'est ce que démontrent les tableaux suivans comparés :

---

[1] 26826 lieues ½, selon Paucton, ou 104 millions d'arpens à 22ds la perche, page 481 (une lieue carrée fait un peu moins de 3877 arpens).

[2] On fait monter la population de Londres à plus de 1100000 âmes. (1819).

POPULATION COMPARÉE

Dénombrement fait en Angleterre le 10 mars 1801, d'après un acte du parlement.

		NOMBRE DES MAISONS habitées.	NOMBRE DES FAMILLES.	NOMBRE DES MAISONS inhabitées.
On a trouvé en	Angleterre.	1472870.	1787520.	53965.
	Galles....	108053.	118303.	3511.
	Écosse....	294553.	364079.	9537.
		1875476.	2269902.	67013.

Détail du nombre des individus par sexe (1801).

	SEXE MASCULIN.	SEXE FÉMININ.	TOTAL.	PROPORTION de la POPULATION au nombre des maisons.
En Angleterre.....	3987935.	4343499.	8331434.	5,6.
Galles........	257178.	284368.	541546.	
Écosse.........	734581.	864487.	1599068.	5,4.
Armée..........	198351.	»		
Marine..........	126279.	»	470598.	
Marins enregistrés.	144558.	»		
Autres gens de mer.	1410.	»		
	5450292.	5492354.	10942646.	

Iles de Gersey et Guernesey........... 80000.

La population de l'Irlande était supposée de 4000000; mais ce nombre paraît faible, même pour cette époque.

Ainsi la population totale excédait........ 15000000.

DE L'ÉGYPTE ANCIENNE ET MODERNE.

Voici la marche de la population dans le même pays, depuis 1700 jusqu'à 1811 :

	POPULATION				SURFACE en milles carrés.	POPULATION en 1811 par mille carré.
	En 1700.	1750.	1801.	1811.		
Les comtés d'Angleterre.	5108500.	6017700.	8331434.	9538827.	50210.	199.
Les 12 comtés de Galles.	366500.	449300.	541546.	611788.	8125.	79.
Les 33 comtés d'Écosse.	1048000.	1403000.	1599068.	1805688.	29167.	62.
Armée, marine, etc.	»	»	470598.	640500.	»	»
	6523000.	7870000.	10942646.	12596803.	87502.	144.

	SEXE MASCULIN.	SEXE FÉMININ.	TOTAL DES HABITANS.
Angleterre........	4575763.	4963064.	9538827.
Galles...........	291633.	320155.	611788.
Écosse..........	826191.	979497.	1805688.
Marine et armée...	640500.	»	640500.
	6334087.	6262716.	12596803.

	MAISONS habitées.	FAMILLES qui les occupent.	MAISONS inhabitées.	FAMILLES agricoles.	FAMILLES non comprises dans les précédentes.	FAMILLES commerçantes et manufacturières.
Angleterre..	1678106.	2012391.	47925.	697353.	923588.	391450.
Galles......	119398.	129756.	3095.	72846.	36044.	20866.
Écosse......	304093.	402068.	11329.	125799.	169417.	106852.
Marine et armée...	»	»	»	»	»	»
	2101597.	2544215.	62349.	895998.	1129049.	519168.

Il résulte de ces tableaux qu'il y a un peu plus de $4\frac{1}{4}$ individus par famille.

L'Irlande comptait en 1811 plus de 5 millions $\frac{1}{2}$ d'habitans ; le nombre moyen des habitans par maison y est de 6.

En Angleterre et en Écosse, il y a dix-sept villes au-dessus de 20000 âmes ; en France, il en existe 37.

L'accroissement total de la population, de 1801 à 1811, a été d'environ $\frac{1}{7}$ dans les trois royaumes.

La population des Pays-Bas est d'un peu plus de 5 millions $\frac{1}{2}$ d'habitans : on y estime à 27 le rapport de la population aux naissances, à 43 son rapport aux décès ; la fécondité est d'environ cinq naissances par mariage. L'accroissement de la population est d'à peu près $\frac{1}{8}$ en dix ans.

Dans quelques-uns des *États-Unis de l'Amérique*, la population se double tous les vingt-cinq ans. M. Malthus adopte ce progrès en général ; cependant, dans d'autres points, cet effet a eu lieu, dit-on, en quinze ans, et même W. Petty pense qu'elle pourrait se doubler en dix ans. Mais cet accroissement est douteux, et en général inadmissible.

Je donnerai ici par abrégé quelques-uns des résultats rassemblés par Paucton : ils montrent quel était l'état des connaissances à l'époque où écrivait cet auteur (1780). Selon lui, les villes forment en Allemagne le quart de la population ; je trouve que ce terme est beaucoup trop fort, du moins en France, où peut-être il s'élève au sixième ou au cinquième au plus, en y comprenant même des villes qui n'ont pas 1000 habitans[1]. Les pays les plus peuplés en Europe sont le canton de Berne, les Pays-Bas (1384 habitans par lieue carrée de 25 au degré), le royaume de Naples (1075), la Bohême (1011), le Wurtemberg (900), la Silésie (830), etc. La Chine se place sous ce rapport entre Naples et la Bohême (1047). *Voyez* plus bas.

Le même auteur fait les remarques suivantes sur les proportions qui, en Angleterre et en Allemagne, existent entre les habitans,

---

[1] *Voyez* ci-dessus, page 161, et plus bas, page 210.

sous le rapport de l'âge, du sexe, des mariages, des décès et des naissances; parmi ces observations, je ne comprendrai pas celles qu'il a faites d'après des tables de population peu exactes.

Sur 1000 individus, on compte cent soixante-quinze mariages; sur 50 ou 54 personnes dans les pays bien peuplés, il s'en marie une annuellement. Le rapport des hommes mariés aux adultes est de 3 à 5; celui des femmes mariées aux femmes nubiles, de 1 à 3. Un mariage en général donne 4 enfans, et dans les villes $3\frac{1}{2}$, c'est-à-dire que dix mariages en donnent 35. Il y a $\frac{1}{16}$ des femmes, de quelqu'âge qu'elles soient, qui, tous les ans, mettent un enfant au monde : c'est le 6ᵉ des femmes mariées, ou le 12ᵉ de celles qui ont passé 13 ans. Soixante-six familles donnent par année 10 enfans; sur 65 à 70 enfans, il en naît deux jumeaux. La proportion des naissances annuelles à la population est de 1 à 26, 27 ou 28. Nous avons vu que ce rapport est de 1 à 28, 35, selon M. de Laplace; les derniers résultats donnent 1 à 31 environ pour la France.

Les naissances de garçons comparées à celles des filles sont comme 104 à 100. Il meurt en bas âge plus de garçons que de filles; mais, vers le temps de la puberté, l'équilibre se rétablit.

Sur 32 à 36 individus, il en meurt un par an. Les décès masculins sont aux autres dans le rapport de 27 à 25. Tous les 32 ans $\frac{1}{7}$, la population d'un pays est renouvelée.

Un quart des habitans d'un pays est en état de porter les armes.

Je trouve cette dernière proportion assez juste. En effet, la composition de la population (*voyez* ci-dessus) donne $\frac{1}{8}$ d'individus de l'âge de 20 à 27 ans, et $\frac{1}{5}$ de l'âge de 27 à 50; en tout, $\frac{13}{40}$; en prenant la moitié pour les hommes, c'est $\frac{13}{80}$, ou à peu près un quart d'individus mâles de l'âge de 20 à 50 ans.

On voit, par les rapprochemens que j'ai faits plus haut, que le nombre des naissances est inférieur à 1000000 sur toute la surface de la France; à Paris, le nombre oscille autour de 23700.

On voit encore que les naissances des garçons excèdent constamment les naissances des filles : dans toute la France, de $\frac{1}{15}$; à Paris, de $\frac{1}{17}$ environ[1]. Ce dernier rapport diffère un peu de celui

---

[1] En additionnant les trois années 1817, 1818, 1819, on trouve $\frac{1}{17,077}$. Or, ce rapport est encore sensiblement le même que celui qui est fourni par chaque année séparément.

que M. de Laplace a donné, d'après les registres tenus à Paris pendant un intervalle de quarante années (voy. *ci-dessous*). Voici le rapprochement des observations qu'on a faites à cet égard à Paris, à Londres, à Naples, et dans les Pays-Bas :

	NOMBRE DES ANNÉES D'OBSERVATIONS.	NOMBRE DES BAPTÊMES		RAPPORT.
		DE GARÇONS.	DE FILLES.	
Paris.......	40.	393386.	377555.	$\frac{15}{14}$.
Londres.....	95.	737629.	698958.	$\frac{17}{16}$.
Naples......	9.	782352.	746821.	$\frac{22}{21}$.

Dans les Pays-Bas, le rapport des naissances des deux sexes est à peu près de 23 à 22.

A Montpellier, on avait observé, depuis long-temps, que les naissances de garçons excèdent beaucoup celles des filles : le rapport est de $21\frac{1}{4}$ à 20 (*Essai de Statistique*, de Mourgues, an IX ; Mouvement de la population à Montpellier, de 1772 à 1792).

Ainsi, dans les divers pays de l'Europe, au midi comme au nord, il y a supériorité des naissances de garçons. Mais il existe des différences entre un pays et un autre; il y a des causes constantes de ces différences : on peut les apprécier par le calcul des probabilités. Par exemple, à Londres, il y a 328268 à parier contre un, que la possibilité des naissances de garçons est plus grande qu'à Paris. Dans cette dernière ville, la différence tient aux enfans-trouvés du sexe masculin que les gens de la campagne retiennent chez eux, à cause des services qu'ils en attendent plus tard (De Laplace, *Analyse des probabilités*, pag. 377).

L'Égypte n'est pas le seul pays de l'Orient où la proportion des naissances des deux sexes est opposée à celle qui a lieu en Europe. Nous avons déjà cité, dans ce mémoire, la Nubie, l'île de Ceylan ; nous ajouterons ici le Japon et la Chine. Suivant un dénombrement particulier, fait à Méaco, ville de l'île de Niphon, et rapporté par Kœmpfer, on trouva 182072 individus du sexe masculin, et 223573 du sexe féminin.

On voit, dans Duhalde (*Mém. de la Chine*, tom. 4, pag. 46), que l'excès du nombre des femmes est un fait connu, et qui est la cause de la pluralité des femmes, selon l'opinion des Lamas.

Suivant quelques auteurs, on compte en Angleterre, le pays de Galles et l'Écosse, 87500 milles carrés de superficie (*voyez* page 201); selon d'autres, 86940. L'Irlande a en surface la moitié de l'Angleterre et du pays de Galles réunis : total, environ 116000 milles carrés. Or, la population des trois royaumes étant, pour 1811, d'environ 17 millions $\frac{1}{4}$ (*voyez* pages 200 et 201); c'est environ 150 habitans par mille carré, ou 200 par mille géographique, et 1152 par lieue carrée de 25 au degré [1]; c'est-à-dire presque $\frac{1}{15}$ en sus de la population relative de la France [2] en 1818.

D'après des renseignemens récens, l'Indostan renferme 800 habitans par lieue carrée, et la Chine 880, en admettant une population totale de 200 millions et une superficie de 225000 lieues carrées. Cependant Paucton supposait, dans ce dernier empire, environ 1047 habitans par lieue. Il est vrai que lord Macartney, et d'autres encore, attribuent à la Chine une population encore plus forte : le premier va jusqu'à estimer l'armée seule à 1800000 soldats. La superficie, d'un autre côté, paraît plus considérable : on la porte à 300000 lieues carrées. Ainsi, avec la donnée de lord Macartney, qui est sans doute exagérée, la population relative n'irait qu'à 1110 habitans.

---

[1] L'Angleterre et le pays de Galles ont 1619 habitans, l'Écosse 566, par lieue carrée. Le mille carré anglais équivaut à $\frac{1}{4}$ de mille géographique, ou, plus exactement, à $\frac{300}{395,6}$; et la lieue carrée de 25 au degré fait 5,76 milles géographiques carrés.

[2] La France a plus de 1100 habitans par lieue. *Voyez* page 199.

Note (H), pages 154 et 160.

Sur un passage de Pomponius Mela.

« *Et Thebæ antiquæ* (*ut Homero dictum est*) *centum portas, sive* (*ut alii aiunt*) *centum aulas habent, totidem olim principum domos: solitasque singulas, ubi negotium exegerat,* dena *armatorum millia effundere.*

Viginti millia urbium Amasi regnante habitarunt et nunc multas habitant[1] ».

Au lieu de corriger le sens de ce passage, par le texte d'Homère, comme cela était raisonnable, Isaac Vossius a fait le contraire, et il s'est déterminé pour le sens le plus exagéré. Ce n'est pas 10000 hommes armés que l'on faisait passer par chacune des cent portes de Thèbes, mais 200 hommes avec leurs chevaux et leurs chars. Vainement Vossius allègue le passage d'un scholiaste d'Homère, d'après lequel Thèbes (ou plutôt l'Egypte) avait 33030 villages, et qui dit que, par chaque porte, on faisait sortir 10000 *oplites*, 1000 cavaliers et 200 *armatelates*. Ce même scholiaste ajoute que la ville avait 3700 aroures (ΓΨ), cent portes et 700 myriades d'hommes (Ψ'). En effet, comment imaginer rien de plus absurde qu'une population de 7000000 d'individus rassemblés, en Égypte, dans la même enceinte; et, dans cette même ville, une armée de 1120000 soldats?

Il est vrai qu'Homère ne parle que des troupes montées sur des chars, et non de la totalité de l'armée égyptienne; mais ce n'est pas un motif pour changer le nombre de 200 en 10000 : reste toujours à deviner quelle est la source où Pomponius Mela a puisé ces 10000 soldats passant par chacune des cent portes, si ce n'est pas une exagération de l'auteur lui-même. Diodore de Sicile confirme le nombre des 20000 chars de guerre, quoiqu'il en explique l'existence d'une autre façon[2].

---

[1] Pompon. Mela, lib. 1, cap. 9: *Hagæ comitis*, MDCLVIII.

[2] Diod. Sic. lib. 1, cap. 45. Ed. Bipont.

DE L'ÉGYPTE ANCIENNE ET MODERNE. 207

Note (I), pages 141, 150 et 157.

Sur deux passages de Diodore de Sicile.

Pages 141 et 157.

Je cite d'abord en entier le premier passage d'après le texte de Wesseling, avec la traduction latine :

Πολυανθρωπία δὲ τὸ μὲν παλαιὸν πολὺ προέσχε πάντων τῶν γνωριζομένων τόπων κατὰ τὴν οἰκουμένην, καὶ καθ' ἡμᾶς δὲ οὐθενὸς τῶν ἄλλων δοκεῖ λείπεσθαι. Ἐπὶ μὲν γὰρ τῶν ἀρχαίων χρόνων ἔσχε κώμας ἀξιολόγους, καὶ πόλεις πλείους τῶν μυρίων καὶ ἀκτακισχιλίων, ὡς ἐν ταῖς ἀναγραφαῖς ὁρᾶν ἐστι κατακεχωρισμένον. ἐπὶ δὲ Πτολεμαίου τοῦ Λάγου πλείους τῶν[1] τρισμυρίων ἠριθμήθησαν, ὡς τὸ πλῆθος διαμεμένηκεν ἕως τῶν καθ' ἡμᾶς χρόνων. Τοῦ δὲ σύμπαντος λαοῦ τὸ μὲν παλαιὸν φασὶ γεγονέναι περὶ[2] ἑπτακοσίας μυριάδας, καὶ καθ' ἡμᾶς δὲ οὐκ ἐλάττους εἶναι[3]. Διὸ καὶ τοὺς ἀρχαίους βασιλεῖς ἱστοροῦσι κατὰ τὴν Αἴγυπτον ἔργα μεγάλα καὶ θαυμαστὰ διὰ τῆς πολυχειρίας κατασκευάσαντας, ἀθάνατα τῆς ἑαυτῶν δόξης ἀπολιπεῖν ὑπομνήματα (Diod. sic. *Bibl. hist.* liv. 1, c. 31 ; e recensione *P. Wessel. Bipont.*, 1793, tome 1, page 89).

« *Olim longe omnium populosissima terrarum per orbem cognitarum, et ad hanc œtatem nulla cœterarum inferior; memorabiles quondam vicos habuit et urbes ultrà* XIIX M, *ut in commentariis sacris suo notatum loco videre est. Ptolemœo Lagi regnante, plures* XXX M[1] *recensitæ sunt. Quæ frequentia adhuc constat. In populi quondam universi censu*[2] *septuagies centena millia fuisse numerata dicunt, nec adhuc infra tricies centena millia censeri*[3] *multitudine igi-*

---

[1] Τρισμυρίων, Co. M. Cl. 2, cæteri τρισχιλίων.

[2] Ὀκτακοσίας, Margo Steph. et Clar. 2.

[3] *Vocabulum* τριακοσίων, *quod vulg. hic inseritur, non agnoscit Ven; et Stephanus illud jam asterisco notavit. Valeat ergò, quippe omnia hic turbans.* (Vid. not.)

Manuscrits cités par Wesseling : Coislinianus, du xve siècle, le meilleur; Claromontanus, du xiie siècle, qui a servi à Henri Étienne; Claromontanus posterior, du xve; Mutinensis, Leidensis, Paris., Vaticanus, Venetius, et beaucoup d'autres manuscrits qui sont en fragmens. — *Voyez* la Notice des éditions de Diodore, p. CLXVI.

tur hominum tanta adjutos esse reges tradunt, ut tam arduis et mirificis operibus constructis, immortalia majestatis suæ monumenta relinquerent. »

Voici comment s'exprime Wesseling au sujet de ces mots τῶν τρισμυρίων ἠριθμήθησαν : « Marsham (*Can.*) avait suivi ce calcul par pure conjecture ; les manuscrits le rendent certain. Sous les Ptolémées, l'Égypte prit un grand accroissement ; sous Philadelphe, le nombre des villes et bourgs excéda trente mille : c'est ce que prouve clairement Théocrite (*clarissimè significat*), idyll. XXVII, 82. » Le critique cite Caton dans Étienne (*voc. Diospolis*), qui attribue à Thèbes, avant les ravages des Perses, 33000 bourgs, κώμας, et 7000000 d'habitans ; ce que Diodore accorde pour l'Égypte *avant* l'empire des Lagides (*Annot. P. Wessel.*, p. 355).

Ici Wesseling semble se contredire, puisqu'il a supprimé dans le texte le mot τριακοσίων : car si c'était *avant* les Ptolémées que la population était de 7 millions, le reste de la phrase *et non moins à présent*, tomberait sans application ; au lieu qu'en laissant τριακοσίων, on voit que Diodore s'exprime très-naturellement : « Autrefois, on avait recensé 700 myriades (7 millions d'hommes) ; de notre temps, il n'y en a pas moins de 300 myriades (3 millions). »

J'ajoute, 1°. que trois manuscrits seulement donnent τρισμυρίων : les autres (et il y en a un grand nombre) portent τρισχιλίων ; 2°. que Wesseling cite ici de préférence le manuscrit *Claromontanus posterior*, quand il le rejette plus bas à l'occasion du mot ὀκτακοσίας, au lieu de ἑπτακοσίας : ce qui donnerait 8000000 d'habitans pour l'ancienne Égypte. Οὐκ ἐλάττους εἶναι τριακοσίωι. « Si Diodore l'avait entendu ainsi, dit Wesseling, la population aurait décru prodigieusement pendant les guerres civiles. » Cette réflexion, il faut en convenir, est au moins singulière : il serait plus surprenant que la population se fût accrue. Je trouve, au reste, que la différence est trop grande, c'est-à-dire que le premier terme est trop fort.

« L'autorité de Josèphe, dit le critique, empêche d'adopter ce sens ; car, sous Vespasien, il y avait 750 myriades d'individus, sans compter les Alexandrins : Πεντήκοντα πρὸς ταῖς ἑπτακοσίαις μυριάδας ἀνθρώπων, δίχα τῶν Ἀλεξάνδρειαν κατοικούντων. Or, les habitans d'Alexandrie étaient au nombre de plus de 300 mille, comme il le dit XVII, 52. Mais cette opposition des deux auteurs cessera en *éliminant bien loin* le mot τριακοσίων *que n'a pas vu Étienne dans toutes les copies.* »

Ainsi, c'est pour amener Diodore à être en harmonie avec Josèphe, historien un peu suspect, qu'on enlève presque arbitrairement au texte un mot capital; ne serait-on pas aussi fondé à dire que ce mot a été omis dans les copies où on ne le trouve point? car, de toutes les erreurs des copistes, la plus naturelle et la plus fréquente est l'omission.

Je ne suis donc nullement ébranlé par les argumens de Wesseling, que je trouve extrêmement faibles ici; bien loin qu'ils soient concluans, il y a contradiction entre les uns et les autres.

Il me semble, en résumé, que le texte se réduit clairement à ces quatre faits :

1°. Autrefois l'Égypte a été le pays le plus peuplé de la terre (relativement à son étendue); elle a possédé au-delà de dix-huit mille villes, ou bourgs, ou gros villages.

2°. Sous Ptolémée, fils de Lagus, on en a compté plus de trois mille, comme de notre temps.

3°. *On dit* qu'autrefois 7000000 d'hommes y furent dénombrés.

4°. *De notre temps* il n'y en a pas moins de 3000000.

Tous ces faits sont liés et conséquens. Ils sont en rapport avec l'histoire des révolutions du pays; ils sont même tous admissibles, sauf l'exagération du nombre des anciennes villes ou bourgades. Au reste, il faudrait lire peut-être seulement : Ἔσχε κώμας ἀξιολόγες καὶ πολεῖς· πλεῖες τῶν ὀκτακισχιλίων ; c'est-à-dire, *plus de huit mille bourgades et villes*, en supprimant les mots μυρίων καὶ.

Page 150.

On a vu, plus haut, que tous les manuscrits de Diodore de Sicile portent le même nombre de 1700. La Bibliothèque royale en a douze, dont deux seulement renferment le premier livre : ceux-ci sont du XVIᵉ siècle et de l'ancien fonds; ils contiennent les cinq premiers livres de l'auteur.

Le n°. 1658 porte ces mots, comme dans l'édition de Wesseling, tome 1ᵉʳ, page 164 : Ὄντας τὸν ἀριθμὸν πλείυς τῶν χιλίων καὶ ἑπτακοσίων (fol. 29, verso).

Le n°. 1659 porte les mêmes mots, sans aucune différence, mais avec quelques abréviations (fol. 29, recto).

Le passage tout entier n'offre aucune variante dans les deux manuscrits.

Note (K), page 161.

Du nombre des lieux anciens, que nous avons reconnus sur le sol de l'Égypte.

Il serait trop long de donner ici la liste des deux cents villes dont on a parlé dans le mémoire ; elles seront énumérées dans les Recherches sur la Géographie comparée : nous avons trouvé des ruines dans presque tous les lieux qui y correspondent d'après leur position géographique et leur distance à des points connus. Il suffit de dire que vingt-deux nomes, dans la haute Égypte, renferment quatre-vingt-quinze de ces villes, à quoi il faut ajouter six villes des bords de la mer Rouge ; trente-trois autres nomes, mentionnés par différens auteurs, dans l'Égypte inférieure, renferment quatre-vingt-dix-neuf villes. Mais que sont devenues les sept à huit mille bourgades ou villages qui étaient distribuées autour de ces centres de population ? que sont même devenus leurs vestiges ? Aujourd'hui, on ne rencontre pas deux cent cinquante localités renfermant des ruines, autres que les deux cents villes anciennes dont on vient de parler : du moins c'est ce que nous avons pu observer à l'époque de l'expédition française. Il est possible qu'un grand nombre de ces anciens villages aient été cachés par le temps, sous les alluvions du Nil, à mesure que le fleuve et le fond de la vallée se sont exhaussés ; et aussi qu'un grand nombre des villages actuels soient précisément assis sur les ruines mêmes des anciens. Mais comme il ne subsiste aujourd'hui que trois mille six cents villages habités, il y a bien loin de là à retrouver les quatre mille autres ; combien plus loin encore aux dix-huit et aux vingt mille bourgades et villes prétendues, dont il est question dans les auteurs! Il est donc incroyable que l'on ait cité sérieusement le poëte Théocrite, comme une autorité, pour prouver l'existence de trente-trois mille villes sous les anciens rois (*voyez* ci-dessus, note I).

La distribution des villes, bourgs et villages de l'ancienne Égypte nous paraît, jusqu'à présent, impossible à connaître, et nous n'avons donné que par conjecture le rapport qui a pu exister entre les nombres des uns et des autres. Pour cela, nous avons choisi l'exemple de la France, parce que le nombre et la population de tous les lieux y sont parfaitement connus, mais sans prétendre qu'il y ait parité absolue. Il y a en France, environ 900 villes et 39 mille bourgs et villages de toute espèce: ainsi en Égypte, d'après cette proportion, les 200 villes supposeraient 8444 bourgades et villages; or, j'en ai admis 8400 (page 161). Quand on choisirait une autre voie pour découvrir l'ancien état des choses en Egypte, on trouverait toujours la même difficulté à forcer la population au-delà d'une certaine limite; et le motif en est de toute évidence, c'est que l'espace est excessivement étroit. Nous avons accordé une population extrêmement serrée, en plaçant 2077 habitans dans chaque lieue carrée de la campagne, 1200000 individus dans les trois grandes villes anciennes, et 470000 individus dans les villes du second ordre; car, si l'on confondait, en un bloc, la population des villes et des campagnes, on aurait pour tout le pays, terme moyen, 2912 habitans dans une seule lieue carrée, puisque nous avons vu que l'ancienne superficie, à-la-fois cultivée et peuplée, n'excédait pas, dans toute l'Égypte, 2000 lieues carrées.

NOTICE HISTORIQUE

DE

L'ART DE LA VERRERIE,

NÉ EN ÉGYPTE,

Par M. BOUDET,

Pharmacien en chef d'armée en Égypte,
Membre de l'Institut d'Égypte et de la Légion d'Honneur.

L'ART de la verrerie consiste à combiner, à l'aide d'un feu violent, la *silice* avec la *soude* ou la *potasse*, et souvent avec des *oxides métalliques*; à employer ces matières dans différens degrés de pureté et à des doses différentes, suivant l'espèce de verre qu'on veut fabriquer; à varier les fourneaux, les manipulations, dans les divers ateliers qui sont maintenant si multipliés en Europe, et qui y sont désignés sous les noms de *verreries à bouteilles, à vitres, à gobelets, à glaces*, etc.

On pourrait croire que cet art est de la plus haute antiquité; qu'il date de l'époque où les hommes, ayant découvert le feu, et soumis à son action les corps de la nature ou isolés ou mélangés, dans l'intention de reconnaître les nouvelles propriétés que cet agent puissant leur donnerait, ou les altérations qu'il leur ferait éprouver, ont remarqué, entre autres phénomènes, la vitrification de certaines briques, celle de la gangue des mines de fer, etc.; ou, encore, que cet art a pris naissance à l'instant où les hommes ont trouvé, dans les débris d'un vaste embrasement ou dans le voisinage de quelques volcans[1], ces matières plus ou moins complètement vitrifiées, que quelques auteurs ont eu tort de confondre avec les fossiles, en les prenant pour du verre naturel.

Mais, lorsque l'on considère que presque tous ces produits de la vitrification étaient grossiers, opaques, fragiles, d'une couleur peu attrayante, et que d'ailleurs ils ne se prêtaient pas, comme les métaux, à l'action des instrumens qui rendent ceux-ci utiles, on est porté à penser que les premiers hommes civilisés ne cherchèrent point à en tirer parti, et qu'on attendit long-temps avant que l'industrie eût trouvé à faire de bon verre avec les matières propres à le rendre transparent, et avant qu'elle eût imaginé la canne au moyen de laquelle on pût le souffler, ou la table de cuivre sur laquelle on pût le couler et l'étendre.

Aussi, sans attribuer sa découverte à Tubal-Caïn, qui passe pour avoir été le huitième homme après Adam, ou à Vulcain, fils de Jupiter et de Junon,

---

[1] Les volcans sont très-nombreux, leurs éjections amoncelées forment souvent à la longue des montagnes immenses: deux d'entre elles s'élèvent, l'une dans l'île de Vulcano, à quatre cents toises; l'autre, dans l'île de Lipari, à huit cents. Mais comme, parmi les matières vomies dans l'état de lave, il est rare de rencontrer du verre homogène, et plus encore d'en trouver de blanc, de transparent, on a dû laisser s'é-

qui, dit-on, a été le premier roi en Égypte, et qui y fut adoré comme un dieu, parce qu'il avait trouvé le feu et enseigné aux hommes la plupart des arts auxquels l'usage de cet agent est nécessaire, ou au grand Hermès, qui vivait dix-neuf cents ans avant l'ère vulgaire; et sans nous arrêter à cette opinion, que les Éthiopiens, plus anciens que les Égyptiens, connaissaient le verre; que même quelques-uns d'entre eux renfermaient dans des coffres de cette matière les cadavres de leurs proches, vidés, décharnés, recrépis en plâtre et peints au naturel (*a*)*; qu'ils les exposaient, ainsi préparés, à tous les regards pendant une année entière, en leur faisant, chaque jour, des offrandes et des sacrifices; nous ne ferons remonter l'art de la verrerie qu'au temps où il florissait dans la ville de Thèbes, qui doit être regardée comme son véritable berceau, soit d'après le témoignage des anciens historiens, soit d'après les preuves palpables que nous fournissent les colliers de verre dont sont ornées les momies dans les tombeaux antiques de cette ville célèbre.

On nous objectera, sans doute, cette narration de Pline de laquelle il résulterait que des marchands phéniciens, en faisant cuire leurs alimens avec la plante qu'on nomme *kali*, ont, sans le vouloir, fait un mélange de la cendre de cette plante et du sable qui formait leur foyer; que ce mélange s'est vitrifié, a coulé

couler un temps considérable avant de songer à faire des bijoux, des statues, avec ce qu'on appelle *pierre obsidienne*, *émail*, ou *verre de volcan*, etc.

* *Voyez*, à la fin du mémoire, les notes additionnelles indiquées par des lettres de l'alphabet, et trop étendues pour avoir pu être placées sous le texte.

sur la pente du terrain, et leur a présenté, en se refroidissant, une masse aplatie, solide et transparente, qui leur a donné la première idée d'élever à Sidon une manufacture de verre. Mais, comme ce fait, supposé vrai, quoiqu'assez généralement contredit, aurait eu lieu long-temps auparavant chez les Égyptiens, qui brûlaient dans des fosses, souvent creusées dans le sable, ce kali, pour préparer les cendres que le commerce a désignées depuis sous la dénomination de *cendres d'Alexandrie*, il nous paraît plus naturel de croire que l'art de la verrerie, comme tous les autres arts, a été ébauché, perfectionné et pratiqué, tant à Thèbes qu'à Memphis, par les prêtres de Vulcain, alors les plus habiles chimistes de l'univers; que les Phéniciens n'ont connu le verre que par les Égyptiens (*b*), et qu'ils n'ont établi leurs manufactures à Sidon que sur le modèle de celles de Thèbes, de Memphis et d'Alexandrie, peut-être même seulement d'après des renseignemens pris dans la dernière et la moins ancienne de ces trois villes.

En effet, tout nous assure que les prêtres de l'Égypte, sans cesse occupés d'expériences, et d'ailleurs très-favorisés par la nature, qui leur avait donné en profusion dans le sable des déserts et dans le natron ou les cendres du kali les matières premières dont se compose le verre, l'ont trouvé avant tous les autres, et ont non-seulement formé des fabriques de verre commun (*c*), mais que, parvenus à choisir le sable le plus pur et à purifier parfaitement la soude, ils ont fait, dans leur laboratoire particulier, du verre comparable au cristal de roche, et que, profitant de la propriété qu'ils ont reconnue aux oxides des substances métalliques, qu'ils tiraient principalement de l'Inde, de se vitrifier sous des couleurs différentes, ils ont conçu et exécuté le projet d'imiter toutes les espèces de pierres précieuses colorées ou transparentes ou opaques que leur fournissait le commerce du même pays.

Strabon [1] et tous les historiens ne se réunissent-ils pas pour nous apprendre qu'on fabriquait de temps immémorial en Égypte, et surtout dans les verreries de la grande *Diospolis*, et par des procédés secrets, des verres très-beaux, très-transparens, des verres dont les couleurs étaient celles de l'hyacinthe, du saphir, du rubis, etc.; qu'un des souverains de ce pays était parvenu à contrefaire la pierre précieuse nommée *cyanus*; que Sésostris avait fait couler ou sculpter en verre de couleur d'émeraude (*d*) une statue qu'on voyait encore à Constantinople sous le règne de Théodose; qu'il existait aussi du temps d'Apion Plistonique, dans le labyrinthe d'Égypte, un colosse du même verre; qu'on faisait enfin avec la scorie des métaux un verre noir (*e*) qui ressemblait au jayet, substance, dit Pline, qu'on a mise en œuvre avant d'avoir imaginé de la remplacer par ce verre, etc.?

En faut-il davantage pour prouver que les Égyptiens sont les plus anciens fabricans de verre, et que, puisqu'ils imitaient les pierres précieuses, ils savaient prépa-

---

[1] Cet auteur, qui vivait du temps d'Auguste, était persuadé, d'après des renseignemens pris en Égypte, que ce pays était le seul qui possédât une certaine substance sans laquelle on ne pouvait faire de bon verre. Cette substance, qu'il ne nomme point, était sans doute ou le natron ou la cendre d'Alexandrie, dont les bons effets étaient peut-

rer les oxides de fer, de cuivre, de plomb, d'étain, etc., sans lesquels ils n'auraient pu réussir à faire des verres colorés, de fausses pierres précieuses, des émaux, et surtout à imiter ces vases qu'on nommait *murrhins* (*f*), et qui étaient d'une pierre précieuse, sur la nature de laquelle on a été jusqu'à présent très-peu d'accord, mais que M. Rozière [1] dit être le spath fluor (*g*)?

Cependant les produits des anciennes manufactures égyptiennes, plus particulièrement versés dans le commerce qui se faisait par la mer Rouge, ne sont parvenus chez les Grecs que sous les derniers Pharaons: il paraît même que cette importation fut à peu près nulle pendant tout le temps que les Perses, qui avaient détruit les temples, les laboratoires des Égyptiens, et enlevé leurs artistes, demeurèrent les maîtres du pays, et qu'elle ne commença à avoir lieu chez les Romains que sous le règne des Ptolémées, lorsque les procédés des prêtres de Vulcain furent retrouvés et parfaitement exécutés par les Grecs, devenus Égyptiens, et lorsque le célèbre Archimède, ayant ou connu ou deviné et perfectionné ces procédés [2], eut fabriqué à Syracuse

---

être alors (et sans qu'il ait pu le découvrir) aidés par les oxides de manganèse et de cobalt.

[1] *Voyez* son mémoire, *A. M.*, tome VI, page 227.

[2] Les Grecs buvaient, comme les Égyptiens, dans des coupes de verre: la preuve pour ceux-ci se trouve dans les vases peints sur les murs des hypogées, et qui annoncent la transparence du verre et la présence du vin; la preuve pour ceux-là existait dans le tableau de Pausias, qui représentait un ivrogne vidant une coupe au travers de laquelle on apercevait les traits de son visage enluminé. Il existe à Florence un tableau qui est l'imitation parfaite de celui de Pausias, ainsi que de superbes tableaux en mosaïque.

Les arts que Thalès, Pythagore et d'autres philosophes Grecs avaient rapportés d'Égypte et transmis à leurs disciples, s'étaient établis en Sicile comme en Grèce.

Long-temps après, Sapor, roi de

cette sphère de verre dont les cercles suivaient les mouvemens de ceux du ciel avec une si grande régularité, que, pour en donner une idée, Claudien dit qu'elle attira l'attention de Jupiter, et qu'il en parla dans le conseil des dieux :

Jupiter, in parvo cùm cerneret æthera vitro,
Risit, et ad superos talia dicta dedit, etc.

On peut même fixer d'une manière vraisemblable l'époque de cette importation du verre de l'Égypte dans Rome à cette fête magnifique que Scaurus, beau-fils de Sylla, donna au peuple romain, et dans laquelle il prodigua, pour la décoration de son théâtre, tout ce qu'il put recueillir de plus précieux, l'or, le marbre et le verre¹.

Depuis ce moment, cette dernière matière fut désignée sous le nom de *vitrum* par tous les auteurs latins², qui donnèrent aussi aux choses transparentes, soit solides, soit liquides, l'épithète de *vitreus; lapis vitreus, vitreus humor oculi, unda vitrea;* et elle fut tellement estimée des Romains, jadis contens de vases de terre, *Lautus erat Tuscis Porsena fictilibus*³, qu'Auguste, après qu'il eut fait la conquête de l'Égypte, exigea que le verre fît partie du tribut imposé aux vaincus : il se

---

Perse, fit faire en verre une sphère céleste, qu'on dit avoir été si considérable, que ce roi, placé au centre, pouvait voir le mouvement des astres.

¹ *Theatrum hoc fuit, cui scena triplex altitudine 360 columnarum; ima pars scenæ è marmore fuit, media è vitro.* (Plin. *Histor. natur.* lib. xxxvi, cap. 15.)

² Excepté par César, qui, dans ses Commentaires, entendait par *vitrum* le pastel, plante que les femmes des Gaulois employaient pour se teindre la peau.

³ Martial. *Epigramm.*

composait de verre, de lin et de froment, sans doute
en commémoration de celui que Sésostris avait autrefois demandé aux Éthiopiens, et qui consistait aussi en
trois choses, l'or, l'ébène et l'ivoire.

C'est vraisemblablement lorsque les Tyriens apprirent que le verre avait la plus grande vogue à Rome,
qu'ils pensèrent à y apporter celui de leurs fabriques :
il était fort beau suivant Pline; et les pièces qui composaient leur assortiment, et surtout les miroirs, furent
très-bien accueillis.

Peut-être, relativement aux miroirs[1], serais-je contredit, soit par ceux qui pensent qu'alors il n'en existait encore que de métalliques, pareils à ceux de cuivre
que les femmes des Israélites volèrent aux Égyptiens
et qu'on fondit dans le désert pour en fabriquer un
bassin, ou à celui qui, suivant Cicéron, fut inventé
par Esculape, fils d'Apollon, ou au miroir d'argent,
que fit, du temps de Pompée, un Praxitèle, autre que
le célèbre sculpteur de ce nom; soit par ceux qui sont
persuadés que le terme de *specula* que Pline a employé,
ne désignait pas des miroirs, mais bien des vitres.

Je répondrai aux premiers, qu'à la vérité, dans le
siècle où vivait Pline, on continuait à employer des
miroirs métalliques, et que même on connaissait les
différens phénomènes que présentent ceux qui sont ou
concaves (*h*) ou convexes, etc.; mais qu'il est également certain que les miroirs de verre existaient déjà

---

[1] La découverte des miroirs appartient à ceux qui, les premiers, ont aperçu leur image dans les yeux de leurs semblables, dans le cristal d'un ruisseau, dans le poli d'une pierre ou d'un métal : aussi ne peut-on pas en fixer l'époque.

Oculis adeò absoluta vis speculi

du temps d'Aristote¹, puisque ce philosophe, bien plus ancien que Pline, disait que, si les métaux et les cailloux devaient être polis pour servir de miroirs, le verre et le cristal avaient besoin d'être doublés d'une feuille de métal pour rendre l'image de l'objet qu'on leur présentait, et puisqu'Alexandre d'Aphrodisée, son commentateur, expliquait pourquoi les miroirs de verre étaient plus resplendissans que les autres.

Je citerai aux seconds cette définition d'Isidore, *Specula dicuntur in quibus feminæ vultus suos intuentur*² ; et si cette définition ne suffit pas pour les déterminer à reconnaître des miroirs dans cette phrase de Pline, *Speculis conficiendis non est aptior alia vitro materia*³, je leur offrirai cette autre du même auteur, *In genere vitri et obsidiana numerantur, nigerrimi coloris, aliquando et translucidi, crassiore visu, atque in speculis parietum pro imagine umbras reddente*⁴ ; et ils jugeront, sans doute, qu'un verre à peu près opaque, appliqué contre une muraille, n'y faisait pas l'office d'une vitre, mais bien celui d'un miroir. D'ailleurs, s'ils avouent que Pline connaissait le verre à vitre, ils avouent nécessairement qu'il connaissait aussi les miroirs de verre, une vitre devenant miroir aussitôt que le hasard fait trou-

---

inest, ut tam parva illa pupilla totam imaginem reddat hominis. (Plin. lib. xi, cap. 37.)

Fons cuique perlucidus aut lœve saxum imaginem reddit. (Senec.)

¹ Je n'assure pas que les miroirs dont parle Aristote étaient très-communs.

Était-il de verre, ce miroir que l'on conservait précieusement dans le trésor de l'abbaye de Saint-Denis, parce qu'on prétendait qu'il avait appartenu à Virgile? Sa fragilité semble l'indiquer : on sait qu'il se brisa entre les mains de Mabillon, chargé de le faire voir aux étrangers.

² *Origin.*
³ *Hist. nat.*
⁴ *Ibid.* lib. xxxvi, cap. 26.

ver derrière elle un corps opaque; et ne sont-ils pas obligés d'admettre qu'on faisait du verre à vitre du temps de Pline, puisque cet auteur, en annonçant qu'il existe en Arabie une pierre claire et transparente comme le verre, dit que les gens de ce pays s'en servent comme de vitre, puisque, dans un autre endroit, il dit qu'on est venu au point d'enchâsser le verre dans les voûtes des temples pour en éclairer l'intérieur (1), et même d'en paver ces mêmes temples?

On désirera, sans doute, savoir qui des Tyriens ou des Égyptiens passaient, à Rome, pour les plus habiles fabricans de verre.

« Les Tyriens, dit l'auteur des Recherches sur les Égyptiens et les Chinois, n'ont rien exécuté de plus remarquable que certaines colonnes et des cippes de verre coloré qui jouaient l'émeraude, tandis que les Égyptiens ont fait cent sortes d'ouvrages plus difficiles les uns que les autres; car, sans parler des coupes d'un verre porté jusqu'à la pureté du cristal, ni de celles qu'on appelait *alasontes*, et qu'on suppose avoir représenté des figures dont les couleurs changeaient suivant l'aspect sous lequel on les regardait, à peu près comme ce qu'on nomme *gorge de pigeon*, ils ciselaient encore le verre et le travaillaient au tour, tellement que quelques coups donnés trop profondément brisaient l'ou-

<small>
Adspicis ingenium Nili, quibus addere plura.
Dum cupit, ah! quoties perdidit auctor opus!
(Mart.)

Frangere dum metuis, frangis crystallina: peccant
Securæ nimiùm sollicitæque manus.
(Idem.)
</small>

vrage qui avait coûté des soins infinis à l'ouvrier; et, lors même que ces sortes de vases réussissaient parfaitement, il fallait encore les manier avec dextérité, de sorte que ceux qui connaissaient l'art de jouir, que rarement les poëtes ignorent, n'aimaient pas, dans leurs parties de plaisir, à se servir de coupes si précieuses et si fragiles, comme on le voit par ces vers de Martial :

> *Tolle, puer, calices, tepidi toreumata Nili,*
>   *Et mihi securâ pocula trade manu,*
>   *Trita patrum labris.* »

Les Égyptiens, qui avaient été obligés de porter à Rome la quantité de verre voulue par le traité, ne tardèrent pas à être dédommagés de cette avanie : le goût pour la verrerie devint si décidé et si général dans cette ville et dans toutes celles de l'Italie, que cette quantité, loin de contenter les caprices du luxe, servit à le rendre tellement exigeant, que les fabriques de Memphis et de Sidon ne purent satisfaire à toutes les demandes (*k*).

On ne s'avisa, ni dans les unes ni dans les autres de ces fabriques, de donner aux Romains la connaissance des procédés par lesquels on obtenait les beaux produits qui faisaient l'objet de leur admiration : ils cher-

---

Clément d'Alexandrie observe que les vases de verre qu'on façonne au tour, étant par-là plus disposés à être brisés, devraient être abandonnés, puisque, si leur beauté invite à à boire, leur fragilité fait craindre d'y boire. Mais cet auteur ne se rappelait pas cette phrase de Pline : *Hoc argumentum opum, hæc vera luxuriæ gloria existimata est habere quod statim totum perire posset.*

chèrent à les découvrir; leurs efforts furent long-temps inutiles : mais enfin, sous le règne de Tibère, ils apprirent, soit par tradition et à prix d'argent, soit par suite d'heureuses expériences, que, si la pureté des matières contribuait à la beauté du verre des Égyptiens et des Sidoniens, il devait sa bonté à l'attention qu'on avait de le tenir long-temps en bonne fusion et de recuire[1] ensuite les vases fabriqués avec ce verre, c'est-à-dire, de les refroidir par degrés et d'une manière insensible.

C'est à la connaissance, alors acquise par les Romains, de la fusion complète, de l'épuration parfaite de la matière, et du refroidissement lent des pièces confectionnées pour les rendre moins fragiles, qu'on doit réduire ce fameux secret que Pline dit, sans cependant l'affirmer, avoir été trouvé sous Tibère[2], et qui donnait un verre flexible, ou même malléable, suivant d'autres auteurs plus crédules et plus amis du merveilleux; sinon, il faudrait supposer sans vraisemblance[3], avec Henckel, que ce verre n'était autre chose que de la lune cornée (*l*). Bientôt les fabriques que les Romains établirent, ne cédèrent en rien à celles de

---

[1] La recuite était en effet la chose la plus importante à pratiquer : elle donnait aux molécules du verre égyptien un arrangement, ou, comme à celles des métaux, une cristallisation qui ajoutait à la force qui les unissait.

On sait que les verres, tels que bouteilles, gobelets, etc., refroidis promptement, se brisent d'eux-mêmes sans éprouver de choc.

[2] Ceux, dit M. Chaptal, qui cherchent à retrouver le prétendu verre malléable des anciens, ne veulent pas voir qu'il n'y a pas de métal qui soit plus ductile, plus malléable, que le verre lorsqu'il est rouge.

[3] Je dis, sans vraisemblance; et cependant, suivant Neumann, en mettant en fusion la lune cornée, on en fait un verre qui plie, et qui

Memphis et de Sidon : on trouva également le moyen de colorer le verre avec les oxides métalliques (*m*), et le moyen de le peindre¹ ; on porta surtout le verre blanc à la plus grande perfection, puisque Pline assure que, de son temps, on en faisait des vases qui imitaient tellement ceux de cristal de roche, qu'on pouvait à peine les discerner les uns des autres, et qu'on prenait tant de plaisir à boire dans ces vases de cristal factice, qu'on avait abandonné ceux d'or et d'argent². Des succès aussi brillans excitèrent l'émulation de tous les peuples de l'Empire : on vit des fabriques de verre se multiplier dans l'Italie, dans l'Espagne, dans les

est en quelque façon malléable, et on forme différentes figures au tour et dans des moules. Les mines de Quantajaia, sur la mer du Sud, donnent de belles masses vitreuses d'argent corné, mais non employé comme verre.

¹ *Fit et tincturæ genere obsidianum, ad escaria vasa, et totum rubens vitrum atque non translucens, hæmatinon appellatum. Fit et album et murrhinum, aut hyacinthos sapphirosque imitatum, et omnibus aliis coloribus. Nec est alia nunc materia sequacior, aut etiam picturæ accomodatior : maximus tamen honos in candido translucentibus, quàm proximâ crystalli similitudine.* (Plin. *Hist. natur.* lib. xxxvi, cap. 26.)

Le moyen des anciens pour peindre sur le verre n'est pas connu : il consistait, sans doute, comme celui qu'on a trouvé et pratiqué en France en 1540, à appliquer sur le verre des couleurs avec un pinceau, à placer les pièces ainsi peintes dans un fourneau qu'on chauffait assez fort pour faire pénétrer les couleurs dans le verre sans le déformer, et pas assez faible pour rendre nulle cette pénétration.

² *Vitri usus ad potandum pepulit auri argentique metalla.* (Plin. *ibid.*)

Saint Exupère, évêque de Toulouse au v.ᵉ siècle, se servait de calices de verre, non par un caprice pareil à celui dont parle Pline, mais parce qu'il avait vendu ceux d'or et d'argent pour soulager les pauvres. Les autres évêques ne voulurent employer ni calices de verre, ni calices de bois : *Non lignea, quia porosa; non ænea, quia contrahunt æruginem : sed ex nobili conflato metallo adhibenda statuit concilium Remense.*

Neronis principatu, repertâ vitri arte, modicos duos calices, quos appellabant pterotos, H. S. sex millibus fuisse venditos. (Plin. *Histor. natur.* lib. xxxvi, cap. 26.)

Gaules[1]; partout on rencontra des matériaux propres à les alimenter, partout on chercha et on trouva les moyens de les rendre florissantes.

Mais les arts suivent la destinée des empires. Les révolutions qui anéantissent ceux-ci, sont également fatales à ceux-là : l'art de la verrerie et celui de l'émail, tous deux inventés par les Égyptiens, et communiqués par eux aux Grecs, puis aux Romains, furent détruits, ou au moins forcés de se cacher, lors de l'invasion de l'empire romain par les barbares sortis du Nord. Le dernier de ces arts (n) n'a commencé à reparaître en Italie[2] que long-temps après cette invasion, et ne s'est montré en France[3] qu'en l'année 1555. Pour retrouver l'autre, il paraît qu'il a fallu que les Européens allassent le rechercher dans l'Orient à l'époque des croisades, ou qu'ils pussent le recueillir lorsque, chassé de Constantinople avec les autres arts par Mahomet, il vint se réfugier avec eux en Italie sous la protection tant de Léon X que de Côme-le-Grand, et en France sous celle de François 1er.

Quels pouvaient être alors les procédés de cet art, sans doute dégénéré, puisqu'il venait, ou de l'Égypte occupée par les Arabes, ou de Constantinople devenue

---

[1] *Jam verò et in Vulturno mari Italiæ arena alba nascens, quæ mollissima est; pilâ molâque teritur, etc. Jam verò et per Gallias Hispaniasque simili modo arenæ temperantur, etc.* (Plin.)

[2] Des Toscans, cherchant peut-être, dit Bayen, à imiter la porcelaine que les navigateurs apportaient de la Chine, retrouvèrent le moyen d'émailler des vases de terre, de faire ce que nous appelons de la faïence. Celle que le duc d'Urbin fit faire à Castel-Duranti, était enrichie des plus belles couleurs.

[3] Le secret des Toscans était ignoré en France à cette époque. On présente à un homme de génie, à Pa-

le tombeau des Grecs abâtardis? Aucun auteur que nous connaissions n'a transmis ces procédés, et nous ne pouvons les deviner qu'en considérant ceux qui sont encore pratiqués parmi nous, dans des verreries qui, depuis leur naissance, dit M. Chaptal, n'ont changé ni leurs fourneaux, ni leur composition, ni leur manipulation, et qui sont telles que Louis IX les a fondées en donnant à quelques gentilshommes qui l'avaient suivi le soin de faire du verre sans déroger.

Or, si l'on peut avoir une idée à peu près juste d'un tableau original d'après une copie réputée fidèle, on peut de même, en voyant le verre que ces gentilshommes fabriquent d'après des renseignemens présumés avoir été pris en Égypte par leurs ancêtres, on peut, dis-je, croire que les Arabes qui occupaient ce pays au temps des croisades, ne faisaient, au moins dans leurs fabriques ordinaires, qu'un verre blanc commun [1], qu'ils composaient de cendres du kali et de sable; qu'ils mettaient ce mélange en fusion dans des fours de forme ronde, dont le foyer était au milieu, et dont la voûte, percée à son centre, laissait passer la flamme pour la répandre dans un espace supérieur qui servait à recuire les pièces fabriquées.

C'est, n'en doutons pas, à ce procédé, qui n'était que le signe de la décrépitude dans laquelle l'art de la verrerie était tombé en Égypte, que nous devons la renaissance de ce même art en Europe.

---

lissy, une coupe de terre tournée et émaillée : il l'admire; il veut en faire une pareille, il travaille pendant quinze ans, il se ruine, il s'endette, mais enfin il réussit.

[1] C'est la seule espèce de verre

Les gentilshommes verriers se bornèrent, à la vérité, à fabriquer un verre commun, pareil à celui que leurs pères avaient vu faire dans l'Orient, et qui déjà avait l'avantage de pourvoir aux besoins de l'économie domestique : mais des gens instruits dans les arts chimiques, qui lisaient les anciens auteurs, qui y trouvaient les indices des matières premières employées dans la composition des différens verres antiques et quelques traces des procédés usités pour les fabriquer, qui y voyaient décrits les merveilleux ouvrages exécutés à Memphis, à Sidon, à Syracuse, en Perse, dans tout l'empire romain, et qui, en outre, rencontraient quelquefois des pièces entières et souvent des fragmens de ces beaux verres, ces gens, disons-nous, conçurent l'espoir de faire du verre supérieur à celui que fabriquaient les nobles et égal à celui qu'ils admiraient ; ils travaillèrent en conséquence. Grâce à leurs efforts opiniâtres et à ceux de leurs successeurs, les secrets, les procédés des anciennes fabriques égyptiennes, grecques et romaines, sont maintenant dévoilés ; et nous en sommes d'autant plus assurés, que la chimie nous apprend qu'il était impossible aux anciens de faire, comme ils ont fait, un verre aussi beau que le cristal de roche, et des verres colorés, semblables, à la densité près, aux pierres précieuses, sans employer les mêmes matières que nous ; qu'il leur était impossible de donner à ces verres les formes que nous leur donnons, sans

que nos croisés y ont vu faire, ou du moins dont ils ont rapporté et employé les procédés.

Les gentilshommes, comme on sait, ne daignaient pas alors apprendre à lire, et ils déclaraient ne savoir pas signer, attendu leur qualité de gentilhomme.

avoir recours aux moyens dont nous nous servons, et que, d'ailleurs, ils nous avaient plus ou moins exactement indiqués dans leurs livres.

Ainsi l'on peut dire que maintenant nous sommes aussi avancés dans l'art de la verrerie qu'on l'était en Égypte sous les Ptolémées, et à Rome du temps de Pline; que nous savons, comme on le savait alors,

1°. Que le sable, le cristal de roche, le quartz très-purs [1], ont besoin, pour être convertis en verre, d'être mélangés ou avec d'autres substances terreuses ou avec les alcalis;

2°. Que la silice pure, mêlée avec la soude ou la potasse purifiées, forme le verre le plus blanc [2];

3°. Que les autres matières qu'on fait souvent entrer dans la composition du verre, ne servent, les unes, comme le borax et l'arsenic, qu'à faciliter la fonte, et les autres, comme l'oxide de manganèse, qu'à décolorer le verre, ou, comme le minium, qu'à lui donner du liant et de la pesanteur;

4°. Qu'en mettant en fusion du verre très-fin avec des oxides métalliques, on obtient des verres colorés, des pierres précieuses factices [3];

---

[1] *Vitri materia nitrum, arenæ fossiles, magnes, splendentes calculi, conchæ, et fracta crystallus, vitrea Beli amnis arena. Arenis autem in vitrum liquandis humana solertia non solùm miscuit nitrum, sed et magnetem lapidem.* (Plin.)

[2] Pline connaissait la potasse et ses propriétés; entre autres, celle d'être, comme l'huile, douce au toucher: *Ex lignis combustis confici sal. Optimum ex eo, quòd olei quamdam pinguitudinem reddit.*

Dioscoride disait de la soude: *Conficitur ad vitra in fornacibus expurganda.*

Pline connaissait aussi la cendre gravelée: *Fex vini siccata recipit ignes, ac sine alimento per se flagrat: cinis ejus nitri naturam habet,*

[3] *Voyez* la note * de la page suivante.

5°. Que la fonte des matières à faire le verre commence par une opération qui les met à l'état de fritte, et qui consiste à les exposer, mélangées, à un feu poussé au rouge et entretenu pendant douze heures[1];

6°. Qu'on doit mettre la fritte, ainsi préparée, dans les pots ou creusets fortement chauffés; la faire fondre à un feu violent, alimenté avec du bois sec[2]; la maintenir dans une fusion très-liquide, pour l'affiner, pour la débarrasser de ses bulles; puis diminuer un peu la chaleur pour donner au verre la consistance qui lui convient pour être travaillé;

7°. Qu'alors l'artiste doit plonger dans le pot l'extrémité d'une canne de fer creuse pour y recueillir la quantité de verre fondu qu'exige le vase à fabriquer; arrondir par un mouvement imprimé à la canne cette petite masse vitreuse[3], la pétrir sur un marbre, la distendre, en la soufflant, soit en l'air, s'il veut faire un ballon, soit dans un moule creux, si c'est un vase cylindrique qu'on lui demande; présenter souvent la pièce à la flamme du fourneau pour lui rendre la chaleur et par-là la ductilité nécessaire; se servir enfin de compas, de ciseaux, de divers autres instrumens très-simples,

---

easdemque vires. Le nitre de Pline était le natron.

* *Ex massis rursùs funditur in officinis : tingitur etiam multis modis, ita ut hyacinthos sapphirosque virides imitetur et onyches, vel aliarum gemmarum colores.* (Plin.)

[1] *Arena miscetur tribus partibus nitri pondere vel mensurâ, ac liquata in alias fornaces transfunditur: ibi fit massa quæ vocatur ammonitrum; atque hæc recoquitur, et fit vitrum purum ac massa vitri candidi.* (Plin.)

[2] *Levibus autem aridisque lignis coquitur, quæ flammam, non fumum, emittant.* (Plin.)

[3] *Formatur spiritu vitrum in plurimos habitus.* (Sen.)

pour façonner le verre, pour lui donner la forme désirée [1];

8°. Que, pour préparer ces glaces qui, polies et étamées, réfléchissent les rayons du soleil et retracent à nos yeux l'image des objets qu'on leur présente [2], l'artiste doit verser le verre en fusion sur une table de cuivre très-unie, promener sur ce verre un niveau qui l'étende et lui donne une épaisseur uniforme et convenable, puis porter les glaces ainsi coulées dans un four qui les entretient à un degré de chaleur assez fort, jusqu'à ce qu'il en soit rempli, et ensuite, bouchant ce four et laissant éteindre le feu, leur procurer un refroidissement lent, sans quoi elles seraient infiniment plus fragiles [3].

A la vérité, ceux qui, comme Pline, sont persuadés qu'on n'invente plus rien de nouveau, qu'on n'atteint pas même aux inventions des anciens, ou qui disent, avec notre bon la Fontaine, *Nous ne saurions aller plus*

---

[1] *Aliud flatu figuratur, aliud torno teritur, aliud argenti modo cœlatur.* (Plin.)

[2] *Speculis conficiendis non est aptior alia vitro materia.*

Crystallus, futuri speculi materia, perspicua sit oportet, et utrimque exactè explanata. (Plin.)

[3] Il est vraisemblable qu'on a coulé le verre avant de le souffler, et cependant il est très-probable que les Sidoniens, qui, suivant Pline, sont les inventeurs des miroirs de verre, et les Romains, leurs imitateurs, n'en faisaient que de très-petits; que, pour former les glaces de ces miroirs (*crystallina speculi lamina*, Cic.), ils se contentaient d'exposer à la flamme de leurs fourneaux une certaine quantité de verre fondu placée sur une pelle de fer; et lorsqu'elle avait pris l'étendue, l'épaisseur et le poli désirés, ils portaient la glace dans un four chauffé et l'y laissaient se refroidir lentement.

C'est vraisemblablement la vue d'un verre coulé, comme a dû l'être celui que Scaurus employa, qui a fourni à l'auteur de l'Apocalypse l'idée de la mer de verre, qu'il a placée devant le trône de la Divinité : *In conspectu sedis tanquam mare vitreum, simile crystallo.*

avant que les anciens ; ils ne nous ont laissé, pour notre part, que la gloire de les bien suivre, ne voudront pas avouer que nous soyons aussi habiles que l'étaient les Égyptiens dans l'art de la verrerie, puisque nous ignorons les procédés employés par eux, ou par leurs disciples immédiats, pour fabriquer et les coupes dites *alasontes*, et les vases *murrhins*, et les statues colossales en émeraude factice, et les immenses colonnes de verre que saint Pierre vit dans le temple d'Aradus[1], et les plaques vitreuses dont, au lieu de marbre, Scaurus a revêtu la seconde scène de son théâtre, et les cubes de fausses pierres précieuses qui composaient le pavé en mosaïque de leurs temples et de leurs maisons, cubes que la reine Cléopâtre remplaça dans ses appartemens par de véritables pierres précieuses, et les sphères d'Archimède et de Sapor, et enfin tous ces beaux vases qui, tirés surtout d'Alexandrie, ornaient les buffets des Grecs et des Romains, et que les amateurs craignaient de manier de peur de les briser.

Mais nos artistes seraient-ils embarrassés de retrouver ces procédés, ou d'en imaginer d'autres, si de pareils objets leur étaient commandés, et qu'on leur en présentât des modèles? ils ont si bien copié ceux qui provenaient des antiques verreries! ils ont si bien profité des renseignemens, quoiqu'imparfaits, donnés par les anciens auteurs! ils ont si avantageusement suppléé aux renseignemens omis (*o*)!

---

[1] *In insula Arado visæ sunt columnæ vitreæ, magnitudinis immensæ, ad quas spectandas se con-* tulit, ab amicis rogatus, S. Petrus. (Clem. Alexandr.)

N'ont-ils pas, avec un verre sans bulles et sans stries, avec un cristal artificiel aussi beau que le cristal naturel le plus transparent, fabriqué et ces vases superbes qui brillent sur nos tables et dans nos salons, et ces vitres qui, plus grandes, plus diaphanes que celles de l'antiquité, laissent pénétrer dans nos appartemens une lumière plus brillante et plus pure? N'ont-ils pas donné aux glaces, aux miroirs, une beauté et des dimensions que les anciens n'avaient certainement pu leur procurer? N'ont-ils pas, connaissant un plus grand nombre d'oxides métalliques et les obtenant plus purs, procuré au verre ces couleurs si belles et si variées qu'on admire dans les vitraux des églises de France, de Hollande, de Venise, etc., dans les fausses pierres précieuses, dans les émaux, sur la faïence et sur la porcelaine? N'ont-ils pas fait ces lustres magnifiques, dont les pièces, taillées à facettes, ont l'éclat du diamant; et ces prismes qui, décomposant merveilleusement les rayons du soleil, en extraient les riches couleurs de l'arc-en-ciel; et ces lentilles si puissantes qui, rassemblant ces mêmes rayons, forment, en les convergeant, des foyers où s'allument les matières combustibles, où se mettent en fusion les corps jusqu'alors jugés réfractaires; et ces lunettes, les unes remédiant aux défauts de notre vue, les autres rapprochant de nous les astres qui peuplent les cieux; celles-ci grossissant et nous rendant sensibles les corpuscules imperceptibles à la vue simple, celles-là multipliant les images d'un seul objet?

N'ont-ils pas, d'après les conseils des naturalistes,

des physiciens, des chimistes, fabriqué ces ruches qui laissent voir l'intéressant travail des abeilles; ces horloges dites *sabliers,* qui mesurent le temps; ces vases, ces instrumens, ces appareils ingénieux qui ont tant contribué aux succès des expériences de physique et de chimie?

N'ont-ils pas, à l'aide du feu d'une lampe, animé par le vent d'un soufflet, exécuté une multitude d'ouvrages très-jolis et très-délicats?

N'ont-ils pas, enfin, fourni au commerce ces marchandises si multipliées et qu'on a désignées sous la dénomination de *verroterie?*

Accoutumés aux merveilles que l'art de la verrerie opère maintenant en Europe dans les fameuses manufactures qui se sont successivement formées à Venise, en France, en Bohême, en Angleterre, etc., et pleins du souvenir des chefs-d'œuvre qu'il exécutait jadis en Égypte, quel fut notre étonnement lorsque nous trouvâmes qu'il était presque méconnu dans le pays où il avait pris naissance et brillé avec tant d'éclat sous les Pharaons et sous les Ptolémées; lorsque nous vîmes qu'il ne donnait plus aux Égyptiens modernes que de misérables produits, tels que ceux dont nous avons parlé en expliquant la planche 23 des *Arts et métiers,* c'est-à-dire, ces bouteilles de verre commun, qui n'imitent qu'imparfaitement les nôtres; ces verres plats, légèrement bombés, qu'ils encadrent dans le dôme de leurs bains; ces bocaux à bord renversé, qui leur servent de lampes, et ces ballons faits de mauvais verre, dans lesquels ils subliment leur sel ammoniac, etc.;

lorsque nous reconnûmes cependant que les Égyptiens riches étaient très-empressés à se procurer par la voie du commerce les verres superbes de l'Europe, les porcelaines magnifiques de la Chine, du Japon et de l'Autriche, etc.[1]! Mais nous ne tardâmes pas à nous rappeler que les Égyptiens n'étaient plus les disciples ni des prêtres de Vulcain, ni des Grecs, ni même des Arabes, et à voir d'ailleurs que la rareté du combustible et surtout la crainte des avanies avaient chez eux détruit l'émulation et mis des obstacles à leur industrie[2] : en conséquence, nous nous contentâmes d'observer la simplicité et l'économie qu'ils mettaient dans l'établissement de leurs verreries, et d'apprécier les produits qu'ils obtenaient, non d'après leur beauté, mais d'après leur utilité. Pour établir une verrerie, ils choisissent une maison abandonnée; et le four qu'ils y construisent en briques crues, ainsi que les instrumens qu'ils emploient, coûtent à peine deux cents francs. Une des pièces les plus importantes de leurs fabriques est le bocal à lampe; voici l'usage qu'ils en font.

Veulent-ils se procurer une lanterne, ils enfoncent

---

[1] Les Égyptiens font venir de Venise des vitres, les unes à facettes, qui laissent passer la lumière du soleil dans les appartemens de leurs femmes, mais non pas les regards des hommes; les autres colorées, qui prêtent à la lumière leurs couleurs, dont elle teint les objets qu'elle va frapper.

[2] Les ouvriers en Égypte sont plus susceptibles d'industrie qu'on ne le penserait d'après les ouvrages qu'on leur voit faire. Un chaudronnier m'a fait un très-bon alambic sur le dessin que je lui en avais tracé, et un fabricant de verre a pu me souffler de très-belles bouteilles, des ballons, des cornues, des allonges, etc., que j'ai employés avec succès dans le laboratoire de la pharmacie militaire du Kaire.

Le bois n'était vraisemblablement guère moins rare en Égypte autrefois qu'à présent : mais, tant que le verre fut exclusivement fabriqué dans ce pays, ou tant qu'il conserva

un de ces bocaux, jusqu'à son bord, dans un trou rond pratiqué dans une planche carrée, surmontée d'une pyramide faite de quatre petites planches triangulaires; ils allument la mêche du bocal, lequel se trouve suspendu à la base de la pyramide, qui sert de cheminée à la fumée, et garantit la flamme contre le vent.

Veulent-ils éclairer les rues, il leur suffit de faire des lanternes plus grandes et d'y placer deux ou trois bocaux.

Veulent-ils se donner le plaisir d'une illumination, c'est encore à ces bocaux qu'ils ont recours : ils les mettent dans les trous nombreux faits dans des cercles ou carrés de bois de différens diamètres, et qui, placés les uns sur les autres, à des distances convenables, forment des pyramides, quelquefois immenses, qu'ils suspendent devant les maisons.

Observons que ces illuminations des Égyptiens modernes se faisaient de la même manière par leurs ancêtres.

« Quand on s'est assemblé à Saïs pour y sacrifier pendant une certaine nuit, tout le monde allume en plein air des lampes autour de sa maison : ce sont de petits vases pleins de sel et d'huile, avec une mêche qui nage dessus et qui brûle toute la nuit[1]. »

La seule différence qu'il y ait, c'est que le sel qu'on

---

sur celui des Sidoniens et des autres peuples une supériorité décidée; le haut prix qu'il avait dans le commerce détermina facilement les verriers à tirer, ou à continuer à tirer, des forêts de la Caramanie, le bois qui leur était nécessaire; et cela est si probable, que maintenant encore les Égyptiens en font venir de ces forêts, sinon pour leurs chétives verreries, au moins pour la cuisine du riche, et pour les ateliers du menuisier et du charpentier.

[1] Hérodote, *Hist.* liv. II, §. 62, trad. de Larcher.

mettait autrefois dans le bocal jusqu'à l'extrémité du tube qui s'élevait de son fond et qui portait la mèche, est maintenant remplacé par de l'eau, sur laquelle nage l'huile qui alimente la flamme.

En voyant que leurs ballons pour le sel ammoniac (muriate d'ammoniaque) sont fabriqués avec le rebut, et, pour ainsi dire, la scorie des autres verres, nous étions tentés de taxer les Égyptiens d'ignorance et de maladresse; mais nous avons bientôt reconnu qu'ils ne font que suivre les règles de l'économie. En effet, comme les ballons à employer pour la sublimation de ce sel, qu'ils soient faits avec de bon ou de mauvais verre, ont toujours besoin d'être lutés, les Égyptiens ont dû préférer ceux qui leur coûtent le moins, ceux qui, sans beaucoup d'apprêt, leur présentent, aussi bien que les autres, des vases de terre moulés sur des vases de verre.

Enfin, nous avons remarqué qu'ils ont l'art de recoudre le verre avec du fil d'archal, et de couvrir cette suture de blanc de plomb ou de chaux, l'un ou l'autre délayé par le blanc d'œuf; et comme, du temps de Pline, on se servait à Rome du même procédé, il est à présumer que les anciens Égyptiens l'ont communiqué aux Romains avec cet autre qui consiste à souder avec le soufre les fragmens des vases de verre.

Candidum ex ovis admixtum calci vivæ glutinat vitri fragmenta. (Plin.)

Qui pallentia sulphurata fractis.
Permutat vitreis. . . . . .
(Mart. *Epigramm.* lib. 1, 42.)

Et rupto poscentem sulphura vitro.
(Juven. *Sat.* v, 48.)

Quæque comminutis.
Permutat vitreis gregale sulphur.
(Stat. *Silv.* lib. 1, 6.)

NOTES ADDITIONNELLES.

(*a*) M. ROUYER, dans son Mémoire sur les embaumemens, pense que les Éthiopiens couvraient les cadavres d'un vernis transparent qu'on a pris pour du verre. La chose est sans doute très-vraisemblable; mais, sans employer ni vernis ni véritable verre, ils pouvaient faire des sarcophages avec un sel gemme pareil à celui qui existe dans l'Arabie, et dont on s'est servi pour bâtir les murailles de la ville et des maisons de Carrhes, en unissant les blocs de ce sel avec de l'eau au lieu de ciment, comme de nos jours, en Russie, on a fait pour lier ensemble ces gros quartiers de glace de la Newa, dont a été construite une salle de bal sur les bords de ce fleuve. Ils pouvaient encore mettre en usage, ou une pierre spéculaire semblable à celle qu'on trouve aussi en Arabie, et qui y tient lieu de vitre, ou cette pierre dite *phengites* que Néron tira de la Cappadoce pour édifier un temple transparent, ou enfin, ce qui est plus probable, cette pierre obsidienne abondante en Éthiopie, et qui, suivant Mayol, a, dans ce pays, précisément cette destination.

Et ipse lapis obsidianus, qui sculpi, excavari, perforari cœlarique percommodè potest, est pellucidus, transmittit formas sicut et vitrum, fiuntque illo præcipua magnatum sepulcra : excisam enim ingentem molam excavant, includuntque cadavera, occlusaque non modò servantur, sed etiam spectantur, velut occlusa vitro, neque atrum odorem olent.

Carrhis Arabiæ oppido muros domosque massis salis faciunt, aquâ ferruminantes. (Plin. *Hist. nat.* lib. XXXI, cap. 7.)

Nerone principe, in Cappadocia repertus est lapis duritiâ marmoris, candidus atque translucens, phengites *appellatus.* (Plin. *ibid.* lib. XXXVI, cap. 22.)

(*b*) Quelques auteurs attribuent aux Grecs l'invention des arts de première nécessité. Suivant eux, Cadmus a trouvé l'écriture et la manière de fondre, d'affiner, de travailler l'or; Corœbe Athénien, l'art de la poterie; Dédade, celui du charpentier; Théodore, la règle, l'équerre, etc.; Phidon, les poids et mesures; Buzyges et Triptolème ont accouplé les bœufs pour labourer; Bellérophon a dompté les chevaux, etc. Mais les antiques monumens de l'Égypte nous prouvent que tous ces arts étaient connus et pratiqués par les Égyptiens long-temps avant que les Grecs fussent réunis en un corps de nation; et Platon, qui avait séjourné en Égypte, rapporte que les Égyptiens s'occupaient de peinture et de sculpture depuis dix mille ans.

(*c*) Les prêtres égyptiens avaient même placé quelques-unes de ces fabriques à portée des deux matières qui entrent principalement dans la composition du verre, puisque, près des lacs de Natron, au milieu des sables du désert, on voit encore à présent les ruines de ces verreries, d'autant plus antiques, qu'elles n'ont pu exister qu'à cette époque très-reculée où la vallée des Lacs, maintenant privée d'arbres, en était ombragée, et peut-être même, si l'on osait le penser et le dire, à cette autre époque encore plus éloignée où, dans la vallée du Fleuve sans eau, qui, comme la précédente, a pu recevoir l'eau du Nil, on voyait debout les arbres qu'on y trouve maintenant couchés sur le sable et pétrifiés.

Pour faire de beau verre dans leur laboratoire particulier, ils avaient soin de purifier le sable par la calcination et le lavage, de débarrasser le natron de toute matière étrangère, à l'aide de la lixiviation et de la cristallisation, et d'éviter de l'associer au sable en excès (ce qui rend le verre décomposable à l'air); de soumettre le mélange de sable et d'alcali, d'abord à un feu ménagé de manière à ne lui donner que cette demi-fusion qui le mettait dans l'état qu'on a désigné sous le nom de *fritte* : ils pratiquaient cette opération parce qu'ils avaient reconnu qu'en exposant immédiatement ce mélange au feu de vitrification, le sable se déposait dans l'alcali entré le premier en fusion, et que l'alcali s'évaporait en partie avant d'avoir complété la dissolution du sable; enfin ils recuisaient les pièces de verre, c'est-à-dire qu'ils les faisaient passer lentement et par degrés depuis l'état d'incandescence, où elles se trouvaient pendant leur fabrication, jusqu'à la température de l'atmosphère.

(*d*) Sénèque, *épître* 91, attribue à Démocrite la découverte du verre d'émeraude; mais, si l'on admet que la statue faite du temps de Sésostris, celle dont parle Apion, et le pilier d'émeraude que Théophraste a vu dans le temple d'Hercule à Tyr, ont existé, il faut rejeter l'opinion de Sénèque, et croire que Démocrite, qui a voyagé en Égypte, en a rapporté le procédé qu'il aura fait exécuter dans sa patrie, et qui consistait à employer l'*œs ustum*, préparation que, suivant Césalpin, on faisait autrefois à Memphis mieux qu'ailleurs.

Suivant Pline, l'émeraude était parfaitement imitée de son temps : *Non est smaragdo alia imitabilior gemma mendacio vitri.*

Que penser de cette émeraude de quatre coudées de long et de trois coudées de large, dont, suivant Théophraste, au rapport de Pline, un roi de Babylone fit présent à un roi d'Égypte? Que penser de ces quatre autres émeraudes qui, en Égypte, dans le temple de Jupiter, d'après le même auteur, formaient un obélisque de quarante coudées de haut; et de cette belle chrysolithe de quatre coudées de long, avec laquelle Ptolémée-Philadelphe fit faire une statue en l'honneur de la reine Arsinoé, sa sœur et sa femme; et de ce jaspe de onze pouces avec lequel on a fait l'effigie de l'empereur Néron armé d'un corps de cuirasse? Si, ce qui n'est pas croyable, toutes ces pierres étaient vraies, elles ont pu déterminer les Égyptiens à les contrefaire, et ils ont eu la gloire de réussir.

(*e*) Ce verre noir leur servait à remplacer, dans la fabrication d'une multitude de bijoux, non-seulement le jayet, substance dont fut faite cette statue de Ménélas qui, existant dans le temple d'Héliopolis, fut enlevée, portée à Rome par un gouverneur de l'Égypte, et renvoyée dans le même temple par l'empereur Tibère, mais encore la pierre obsidienne d'Éthiopie, dont la matière et la couleur plaisaient tellement à l'empereur Auguste, qu'il en fit faire sa statue, et, en outre, quatre éléphans qui furent placés dans le temple de la Concorde : *Gemmas multi ex eo faciunt, vidimusque et solidas imagines Divi Augusti; dicavitque ipse pro miraculo in templo Concordiæ obsidianos quatuor elephantos.* (Plin.)

Ces statues, faites avec la pierre obsidienne vraie, étaient-elles travaillées à la main? Nous sommes fondés à le croire, et parce que Mayol dit que cette pierre est susceptible d'être sculptée, et parce qu'avec un bloc de pierre semblable, tiré du volcan de l'Hécla, un sculpteur à Copenhague fit, de grandeur naturelle, le buste d'un roi de Danemarck, et parce que dans cette ville, comme on le faisait chez les Égyptiens et chez les Romains, on la taille pour faire des pendans d'oreilles, des colliers, etc., et enfin parce que les anciens habitans du Pérou, avec une matière vitreuse, également volcanique, qui existe dans le pays, et qu'on appelle *pierre de gallinace* à cause de sa couleur d'un vert tirant sur le noir, fabriquaient ces miroirs, soit plans, soit convexes, qu'on désigne sous le nom de *miroirs des Incas*, et les haches que portaient ces souverains.

Quant aux statues faites avec la pierre obsidienne factice, c'est-à-dire avec le verre noir de la scorie des métaux, ou avec celui qui résulte de la fusion du *marmor Alabandicum* de Pline, n'ayant point de preuves bien évidentes qu'elles ont été coulées, nous nous contenterons de citer le passage suivant de Pline : *Marmor Alabandicum, in Oriente, liquatur igne, ac funditur ad usum vitri.*

(*f*) Le faux murrhin, fabriqué à Memphis, était bien connu de Pline, qui lui trouvait beaucoup de ressemblance avec le véritable; mais il n'en a point donné la composition. Martial parle souvent des vases murrhins; il lui semblait qu'ils donnaient au vin une couleur de feu et une saveur plus agréable :

Si calidum potas, ardenti myrrha falerno
Convenit, et melior fit sapor inde mero.

(*g*) L'auteur du mémoire, s'étant réservé de donner quelques renseignemens sur les procédés employés en Égypte pour colorer les faux murrhins, nous apprendra sans doute si ces procédés étaient à peu près semblables à ceux que Neri a décrits, et par lesquels il obtenait des vases qui, étant unis et polis, offraient toutes les couleurs du jaspe, de la calcédoine, de l'agate orientale, et qui paraissaient rouges comme du feu quand on les regardait du côté du jour. C'était sans doute aussi un murrhin artificiel, le verre que Cardan dit avoir vu et qui présentait en même temps du blanc, du bleu, du noir, du pourpre, du vert, et qui, par la beauté, la variété de ces couleurs, imitait parfaitement l'agate.

(*h*) Chez les Romains, un miroir concave servait aux vestales à rallumer le feu sacré.

Hic ignis, si casu aliquo extinguatur, accendere eum ab alio igne non licere tradunt, sed renovandum esse flammamque eliciendam à solis radiis puram et sinceram : eam ad rem instrumentis utuntur quæ scapheia nominant, etc. (Plutarch.)

Specula concava, adversa solis radiis, faciliùs accenduntur quàm ullus alius ignis. (Plin.)

Archimedes catoptrico incendio hostem patriis à mœnibus avertit, quippe radiis à sole mutuatis et speculo exceptis Romanam classem è Syracusanis turribus exussit. (Galen.)

Ce dernier miroir était-il de verre? faisait-il le pendant de cette sphère, autre chef-d'œuvre du même Archimède? Quelques auteurs l'ont pensé; mais, quoi qu'il en soit, les miroirs concaves, ou de métal ou de verre, faits par les modernes, sont loin d'être aussi puissans que l'étaient, dit-on, ceux d'Archimède. En effet, le foyer du miroir de verre que Buffon a composé d'une infinité de miroirs plans, ne va pas au-delà de deux cents pieds.

(*i*) Cette manière d'introduire la lumière dans un lieu a été imaginée en Égypte, et s'y est conservée jusqu'à présent, surtout dans les bains particuliers et publics : elle remonte, sinon à la naissance du verre dans ce pays, au moins à l'époque où l'on y a découvert les nombreux usages auxquels était propre cette substance convenablement façonnée ; et elle a été communiquée aux Grecs et aux Romains, lorsque le verre, devenu un produit considérable des manufactures égyptiennes, leur est parvenu par la voie du commerce. C'est à la même époque que les arts de l'Égypte, et le luxe dont ils étaient la source, se sont introduits chez ces deux peuples : alors on les a vus, comme les Égyptiens, éclairer leurs bains en verres colorés ou non colorés, peindre le pavé de leurs temples et de leurs maisons, le composer de petits cubes, soit de terre vernissée, soit de marbre, soit de verre de différentes couleurs. On a vu les empereurs romains faire, comme la reine Cléopâtre, carreler leurs appartemens en pierres précieuses ; prodiguer, comme avaient fait les rois de l'Égypte, pour la décoration de leurs palais et des temples de leurs dieux, l'or, le porphyre, l'ivoire, etc. ; couvrir les murs intérieurs de ces temples et de ces palais, sinon de granit d'Égypte, au moins de feuilles d'un même bloc de marbre, ou de pièces de différens marbres, assemblées de manière à figurer des animaux et des fleurs, ou d'un stuc sur lequel étaient représentés des tableaux d'histoire, notamment du temps de Titus, mais sans doute long-temps auparavant, puisque Virgile en place de semblables dans le palais de Didon :

Miratur, videt Iliacas ex ordine pugnas.
(Virg.)

Quelques passages d'auteurs latins vont appuyer cette assertion.

At nunc quis est qui sic lavari sustineat? Pauper sibi videtur ac sordidus, nisi parietes magnis et pretiosis orbibus refulserint, nisi Alexandrina marmora Numidicis crustis distincta sint, nisi illis undique operosa et in picturæ modum variata circumlitio prœtexatur, nisi vitro condatur camera, nisi etc. (Senec. *de Luxu thermarum.*)

Eò deliciarum pervenimus, ut nisi gemmas calcare nolimus. (Idem.)

Non lumina cessant,
Effulgent cameræ, vario fastigia vitro
In species animosque nitent.
(Stat.)

16.

Pavimenta elaborata arte, pictura, lithostrota parvulis crustis ac tessellis tinctis in varios colores. (Isid.)

Calcatusque tuo sub pede lucet onyx.
(Mart.)

*Illic Taygeti virent metalla,
Et certant vario decore saxa
Quæ Phryx et Libys altiùs cecidit,
Et flammá tenui calent ophitæ.*
(Idem.)

Hæc quæ tota patet, tegiturque et marmore et auro.
(Idem.)

Tu secanda marmora, etc.
(Horat.)

Nempe cùm serra in prætenui linea premit, versatque arenas tractuque ipso secat. (Plin.)

In parietibus templi Salomonis, cherubim, et palmæ, et picturæ variæ, quasi prominentes de pariete et egredientes. (3 Reg. cap. VI, v. 29.)

In regio Assueri nemore, lectuli aurei et argentei super pavimentum, smaragdino et Pario stratum lapide, dispositi erant, quod mirâ varietate pictura decorabat. (Esth. cap. I, v. 6.)

Le luxe employé par les anciens à la décoration de leurs palais, de leurs amphithéâtres, surtout de leurs temples, était très-grand. « C'était, dit Montaigne, belle chose à voir ces grands amphithéâtres encroustés de marbre au dehors, labourés d'ouvrages et statues; le dedans reluisant de rares enrichissemens, etc. » Il se retrouve dans plusieurs églises des chrétiens : l'or, l'argent, les pierres précieuses, le marbre, en composent les ornemens. De magnifiques mosaïques forment les pavés des églises de Saint-Marc à Venise, de Saint-Jean à Malte, etc. La cathédrale de Pise a pour portes celles en bronzes du temple de Jérusalem ; d'autres portes du même métal à Florence sont si belles, que, suivant Michel-Ange, elles devraient être celles du paradis. Elles pourraient bien avoir été celles d'un des temples de l'Égypte : on retrouve encore dans ces temples les tourillons de cuivre sur lesquels devaient rouler de pareilles portes.

(*k*) Les Romains allèrent jusqu'à vouloir, pour leurs jeux de tablier, des pièces de verre; des piles ou pelotes, *pilæ vitreæ lusoriæ*; des dés, *tesseræ crystallinæ*; des échecs, *latrunculi vel latrones vitrei*. On en a la preuve par ces deux vers d'Ovide,

> *Sive latrocinii sub imagine calculus ibit,*
> *Fac pereat vitreo miles ab hoste tuus;*

et par ceux-ci de Martial,

> *Insidiosorum si ludis bella latronum,*
> *Gemmeus iste tibi miles et hostis erit.*

On peut encore connaître que les pièces de ces jeux étaient de deux couleurs, par les vers suivans du même auteur,

> *Hic mihi bis seno numeratur tessera puncto,*
> *Calculus hic gemino discolor hoste perit;*

et par ceux-ci de Vida,

> *Ut gemini inter se reges albusque nigerque*
> *Pro laude oppositi certant bicoloribus armis.*

(*l*) S'il était vrai, comme plusieurs le pensent, que les arts établis à Rome, à l'époque dont nous parlons, y étaient exercés exclusivement par des étrangers, ce ne serait point à l'industrie des Romains qu'il faudrait attribuer les progrès que ces arts firent chez eux, mais bien plutôt à la pratique des procédés usités en Égypte, et que des artistes venus de ce pays avaient apportés avec eux pour plaire aux Romains, en les exécutant sous leurs yeux : mais il est vraisemblable qu'ils firent des élèves qui, de Rome, se répandirent dans l'Italie, les Gaules, etc. Au reste, que les Romains aient été imitateurs ou simplement amateurs, dans les deux cas, les Égyptiens conservent le mérite de l'invention et du perfectionnement, mérite que leur avaient reconnu les Grecs en devenant leurs disciples, et les Perses en enlevant leurs artistes, qu'ils employèrent à construire le fameux temple de Persépolis, dans les ruines duquel, suivant Minutoli, on a trouvé des pièces d'une mosaïque en verre, sans doute l'ouvrage de ces artistes.

(*m*) La connaissance des métaux et de leurs oxides, communiquée aux Romains par les Égyptiens, était-elle réellement aussi ancienne que nous l'annonçons chez ces derniers? On n'en peut pas douter, lorsque dans les hypogées on trouve des métaux mis en œuvre, des peintures dont les couleurs sont dues à des oxides métalliques, des frittes, des verres, des émaux colorés par ces mêmes oxides; lorsqu'on voit les étrangers qui ont séjourné en Égypte à une époque très-reculée, faire usage des métaux qu'ils s'étaient procurés dans ce pays; Abraham donner à Rébecca une bague et des bracelets d'or; Joseph recevoir de Pharaon un anneau et un collier d'or, faire mettre sa coupe d'argent dans le sac de blé de son frère Benjamin; les Israélites, lors de leur sortie d'Égypte, emporter avec eux, dans le désert, d'immenses richesses volées aux Égyptiens, de l'or, de l'argent, du cuivre, etc., des pierres précieuses, des étoffes teintes en pourpre, en écarlate, en cramoisi, de la laine, du poil de chèvre, du lin, du *byssus*, des substances tinctoriales et aromatiques, etc.; lorsqu'on voit ceux des Israélites qui s'étaient instruits dans les arts de l'Égypte, mettre en œuvre tous ces matériaux, et exécuter les travaux merveilleux qu'exigeait la fabrication des nombreux objets du culte imposé par Moïse, objets qui demandaient le concours d'une foule d'artistes, sculpteurs, fondeurs, menuisiers, brodeurs, parfumeurs, graveurs en pierres fines, etc.; Moïse lui-même faire la dissolution du veau d'or; lorsqu'on voit la même industrie se ranimer sous Salomon par suite de nouvelles communications avec les Égyptiens; ceux-ci la communiquer également aux Grecs, puis aux Romains; ces derniers, au temps de Pline, être tellement instruits dans les arts chimiques de l'Égypte, qu'ils savent, comme on le savait dans ce pays long-temps avant eux, raffiner l'or par le plomb, le mettre en feuilles, dorer les métaux à l'aide du mercure retiré du cinabre, dorer le marbre et le bois au moyen du blanc d'œuf, souder l'or avec un borax artificiel, composé de cuivre rouillé par l'urine, de limaille d'argent et de natron, souder les autres métaux les uns par les autres, étamer le cuivre, composer le bronze, préparer la litharge, le minium, la céruse, la potée d'étain, le vert de gris, etc.; employer dans leurs peintures, dont plusieurs ont été retrouvées

DE L'ART DE LA VERRERIE.

de nos jours à Rome, à Herculanum, à Pompéia, des couleurs, soit terreuses, soit métalliques, pareilles à celles qui décoraient les murs des temples de l'Égypte, et qui s'y voient encore et ont conservé toute leur vivacité; sinon imiter, au moins apprécier les toiles de coton que les Égyptiens, à l'aide de certains mordans, teignaient de diverses couleurs, en les mettant dans un seul bain; faire le noir de fumée, ceux de lie et d'ivoire; fabriquer de la colle forte avec le cuir de bœuf, teindre en pourpre les moutons en vie, blanchir la laine par la vapeur du souffre, etc.; se servir de la pâte de la veille pour faire le pain, tirer l'amidon du froment; qu'ils savent encore que si une lampe allumée qu'on plonge dans une cuve où le moût a fermenté, ou dans la caverne située près du temple de Memphis, vient à s'y éteindre, il est dangereux d'y descendre; qu'enfin l'indigo de l'anil et celui du pastel donnent en brûlant une couleur pourpre : *Reddit enim, quod sincerum est, flammam excellentis purpuræ; et, dum fumat, odorem maris olet.* (Plin. lib. XXXV, cap. 6.)

Les anciens recueillaient l'écume bleue qui se forme à la surface de la cuve de pastel; ils la faisaient sécher pour l'employer, comme l'indigo lui-même, dans la peinture.

(*n*) L'art de l'émailleur était certainement pratiqué par les anciens habitans de Thèbes à la même époque que les arts du potier de terre, du verrier, du peintre, du sculpteur, du batteur d'or, du doreur, du statuaire en pierre et en métaux, du graveur, du stucateur, du fabricant de ce papyrus sur lequel ils écrivaient en caractères hiéroglyphiques, du fabricant de toiles, du teinturier, etc.

Les preuves de l'antique existence de tous ces arts se trouvent encore à présent dans les palais, dans les temples, et surtout dans les hypogées de cette ville : on y voit, ainsi qu'il est dit dans la description de ces monumens, de petits tubes d'émail colorés, les uns en bleu, les autres en rouge; des poteries émaillées de diverses couleurs, des vases, des statues en faïence et même en porcelaine plus ou moins dure, des verres, des pâtes de verre colorées et non colorées, un stuc composé vraisemblablement, comme le nôtre, de plâtre et de colle forte, ou, comme celui des Romains, de marbre blanc et de chaux, et sur ce stuc, sculpté en relief, des figures diversement peintes et qui ont conservé leurs vives couleurs : on y voit des momies d'hommes et d'animaux, dont l'enveloppe et les membres sont couverts de feuilles d'or; des statues de bois et de bronze dorées; des toiles de lin, de coton, les unes sans couleur, les autres teintes ou en bleu par l'indigo, ou en rouge, vraisemblablement par la garance; enfin des papyrus écrits avec une encre noire.

On trouve aussi maintenant, dans plusieurs villes de l'Égypte, des édifices construits en briques émaillées, disposées en compartimens agréables, et des appartemens décorés de carreaux de faïence recueillis dans les ruines des villes arabes, et qui, à cause de leur beauté, sont préférés par les riches aux carreaux que fournit à présent l'art du faïencier, dégénéré dans ce pays comme les autres arts. Mais les anciens Égyptiens avaient-ils bien à leur disposition l'étain, dont l'oxide forme l'émail blanc qui sert de couverte à la faïence? avaient-ils l'oxide de cobalt, qui colore l'émail en bleu magnifique? Sans doute, puisqu'ils faisaient ces deux émaux, et qu'ils pouvaient tirer et l'étain et le safre de l'Inde, pays qui encore à présent fournit au commerce une certaine quantité de ces deux substances. En effet, relativement à l'étain, nous voyons que son usage est très-ancien, que les Israélites le trouvèrent dans le butin qu'ils firent sur les Madianites (*Aurum, et argentum, et œs, et ferrum, et plumbum, et stannum, et omne quod potest transire per flammas, igne purgabitur*; Num. cap. XXXI, v. 22); que les Grecs, qui le recevaient par les Égyptiens ou par les Phéniciens, l'employaient, lors du siége de Troie, à orner les armes de leurs guerriers; que, dans des temps postérieurs et au siége de Troie et au règne brillant de Salomon, les Carthaginois, parvenus à sortir de la Méditerranée, allaient chercher l'étain en Angleterre et l'apportaient en très-grande quantité aux Israélites (*Carthaginenses negotiatores tui à multitudine cunctarum divitiarum, argento, ferro, stanno, plumboque, repleverunt nundinas tuas;* Ezech. cap. XXVII, v. 12); que les Romains, après la conquête de l'Angleterre par César, le firent venir directement de cette île, et l'employèrent non-seulement aux usages auxquels il était destiné chez les Égyptiens et chez les

Grecs, mais encore à ceux que lui avaient trouvés les Bretons et les Gaulois ou Belges ou Celtes, comme l'étamage des vaisseaux de cuivre et les divers alliages qu'il pouvait former : *Stannum illitum œneis vasis compescit œruginis virus; mirumque, pondus non auget.* (Plin. lib. XXXIV, cap. 17.)

Quant à l'oxide de cobalt, qu'on nomme *safre*, lors de la première lecture de notre mémoire à la Commission d'Égypte, nous l'avions annoncé comme une production de l'Inde fournie aux Égyptiens par le commerce, non-seulement d'après Pomet, qui assure qu'on en tire encore à présent de Surate, mais aussi d'après la conviction où nous sommes que la beauté des verres antiques trouvés en Égypte a dû nécessairement exiger l'emploi du safre: et, pour prévenir cette objection qu'on pouvait nous faire, que, suivant Fourcroy, le cobalt était inconnu aux anciens, qu'ils faisaient leurs émaux avec certaines préparations de fer, que le cobalt n'a été connu et employé pour la vitrification en bleu que vers la fin du XVIe siècle, qu'il n'a été reconnu comme métal particulier qu'en 1732 par Brandt, chimiste suédois, nous avions dit que les anciens ont pu, comme l'ont fait depuis les modernes, employer pour leur verre bleu le safre, sans soupçonner un métal dans cette substance; qu'ils ont pu, outre cela, comme l'ont prouvé MM. Chaptal et Descostils, préparer, sinon avec le fer, au moins avec le cuivre, les couleurs bleues qu'ils destinaient à la peinture : mais maintenant nous avons à opposer à l'opinion de Fourcroy celle que M. Humphry Davy vient d'émettre dans le tome XCVI des Annales de chimie, et qui est fondée sur l'analyse, tant des couleurs recueillies dans les ruines de Rome et de Pompéia, que des verres bleus antiques.

M. Davy, par la comparaison des descriptions que Vitruve, Pline, Théophraste, nous ont laissées des substances colorantes usitées de leur temps, démontre d'abord qu'elles étaient les mêmes tant à Rome qu'à Athènes ; puis, par l'analyse chimique de ces substances retrouvées, il en indique la nature et la composition.

Parmi ces couleurs, il croit avoir rencontré le bleu décrit par Théophraste, découvert par un roi d'Égypte, fabriqué en grand dans ce pays, considéré par Pline comme le plus beau bleu factice, imité à Pouzzoli par Mestorius, et il donne ainsi, d'après ses expériences, la composition de cet azur :

    Carbonate de soude...................... 15 parties.
    Caillou siliceux......................... 20
    Limaille de cuivre....................... 3

Le mélange, chauffé fortement pendant deux heures, lui a donné une fritte qui, pulvérisée, était d'un beau bleu de ciel foncé. On mettait cette fritte en poudre de la même manière que celle qui nous donne l'azur. *Ex cœruleo fit quod vocatur* lomentum : *perficitur id lavando terendove, et hoc est cœruleo candidius.* (Plin. lib. XXXIV, cap. 13.)

Les Égyptiens, et, après eux et d'après leurs procédés, les Grecs et les Romains, ont donc pu obtenir une belle couleur bleue métallique, sans employer le cobalt dans sa composition : mais se sont-ils aussi, sans l'oxide de ce métal, procuré un verre bleu parfaitement transparent? M. Davy va répondre à cette question.

Théophraste, dit-il, parle, comme par ouï-dire, du cuivre dont on se servait pour donner une belle couleur au verre; et il est extrêmement probable que les Grecs prenaient le cobalt pour une espèce de cuivre. Nous ajouterons que, dans cette phrase de Pline, *Vitrum levibus aridisque lignis coquitur, addito Cyprio ac nitro, maximè Ophirio* (lib. XXXVI, cap. 26), il existe peut-être la même erreur; et, pour prouver que, même du temps de Cardan, on employait le safre sans trop savoir ce que c'était au juste, nous citerons cette phrase de lui : *Syderea, quam* manganensem *Itali vocant, terra est repurgando vitro aptissima, illud tingens cœruleo colori. Est alia etiam quæ sic vitrum tingit, cœrulei coloris, quam* zapheram *quidam appellant.*

J'ai examiné, dit encore M. Davy, quelques pâtes égyptiennes qui sont toutes teintes en bleu et en vert par le cuivre : mais, quoique j'aie fait des expériences sur neuf échantillons différens d'anciens verres bleus transparens, je n'ai trouvé de cuivre dans aucun, mais du cobalt dans tous; et si MM. Hachette et Klaproth ont découvert du cuivre dans quelques verres bleus anciens, j'imagine que ces verres étaient opaques.

Les Égyptiens, possédant les différens émaux, les appliquaient-ils sur les métaux? Pline dit bien que les Égyptiens émaillaient l'argent, peignaient leur dieu Anubis sur leurs coupes, et que les Romains, à leur exemple, émaillèrent toutes les statues d'argent qu'on portait en triomphe : mais, comme il s'étonne de la fantaisie qu'on a eue de faire perdre au métal son éclat, et comme un des procédés qu'il décrit et qui étaient employés pour obtenir ce résultat, ne consistait qu'à frotter l'argent avec des jaunes d'œuf cuit dur, broyés et délayés dans le vinaigre, et, par conséquent, ne pouvait que sulfurer la surface de l'argent, nous n'assurerons pas que les Égyptiens et les Romains savaient couvrir les métaux comme leur poterie d'un véritable émail. Nous observerons cependant qu'on a trouvé dans le temple de Diane à Éphèse plusieurs pièces dorées, couvertes, pour la conservation de la dorure, d'une petite lame de verre : ce qui est une sorte d'émail.

(*o*) Aux renseignemens déjà présentés dans cette notice, nous en ajouterons d'autres plus particulièrement relatifs aux produits obtenus maintenant dans les manufactures européennes.

VERRE OU CRISTAL FACTICE.

On fabriquait jadis, en Égypte, dans l'Inde, à Rome, etc., de fort beau verre; mais, depuis que nos chimistes ont fait ajouter du minium aux matières très-pures qui constituaient le verre des anciens, nous pouvons dire avec plus de vérité qu'eux : « Nous faisons du cristal. »

Nos hodie communiter aliqua vasa ex vitro purissimo et clarissimo vocamus crystallina, ob similitudinem quam habent cum crystallo, cùm sint aliena à materia veræ crystalli. (Ang. Bartholom.)

VITRES.

Il est certain que les anciens garnissaient ordinairement les fenêtres de leurs maisons et les fenêtres des litières de leurs dames avec des feuillets d'une pierre transparente qu'ils nommaient *spéculaire*, et qui, vraisemblablement, était un mica à grandes lames, *mica membranacea, pellucida, flexilis, alba,* semblable à celui qui, sous le nom de *verre de Moscovie*, remplace le véritable verre, non-seulement dans ce pays, mais encore sur les vaisseaux de guerre, où nos carreaux de vitre ordinaires seraient bientôt brisés par l'explosion de l'artillerie.

Il est certain qu'ils faisaient avec des feuilles, ou de cette même pierre, ou de corne, des ruches transparentes, afin de pouvoir considérer l'intéressant travail des abeilles; ils en faisaient aussi des lanternes, dont ces feuilles défendaient la lumière contre le vent et la rendaient plus brillante que celle qui émanait des lanternes faites avec la vessie.

LATERNA CORNEA.

*Dux laterna viæ, clausis feror aurea flammis,
Et tuta est gremio parva lucerna meo.*
(Mart.)

LATERNA EX VESICA.

*Cornea si non sum, numquid sum fuscior? Aut me
Vesicam contrà qui venit esse putat?*
(Mart.)

Mais il n'est pas moins prouvé, comme nous l'avons dit en parlant des voûtes vitrées des bains et des temples, que les riches avaient des carreaux de véritable verre, même aux fenêtres des serres dans lesquelles ils gardaient les plantes délicates qu'ils cultivaient, et qu'ils voulaient, comme eux-mêmes, garantir de l'intempérie de l'atmosphère. *Fenestræ vitreæ admissâ luce respuunt ventum et pluviam.* (Majol.)

*Hibernis objecta notis, specularia puros
Admittunt soles et sine fece diem.*
(Mart.)

Ces carreaux de verre, ou plats ou bombés, quoiqu'annoncés comme donnant une lumière pure, n'étaient vraisemblablement pas aussi grands que ceux que fournissent maintenant les fameuses verreries de Venise, de Bohême, de France et d'Angleterre; mais au moins ils ont mis sur la voie.

GLACES—MIROIRS.

Les anciens ornaient leurs appartemens avec des miroirs, ils en incrustaient des tasses, des gobelets, des bassins, et même des tables, *specillatæ patinæ*, pour tenir lieu de pierres précieuses, dont ils aimaient aussi à les décorer.

Pluribus hæc speculis videantur in ædibus esse.
(Lucr.)
Smaragdis teximus calices.
(Plin.)

Gemmatum Scythicis ut luceat ignibus aurum,
Adspice quot digitos exuit iste calix.
(Mart.)

Mais nous pensons que, chez les anciens, les plus grands miroirs en verre, ceux qu'on appliquait contre les murs des salons, n'y formaient qu'une espèce de mosaïque plus brillante que spéculaire ; et ce qui le prouve, c'est que, lorsqu'on voulait obtenir les grands effets que produisent maintenant nos glaces, on substituait à l'assemblage des petits miroirs, sinon un revêtement en verre, semblable à celui que Scaurus avait employé pour son théâtre, au moins des feuilles de pierre phengite, ainsi qu'on le voit par le trait suivant de l'histoire de Domitien : *Domitianus, tempore suspecti periculi appropinquante, sollicitior in dies, porticuum in quibus spatiari consueverat, parietes phengite lapide distinxit, è cujus splendore, per imagines, quicquid à tergo fieret, provideret.* (Suet.) Il est probable que nos glaces doivent leurs grandes dimensions à cette envie qu'ont eue les artistes modernes de réunir la beauté des petits miroirs des anciens et la grandeur qu'ils pouvaient donner aux feuilles de pierre phengite.

MIROIRS MULTIPLIANS.

On connaissait autrefois ces miroirs ; nous n'avons fait qu'ajouter à leur élégance et à la beauté des effets qu'ils produisaient, en les fabriquant plus généralement en verre mis au tain.

Sunt quædam specula ex multis minutisque composita, quibus si unum ostenderis hominem populus apparet, unáquáque parte faciem suam exprimente. (Senec.)

Pocula ita figurantur, expulsis intùs crebris ceu speculis, ut, vel uno intuente, populus totidem imaginum fiat. (Plin.)

VERRES COLORÉS.

Pline avait des manuscrits dans lesquels étaient décrits des procédés pour imiter les pierres précieuses. La crainte de propager cette fraude l'a déterminé à ne point divulger ces procédés, et lui a fait même donner les moyens les plus propres à faire reconnaître les fausses pierres précieuses, *limâ, tactu, pondere*. Cependant, comme, à l'article du verre blanc, il s'est trouvé obligé de parler de l'oxide de manganèse, qui, sans colorer ce verre et même en le décolorant, contribue à sa pureté, et comme, à l'article des couleurs métalliques servant à la peinture, il n'a pu s'empêcher d'énumérer les oxides qui les procurent, il en est résulté que, sans le vouloir, il a enseigné aux modernes la route qu'ils devaient suivre pour trouver les verres colorés, les fausses pierres précieuses.

LUSTRES.

Les Romains avaient une lampe veilleuse à un seul lumignon, *lucerna cubicularia* :

Dulcis conscia lectuli lucerna.
(Mart.)

Une lampe fixe à plusieurs becs, *lucerna polymyxos* :

Illustrem càm tota meis convivia flammis,
Totque geram myxos, una lucerna vocor.
(Mart.)

Une chandelle courante, *sebata candela* (Columelle), servante de la lampe immobile :

Ancillam tibi sors dedit lucernæ,
Tutas quæ vigil exigit tenebras.
(Mart.)

Des bougies et des cierges :

Hic tibi nocturnos præstabit cereus ignes.
(MART.)

Ce luminaire, vraisemblablement imaginé autrefois en Égypte, y est encore usité. Un seul cierge, mais gros comme celui que nous nommons *pascal*, est porté sur un grand chandelier placé à terre au milieu du salon d'un riche habitant de ce pays. Les anciens Égyptiens, ainsi que les Israélites, les Grecs et les Romains, leurs imitateurs, avaient aussi des candélabres d'or, de cuivre, etc., faits comme des arbres, et portant sur leurs branches, au lieu de fruits, des lampes alimentées avec de l'huile d'olive : ils avaient des lustres suspendus, *pendentes lychni* (Lucr.) ; des girandoles attachées aux lambris.

Dependent lychni laquearibus aureis
Incensi. (VIRG.)

Ils savaient tailler le cristal de roche, le cristal artificiel, l'émeraude, toutes les pierres précieuses : *Ad majorem visûs recreationem smaragdi solent elaborari concavi.* (Plin.) Il est probable qu'ils ont orné leurs candélabres de ces substances ainsi taillées ; mais nous ne pouvons pas assurer qu'ils aient fait des lustres aussi beaux et aussi brillans que les nôtres.

PRISMES.

Pline avait décrit l'effet que produit une espèce de cristal nommée iris. *Vocatur ex argumento* iris : *nam, sub tecto percussa sole, species et colores arcûs cœlestis in proximos parietes ejaculatur, subinde mutans, magnâque varietate admirationem suî augens* (lib. XXXVII, cap. 9). Les modernes, pensant bien que le cristal devait cette propriété à la forme qui lui est propre, ont fait avec le cristal factice un prisme triangulaire, *vitrum trigonum*, qui décompose si merveilleusement la lumière, qu'un Jésuite, en Chine, faisait passer un de ces prismes pour un fragment de la matière dont le ciel est formé, et voulait le vendre en conséquence.

LENTILLES.

La faculté que possèdent le verre et le cristal de roche, d'enflammer les corps combustibles lorsqu'ils sont sous forme de sphère, était anciennement connue. Aristote en parle, et Pline indique ainsi l'usage qu'on en faisait : *Vitreæ pilæ, additâ aquâ, sole adverso in tantum excandescunt, ut vestes exurant. Medici, quæ sunt urenda corporum, non aliter utiliùs id fieri putant quàm crystallinâ pilâ adversis positâ solis radiis.* A ces sphères ont succédé chez les modernes ces lentilles si puissantes, dont les premières sont sorties des verreries que le célèbre Tschirnaus a établies en Saxe, comme il y a fondé la fameuse fabrique de porcelaine qui y existe.

LUNETTES.

Nollet plaignait les anciens de n'avoir eu, ni ces lunettes convexes qui rallument maintenant la vue presque éteinte des vieillards, ni ces lunettes concaves qui étendent la vue des personnes qui l'ont trop courte; mais les anciens étaient-ils, en effet, entièrement privés d'instrumens propres à aider la vision, à remédier à ses défauts? Nous trouvons, dans Pline, que Néron, qui était myope, rapprochait de ses yeux, à l'aide d'un miroir, les objets qu'il voulait considérer : *Smaragdus, ex quo interdum fiunt specula rerum imagines reddentia : sic Nero princeps gladiatorum pugnas spectabat smaragdo.* Nous trouvons dans Sénèque que les presbytes se servaient d'un globe de verre rempli d'eau pour grossir et rendre visibles à leurs yeux les petits objets : *Litteræ, quamvis minutæ et obscuræ, per vitream pilam aquâ plenam majores clarioresque cernuntur.* Ce qui nous étonne, c'est que les anciens se soient contentés de ces moyens jusqu'en 1295; c'est que, pour déterminer, à cette époque, Bacon et Alexandre Spina à en rechercher d'autres plus efficaces, et à étudier, pour les trouver, les divers phénomènes que devaient présenter les verres, soit plus ou moins convexes, soit plus ou moins concaves, il a encore fallu qu'Alhasen eût donné l'avis suivant : *Si homo aspiciat litteras et alias res minutas per medium crystalli, vel vitri, vel alterius perspicui suppositi litteris, et sit portio minor sphæræ cujus convexitas. sit versùs oculum, et oculus sit in aëre, longè meliùs videbit litteras, et apparebunt majora. Ideo hoc instrumentum est utile senibus et habentibus oculos debiles.*

N'est-ce point à la phrase de Sénèque qu'on doit ces globes de verre remplis d'eau très-claire, et à travers lesquels passe la lumière d'une lampe servant à éclairer les horlogers et autres artistes ayant besoin d'une grande clarté?

MICROSCOPE.

N'est-ce point encore cette phrase, et cette autre, *poma per vitrum aspicientibus multò majora*, du même auteur, qui déterminèrent Torricelli à entreprendre ces expériences dont le résultat fut le premier microscope?

LUNETTES A LONGUE VUE, TÉLESCOPES.

Ptolémée avait une lunette à l'aide de laquelle il découvrait les vaisseaux en mer à une distance immense, infiniment plus considérable qu'avec les tubes employés avant lui. La découverte des propriétés des verres de diverses formes a pu faire soupçonner, vers l'an 1609, à Jacques Métius et à Galilée, qui habitaient, l'un, la Hollande, et l'autre, l'Italie, que ces verres entraient dans la composition de la lunette de Ptolémée : chacun d'eux, sans se consulter, a arrangé dans un tube, à une distance convenable, un verre convexe pour objectif, un verre concave pour oculaire, et il en est résulté des lunettes à longue vue, et bientôt ces télescopes que Huygens et plusieurs autres astronomes ont perfectionnés, et qui, certainement, ne sont pas inférieurs à la lunette de Ptolémée.

VAISSEAUX ET INSTRUMENS DE CHIMIE ET DE PHYSIQUE

Les anciens faisaient des bouteilles pour les liquides : ils donnaient à celles qui étaient destinées à contenir du vin la capacité des amphores, et ils les bouchaient avec du plâtre, *amphoræ vitreæ diligenter gypsatæ;* mais ils n'ont point fait exécuter en verre des vaisseaux, des instrumens, des appareils aussi ingénieux, aussi artistement façonnés, que ceux qui sont employés de nos jours aux opérations délicates de la chimie, non faute d'ouvriers assez habiles, ils avaient les constructeurs des sphères d'Archimède et de Sapor, etc., mais parce que la science qui devait naître des arts chimiques de l'Égypte, n'existait point encore, et, par conséquent, ne pouvait commander ces instrumens qui devaient si puissamment contribuer à ses progrès.

Il ne paraît pas qu'on se soit avisé autrefois de traiter le verre au feu d'une lampe animée par le vent d'un soufflet, pour lui faire prendre les formes les plus petites, les plus variées, les plus agréables, celles des fleurs, des animaux, des arbres, des navires, etc. : on sait que les anciens n'avaient pas ces baromètres, ces thermomètres et autres instrumens ingénieux qui ont rendu de grands services aux physiciens modernes.

HORLOGES.

Outre les cadrans solaires, très-anciennement en usage chez différens peuples, les Égyptiens avaient une horloge à eau : c'était un pot qu'on remplissait de ce liquide, et qui, étant percé à son fond d'un très-petit trou, ne se vidait que goutte à goutte. La durée de l'écoulement de quatre pintes d'eau servait, par exemple, à fixer la durée du travail des hommes occupés successivement à l'irrigation. A Rome, soit par imitation, soit par une inspiration semblable, pour mesurer le temps pendant l'absence du soleil, Scipion Nasica établit aussi une horloge à eau, que Cicéron désigna sous le nom de *clepsydra*, et que Cassiodore renouvela dans les Gaules en 540; c'est d'après les principes sur lesquels est fondée cette clepsydre, qu'on a depuis imaginé le sablier de verre, *horologium ex arena*, qui est formé de deux cônes creux, réunis par leurs sommets, et percés, à ce point de réunion, d'un trou assez fin pour ne laisser passer dans une demi-heure que la quantité de sable contenue dans le cône supérieur, lequel, pour la demi-heure suivante, devient à son tour le cône inférieur.

En possédant cet instrument si simple et si peu coûteux, on a pu attendre patiemment que l'industrie imitât la première horloge sonnante[1] dont le roi de Perse fit présent à Charlemagne, et fabriquât ensuite ces montres de poche devenues si vulgaires, et dont l'invention, ainsi que le perfectionnement des microscopes de Torricelli, sont dus à Hook, mathématicien anglais, et enfin ces montres à répétition dont les deux premières furent envoyées à Louis XIV par Charles II, roi d'Angleterre.

VERROTERIE.

Les monnoies, les cachets de verre gravés en caractères koufiques sous les khalifes et qu'on retrouve en Égypte, les anneaux de verre bleu que les femmes arabes se passent aux bras et aux jambes, les urnes, les fioles de verre que les anciens, chez différens peuples, plaçaient dans les tombeaux et qui renfermaient des larmes ou des parfums, ou le sang des martyrs, les colliers, les chapelets, et enfin tous les ouvrages faits en verre coloré ou non coloré, transparent ou opaque, et qu'on désigne sous le nom de *verroterie*, n'offraient pas de grandes difficultés aux modernes qui voulaient les imiter ; mais, parmi les nombreux objets qui composaient l'assortiment des anciens en ce genre, nos verriers ont choisi ceux dont le débit était le plus assuré, ceux surtout qui pouvaient être le plus agréables aux habitans du nouveau monde, et il arriva qu'en les échangeant, comme on sait, contre de l'or et contre les autres productions de l'Amérique, les marchands européens furent non moins heureux que l'avaient été les Égyptiens lorsqu'ils portèrent dans l'Inde les produits de leurs verreries. *Apud Indos, quamprimùm vitrum videri cœpit rebus omnibus prœlatum est, permutatumque inœstimabili pretio*, etc.

---

[1] Cette horloge était de bois : une aiguille mue circulairement divisait grossièrement les heures et marquait les quatre parties du jour.

OBSERVATIONS

SUR

LES PYRAMIDES DE GYZEH,

ET SUR LES MONUMENS ET LES CONSTRUCTIONS

QUI LES ENVIRONNENT,

Par M. le colonel COUTELLE,

Chevalier des Ordres royaux et militaires de la Légion d'honneur et de Saint-Louis, Membre de la Commission d'Égypte.

Les historiens anciens et modernes, les voyageurs, ainsi que les différens membres de la Commission d'Égypte, avaient tous reconnu les masses colossales éparses sur la montagne Libyque qui borne à l'ouest la campagne de Memphis. Plusieurs d'entre nous avaient visité les ruines de cette dernière ville, et j'avais fait apporter au Kaire le poignet d'un colosse dont nous avions trouvé les fragmens parmi les débris d'un temple qui, d'après le récit d'Hérodote, semble avoir été le temple de Vulcain[1].

L'exagération de presque tous ceux qui ont écrit sur

---

[1] Ce colosse devait avoir, d'après les proportions du poignet, 14 mètres et demi environ de hauteur (45 pieds).

les pyramides, et le peu d'accord qu'il y a entre eux, avaient empêché de rien savoir de positif sur ces monumens, sur leurs dimensions¹, leur construction, les matières dont ils sont composés, les carrières d'où les Égyptiens ont tiré les pierres employées à ces masses gigantesques.

Hérodote, Strabon, Diodore de Sicile et Pline, parmi les anciens; Le Bruyn, Prosper Alpin et Thévenot, parmi les modernes, ont donné à la grande pyramide, les uns, une élévation égale à la base, et les autres, une beaucoup moindre. Niebuhr et Greaves se rapprochent davantage des dimensions réelles : le premier lui trouve 440 pieds sur 700; le second, la même élévation que le premier, sur une base de 668 pieds.

Plusieurs d'entre nous l'avaient mesurée, M. Jomard particulièrement, avec autant d'exactitude que pouvaient le permettre l'inégalité d'un terrain couvert de sable et de décombres, l'incertitude sur la véritable extrémité de la base, qui n'avait pas encore été reconnue, et le trop court séjour que nous pouvions faire dans cette partie du désert². Cependant, malgré ces obstacles, on n'avait trouvé qu'une très-légère diffé-

---

¹ Ce qui a fait dire à un illustre voyageur moderne (M. de Volney), qu'il faudrait qu'une mesure solennelle fût faite par des personnes connues.

² M. Jomard avait mesuré deux fois la base visible de la pyramide, avec une bonne chaîne métrique, en reculant vers le nord de 30 mètres et parallèlement à la base; il avait trouvé la longueur de ce noyau, jusqu'au pied de l'arête visible, de 227^{m}32 (699^{d} 9^{p_o}). Le même voyageur avait, avec M. Cécile, mesuré toutes les marches de la pyramide, et avait trouvé 422 pieds 5 pouces, ou 137^{m}218, au-dessus de l'assise taillée dans le rocher.

rence entre la plus exacte de ces mesures et le calcul trigonométrique de M. l'astronome Nouet.

Je n'avais pas manqué une occasion d'aller visiter ces monumens; chaque fois j'étais entré dans la chambre sépulcrale, et j'étais monté chaque fois sur le plateau formé au sommet de la grande pyramide par la destruction de plusieurs assises.

J'avais plusieurs fois gravi jusqu'au-dessous de l'espèce de corniche que laisse, à une petite distance du sommet de la seconde pyramide, la partie du parement qui n'a pas été enlevée; et, le 18 brumaire an VII (8 novembre 1800), j'avais lu, à la séance de l'Institut du Kaire, un mémoire sur la construction de ces monumens.

Toutefois, une étude plus approfondie de Memphis et de ses tombeaux était nécessaire. Une commission nommée parmi nous rédigea un plan de travaux à exécuter depuis Memphis jusqu'aux grandes pyramides [1]: nous fûmes chargés, M. Le Père, architecte, et moi, de l'exécution, et, le 18 pluviose an VII (8 février 1801), nous allâmes nous établir dans le désert au pied de ces monumens.

Cent hommes de garde, dont j'avais le commandement, y assuraient notre tranquillité contre les incursions des Arabes; cent cinquante ouvriers turks furent d'abord employés, avec une partie de la troupe, à chercher la base de la grande pyramide, à démolir une des plus petites, à creuser le puits de la grande pyramide, à découvrir le sphinx et fouiller les tombeaux.

[1] Voyez le *Courrier de l'Égypte*.

Pendant que les premiers travaux s'exécutaient, nous nous occupions à reconnaître et mesurer l'entrée de la grande pyramide, ainsi que les galeries et les chambres qui, quoique décrites par tous les voyageurs, devaient faire partie de nos recherches. La description suivante en présente le résultat.

§. I. *Entrée de la grande pyramide ; galeries et chambres intérieures.*

L'entrée de la grande pyramide est située sur la face nord-est, à $14^m 489$[1] d'élévation au-dessus de la base et au niveau de la quinzième assise[2]. Après cette entrée, est un canal étroit, incliné, qui a $1^m 110$[3] de haut et de large. Les deux premières galeries et la galerie horizontale ont la même dimension[4]; le sol, les côtés et le plafond sont construits en larges pierres calcaires, tirées des carrières de Gebel-Torrah, parfaitement dressées, unies et appareillées avec le plus grand soin.

Le plafond de l'entrée est recouvert par deux assises de pierre de même espèce, placées en décharge[5]. La pente rapide de ces galeries, le parement parfaitement uni de toutes les faces, les rendraient très-difficilement praticables, sans les entailles rustiques qui ont été faites sur le sol de distance en distance.

La première galerie, longue de $22^m 363$[6] jusqu'à l'extrémité actuelle, n'était vraisemblablement fermée qu'à son entrée; recouverte ensuite par le parement ex-

---

[1] 44 pieds 7 pouces 3 lignes.
[2] Pl. 14, *A*. vol. v, fig. 3.
[3] 3 pieds 5 pouces.
[4] Pl. 14, fig. 2.
[5] Pl. 14, fig. 4.
[6] 12 toises 3 pieds.

térieur, elle ne laissait aucun indice d'ouverture. A l'époque où l'on a cherché à pénétrer dans la pyramide, l'enlèvement du parement aura mis à découvert une construction différente de tout le reste dans cette partie : on aura pu observer que la ligne de l'assise sur laquelle la galerie est posée, est interrompue, qu'elle cesse d'être horizontale sur la profondeur de l'assise, et qu'elle est inclinée de 26 degrés, qui forment la pente de la première galerie.

Si le premier canal avait été fermé dans toute sa longueur, il resterait des traces de l'arrachement des pierres sur les parties latérales et sur le plafond, qui sont restés au contraire parfaitement lisses.

La seconde galerie ou canal ascendant, dont la pente est de 27 degrés, est longue de $33^m 134$ [1] sur une hauteur et une largeur égales à celles de la première. Elle est encore fermée à son entrée par un gros bloc de granit de même dimension que le canal. La difficulté de briser une pierre aussi dure dans un espace aussi étroit a fait concevoir et exécuter le projet de chercher une issue en brisant les pierres plus tendres qui forment le massif sur le côté droit de ce canal, et parallèlement à sa direction [2] : cette tentative a réusi. En tournant autour de cet obstacle, on entre dans le second canal : arrivé à l'extrémité, on se trouve sur une espèce de palier. L'entrée du puits est à droite. Là commence le canal horizontal dirigé dans le plan du grand canal ascendant, égal en hauteur et largeur aux deux

[1] 102 pieds.
[2] Pl. 14, fig. 2.

autres; il est long de 38m791[1], et conduit à la chambre inférieure, qui est couverte en forme de toit par des pierres placées en décharge[2]. Cette chambre, appelée vulgairement *chambre de la Reine*, a 5m793[3] de long sur 5m022[4] de large, et 6m307[5] de hauteur à son entrée : la pierre dont elle est construite est calcaire, semblable à celle des galeries, et tirée des mêmes carrières.

L'excavation qu'on remarque à gauche en entrant, n'indique aucune construction particulière, mais seulement un arrachement, qui a été pratiqué par les Arabes pour chercher de prétendus trésors.

De l'entrée extérieure du canal horizontal ou du palier qui le précède, on remonte sur le prolongement du second canal, dans une galerie longue de 40m508[6], haute de 8m121[7] et large de 2m091[8]. De chaque côté, sont des banquettes hautes de 571 millimètres[9] chacune, et larges de 501 millimètres[10]. Le plain-pied entre les banquettes est de la même largeur que les trois autres galeries, et a le même degré de pente que la seconde[11]. Chacune des banquettes porte dans sa longueur vingt-huit trous placés à des distances égales et qui ont 325 millimètres[12] de long, 162 millimètres[13] de large et 162 à 216 millimètres de profondeur verticale.

[1] 19 toises 5 pieds 5 pouces.
[2] Pl. 14, fig. 3.
[3] 17 pieds 10 pouces.
[4] 16 pieds 1 pouce.
[5] 19 pieds 5 pouces.
[6] 124 pieds 8 pouces 5 lignes.
[7] 25 pieds.
[8] 6 pieds 5 pouces 2 lignes.
[9] 1 pied 9 pouces 1 lignes.
[10] 18 pouces 6 lignes
[11] Pl. 14, fig. 3.
[12] 1 pieds.
[13] 6 pouces.

Les murs latéraux de cette galerie, formés de huit assises placées en encorbellement, forment une espèce de voûte terminée par un plafond de la largeur du plain-pied entre les deux banquettes. Les pierres qui le composent, sont de la même espèce que celles des galeries précédentes[1].

Arrivé au haut de cette galerie, sur un palier de 1^m557[2] de profondeur, et d'une hauteur et largeur égales à celles de la galerie, on entre par une ouverture de 1^m049[3] de largeur, sur 1^m110[4] de hauteur et 1^m311[5] de profondeur; là est une espèce de vestibule de 3^m803[6] de hauteur, 1^m214[7] de largeur, et 2^m955[8] de profondeur[9]. Le vestibule porte sur ses faces latérales trois coulisseaux qui semblent avoir eu pour objet de retenir des blocs de granit destinés à fermer l'entrée de la chambre sépulcrale.

Au milieu, en face et sur l'axe de la galerie, une ouverture de 1^m047[10] de largeur, sur 1^m110[11] de hauteur, et 2^m563[12] de longueur, donne entrée dans la chambre sépulcrale appelée *chambre du Roi*, celle pour laquelle toutes les constructions et la pyramide entière paraissent avoir été faites.

Cette chambre, ainsi que toute la partie qui est de-

---

[1] Pl. 14, fig. 3. La cire qui tombe des flambeaux, la fumée et le frottement des mains de ceux qui visitent les galeries, leur ont donné un luisant et une teinte qui ont fait croire à plusieurs voyageurs qu'elles étaient construites en granit. Pl. 15, fig. 4.
[2] 4 pieds 9 pouces 6 lignes.
[3] 3 pieds 2 pouces 9 lignes.
[4] 3 pieds 5 pouces.
[5] 4 pieds 5 lignes.
[6] 11 pieds 8 pouces 6 lignes.
[7] 3 pieds 8 pouces 10 lignes.
[8] 9 pieds 1 pouce 2 lignes.
[9] Pl. 15, fig. 3 et 4.
[10] 3 pieds 2 pouces 8 lignes.
[11] 3 pieds 5 pouces.
[12] 7 pieds 10 pouces 8 lignes.

puis l'entrée du vestibule, est construite en larges blocs de granit, parfaitement dressés et polis[1]. Voici ses dimensions :

Hauteur.	5^{m}858	[2].
Longueur, côté nord,	10^{m}467	[3].
——— côté sud,	10^{m}472	[4].
Largeur, côté ouest,	5^{m}235	[5].
——— côté est,	5^{m}200	[6].

Le côté sud surplombe de 18 millimètres[7] ; ce qui réduit d'autant la largeur du plafond.

La plus grande dimension de cette chambre est de l'est à l'ouest.

Le sarcophage en granit[8] placé du nord au sud, à l'extrémité ouest de cette chambre, est de 2^{m}301[9] de long sur 1^{m}002[10] de large et 1^{m}137[11] de haut; son épaisseur est de 6 pouces. Le couvercle, qui vraisemblablement a été brisé, et dont on n'a pas trouvé les fragmens, devait avoir de 162 à 217 millimètres d'épaisseur[12], si l'on en juge d'après les proportions des sarcophages entiers que nous avons trouvés en d'autres lieux de l'Égypte.

Une ouverture avait été remarquée au haut de la grande galerie, à gauche et en face, avant d'entrer dans le vestibule; mais on ignorait où elle pouvait conduire.

---

[1] Planche 14, fig. 3; et pl. 15, fig. 4.
[2] 18 pieds 5 lignes.
[3] 32 pieds 2 pouces 8 lignes.
[4] 32 pieds 2 pouces 10 lignes.
[5] 16 pieds 1 pouce 5 lignes.
[6] 16 pieds 1 ligne.
[7] 8 lignes.
[8] Pl. 14, fig. 2 et 3; et pl. 15, fig. 7 et 8.
[9] 7 pieds 1 pouce.
[10] 3 pieds 1 pouce.
[11] 3 pieds 6 pouces.
[12] 6 à 8 pouces.

Il fallait, pour y pénétrer, séjourner comme nous au pied de ces monumens, y faire porter de courtes échelles qui pussent passer par les détours étroits des galeries, pour les réunir ensuite et en former une de 8 à 9 mètres. Nos mesures étant prises pour aller faire cette découverte, nous étions à peine entrés dans un canal haut de 731 millimètres [1] et large de 650 millimètres [2], qu'une nuée de chauve-souris se précipita sur nous pour sortir. Nous fûmes forcés de rester long-temps couchés sur un lit de poussière et d'excrémens de ces animaux, où nous étions étourdis par le sifflement de leurs pattes ailées, et suffoqués par l'odeur piquante qu'ils laissent dans les lieux qu'ils habitent. Nous fûmes obligés de nous couvrir le visage pour n'être pas exposés aux atteintes de leurs griffes, et de cacher nos lumières, dont une cependant fut bientôt éteinte. Enfin nous parcourûmes en rampant un espace de $8^m 385$ [3], et nous arrivâmes dans un vide où aucune lumière n'avait peut-être pénétré depuis bien des siècles.

§. II. *Vide au-dessus de la chambre sépulcrale.*

Nous étions alors précisément au-dessus de la chambre sépulcrale; mais le vide, long et large comme cette chambre, n'est élevé que de $1^m 002$ [4]. Les pierres qui forment le plafond ainsi que les quatre murs de face en granit, sont seulement dressées sans être polies; et celles qui forment le plancher, par conséquent le pla-

---

[1] 2 pieds 3 pouces.
[2] 2 pieds.
[3] 25 pieds 5 pouces 9 lignes.
[4] Pl. 15, fig. 4.

fond de la chambre sépulcrale, sont, de ce côté-ci, brutes, et d'une hauteur inégale entre elles, qui varie de 54 à 155 millimètres [1]. Ce plancher est tout entier couvert d'un lit d'excrémens de chauve-souris parfaitement uni sur toute sa surface, épais de 14 centimètres [2] sur les pierres les plus hautes et de plus de 28 centimètres sur les plus basses ; de sorte que la couche totale est d'environ 21 centimètres [3] sur tout le plancher, ainsi que dans le canal.

Il ne peut exister aucune incertitude sur les motifs de la construction de ce double plafond, qui n'a été exécuté que pour former une décharge, semblable à celle de l'entrée de la pyramide [4], et afin d'éviter que la chambre sacrée ne fût brisée par la charge supérieure.

Cette précaution n'a pas été tout-à-fait inutile : plusieurs pierres de ce second plafond sont fendues à une petite distance de leur portée, et les blocs de granit qui les supportent, sont éclatés sur les bords, par le poids des pierres posées en décharge sur l'extrémité de ce plafond, et par celui de la masse supérieure [5].

---

[1] 2 à 5 pouces.
[2] 5 pouces.
[3] 7 pouces 6 lignes.
[4] Pl. 14, fig. 4.
[5] Nous avons trouvé dans la haute Égypte plusieurs exemples de ces doubles plafonds. Au-dessus de la chambre de granit au palais de Karnak (*voyez* la Description générale de Thèbes, *chap. IX*, section VIII, par MM. Jollois et Devilliers), il existe un double plafond. Une des pierres qui le composent, est encore couverte d'hiéroglyphes et provient d'un ancien monument détruit. A quelle époque a dû être bâti un monument qui était renversé il y a peut-être quatre mille ans, dans un pays où le sphinx conserve, à l'air libre, une partie des couleurs dont il était peint?

§. III. *Le puits.*

Le puits[1], dont l'ouverture se trouve sur le palier à l'entrée de la galerie horizontale, fixait particulièrement notre attention. Il était intéressant de découvrir quel motif avait pu déterminer à faire dans le rocher une excavation d'une forme aussi irrégulière[2], à vaincre les difficultés que présente un aussi pénible travail que celui de briser et enlever les fragmens d'une pierre dure, à environ 65 mètres[3] de profondeur dans un espace aussi étroit que 596 millimètres sur 650[4]. Quelques mois avant de commencer les recherches, j'étais déjà descendu dans le puits avec M. Alibert, au moyen d'un câble attaché à une pièce de bois placée transversalement sur la partie supérieure. Je portais, avec une lumière, une boussole, un thermomètre et des instrumens pour mesurer la profondeur et l'inclinaison ; mais il ne m'avait pas été possible de calculer la longueur du câble pour une profondeur inconnue. La partie du puits qui devait être la plus facile à descendre, puisqu'elle est taillée en forme de degrés dans une pente moins rapide que le reste, était obstruée par un bloc de granit et deux grosses pierres calcaires qui ne laissaient que 271 millimètres[5] de passage, sur un peu

---

[1] Pl. 14, fig. 3.
[2] La partie creusée dans le roc paraît commencer au-dessous de la portion qui était murée dans le second plan vertical, c'est-à-dire à la partie inférieure de l'entrée de la grotte.
[3] 290 pieds.
[4] 22 pouces sur 24. Cette dimension ne permet pas de ramasser un objet à ses pieds en se courbant ; on est forcé de s'accroupir.
[5] 10 pouces.

plus de largeur. Cette difficulté surmontée, et arrivé à l'extrémité de mon câble, je n'étais pas encore au fond ; cependant il était difficile de délibérer long-temps, ayant les pieds faiblement retenus dans de petites cavités irrégulières de 30 ou 40 millimètres [1], ayant une main embarrassée, une lumière dans ma bouche, enfin étant placé dans un conduit qui approche de la perpendiculaire, et au milieu d'une atmosphère qui, se renouvelant difficilement, devenait à chaque instant moins propre à la respiration. La difficulté de l'entreprise augmentait le désir de réussir : je ne balançai pas.

Le dos appuyé sur la partie supérieure, la main sur un des côtés, et les pieds dans les petites entailles inférieures, je hasardai de descendre. Le but que je me proposais d'atteindre, pouvait être encore à une grande profondeur ; l'espace pouvait subitement s'élargir : si je perdais le point d'appui qui me soutenait, j'étais précipité dans le fond sans aucune ressource pour remonter, en supposant que j'eusse été en état de le faire. Je fus mieux servi par le hasard que par un calcul impossible ; il ne me restait que 14 mètres 1/2 [2] à descendre, le conduit ayant une dimension toujours égale.

J'arrivai à l'extrémité, mais non pas au point où s'étaient arrêtés les ouvriers : le fond était rempli de terre et de cailloux roulés ; j'en remplis une de mes poches, ensuite je pris toutes les mesures dont j'avais besoin. Mais déjà ma lumière était pâle, ma respiration plus gênée, le thermomètre de Réaumur était au-dessus

[1] 1 pouce 6 lignes environ.   [2] 45 pieds environ.

de 25 degrés[1]; et, quoique vêtu d'un simple pantalon et d'une veste de toile, j'étais couvert d'une sueur abondante.

Pour remonter, j'employai les moyens qui m'avaient servi pour descendre; lorsque je ressaisis mon câble pour parvenir à l'entrée, dont j'étais encore éloigné de 33 mètres, il me sembla que je marchais sur une pente douce.

En descendant je m'étais arrêté dans une espèce de grotte[2] qu'on rencontre au-dessus de la partie du puits qui est inclinée, c'est-à-dire dans la seconde partie verticale. On avait pratiqué cette excavation en enlevant des cailloux roulés, dont quelques parties restaient encore attachées à la voûte; d'autres étaient placés sous mes pieds : je m'y reposai en remontant; je comparai les cailloux que j'apportais avec ceux-ci, et je m'assurai que ceux qui étaient au fond provenaient de l'excavation de cette grotte.

Je formai aussitôt le projet de les faire retirer et reporter dans le lieu d'où ils étaient sortis. Il était assez vraisemblable qu'une fois la grotte remplie, je ne serais pas éloigné du point où l'on s'était arrêté, et que je pourrais découvrir le motif d'un aussi pénible travail[3].

[1] Chaque fois que j'ai visité les pyramides, j'ai constamment trouvé dans l'intérieur 22 degrés de chaleur au thermomètre de Réaumur, quoiqu'il fût extérieurement tantôt à 10 et tantôt à 25 degrés
[2] Pl. 14, fig. 3, au point f.
[3] Je conjecture qu'en creusant le puits on avait rencontré un amas de cailloux roulés et de terre, de 4 pieds environ, interposé entre deux assises de pierre. Pour empêcher l'éboulement, on avait construit, en moellons d'environ 8 pouces, un mur sur les quatre faces. Ceux qui sont descendus dans le puits les premiers, ont percé ce mur dans l'espérance de trouver quelque chose de précieux qui aurait été caché derrière. Ce qu'ils ont enlevé de terre et de

Un de nos premiers soins fut de descendre dans la grotte, et de placer un de nos Turks dans le fond, et un second à l'entrée avec un interprète : j'avais fait préparer de petits seaux larges de 22 centimètres sur 40 de haut [1]; l'ouvrier accroupi dans le fond en remplissait un, qui était remonté et vidé dans la grotte, pendant que l'autre descendait [2].

Nous allions de temps en temps, l'un ou l'autre, visiter nos ouvriers, et déjà nous avions déblayé 16 à 17 mètres, toujours dans le rocher calcaire et sur la même largeur : enfin nous étions à plus de 16 mètres [3] au-

cailloux a été précipité au fond du puits, et l'a rempli jusqu'à une hauteur proportionnée à la quantité qui a été enlevée. De là cette excavation, à l'extrémité de laquelle on retrouve l'assise de pierre qui paraît répondre au sol de la fondation de la pyramide.

Nous observons (*voy.* ci-dessous, p. 286, deuxième alinéa) que, si le parement extérieur est appareillé avec beaucoup de soin, si les assises sont parfaitement horizontales, les assises intérieures sont formées de blocs irréguliers, tels qu'ils sont sortis de la carrière; et que les vides résultant de ces inégalités sont remplis de blocage et de mortier rustiquement fait avec des recoupes de pierres.

Il est possible que, pour économiser les pierres, les constructeurs aient ainsi laissé des vides entre les assises, et les aient remplis de cailloux mêlés de terre; ce qui ne pouvait nuire à la solidité d'une masse aussi énorme que celle de la grande pyramide.

[1] 8 pouces sur 15.
[2] Lorsque nous remontâmes, nous avions séjourné quelque temps dans le puits pour y placer nos ouvriers et distribuer le travail. Nous y avions porté plusieurs lumières, et absorbé une grande quantité d'air vital; peu de temps après, l'interprète vint, pâle et tremblant, nous dire que la lumière du fond s'était éteinte d'elle-même, que celle de la grotte paraissait sur le point de s'éteindre également, et que les ouvriers étaient remontés pleins d'effroi, en disant que le diable était dans le puits; mais qu'il était d'accord avec les Français, puisque la lumière avait brûlé pendant que nous y étions. Nous augmentâmes leur salaire de quelques parâts; nous leur fîmes comprendre qu'il fallait remonter aussitôt que la lumière s'allongerait. Les jours suivans, ils purent travailler quatre heures environ le matin et trois le soir, après un repos de quatre à cinq heures pour laisser à l'air le temps de se renouveler.
[3] 50 pieds environ.

dessous du niveau du Nil, lorsque des opérations militaires, qui rappelaient les gens de notre escorte à leurs différens corps, nous forcèrent de suspendre cette entreprise.

Mon objet principal étant de m'occuper du matériel des monumens, je ne discuterai pas les différentes opinions qu'on a soutenues sur cette excavation extraordinaire. Tout porte à croire qu'elle a été faite avant que la construction de la pyramide ait été terminée. En effet, il est difficile de concevoir comment des ouvriers auraient pu couper une roche dure dans un espace aussi étroit, en enlever les morceaux à plus de 65 mètres [1] de profondeur; comment ils les auraient transportés à l'extérieur en passant à travers des galeries difficiles à parcourir à cause de leurs dimensions étroites et de leur pente rapide : le nombre d'hommes et la quantité de lumières qu'il aurait fallu employer, auraient bientôt absorbé une telle quantité d'air vital, qu'il eût été impossible de travailler quelques heures de suite, sans être forcé de le renouveler.

§. IV. *Base et dimensions de la grande pyramide.*

Pendant que nous étions occupés à ces opérations, d'autres ouvriers travaillaient à l'angle nord-est de cette pyramide, pour découvrir sa véritable base. A 2 mètres 3/4 environ de distance du noyau ou de la base apparente, nous avons trouvé la partie du rocher dans lequel la pierre de l'angle du parement avait été incrus-

---

[1] 200 pieds.

tée. Ce rocher est encore parfaitement dressé, et creusé de 207 millimètres [1], dans un espace de 5ᵐ9 sur 3ᵐ4.

La ligne sur laquelle repose la première assise, se retrouve encore tout entière et se prolonge sous les décombres jusqu'à l'angle nord-ouest, à la même distance et sur le même niveau. Cette ligne, mesurée avec l'exactitude la plus scrupuleuse, est de 232ᵐ747 [2].

Il était difficile de mesurer la base en traversant les décombres dont elle était couverte : cependant la difficulté de prendre cette mesure bien exacte sur une parallèle que nous ne pouvions tirer qu'à 20 mètres de distance environ des angles, pour trouver un sol uni, nous a paru plus grande encore; le plus petit écart au point de départ pouvait causer en plus ou en moins une forte erreur. Nous avons préféré le premier parti : après avoir établi avec des jalons, sur les décombres, une ligne parfaitement droite d'un angle à l'autre, nous avons mesuré cette ligne avec deux règles égales et graduées, sur lesquelles nous placions un niveau d'eau pour les tenir parfaitement horizontales. L'extrémité de chacune était successivement mise en correspondance avec l'autre, au moyen d'un plomb qui tombait sur un point déterminé.

La hauteur verticale, prise assise par assise [3] avec le plus grand soin, est, en y comprenant les deux marches ruinées du sommet, de 139ᵐ117 [4]; et, en retran-

[1] 7 pouces 8 lignes.
[2] 716 pieds 6 pouces.
[3] Pl. 14, fig. 3. Pour diminuer les fractions, nous avons souvent mesuré deux assises à-la-fois. L'assise inférieure en deux parties, taillée dans le rocher, était probablement le socle de l'édifice.
[4] 428 pieds 3 pouces 2 lignes $\frac{1}{7}$.

chant les deux marches supérieures, qui font 1^{m}117 [1], de 138 mètres juste [2]. Le degré inférieur, taillé dans le roc, est divisé en deux parties qui font ensemble 1^{m}849 [3].

M. Le Père, qui avait imaginé le procédé pour la mesure de la base, avait également fait construire un instrument pour mesurer la hauteur des gradins, consistant dans une règle verticale et graduée, fixée sur un patin portant un plomb à son extrémité supérieure : une seconde règle mobile et horizontale, qui portait un niveau d'eau, se fixait sur le côté avec une vis sur la règle verticale, à la hauteur de chaque assise.

Les deux cent trois assises, compris la partie visible de celle qui est taillée dans le roc, font, d'après nos mesures, 138^{m}598 [4]. La partie que nous avons découverte pour arriver au rocher ou sol de l'encastrement, sur lequel posait la première assise, est de 0^{m}519 [5].

La hauteur du noyau, depuis le sol de l'encastrement jusqu'au-dessus des deux marches ruinées du plateau supérieur, est donc en tout de 139^{m}117, comme on l'a dit plus haut. En y ajoutant ce qui a été abattu, la hauteur totale de la pyramide et de son socle devait être d'environ 146 mètres [6]; ce qui est plus de deux fois la hauteur des tours de Notre-Dame à Paris.

[1] 3 pieds 5 pouces 3 lignes.
[2] 424 pieds 9 pouces 11 lignes.
[3] 5 pieds 8 pouces 4 lignes.
[4] 426 pieds 8 pouces 0 ligne $\frac{1}{6}$.
[5] 1 pied 7 pouces 2 lignes.
[6] 449 pieds et demi.

§. V. *Tombeaux.*

Nous ne pouvions pas douter que les constructions qui couvrent la plaine, quoique d'une forme différente de celle des pyramides, ne fussent autant de tombeaux. Le plus grand de ces monumens, à l'ouest de la grande pyramide, laissait à découvert sur sa plate-forme un puits de 19 mètres de profondeur [1], rempli de sable et de pierres; nous l'avons fait vider, bien assurés de trouver une chambre sépulcrale. En effet, après une fouille de 19 mètres 30 millimètres [2], une ouverture coupée rustiquement dans le rocher au nord nous a conduits dans un caveau [3] qui renferme un sarcophage de granit [4] de 1^{m}068 [5] de hauteur, sur 2^{m}675 [6] de longueur, et 1^{m}133 [7] de largeur, parfaitement poli sur toutes les faces, sans hiéroglyphes, et placé du nord au sud dans le caveau, dont la plus grande dimension est, comme celle de la chambre sépulcrale de la grande pyramide, de l'est à l'ouest.

Le couvercle, de 244 millimètres [8] d'épaisseur, porte deux pommeaux à chaque extrémité, avec un rebord qui entrait dans le sarcophage; il avait été soulevé et tourné, et la momie avait été enlevée.

---

[1] Pl. 14, fig. 7.
[2] 58 pieds 7 pouces.
[3] Pl. 14, fig. 5 et 7.
[4] Pl. 14, fig. 8.
[5] 3 pieds 3 pouces 5 lignes ¼.
[6] 8 pieds 2 pouces 10 lignes.
[7] 3 pieds 5 pouces 10 lignes.
[8] 9 pouces.

§. VI. *Démolition d'une pyramide.*

Nous avions trouvé dans les hypogées de la haute Égypte une prodigieuse quantité de momies bien conservées, des papyrus précieux, des antiques de toute espèce en bronze, albâtre, serpentin, en grès, en terre cuite et en bois : ces objets sont décrits par M. Jomard dans son Mémoire sur les hypogées [1]. Nous avions admiré dans les tombeaux des rois [2], dans la grande pyramide et dans le tombeau que nous venions de fouiller, divers sarcophages en granit; nous possédions des fragmens de caisses, d'enveloppes ou gaînes en carton [3], dans lesquelles des momies précieuses avaient été renfermées. Mais tous ces sarcophages avaient été ouverts avant notre arrivée; nous n'avions pas trouvé de momies intactes ni dans les caisses, ni dans les enveloppes en carton faites avec tant d'art; nous ignorions de quelle manière étaient placés dans les catacombes ces

---

[1] *A. D.*, t. III, *ch. IX*, sect. x. *Voy.* aussi le Mémoire de M. Rouyer sur les embaumemens des anciens Égyptiens, *Antiquités-Mémoires*, tome VI, page 461.

[2] Description des tombeaux des rois, par M. Costaz, *A. D.*, t. III, *chap. IX*, sect. XI.

[3] J'ai rapporté des fragmens de ces espèces de cartons faits sur la forme de la momie. Ils ne sont pas confectionnés en papier haché, matière que les anciens ne connaissaient pas, mais avec plus de cent morceaux de toiles de toute espèce collés l'un sur l'autre, et formant un corps plus solide que le bois, de 16 à 27 millimètres (6 à 10 pouces) d'épaisseur. Les gaînes, parfaitement unies en dessus et en dessous, sont couvertes, des deux côtés, d'une légère couche de stuc, peinte ensuite de toute sorte de figures et d'hiéroglyphes. Les couleurs ne sont point encore altérées. La réunion des morceaux qui formaient cette enveloppe, était faite comme celle de nos boîtes ou étuis; ils étaient cloués ensemble avec des chevilles de bois. *Voy.* le mémoire de M. Jomard, cité ci-dessus note [1], *A. D.*, tome III, *chapitre IX*, section x.

antiques, ces vases, que nous trouvions disséminés, ou que les Arabes nous apportaient; nous n'avions point rencontré d'armes, d'outils, ni aucun autre objet en métal, que de petites idoles coulées en bronze[1].

Comme nous avions la presque certitude de trouver une grande partie de ces objets intacte, réunie dans un monument sépulcral, dans un sarcophage qui n'aurait pas été ouvert, nous prîmes la résolution de les chercher dans une des petites pyramides, celle qu'on appelle la quatrième, qui a 43 mètres environ de base, et qui est placée au sud-est de la troisième : mais il fallait trouver l'ouverture de la chambre sépulcrale, ou celle du puits qui y conduisait; elle pouvait être à la base comme au milieu de la construction. Quoique nous n'eussions pour ouvriers que les soldats composant notre garde, et des Turks propres seulement à enlever des terres ou peser sur des leviers, nous prîmes le parti d'abattre la pyramide tout entière.

Chaque assise de pierre calcaire était d'un mètre ou un mètre et demi d'épaisseur; toutes les pierres, d'une dimension proportionnée à son épaisseur, pesaient environ 6000 kilogrammes[2]. Nous dirigions nous-mêmes le travail, et déjà nous étions arrivés à plus de la moitié de la hauteur, sans avoir trouvé l'ouverture que nous cherchions, lorsque nous fûmes obligés d'abandonner l'entreprise et de laisser à ceux qui viendront après nous, le précieux avantage de trouver ce qui nous

[1] J'ai rapporté, sur un des masques en bois gravés à la fin du ve volume d'*Antiquités*, planche 89, des yeux et des sourcils parfaitement coulés en cuivre, et dont les contours sont également bien dessinés.

[2] 12 milliers de livres.

§. VII. *Du genre de construction.*

Si les Égyptiens, en construisant les pyramides, ont voulu leur donner une longue durée, on conviendra qu'il était difficile de mieux approcher du but qu'ils se sont proposé d'atteindre. Que l'on considère la grande pyramide bâtie sur un rocher élevé de près de 32 mètres[1] au-dessus des plus grandes eaux du Nil, sur un solide dont nous n'avons pas trouvé la base à 64 mètres de profondeur, dans un désert privé de toute espèce de végétation, qui reçoit, chaque année, pendant quelques heures seulement, sur une plaine aride et sous un ciel toujours pur, une pluie bientôt évaporée par la chaleur constante du climat; que l'on songe à la température, qui ne varie que par une plus ou moins grande élévation, mais sans aucun de ces passages successifs de l'état aqueux à celui de glace, qui sont dans les climats tempérés une des plus grandes causes de destruction; enfin, que l'on réfléchisse au volume du monument, qui a environ 2662628 mètres cubes[2], à sa construction soignée, à sa forme pyramidale, qui ne permet aucun affaissement, aucun écart, on aura une idée des causes qui, suivant l'expression de M. Denon dans son *Voyage en Égypte*, semblent faire rivaliser les pyramides avec la nature en immensité ainsi qu'en durée.

Les pierres les plus dures interposées dans les montagnes entre des couches d'argile, de sable et de terre

---

[1] 100 pieds.   [2] 8669305 pieds cubes.

végétale, sont précipitées dans les vallées; les terres délayées par les pluies, les pierres tendres brisées par l'effet des gelées, divisées par l'accroissement des racines de plantes et d'arbustes, sont entraînées par les torrens; peu à peu les montagnes s'affaissent, changent de forme, et quelques-unes disparaissent : mais, si l'on examine avec soin les pyramides, si l'on recherche les causes de destruction qui peuvent attaquer ces montagnes factices, on concevra difficilement comment une seule pierre pourrait s'en détacher; encore moins à quelle époque la plus reculée elles n'existeront plus, si la main des hommes ne les détruit pas.

Ces monumens, dans leur état actuel, présentent un aspect de dégradation qui ne permet pas de croire qu'ils aient été construits tels que nous les voyons; la première idée qui se présente, c'est que les gradins ont été couverts par des pierres en forme de prisme triangulaire, qui remplissaient les vides de chaque degré. Telle était l'opinion d'Hérodote et de la plupart de ceux qui ont écrit sur ces monumens : quelques fragmens de granit de forme prismatique semblable, au pied de la troisième pyramide, semblaient confirmer cette opinion.

Mais, dès qu'on envisage ce mode de construction, les difficultés qu'il présente, le peu de solidité qui en serait résulté, enfin l'espèce de corniche que forme en haut de la seconde pyramide la partie qui n'a pas été enlevée, on reste convaincu que ces monumens n'ont pas été revêtus de cette manière, et que le prétendu revêtement n'est que le parement extérieur, pour lequel on a employé une pierre plus dure, plus égale, plus susceptible de recevoir un beau poli, que celle dont est formée la chaîne libyque sur laquelle ils sont construits, et qui a été employée dans la maçonnerie intérieure.

On reconnaîtra que la dégradation extérieure de ces monumens n'a été opérée ni par le temps, ni par la main des hommes avec la seule intention de les détruire; mais que ces montagnes factices ont présenté des carrières plus faciles à exploiter et plus voisines des constructions modernes, que celles du Gebel-Torrah et de Syène, d'où les pierres qui ont formé le parement des trois grandes pyramides, ont été tirées; savoir : celles de Gebel-Torrah, pour les deux premières, et celles de Syène, pour la troisième.

Les blocs de granit qu'on trouve au pied de cette dernière, quelques boutisses de même nature, qui restent encore engagées dans la maçonnerie et sont en saillie sur les gradins, confirment l'opinion d'Hérodote sur l'existence d'un revêtement en granit, avec cette circonstance qu'il n'a pas été ajouté sur les gradins après la construction, mais que c'était un parement construit en même temps que la pyramide, ainsi qu'il en est des deux premières. Quant aux morceaux de granit en prisme triangulaire, leur examen nous a démontré qu'ils ne sont que des fragmens enlevés des blocs de granit qu'on voulait employer, et qui sont restés comme peu propres, par leur forme anguleuse, à entrer dans les constructions. Ces fragmens servent à démontrer également que le parement extérieur était dressé comme la partie qu'on voit encore au haut de la seconde pyramide, et que la surface en était polie.

Si l'on avait voulu détruire les monumens, on les aurait attaqués d'un seul côté; on se serait frayé un chemin pour arriver au sommet, et ensuite il eût été facile d'enlever une assise entière, bien plus que de briser une des pierres du parement : mais le but était de se procurer des pierres de choix; et, celles qui forment la masse intérieure, étant d'une qualité moins belle et moins unie, on a dû enlever celles du parement, en commençant par la base et remontant jusqu'au sommet, ainsi que le prouve la partie de la seconde pyramide qui n'a pas été entamée[1].

Quant aux gradins qui existent, ils sont le résultat nécessaire de l'enlèvement du parement; la retraite de l'assise supérieure sur l'assise inférieure est d'environ 9 pouces 1/2 par pied d'élévation, mesure moyenne, d'après l'inclinaison que donne la base de 232^{m}747 millimètres[2], sur une hauteur de 138 mètres[3], attendu le nombre des degrés, qui est de 203, et eu égard à la plate-forme supérieure, qui a 30 pieds 8 pouces de côté.

Si l'on examine les carrières de Gebel-Torrah dans

---

[1] Quelques-unes des pierres qui sont en saillie par l'enlèvement des pierres inférieures, portent encore la marque de l'entaille faite pour les briser; une, entre autres, à l'est, offre sur le côté sud l'empreinte d'un coin de fer qui a été frappé pour la détacher : la pierre est restée fendue.

Le peu de décombres qui restent au pied de ces monumens, comparativement avec l'énorme quantité de pierres qui formaient le parement de ces trois pyramides, prouve qu'elles ont été enlevées pour des constructions modernes.

[2] 716 pieds 6 pouces.

[3] 424 pieds 10 pouces environ.

la montagne Arabique, appelée *Moqattam*, sur la rive droite du Nil, on reconnaîtra par la coupe des pierres dont l'exploitation est commencée, par les restes de celles qui en ont été tirées, et par l'étendue immense de ces excavations qui se prolongent jusqu'à la vallée de l'Égarement, qu'elles ont servi à de grandes constructions. En considérant ensuite les pierres qui forment la partie du parement encore existant au sommet de la seconde pyramide, ainsi que celles des galeries et de la chambre inférieure de la première, on sera convaincu qu'elles ont été tirées de ces carrières, dont l'exploitation et les transports auront été rendus faciles en profitant des grandes eaux du Nil pour les faire arriver sur l'autre rive, au pied de la chaîne libyque.

Cette dernière montagne, qui s'incline à l'est du côté du Nil, se prolongeait probablement jadis beaucoup plus loin dans la plaine : cette saillie avancée aura fourni une partie des pierres nécessaires à leur construction ; aujourd'hui le rocher est coupé à pic assez près des pyramides.

Il est également vraisemblable que la superficie entière sur laquelle les pyramides ont été bâties, n'a pas été dressée, mais seulement tout le côté de la montagne qui regarde le Nil, vers lequel la face du sphinx est tournée, ainsi que l'espace sur lequel devait être placé le parement extérieur des pyramides, et l'étendue nécessaire autour de ces monumens pour le service des ouvriers ; mais que le noyau du rocher, plus élevé en approchant du centre, a seulement été coupé pour s'ajuster aux pierres du parement [1].

[1] Pour niveler les parties de la montagne sur laquelle on a voulu

Cette supposition n'est pas gratuite, puisque le premier gradin maintenant apparent à l'angle nord-est est coupé dans le rocher : comme il se prolonge sous les décombres sans laisser apercevoir de joints, on a supposé que les pyramides avaient été construites avec des pierres d'une énorme proportion, tandis que toutes celles qui sont apparentes et celles qui n'ont pas été enlevées du parement de la seconde, ne sont pas généralement de plus de 2 mètres 1/4 à 2 mètres 3/4 de longueur[1], sur 1 mètre 1/4 à 2 mètres de largeur[2], et que l'épaisseur des assises (*voyez* le Tableau ci-joint) varie depuis 1 mètre 408 millimètres[3] jusqu'à 525 millimètres[4].

La hauteur de chaque assise ne décroît pas tout-à-fait dans une proportion régulière. Quelques-unes plus hautes sont interposées entre des assises qui le sont moins ; mais le même niveau et les mêmes lignes parfaitement horizontales règnent sur toutes les faces.

Les pierres du parement de la seconde pyramide, parfaitement dressées et unies sur toutes les faces, excepté la partie engagée dans la maçonnerie intérieure, qui est restée plus brute, sont posées à *pierre sèche*, et liées avec celles de l'intérieur par de bon ciment. Le

---

placer la base de la seconde pyramide, il a fallu la couper à l'ouest d'environ 10 pieds de hauteur, à plus de 31 mètres de distance de la base, et dans la proportion de son élévation au-dessus du sol ; de sorte que cette pyramide, à découvert jusqu'à sa base du côté de l'ouest, est enterrée sur la face opposée.

Des grottes sépulcrales, ou simplement des excavations pour l'usage des ouvriers, ont été faites dans cette coupure.

[3] 7 à 8 pieds.
[3] 4 à 6 pieds.
[2] 4 pieds 4 pouces.
[4] 19 pouces ½.

même soin n'a pas été apporté pour la construction intérieure : les pierres n'y sont pas d'une hauteur égale sur chaque assise, ni parfaitement jointes ensemble; les vides sont remplis de mortier grossier, fait avec de la chaux, des éclats de pierre et des cailloux. On ne peut pas cependant en conclure que ces défauts soient une preuve de l'ignorance des constructeurs; de plus grandes précautions étaient inutiles dans des monumens de forme pyramidale, de masse aussi colossale, et sous un climat tel que celui de l'Égypte.

Ce qui prouve que rien n'a été négligé pour rendre ces monumens indestructibles, c'est qu'il est difficile d'appareiller avec plus d'exactitude, d'établir des lignes plus droites, des joints plus parfaits que ceux que présentent la construction intérieure de la grande pyramide et le parement conservé de la seconde. Dans celle-ci, chaque pierre des quatre arêtes est incrustée dans la suivante. La pierre inférieure, creusée de 54 millimètres [1], reçoit une saillie égale de la pierre supérieure, de manière que chaque arête est liée dans toute sa hauteur; et, malgré l'enlèvement du parement dans les quatre cinquièmes au moins de la partie inférieure, la portion qui reste n'a pas souffert le plus léger écart, la moindre dégradation.

Les trois faces qui sont frappées du soleil, ont pris une espèce de teinte rousse; elles ont un certain brillant lorsque cet astre les éclaire [2]. La face nord a con-

---

[1] 2 pouces environ.
[2] Cette teinte rousse et brillante a fait croire à ceux qui ne l'ont pas examinée de près, que cette pyramide était enduite d'une espèce de ciment.

servé une teinte grisâtre légèrement poudreuse et couverte de lichen dans plusieurs parties.

Il est très-probable que les pierres qui forment le parement, ont été laissées extérieurement brutes et carrées; ensuite les angles ont été abattus lorsque la construction a été terminée, en commençant par le haut; chaque gradin servait alors d'échafaud et d'échelle pour monter et descendre, pour placer les machines, pour élever les pierres et faire le ragrément. Cette vraisemblance approche de la certitude, non-seulement à cause de la facilité que présentaient les gradins, mais aussi à cause de la manière dont les anciens construisaient et dont les Égyptiens nous ont laissé des exemples[1].

§. VIII. *Le sphinx.*

C'est dans une des faces de la coupure de la montagne Libyque, dans la partie qui s'avance à l'est vers la plaine, que le sphinx a été taillé; son élévation, d'environ 13 mètres[2] au-dessus du sol actuel, reste comme *témoins* et comme mesure de l'enlèvement des pierres qui a été fait à la superficie pour dresser cette partie de la montagne. La croupe, à peine sensible, semble seulement tracée sur le sol dans une longueur de près de 22 mètres; et le côté que nous avons voulu découvrir en faisant enlever le sable que les vents ont accumulé

---

[1] Dans une colonne du temple carré de l'île de Philæ, où les pierres sont encore telles qu'elles ont été posées, on trouve les lits parfaitement dressés et les paremens bruts. Les anciens, pour conserver les arêtes des pierres, les posaient à paremens bruts et les retaillaient ensuite sur le tas. (Daviler, *Dictionnaire d'architecture.*)

[2] 40 pieds.

jusqu'au niveau de la montagne, ne nous a offert, sur une profondeur de 9 à 10 mètres[1] environ, aucune forme régulière : quant à l'excavation qui avait été remarquée sur la tête, elle n'est profonde que de 2 mètres 924 millimètres[2], d'une forme conique et irrégulière[3].

TABLEAU

Des hauteurs de toutes les marches de la grande Pyramide, à partir du sommet.

NUMÉROS des MARCHES.	PIEDS.	POUCES.	LIGNES.
1 et 2.	3.	5.	3.
3.	1.	8.	11.
4.	1.	9.	5.
5.	1.	8.	$1\frac{1}{2}$
6 et 7.	3.	6.	9.
8 et 9.	3.	5.	1.
10 et 11.	3.	2.	8.
12.	1.	7.	11.
13 et 14.	3.	2.	9.
15 et 16.	3.	2.	4.
17.	1.	7.	5.
18 et 19.	3.	3.	2.
20.	1.	8.	$8\frac{1}{2}$

[1] 30 pieds.
[2] 9 pieds.
[3] *Voyez* la planche 8, *A.*, volume V.

NUMÉROS des MARCHES.	PIEDS.	POUCES.	LIGNES.
21.	1.	9.	3.
22.	1.	10.	1.
23.	1.	11.	4.
24.	2.	0.	8.
25 et 26.	3.	2.	4.
27 et 28.	3.	2.	2.
29 et 30.	3.	2.	2.
31 et 32.	3.	2.	1.
33 et 34.	3.	2.	9.
35 et 36.	3.	2.	3.
37 et 38.	3.	3.	3.
39.	1.	8.	1.
40 et 41.	3.	9.	0.
42 et 43.	3.	5.	10 $\frac{1}{2}$.
44 et 45.	3.	3.	7.
46.	1.	7.	11 $\frac{2}{3}$.
47 et 48.	3.	3.	11.
49 et 50.	3.	3.	11.
51 et 52.	3.	6.	8.
53 et 54.	3.	11.	7.
55 et 56.	3.	5.	3.
57.	1.	8.	10.
58.	1.	9.	11.
59.	2.	0.	0.
60.	2.	3.	9.
61 et 62.	3.	4.	11.
63 et 64.	3.	4.	10.
65 et 66.	4.	0.	0 $\frac{1}{2}$.

NUMÉROS des MARCHES.	PIEDS.	POUCES.	LIGNES.
67.	1.	8.	8 $\frac{1}{3}$.
68 et 69.	3.	6.	3 $\frac{1}{2}$.
70 et 71.	3.	5.	5 $\frac{1}{2}$.
72 et 73.	3.	9.	6 $\frac{1}{2}$.
74 et 75.	3.	9.	4.
76 et 77.	3.	7.	6.
78 et 79.	3.	7.	5.
80.	2.	0.	6.
81 et 82.	4.	0.	1.
83.	2.	4.	5.
84.	2.	3.	6.
85.	2.	6.	1.
86 et 87.	4.	6.	0.
88 et 89.	3.	10.	2.
90 et 91.	3.	7.	3.
92 et 93.	3.	8.	0 $\frac{1}{2}$.
94 et 95.	3.	10.	8.
96 et 97.	4.	2.	11.
98 et 99.	4.	»	3 $\frac{1}{4}$.
100.	2.	0.	11.
101 et 102.	4.	5.	3.
103.	2.	7.	9 $\frac{1}{2}$.
104.	2.	9.	4.
105.	3.	1.	0.
106.	3.	2.	3 $\frac{1}{2}$.
107.	1.	9.	3 $\frac{1}{4}$.
108.	1.	10.	7 $\frac{1}{2}$.
109 et 110.	3.	11.	9.

NUMÉROS des MARCHES.	PIEDS.	POUCES.	LIGNES.
111.	2.	3.	3.
112.	2.	6.	8.
113.	2.	9.	7.
114 et 115.	4.	6.	5 ½.
116.	2.	0.	0.
117 et 118.	3.	9.	3 ½.
119.	1.	9.	0.
120 et 121.	3.	11.	6 ½.
122 et 123.	3.	7.	9 ½.
124 et 125.	3.	8.	8.
126.	1.	9.	10 ½.
127.	1.	10.	10.
128 et 129.	4.	2.	7 ½.
130 et 131.	4.	4.	8.
132 et 133.	4.	2.	1.
134.	2.	3.	1.
135.	2.	6.	4.
136.	2.	4.	7 ½.
137 et 138.	4.	7.	1.
139 et 140.	4.	0.	10.
141 et 142.	3.	11.	6.
143 et 144.	4.	2.	7.
145.	2.	3.	0.
146.	2.	1.	2.
147 et 148.	3.	10.	4 ½.
149 et 150.	3.	11.	10.
151 et 152.	3.	11.	0.
153 et 154.	4.	3.	4.

SUR LES PYRAMIDES DE GYZEH.

NUMÉROS des MARCHES.	PIEDS.	POUCES.	LIGNES.
155.	2.	6.	8.
156.	2.	10.	11 $\frac{1}{2}$.
157.	2.	7.	7.
158.	2.	1.	10.
159.	2.	11.	7 $\frac{1}{4}$.
160.	3.	1.	»
161.	2.	7.	7.
162.	2.	2.	7 $\frac{1}{2}$.
163.	2.	5.	1 $\frac{1}{2}$.
164.	2.	7.	3 $\frac{1}{2}$.
165.	2.	6.	6 $\frac{1}{2}$.
166.	2.	10.	1.
167.	2.	10.	9.
168.	3.	3.	5 $\frac{1}{2}$.
169.	3.	10.	5.
170.	2.	0.	10 $\frac{1}{2}$.
171.	2.	0.	7.
172.	2.	0.	11.
173.	2.	2.	1.
174.	2.	2.	2 $\frac{1}{2}$.
175.	2.	3.	3.
176.	2.	3.	2 $\frac{1}{2}$.
177.	2.	2.	7.
178.	2.	4.	5.
179.	2.	7.	1 $\frac{1}{2}$.
180.	2.	7.	1 $\frac{2}{3}$.
181.	2.	6.	10 $\frac{1}{2}$.
182.	2.	8.	9.

NUMÉROS des MARCHES.	PIEDS.	POUCES.	LIGNES.
183.	1.	10.	1.
184.	1.	10.	2.
185.	2.	11.	4.
186.	2.	5.	2 $\frac{1}{4}$.
187.	2.	2.	1.
188.	2.	3.	3 $\frac{1}{4}$.
189.	2.	4.	8.
190.	2.	2.	1.
191.	2.	0.	9.
192.	2.	7.	2.
193.	2.	8.	7.
194.	2.	4.	8.
195.	3.	2.	1 $\frac{1}{4}$.
196.	2.	9.	6 $\frac{1}{3}$.
197.	3.	3.	3 $\frac{1}{4}$.
198.	3.	0.	3 $\frac{1}{2}$.
199.	2.	11.	11.
200.	3.	2.	5 $\frac{1}{2}$.
201.	4.	1.	11.
202.	4.	4.	1 $\frac{1}{6}$.
Rocher 203.	4.	1.	2.
Idem.	1.	7.	2.
TOTAL.	428 pieds	3 pouces	2 $\frac{1}{6}$ lignes
Encastrement.	0.	7.	8.

SUITE

DES

ANTIQUITÉS-DESCRIPTIONS.

———

(*Voyez* le tome V.)

CHAPITRE XX.

DESCRIPTION

DES

ANTIQUITÉS DE LA VILLE

ET DE LA PROVINCE DU KAIRE,

Par M. JOMARD.

Sous le rapport des antiquités proprement dites, c'est-à-dire des anciens monumens des arts, les lieux que je vais décrire n'offrent qu'un faible intérêt, surtout si on les compare aux provinces de la Thébaïde. On doit s'attendre à trouver ici, non la description de quelques ouvrages marquans de l'architecture ancienne, mais seulement celle d'un certain nombre de fragmens, de débris ou de vestiges appartenant à l'antiquité égyptienne, grecque ou romaine. Toutefois, au nombre de ces monumens figurent plusieurs monolithes qui ne sont point sans importance pour l'archéologie; et d'un autre côté ces mêmes lieux intéressent la géographie comparée. Enfin, la description qui suit entre nécessairement dans le plan de cette partie de l'ouvrage, qui embrasse les diverses localités où se trouvent quelques ruines antiques. Or, ayant été chargé de lever la carte topographique de la province du Kaire, j'ai eu la facilité d'observer la plupart des vestiges qui subsistent de l'ancien état du pays, savoir : les lieux jadis habités, et les traces du cours des eaux à ces époques reculées, cours dont la direction est prouvée par des ouvrages d'art encore existans.

Cette province est l'une de celles qui correspondent à une des anciennes préfectures, presque avec les mêmes limites. Par l'étude de la géographie de l'Égypte, on voit que la province Héliopolitaine était bornée à l'ouest par le Nil et par la branche Sebennytique, depuis *Troja* jusqu'à peu de distance d'*Athribis*; au nord par une ligne allant de ce point vers *Scenæ veteranorum*, selon moi *Chybyn el-Qanâter*; à l'est par Héliopolis et le désert : telles sont aussi les limites de la province de Qelyoub ou du Kaire. Héliopolis étant placée sur la limite orientale de la province, ayant d'ailleurs mérité par son importance historique une description spéciale (personne n'ignore que c'était une des trois grandes cités de l'Égypte), je n'ai pas à m'en occuper ici, et je dois renvoyer le lecteur à cette description [1].

Celle-ci se partagera naturellement en deux sections : 1°. les *antiquités* qui se trouvent dans la ville du Kaire, 2°. celles qu'on observe dans le reste de la province.

---

[1] *Voyez* la Description d'Héliopolis par MM. Lancret et Dubois-Aymé, *A. D.*, ch. *XXI*. — *Voyez* aussi le *chapitre XXII*.

SECTION I.re

ANTIQUITÉS DU KAIRE.

§. I. *Obélisques.*

Deux petits obélisques égyptiens en basalte noir avaient été trouvés au château du Kaire, où ils servaint de seuil à une mosquée (probablement celle de Qalaoun); on les transporta au palais de l'Institut d'Égypte. Leur petite dimension permettait de les charrier facilement; ils furent envoyés plus tard à Alexandrie, au moment du départ des membres de la Commission des sciences, et embarqués pour être conduits à Paris. Mais le sort de la guerre les mit en la possession de l'armée anglaise; aujourd'hui ils sont au nombre des ornemens du musée de Londres. Malgré la petitesse de leurs proportions, ils peuvent, du moins pour la finesse du grain et du poli de la pierre, et pour la belle exécution de la sculpture, être comparés aux grandes aiguilles de la Thébaïde. Une seule colonne de signes hiéroglyphiques décore chacune des faces. Les figures d'oiseaux, tels que l'ibis, l'épervier, l'oie, et encore celles du céraste et de l'abeille, sont si correctement tracées, et taillées si parfaitement, qu'on doit les regarder, avec un autre monument dont je parlerai bientôt, comme des modèles de la sculpture *en relief dans le creux*. Nous avions pris et multiplié les empreintes en cire, en soufre et en plâtre, afin de guider les dessinateurs et les graveurs dans l'exécution de ces sortes de figures. Les planches 20 et 21 du ve volume d'*Antiquités*, représentent les faces de chacun de ces obélisques ; mais elles ne donnent qu'une faible idée de la pureté du ciseau [1]. Ces obélisques ont dans leur longueur actuelle (car les sommets sont brisés) $2^m 6$ (8 pieds), et l'on ne peut assurer de quelle manière ils étaient terminés [2] ; la base a $0^m 43$ ($1^d 4^p$) : la hauteur totale pouvait être de $4^m \frac{1}{2}$. On ne connaît point l'usage que les anciens faisaient d'obélisques d'une telle dimension ; toutefois, comme il n'est pas probable que des aiguilles si petites fussent placées au-devant des palais ou des temples comme celles de Thèbes, ni qu'elles fussent isolées au milieu d'une cour ou d'une place quelconque, on est conduit à admettre, comme assez probable, qu'elles servaient à décorer des intérieurs, qu'on les plaçait dans des vestibules ou au fond des portiques. On trouve au reste, dans les collections d'*Antiquités*, au nombre des amulettes, de petits objets de cette même forme pyramidale, et ces imitations prouvent que la figure de l'obélisque avait un sens religieux, tout en servant, comme Tacite le déclare, à conserver la mémoire des événemens historiques.

---

[1] Les gravures terminées sont d'un style moins correct que les gravures au trait.

[2] Tous les obélisques ne finissaient pas par un pyramidion : il y en a de terminés par des portions de cylindre. *Voyez* la Description du nome Arsinoïte.

§. II. *Cippe égyptien.*

J'avais remarqué au dehors d'une citerne, sur la place du château du Kaire et à droite de la porte d'entrée, et servant d'appuis aux fenêtres, deux beaux fragmens antiques en granit noir, couverts d'hiéroglyphes et bien conservés, quoique brisés sur un de leurs bords; ils me parurent les deux moitiés d'un même monument, séparées longitudinalement par une large cassure. Les caractères bien sculptés, et la plupart intacts, me décidèrent à en faire une copie, en attendant qu'on pût enlever ces intéressans morceaux et les remplacer par une pierre d'appui ordinaire. Les circonstances n'ont pas permis d'effectuer ce déplacement, et l'on ne possède que le dessin de cette pierre (*voyez* pl. 24, fig. 1, *A.*, vol. v). Quoique le milieu manque, j'ai essayé de rapprocher les deux parties à la distance qu'elles devaient occuper : ce rapprochement opéré présente, je crois, peu de lacunes. Je ne suis pas assuré qu'il y ait de la pente sur les côtés de ce monolithe, de manière qu'il n'est pas certain que ce soit le reste d'un petit obélisque : peut-être est-ce un cippe rectangulaire, analogue, pour la forme, à ceux qui sont élevés dans une des cours du palais de Karnak. Une seule face est visible; elle est divisée en trois colonnes verticales d'hiéroglyphes, et le bas est orné d'un autel et d'un sphinx ayant au-dessous de lui trois colonnes horizontales. Les figures du hibou, du céraste, de l'aspic, de la caille, de l'épervier, du taureau, de l'abeille, du scarabée, du vautour, de l'oie, de l'ibis, etc., sont les animaux représentés le plus fréquemment. Malgré la rupture de ce monument en deux parties, je crois qu'il mériterait d'être recueilli et transporté en Europe, et qu'on en obtiendrait aisément la permission des chefs du quartier. Sa longueur est d'environ 2 mètres ½ (9 pieds), et sa largeur d'environ 4 décimètres (15 pouces) en carré.

§. III. *Sarcophage de Qala't el-Kabch.*

Les Français ont trouvé dans la grande rue de la mosquée de Touloun, montant à la citadelle, un sarcophage en granit noir, qui avait été observé en ce même endroit par Maillet, Pococke, Niebuhr et d'autres voyageurs. Le premier prétend qu'on l'appelait *la Fontaine des Amans :* on ignore la source de cette dénomination. Les deux autres ont donné le dessin de la seule partie qui fût visible pour eux, ce monument étant alors placé dans un enfoncement, à peu près de même grandeur que lui. Le lieu s'appelle *Qala't el-Kabch*, le Fort du Mouton, et dépend de la hauteur, jadis fortifiée, sur laquelle fut élevée la mosquée de Touloun. Tout auprès est une tourelle ou plutôt un massif de forme circulaire que le peuple appelle *Moustabet Fara'oun*, le Siége de Pharaon, soit à cause du voisinage de l'antique monument égyptien, soit pour toute autre raison qui nous est inconnue [1]. Ce sarcophage fut transporté au palais de l'Institut et ensuite à Alexandrie; mais à l'époque du départ de

---

[1] *Voyez* la Descript. du Kaire, *E. M.*, tome XVIII 2ᵉ partie, page 437.

l'armée française, il tomba aux mains des Anglais avec les autres fragmens précieux de l'antiquité égyptienne, recueillis par la Commission des sciences et des arts. Il est aujourd'hui déposé au musée Britannique [1].

On ignore à quelle époque, à quelle occasion ce sarcophage a été apporté au Kaire, de quel lieu on l'a tiré, s'il vient d'Héliopolis ou de Memphis, des Pyramides, ou des hypogées de Babylone et de Troja; mais on sait mieux quel usage en ont fait les modernes Égyptiens. Ils ont trouvé qu'il formait une excellente auge ou abreuvoir, et ils ont pratiqué à l'un des bouts une ouverture pour vider l'eau, comme au grand sarcophage en brèche égyptienne d'Alexandrie: ainsi l'eau a séjourné long-temps dans l'intérieur; aidée du temps et du frottement, elle a usé une partie de la sculpture, et il en est résulté que le dedans est beaucoup moins conservé que le dehors. Ce sarcophage est en granit noir; sa longueur est de $2^m 748$ ($8^{ds} 5^p$). Sa largeur postérieure, de $1^m 38$ ($4^{ds} 3^p$); sa largeur antérieure, de $1^m 178$ ($3^{ds} 8^p$); sa hauteur, de $1^m 192$ ($3^{ds} 8^p \frac{1}{2}$); On trouvera toutes les autres mesures soigneusement gravées dans les planches [2].

La presque totalité du monument est couverte de sculptures hiéroglyphiques, soit au dedans, soit au dehors; toutes, à l'exception de quelques cassures et de l'intérieur, sont parfaitement conservées, et l'on peut même distinguer presque tous les signes dans le fond du

[1] J'y ai recueilli une suite d'empreintes en soufre et de dessins, qui ont permis de le graver complètement au trait, et avec la dernière correction. *Voyez* l'explication des planches du vol. v d'*Antiquités*.

[2] *Voyez* planches 24, 25, *A.*, vol. v.

sarcophage. Une frise, composée d'étoiles égyptiennes (c'est-à-dire à cinq pointes aiguës), couronne les deux faces latérales extérieures et les quatre faces du dedans. Ainsi qu'il est d'ordinaire, les signes d'écriture sont tournés dans le sens du personnage qu'ils environnent: il y a donc à l'extérieur deux directions, l'une de gauche à droite (sur la face antérieure D[1] et sur la bande supérieure de la face C), l'autre de droite à gauche (sur la face postérieure B et sur la bande supérieure de la face A). Quant au reste des faces C et A, les figures hiéroglyphiques marchent les unes vers les autres, comme les personnages de la procession, tournés, dans la première, vers une double image de l'œil symbolique sculpté très en grand; et, dans la seconde, vers une sorte de tableau formé de neuf bandes horizontales d'hiéroglyphes. Une disposition un peu différente et encore plus symétrique règne à l'intérieur. A partir du milieu de la face antérieure, les figures et les caractères se dirigent à droite et à gauche, et viennent se rencontrer au milieu de la face postérieure.

Les inscriptions se répètent en grande partie, autant qu'on peut en juger par les caractères non effacés. Quant aux figures mêmes qui composent ces processions, sur les huit faces dont je viens de parler, elles sont au nombre de huit au dehors, et de vingt-cinq au dedans compris l'*œil symbolique* porté sur un autel et un triple serpent qui accompagne la croix à anse; elles retracent les mêmes personnages qui se voient

---

[1] *Voyez* pl. 24, *A.*, vol. v.

ordinairement sur les monumens funéraires. Au dehors c'est l'initié ou le défunt qui, conduit par le prêtre masqué en chacal (c'est-à-dire celui des funérailles), est d'abord admis en présence du symbole d'Osiris, ensuite paraît occupé à entendre ou à lire un texte sacré. Au dedans, ce sont dix-neuf figures de divinités, toutes portant le bâton augural et la croix à anse, puis l'œil d'Osiris et le serpent dont je viens de parler. Dix marchent dans un sens, et onze dans l'autre, portant la tête humaine ou celles du belier, du chacal, de l'épervier, du bœuf et du lion.

Vingt de ces figures de divinités ont au-dessus de la tête une petite inscription de trois à quatre caractères ou plus, servant à les distinguer d'une manière caractéristique; la figure debout, qui est sculptée cinq fois à l'extérieur, est également surmontée de trois, quatre ou cinq signes hiéroglyphiques, lesquels indiquent, selon moi, l'état ou le degré des épreuves assignées à l'initié ou à l'âme du défunt; car les figures sont absolument identiques, à l'exception d'une qui est un peu plus ornée, ce qui annonce peut-être que le personnage est parvenu à un degré plus avancé : parmi les cinq caractères que celle-ci porte au-dessus de la tête, on remarque une croix simple ⊹. Je distinguerai dans le nombre des vingt-neuf personnages du monument, une figure de femme coiffée de l'image du scorpion, que j'avais déjà dessinée une fois dans le petit temple d'Isis à Karnak, symbole remarquable sur lequel je n'essaierai pas cependant de risquer une hypothèse. Ce n'est pas le lieu d'établir des conjectures sur la signification de ces personnages, ni sur le sens de plusieurs symboles et signes d'écriture, dont plusieurs sont dignes d'attention à cause de leur rareté dans les inscriptions : tels que des formes de végétaux et d'autres fort curieuses ; on les trouvera tous rassemblés dans le *Tableau méthodique des hiéroglyphes*[1]. Il y a au reste dans ces textes beaucoup de répétitions symétriques, et par conséquent le sujet des inscriptions n'est pas aussi étendu qu'on pourrait le supposer au premier coup d'œil. Je viens à l'image bizarre qui est représentée au fond du monument. C'est une figure de femme sculptée, comme toutes les autres, en relief dans le creux, mais d'une beaucoup plus grande proportion. Les figures de face ne sont pas communes parmi les *bas-reliefs* égyptiens ; nous en avons vu et dessiné une dans les hypogées de Thèbes[2] ; il y a aussi un hiéroglyphe qui présente une tête d'homme de face ; mais on aurait de la peine à citer beaucoup d'autres sujets de face parmi les bas-reliefs vraiment antiques. Celui qui est sculpté de cette manière dans l'intérieur du sarcophage du Kaire, présente une autre singularité, c'est que les avant-bras manquent à la figure, ou plutôt que chaque bras est remplacé en entier par une sorte de règle droite qui n'a pas forme humaine, et qui s'arrête ou se cache sous les bandes d'hiéroglyphes[3]. Ne sachant ou ne pouvant exprimer de face les seins de la figure, l'artiste a imaginé de les placer de profil, et il en a fait autant des pieds en les écartant à 180° l'un de l'autre, à peu près

---

[1] Voyez *A.*, vol. v, pl. 50, 51.
[2] Voyez *A.*, vol. ii, pl. 36, fig. 3.
[3] Je traite de ce sujet dans les Recherches sur les mesures égyptiennes.

comme dans la position forcée qu'un maître de danse fait prendre à son élève. Quant aux autres contours, à défaut de correction, ils ne manquent pas de fermeté ni de pureté.

§. IV. *Sarcophage trouvé sur les bords du Nil à Boulâq.*

Ce monument est encore un de ceux qui avaient été transportés du Kaire à Alexandrie par les soins de la Commission des sciences et arts, et que les événemens ont mis au pouvoir de l'armée anglaise, avec les vaisseaux mêmes sur lesquels on les avait embarqués : il a été trouvé dans le Nil, à Boulâq, près de la rive droite du fleuve. Le petit nombre de ses ornemens, qui consistent en une seule bande horizontale d'hiéroglyphes, ne le distingue pas moins des autres sarcophages que sa forme, qui est exactement semblable, en dehors comme en dedans, à celle d'une momie. Le contour des épaules et même celui des jambes ont été imités par le sculpteur[1]. La matière est un basalte noir verdâtre, à grain très-fin; le poli est de la plus grande finesse. Quant au travail des figures hiéroglyphiques, il est peut-être encore plus fini, plus parfait que celui des petits obélisques décrits précédemment, et je crois difficile de trouver dans toute l'Égypte les figures du milan, du hibou, de la caille, de l'ibis, de l'épervier, de l'oie et du vautour, mieux taillées en *relief dans le creux*, et travaillées avec plus de délicatesse que dans le *sarcophage de Boulâq*. Les têtes surtout présentent

[1] Voyez *A.*, vol. v, pl. 23.

des détails d'étude et d'imitation bien sentis, qui font honneur à l'artiste, et qui supporteraient la comparaison avec la nature même [1]. On en peut dire autant de deux petites têtes d'homme et de femme qui font partie de ces hiéroglyphes ; c'est le style égyptien dans toute sa pureté. La gravure de la planche qu'on vient de citer exprime assez bien le travail du ciseau, et le relief des parties intérieures, quoique encore loin de la touche pleine de justesse qui brille dans l'original. En examinant avec soin le dessin des animaux chez les artistes de l'école égyptienne, il est impossible de refuser d'admettre qu'ils étudiaient attentivement la nature, et qu'ils savaient la rendre avec goût ; ils s'abstenaient en effet de copier, comme les Chinois, des détails trop minutieux, et s'arrêtaient aux formes expressives et aux traits caractéristiques.

Nous avons levé des empreintes en soufre, en plâtre, en métal, de toutes les figures de ce sarcophage ; elles ont servi de modèles aux dessinateurs et aux graveurs de l'ouvrage, et nous avons même, mon collègue M. Raffeneau Delile et moi, fait exécuter une copie complète et de grandeur naturelle de ce monument, pour en faire hommage à la galerie d'architecture dépendant de l'école des beaux-arts de Paris. La longueur totale du monument est de $2^m 22$ (environ $6^{ds} 10^p$), la plus grande largeur aux épaules de $0^m 934$ ($2^{ds} 10^p$), celle des pieds de $0^m 69$ ($2^{ds} 1^p \frac{1}{2}$), enfin la hauteur de $0^m 677$ ($2^{ds} 1^p$).

---

[1] *Voyez* les planches d'oiseaux, n°⁸. 1, 3, 7, 10, 11 et 12.

Les formes des monumens de cette espèce sont très-diversifiées, et l'on ne doit pas en être surpris, puisqu'à sa mort toute personne opulente était déposée dans un de ces cénotaphes; ainsi la matière, la proportion et la richesse des sculptures devaient varier avec la fortune du défunt. Il n'y a peut-être pas deux sarcophages absolument semblables parmi ceux que nous avons trouvés dans les pyramides, dans les hypogées, dans les tombeaux des rois et dans les divers lieux où se trouvent des antiquités : c'est la forme du monument, ou la matière, ou la sculpture, ou le couvercle qui diffère; au moins dans ce genre de travail, l'art n'était pas tout-à-fait enchaîné par un type invariable [1].

§. V. *Colonnes, inscriptions et fragmens antiques.*

Il existe au Kaire, à l'est de la grande place Ezbekyeh, dans l'ancien jardin de Bey qu'on avait converti en jardin anglais au temps de l'expédition française, un fût de colonne en *brèche universelle*, que je regarde comme un ouvrage de l'antiquité égyptienne. On sait que les Egyptiens sont les seuls qui possèdent dans leurs carrières cette matière précieuse, et avec quel succès ils l'ont travaillée; c'est de cette brèche admirable et non moins rebelle au ciseau, qu'ils ont fait le beau sarcophage porté ensuite à Alexandrie à une

[1] Niebuhr parle d'un sarcophage qui avait été embarqué sur le Nil et déposé aussi à Boulâq, 20 ans avant son voyage, c'est-à-dire vers 1742 : ce n'est pas le même que celui que je viens de décrire. Il donne les dessins de ce monument dans les planches xxxi à xxxv du Voyage. C'est le même que celui que j'ai vu à Oxford, et dont j'ai rapporté les empreintes. Il ajoute, et je suis porté à le croire, qu'il existe des sarcophages dans les mosquées, servant aussi de réservoir.

époque inconnue, et peut-être dès le temps d'Alexandre-le-Grand ; ce qui a fait supposer gratuitement qu'on l'avait taillé exprès pour servir de tombe au héros macédonien. J'ai mesuré grossièrement le diamètre de la colonne dont il s'agit, et je pense qu'il avait environ 8 à 10 décimètres (2 $\frac{1}{2}$ à 3 pieds); je ne puis assurer qu'il fût orné de sculptures, mais la matière se reconnaissait très-bien aux larges plaques de porphyre, de granit et de pétrosilex de toutes couleurs, qui forment la pâte de la brèche universelle, et la surface était parfaitement polie et travaillée.

En parcourant les belles citernes du Kaire, dont j'ai parlé au long dans la description de cette ville, comme en visitant plusieurs des principales mosquées et églises, j'ai vu une grande quantité de colonnes monolithes, en granit rouge ou noir, que je regarde comme provenant évidemment des anciennes villes de l'Égypte inférieure; je ne dis pas de la Thébaïde, car les ruines de la haute Égypte ne présentent que des colonnes en grès ou en pierre calcaire, non pas monolithes, mais formées de plusieurs pièces. On n'a pas encore exposé d'où vient cette différence entre les monumens de ce genre dans les deux parties du pays, et elle mériterait d'être expliquée. En effet, c'est dans la région supérieure que sont les carrières de granit, et dans cette même région abondent les monolithes en granit, les obélisques, les colosses, les cippes, les portes et les sarcophages. Ce n'est donc pas la difficulté du travail qui aurait arrêté les architectes. Au contraire, dans la basse Égypte si éloignée des carrières, on trouve un grand nombre de colonnes en granit, par exemple au Kaire et aux environs, au temple d'Isis à Bahbeyt, dans les mosquées de Damiette et de Rosette, et surtout dans le port d'Alexandrie où l'on en voit accumulée une quantité pour ainsi dire innombrable, formant aujourd'hui des cales, des jetées et des murs de quai, sans parler de la colonne gigantesque vulgairement dite de Pompée, monument unique sur le globe. Les Arabes ont employé ces colonnes, à Alexandrie et ailleurs, comme liens dans les murailles, et ils les ont sciées en tronçons pour en faire des meules. Cette dernière observation concourra peut-être à expliquer la difficulté dont il s'agit. N'est-il pas possible que les habitans du Sa'yd aient enlevé les colonnes de granit des temples de la Thébaïde pour les débiter dans leurs moulins. Là, comme au Kaire et partout, j'ai vu les meules faites de cette matière dure et solide : qui pouvait mieux les fournir que des fûts monolithes déjà tout taillés circulairement dans le diamètre convenable à cet usage, et qu'il ne s'agissait plus que de diviser par tronçons[1]? Dans les villes et villages de la basse Égypte, comme dans les autres, on voit aussi les moulins garnis de meules de la même espèce. Au reste, en émettant cette conjecture, je ne veux pas nier qu'à l'occasion de la fondation d'Alexandrie, on ait taillé exprès un grand nombre de colonnes : le diamètre de celles qu'on trouve dans le port, beaucoup moindre que celui des colonnes en granit du temple de Bahbeyt, et surtout leur proportion

---

[1] On voit aussi quelques colonnes de granit dans les mosquées d'Esné, de Girgeh, de Syout, de Minyeh, etc.

plus élancée, attestent qu'elles ont été exécutées ou du moins retaillées pour servir à une destination nouvelle, et au besoin d'une architecture étrangère au pays.

Aux portes du Kaire, on voit encore beaucoup de colonnes en granit, notamment auprès de la prise d'eau de l'aquéduc, où quinze à vingt colonnes de cette riche matière et d'une seule pièce ont été trouvées et décrites par une commission de l'Institut du Kaire [1]; elles sont gisantes sur le sol depuis un temps inconnu. Toutes sont renversées; les unes sont entières, il y en a quatre; d'autres rompues en deux ou trois parties, et au nombre de cinq; et sept autres sont brisées en plusieurs tronçons de divers diamètres. Leurs dimensions sont inégales; voici celles de plusieurs d'entre elles : la plus grande avait une longueur totale de $8^m 79$ (27^{ds} 0^p $9'$); un diamètre de $1^m 8$ en bas (5^{ds} $6^p \frac{1}{2}$), et 1 mètre (3^{ds} 1^p) en haut; une autre avait $7^m 20$ (22^{ds} 2^p) de long, $0^m 86$ (2^{ds} 7^p $8'$) de diamètre. Ces colonnes sont fuselées plus ou moins bien, la plupart d'un beau poli et d'un travail parfait; mais les détails d'un style barbare qui ont été ajoutés font voir qu'elles ont été retouchées par les Arabes. Il a été impossible de retrouver le plan général auquel se rattachaient ces colonnes; on a conjecturé qu'elles avaient fait partie de l'enceinte d'une mosquée éloignée de là d'environ 40 mètres (20 toises); ainsi l'on ne saurait assigner l'époque ni la nature de l'édifice auquel ont appartenu en dernier lieu ces beaux monolithes, et encore moins du monument antique auquel on les

---

[1] *Voyez* dans la *Décade égyptienne*, tome 1, page 98, le rapport de M. Denon fait à l'Institut d'Égypte.

avait enlevés primitivement. Enfin l'on ignore s'ils ont été tirés de Memphis, d'Héliopolis ou d'ailleurs; mais il est probable qu'ils viennent de la basse Égypte.

Si l'on visitait avec soin, dans l'intention de connaître tous les débris d'antiquité, les plus anciennes églises de l'enceinte appelée *Qasr el-Châma'*, particulièrement celles de St-Sergé ou Sergius qui paraît du temps des Romains[1], de St-Georges, de St-Macaire, et celles des couvens chrétiens également voisines de l'ancienne Babylone d'Égypte, je ne doute pas qu'on n'y rencontrât beaucoup d'objets dignes d'intérêt, soit de l'époque des anciens Égyptiens, soit de celles des Grecs et des Romains, tels que des colonnes antiques, des stèles, des cippes et des pierres chargées d'inscriptions. On doit surtout examiner les seuils des portes et les appuis des fenêtres : les architectes arabes ont eu partout pour objet, en dépouillant les monumens antiques, d'y prendre des matériaux durables, qui leur épargnassent la peine de les aller chercher au loin, de les apporter et de les tailler à grands frais ; et c'est bien plutôt par un calcul tout simple d'économie et pour la solidité de leurs propres ouvrages, que pour satisfaire une barbarie aveugle, et pour le plaisir de détruire, qu'ils ont puisé des fragmens en granit, en basalte et autres pierres dures dans les édifices des anciens. C'est ainsi qu'ils ont converti en chaux presque tout ce qu'il y avait de marbre dans le pays[2]. Mon but, en faisant cette réflexion, est moins de les absoudre du reproche

---

[1] *Voyez* la descr. de la ville du Kaire, *ch. IV*, tome XVIII, 2ᵉ partie.

[2] Je m'abstiens de faire ici aucun rapprochement sur la destruction des monumens antiques au sein même de l'Europe civilisée.

de fanatisme, que d'expliquer pourquoi les grands monumens d'Égypte sont encore debout après tant de siècles, après tant de révolutions et de vicissitudes ; c'est que la plupart étaient en grès, et que cette matière ne pouvait fournir ni des colonnes, ni des supports convenables, ni un seul atome de chaux, et que les montagnes Arabique et Libyque, voisines partout des habitations, excepté dans la basse Égypte[1], procuraient sans peine des matériaux suffisans et d'une proportion commode pour le transport; tandis que celui des énormes pierres de grès qui forment les assises des monumens égyptiens, était au-dessus des forces et des connaissances des Egyptiens modernes.

En preuve de ce que j'ai avancé, savoir, qu'avec des recherches attentives dans l'intérieur des édifices du Kaire, on trouverait des objets précieux pour l'archéologie, je citerai deux monumens lapidaires. J'ai trouvé l'un près de *Bisket el-Rotly*[2], l'autre a été découvert par mon collègue, M. Caristie, à l'extérieur d'une mosquée.

Le premier est une belle pierre prismatique, en basalte noir, portant l'inscription suivante, presque entièrement conservée et gravée en beaux caractères. La longueur de la pierre est d'environ 1^m14 ($3^{ds}\frac{1}{2}$) ; le bout sur lequel est tracée l'inscription a 0^m65 sur 0^m331. Cette pierre intéressante pour l'histoire des Ptolémées a été trouvée dans une maison de Mamlouk abandonnée.

ΒΑΣΙΛΕΑΠΤΟΛΕΜΑΙΟΝΘΕΟΝΕΥΕΡΓΕΤΗΝ
ΘΕΩΝΕΠΙΦΑΝΩΝΑΠΟΛΛΟΔΩΡΟΣΑΕΤΟΥ

[1] Aussi les monumens du Delta sont-ils tous renversés, et même ont presque tous disparu du sol.
[2] *Voyez* pl. 26, *É. M.*, vol. 1, carreau B-9

ΤΩΝΠΡΩΤΩΝΦΙΛΩΝ . Ε . ΣΤΑΤΗΣΚΑΙ
ΓΡΑΜΜΑΤΕΥΣΤΩΝΚΑΤΟΙΚΩΝΙΠΠΕΩΝ[1]

On peut traduire ainsi ces quatre lignes (en lisant dans la troisième ο επιστατης, comme il n'y a nul doute) :

AU ROI PTOLÉMÉE,
DIEU ÉVERGÈTE, FILS DES DIEUX ÉPIPHANES, APOLLODORE,
FILS D'AETÈS, L'UN DES PREMIERS AMIS DU PRINCE,
INTENDANT ET ÉCRIVAIN DE LA CAVALERIE INDIGÈNE.

Il est fâcheux que cette inscription ne fournisse point de date précise, et ne puisse éclaircir la question de la durée du règne d'Evergète II, auquel elle se rapporte. Elle n'en est pas moins précieuse pour l'expression ΤΩΝ ΠΡΩΤΩΝ ΦΙΛΩΝ, qu'on ne connaissait sur aucune inscription avant la découverte de ce monument.

La seconde pierre a un objet plus important : c'était une inscription trilingue; malheureusement elle est réduite à la moitié dans le sens de sa longueur, et presque entièrement effacée par suite de la place qu'elle occupait; elle servait en effet de pierre d'appui à une fenêtre extérieure de la mosquée d'Emyr-Khour ou de Nasryeh[2], où elle a essuyé un frottement continuel pendant un temps dont on ignore la durée. La pierre est un granit noir à grain très-fin[3], longue de 2 mètres (6^{ds}) sur 0^{m}40 (15^{po}) de large, arrondie au sommet comme

---

[1] *Voyez* pl. 56, fig. 22, *Antiq.*, vol. V, et l'explication de la planche : le graveur a mis ΠΡΟΤΩΝ au lieu de ΠΡΩΤΩΝ, que portent et le monument et la copie.

[2] *Voyez* planche 26, *Etat moderne*, volume I, carreau S-13.

[3] J'ai noté dans mon journal que la matière était un basalte noir, et aussi que la longueur était de 1^{m}7 seulement (5^{ds}); mais la largeur, de 0^{m}67 (2^{ds}).

certaines stèles; l'épaisseur est de 0^m,3 (11 pouces) : une aile déployée occupe la partie supérieure. Si par bonheur le consul Maillet, du temps duquel, sans doute, la pierre occupait déjà cette même place, l'eût découverte intacte et envoyée aussitôt en France, on aurait possédé dès cette époque un monument plus précieux que la *pierre de Rosette* même, et abordé avec plus d'avantage le problème des hiéroglyphes, car il est plus étendu que cette pierre, et divisé, comme celle-ci, en trois parties : l'écriture hiéroglyphique en haut, l'écriture vulgaire ou démotique au milieu, et l'écriture grecque en bas. Dans la pierre de Rosette, la première partie est réduite au tiers environ du texte entier, le nombre des lignes n'est que de vingt-huit, et cette lacune a de beaucoup diminué les espérances qu'on avait fondées sur un monument aussi précieux. Le grec a cinquante-deux lignes seulement, mais la pierre du Kaire avait soixante-quinze lignes de grec, vingt-sept de démotique et vingt-six d'hiéroglyphes. On n'a guère aujourd'hui que les $\frac{2}{7}$ ou la moitié de cette dernière, et de plus elle ne laisse voir distinctement qu'un petit nombre de signes de chacune des trois écritures; elle est usée, et les caractères sont tellement altérés, qu'il est impossible d'en tirer aucun parti, moins encore que de la *pierre de Menouf*; à peine a-t-on pu déchiffrer dans le grec le nom d'un Ptolémée. C'est pour ce motif qu'on l'a laissée, lors de l'évacuation de l'Egypte, dans le palais de l'Institut, où elle avait été déposée; cependant on aurait bien fait de la transporter en France et de la conserver comme un débris précieux de l'antiquité, car les vestiges seuls des trois différens caractères étaient un fait important pour l'archéologie, pour l'histoire du pays et pour celle de son langage.

Après ces observations sur les restes antiques observés dans le Kaire, je passerai immédiatement à ceux qu'on voit dans la province de ce nom, en ajoutant seulement une remarque, c'est que les Arabes et les Juifs apportent sans cesse dans cette ville des antiques de toute espèce, momies, sarcophages, statuettes, amulettes, médailles, bronzes, toiles écrites et papyrus, etc., trouvés dans les ruines de la haute et de la basse Egypte : souvent ils sont assez adroits pour ajuster et même fabriquer des fragmens, de manière à tromper les voyageurs sans expérience ou qui ne sont pas sur leurs gardes. Je n'ai pas besoin d'avertir que ces hommes ne méritent guère de confiance quand ils indiquent vaguement en quel lieu, dans quelle position et avec quelles circonstances les antiques ont été découverts, c'est-à-dire leur gisement, chose sur laquelle il serait si important d'être fixé et de posséder les détails les plus authentiques.

SECTION II.

ANTIQUITÉS DE LA PROVINCE DU KAIRE.

§. I. *Du site et du nom de la province.*

Ainsi que je l'ai annoncé dans les réflexions préliminaires, la géographie doit occuper ici une place plus étendue que les monumens antiques, puisqu'à l'exception d'Héliopolis, qui a fait l'objet d'un chapitre spécial, on ne rencontre dans la province aucun ancien ouvrage debout, ni aucun vestige important. Dans cet examen des lieux, je me dirigerai par le nord et l'ouest, et je reviendrai par la partie orientale; ce qui est la route que j'ai suivie dans mes opérations topographiques.

La province du Kaire, autrement dite de Qelyoub, correspond à peu près à l'ancienne préfecture Héliopolitaine[1] : l'une et l'autre sont limitées au sud par la vallée de l'Egarement, à l'ouest par le Nil, au nord par Athribis et le pays contigu, à l'est par *Scenœ veteranorum* (aujourd'hui Chybyn) et par le désert Arabique. Le chef-lieu a eu successivement pour site Héliopolis, Babylone, Fostât et le Kaire. Cependant comme le Kaire est la capitale de l'Egypte entière, un

---

[1] *Voyez* la carte *ancienne et comparée* de la basse Égypte.

autre endroit a été considéré comme le chef-lieu proprement dit, et a même donné son nom à la province moderne; c'est la ville de *Qelyoub*, d'où vient le nom de Qelyoubyeh (قـلـيـوبـيـة). Il est d'ailleurs assez remarquable que ce nom n'est que celui d'*Héliopolis*, corrompu comme tant d'autres par les Arabes, ou par le laps des temps. Il est vrai que la lettre initiale du premier de ces mots peut faire une difficulté; mais, les Arabes ont cru pouvoir remplacer le son initial de Ἡλιοπόλις par la lettre ق, d'autant plus que l'espèce d'hiatus que les habitans du Kaire et d'une grande partie de l'Egypte substituent dans la prononciation au son ق *qâf*, peut correspondre à l'esprit rude du mot grec. Quant à la finale, elle ne présente aucune difficulté : tantôt les Arabes ont retranché πολις des noms grecs des villes, tantôt ολις, tantôt ις seulement. A la vérité, le retranchement partiel du mot πολις, en conservant la première consonne seule, est assez bizarre et même barbare : mais on trouvera d'autres exemples de noms ainsi altérés par les Arabes dans la Géographie comparée de l'Égypte. On a donc fait d'Héliopolis, d'abord Héliop-olis, ensuite Helioub, en substituant le *b* au *p* que les Arabes n'ont point dans leur langue; enfin Qelioub ou Qelyoub. Mais comment ont-ils donné le nom d'une cité aussi importante qu'Héliopolis à une petite ville qui n'a jamais, depuis tant de siècles, pu prendre d'accroissement? Voici, selon moi, la solution de cette question. Quand les Arabes ont fait la conquête de la basse Egypte, Héliopolis était trop ruinée pour rester le chef-lieu de la province. Tout en fondant Fostât à l'issue de la vallée de l'Egarement, pour être plus à portée des nouvelles et des secours de l'Arabie, et en élevant de magnifiques édifices à la nouvelle religion (témoin la mosquée de son nom), A'mrou ni ses successeurs ne pouvaient donner pour centre à l'administration de cette préfecture un lieu aussi éloigné d'Atryb (l'une de ses limites). Qelyoub s'éleva donc à deux lieues vers l'ouest d'Héliopolis, c'est-à-dire dans une position encore plus centrale et plus convenable que l'ancienne cité, et surtout plus éloignée des sables du désert. On y transporta sans doute d'Héliopolis des matériaux de construction, avec la population locale, et la nouvelle ville succéda à l'ancienne, quant au nom et au titre de chef-lieu : mais pour s'accroître au même degré et prendre le même rang entre les villes d'Egypte, il n'eût pas fallu qu'il existât à peu de distance (quatre lieues seulement) une ville comme Fostât, remplacée elle-même, trois à quatre siècles après, par une ville encore plus grande. Au temps des anciens rois, Héliopolis avait pu être une ville grande et peuplée, et fleurir en même temps que Memphis; mais les mêmes circonstances n'existaient plus. Sous les Arabes de l'Egypte, il n'y avait pour la religion qu'un centre unique, placé à Fostât, et depuis au Kaire, tandis qu'Héliopolis n'était qu'un des trois grands colléges de l'antique Égypte. Il me paraît donc très-probable, sinon tout-à-fait certain, que l'accroissement de Fostât, et surtout celui du Kaire, empêchèrent Qelyoub de prendre un grand développement : le nom seulement resta à la province, et il lui appartient encore aujourd'hui.

§. II. *Canal dit* de Trajan.

Dans la Description de la ville du Kaire, je donne quelques détails historiques sur le canal qui, après avoir pris naissance dans le petit bras du Nil, en face de l'île de Roudah, traverse le Kaire, et va arroser la province de ce nom. Ici je ne dois mentionner qu'en passant la part que les Arabes ont prise à ce canal, il n'est question que de l'état de choses qui les a précédés. Or, de l'aveu même des écrivains de cette nation, un canal sortait du Nil, au temps des empereurs romains, non loin de Babylone; il portait le nom de *Trajanus canalis*, il avait été creusé par ordre d'Adrien, ainsi que l'affirme el-Maqryzy. Ainsi, quand les Arabes lui ont donné le nom de *canal du Prince des Fidèles*, il existait déjà, et tout ce qu'ils ont pu faire a été de le recreuser et de rectifier son cours en quelques points. Au reste, le même el-Maqryzy s'exprime ainsi : « Ce canal se nommait originairement le canal de Mesr (ou de Fostât)..... Il fut aussi désigné sous le nom de *canal du Prince des Fidèles*, c'est-à-dire d'O'mar ben el-Khattâb, qui le fit recreuser [1]. »

Sans doute Adrien lui-même ne fit pas une autre opération à l'égard du canal; l'un des rois grecs l'avait ouvert ou rendu navigable plusieurs siècles avant lui. « Il fut creusé *une seconde fois*, dit el-Maqryzy, par

---

[1] Traduction de M. Langlès (Notice des Mss de la Bibliothèque, etc. tom. vi, page 334.)

Adrien César, roi de Rome [1]; » comme il baigne les ruines d'Héliopolis, je ne doute même pas qu'il n'existât dès la plus haute antiquité. Les fables débitées par les écrivains arabes sont moins suspectes ici qu'ailleurs, puisqu'ils n'étaient pas intéressés à dépouiller O'mar de la gloire de l'entreprise; el-Maqryzy prétend que l'un des Pharaons d'Égypte, Thouthis, fit creuser *au pied de la montagne, dans la partie orientale de l'Égypte,* un canal par le moyen duquel les vaisseaux se rendaient dans la mer Rouge [2].

L'objet du canal dont il s'agit ici était uniquement de faire communiquer les eaux du Nil avec celles de la mer Rouge, en les portant jusqu'à la vallée de Saba'byâr, l'ancienne terre de Gessen, où, d'un autre côté, les eaux du golfe pouvaient se rendre à l'aide d'une pente naturelle suffisante. Cette route était plus courte pour faire communiquer la mer Rouge avec un point des bords du Nil, tel que Memphis par exemple, que celle de la branche Pélusiaque, en y entrant par le canal creusé par Nécos fils de Psammétique entre Bubaste et la vallée dont j'ai parlé. Quoi qu'il en soit, l'existence du *Trajanus canalis* est suffisamment attestée par le témoignage de Ptolémée le Géographe. « Le *Trajanus amnis*, dit-il, coule à travers Héroopolis et Babylone. » Quant à la carte jointe à son texte, elle n'est pas ici moins défectueuse qu'à l'ordinaire; le canal y est dirigé droit à l'est de Babylone, c'est-à-dire à travers la chaîne du Mo-

---

[1] Traduction de M. Langlès (Notice des Mss de la Bibliothèque, etc., tome VI, page 336).

[2] *Ibid.* page 335.

qatam. Il serait hors de propos d'entrer ici dans aucun détail sur le grand canal proprement dit, au sujet duquel, d'ailleurs, M. Le Père est entré dans les plus grands développemens dans son Mémoire sur le *canal des deux Mers :* je négligerai donc ici les passages d'Hérodote, de Strabon, de Diodore de Sicile et de Pline, lesquels s'appliquent seulement au bras tiré du fleuve Pélusiaque, vers Bubaste, et non à la branche venant de Babylone, c'est-à-dire le canal qui arrose le Kaire et sa province.

Cette dernière branche avait-elle dans l'origine sa prise d'eau dans le fleuve, au même point que le canal actuel, ou bien plus près de Babylone ? c'est ce qu'il est impossible de décider. Quant à son embouchure ou point de concours avec les eaux de la mer Rouge, il est nécessairement déterminé par la position de la vallée de Saba'byâr, et elle ne pouvait pas être éloignée de l'issue du canal de Nécos, entre cette même vallée et le bras Pélusiaque. Son cours entier est de dix-huit lieues de développement, si l'on part d'A'bbâçeh.

Si le canal dit de Trajan a cessé, avec les autres canaux qui faisaient partie de ce grand ouvrage, de servir de communication entre l'Arabie et l'Égypte, il a continué cependant d'arroser la province et de porter des eaux à Belbeys, l'ancienne Phelbès; j'en ai suivi et relevé le cours jusqu'après el-Menâyr : sa largeur moyenne est de 6 mètres, et il est souvent beaucoup plus large. Voilà donc un des plus importans ouvrages de l'antiquité conservant de nos jours une partie de son utilité : il suffirait pour signaler à la reconnaissance de l'Égypte moderne l'industrie des anciens habitans, ainsi que la prévoyance et la sagesse des princes qui ont régné sur eux.

§. III. *Du village appelé* Delta, *correspondant à Beçous.*

Selon Strabon (lib. XVII, p. 788), la partie supérieure (ou la pointe) du triangle formé par les deux principaux bras du Nil[1] et la mer, était nommée *Delta* comme le triangle entier, et il s'y trouvait une bourgade portant aussi ce même nom : κώμη... καλεῖται Δέλτα. D'Anville n'a fait aucun usage de ce passage de Strabon, qui mérite cependant d'être mentionné et appliqué à l'étude de l'état actuel des lieux. Je regarde le village de Beçous comme le reste de l'ancien bourg appelé Delta. En effet, il est à 3 schœnes de Memphis, comme le demandent Strabon entre le Delta et cette capitale, el-Edriçy, qui indique 3 parasanges dans le même intervalle, enfin Pline, qui lui assigne quinze milles, aboutissant à la partie nord de Memphis. Deux autres distances que rapporte Strabon, d'après Artémidore d'Éphèse, l'une de 28 schœnes à partir d'Alexandrie, l'autre de 25 schœnes à partir de Péluse, se rencontrent encore au même endroit ou à fort peu près[2]. Nul doute, comme j'ai eu l'occasion de le dire ailleurs, que ce point ne fût l'origine de la séparation du Nil en deux grandes branches, la Pélusiaque et la Canopique, quoique bien loin de l'origine actuelle du Delta. Le *Ventre de la Vache*, *Batn el-Baqarah*, comme on l'appelle aujourd'hui, est

---

[1] La Canopique et la Pélusiaque.
[2] *Voyez* l'Exposition du système métrique des anciens Égyptiens, tome VII, page 26.

trois fois aussi éloigné du Kaire que l'est Beçous. Ce village présente peu de vestiges apparens d'antiquité; il n'est remarquable que par le grand pont arabe en pierre, qui en est très-voisin [1], et par la tête du canal Abou-Meneggeh (le reste de l'ancienne branche Pélusiaque). Cette prise d'eau est seulement à cinq minutes de chemin de Beçous, vers le sud-est : c'était donc là l'origine du Delta depuis les temps les plus reculés, au moins depuis l'époque d'Hérodote, et encore sous Ptolémée le Géographe [2]. Je pense même, quoique cette bifurcation du Nil ne puisse plus à présent rester stationnaire, et qu'elle soit destinée à s'avancer encore vers le nord et l'ouest, puisque telle est la pente du fleuve, que, dans les temps antérieurs au voyage d'Hérodote, et depuis que le fleuve a pris un cours fixe dans la vallée, elle a toujours existé à peu près au point dont il s'agit, et non en un point situé beaucoup plus au sud. En effet, au midi de Babylone, le Moqatam maintenait le Nil dans un lit unique; au nord de Babylone, la bifurcation pouvait avoir lieu tout au plus à la tête de l'île de Choubrä à une lieue au-dessus de Beçous (car je ne pense pas que l'on puisse regarder le canal de Trajan comme le reste du cours de la branche Pélusiaque à une époque très-reculée). Je dois faire mention ici d'un point qui est en correspondance avec celui de *Delta,* bien qu'extérieur à la province; c'est celui de *Cercasorum* ou *Cercesura,*

---

[1] Il sera décrit ailleurs : le pont de Beçous et les autres ponts du canal Abou-Meneggeh ont été réparés par le sultan Rokn el-Douniaou el-dyn Beyhars, dans l'année 1259 de notre ère.

[2] *Voyez* note [2] page 324.

où, selon Hérodote, le Nil se partageait en deux branches[1]. Ce lieu était en face du premier, sur la rive gauche, car Strabon dit que *Cercesura* était du côté de la Libye, près des miroirs d'Eudoxe[2]. Nous savons qu'Eudoxe a observé à Héliopolis, peut-être l'a-t-il fait aussi en quelques endroits du voisinage, et dans tous les cas, la distance des lieux est peu considérable. Il serait curieux de trouver, dans l'étymologie de Κερκασωρον, Κερκεσυρα, et *Cercesura* selon P. Mela, un sens analogue à la division du fleuve en plusieurs branches; mais je n'essaierai pas cette recherche, et je renverrai au Mémoire sur la géographie comparée, à l'article du nome Letopolites dont *Cercasorum* faisait partie : c'est là que j'exposerai d'autres considérations géographiques sur le Delta et sur ses différentes divisions.

§. IV. *Branche Pélusiaque, branche Athribitique, et canal de Felfel.*

Comme je traite en détail, dans le mémoire qui vient d'être cité, des différentes branches du Nil, je dois me borner ici à peu de mots. En parcourant la province de Qelyoub pour mes opérations topographiques, j'ai eu occasion de voir et d'étudier le cours d'un grand canal, parfois à sec, d'autres fois à grand courant, très-remarquable par son lit bien encaissé, son égalité, sa profondeur, enfin sa largeur qui va à 40 mètres : il se nomme *canal de Felfel.* Je ne l'avais vu mentionné dans aucune carte ou ouvrage de géographie. Il arrose par des dé-

---

[1] L. II, c. 15 et 97.   [2] L XVII, p. 866.

rivations les terres de Benhâ el-A'sel et la plaine d'Athribis. A el-Choumout, il a 20 à 30 mètres de largeur et 2 à 3 de profondeur, et il porte un très-beau pont en briques, large de 8 mètres, qui ne paraît pas être de construction arabe. Un grand bras s'en dérive à Koum el-Atroun et se rend à Myt-Kenân. Après avoir suivi ses bords pendant une huitaine de lieues, il me vint à la pensée que ce devait être une des anciennes branches, et que ce pouvait être la branche Pélusiaque, sur laquelle à cette époque on était encore incertain. Mais j'ai abandonné depuis cette idée, parce que le canal de Felfel prend sa source, du moins aujourd'hui, dans la branche de Damiette, à Kafr Syâfeh, c'est-à-dire extrêmement loin de Beçous ou de la tête de l'ancien Delta, qui est l'origine nécessaire de la branche Pélusiaque : là il a 20 mètres de large et 3 de profondeur. C'est cette remarque même qui m'a conduit à examiner avec soin les nombreux canaux qui arrosent cette riche province, afin de démêler entre eux ce qui appartient à chacune des branches mentionnées par les auteurs.

Or, dans ce seul espace, coulaient, en outre de l'*amnis Trajanus*, et selon les divers passages d'Hérodote, de Diodore, de Strabon, de Pline, de P. Mela, le fleuve Pélusiaque ou Bubastique, le fleuve Athribitique, le fleuve Canopique, le fleuve Sébennytique, et même une partie du Busiritique. Voici le résultat des recherches auxquelles je me suis livré à ce sujet [1], et qui est en partie confirmé par celles de mes collègues,

[1] *Voyez* le mémoire sur la géographie comparée, et la carte *ancienne et comparée* de la basse Égypte.

notamment de MM. Dubois-Aymé et Devilliers. La branche Pélusiaque de tous les auteurs sortait du grand fleuve près de Beçous, comme on vient de le voir au paragraphe précédent : c'est le canal Abou-Meneggeh.

La branche Athribitique sortait, non du Nil même, mais de la branche Pélusiaque, à une demi-lieue au sud de Qelyoub, se dirigeait vers le nord, suivait la même route que le grand canal de Felfel vers Atryb, et il continuait ensuite en se confondant à Kafr Moueys avec la branche actuelle de Damiette, la Sébennytique d'Hérodote.

La branche Canopique commençait au même point que la Pélusiaque, en se portant à l'ouest-nord-ouest; c'est aujourd'hui le grand Nil jusqu'au Ventre de la Vache, et ensuite la branche de Rosette.

Enfin la branche Sébennytique de Strabon, la même que la Thermutiaque de Ptolémée, sortait de la Canopique au même point de *Batn el-Baqarah*, et continuait par Chybyn el-Koum. Quant à la Sébennytique d'Hérodote, c'était la même que l'Athribitique de Ptolémée. A la vérité, il y a dans les canaux aujourd'hui existans et représentant, selon moi, cette dernière, une petite interruption vers Qaranfyl[1]; mais c'est probablement une partie comblée par les dépôts du Nil et par la culture : la distribution des eaux ne permet guère, je pense, une autre explication. La portion du canal de Felfel qui avoisine sa prise d'eau dans la bran-

---

[1] Du canal principal sort une dérivation à Sendyoun. Entre Qahâ et Qaranfyl, on suppose une autre communication de moins d'une lieue, aujourd'hui oblitérée, allant rejoindre vers Qarqachandé le petit canal qui se jette dans le bras de Felfel, à el-Ahmar.

che de Damiette, à Kafr el-Syafeh, me paraît être un canal de communication qui s'est établi par la suite des temps, et il en est peut-être de même de la portion de la branche de Damiette comprise entre la tête du canal de Melyg et celle du canal de Moueys. Cette dernière communication, ouverte par le poids des eaux à une époque où l'encombrement de la Sébennytique de Strabon les aura forcées de refluer vers l'est, a ainsi réuni cette branche avec la Sébennytique d'Hérodote. Je terminerai en faisant remarquer que cette dernière correspond non-seulement à l'Athribitique, mais encore à la Phatnique de Strabon jusqu'à Iséopolis, et que son embouchure est la même que celle du canal Achtoun-Gammaseh ou la bouche Pineptimi, l'une des deux fausses bouches du Nil, tandis que la Sébennytique de Strabon, après avoir arrosé Onuphis, Buto, Paralus, se jetait dans la mer au même point que la bouche actuelle du lac Bourlos[1]. Enfin une petite portion de la branche Busiritique de Ptolémée coule dans cette province : c'est le canal qui sort de l'Abou-Meneggeh (ou du Pélusiaque) à Chybyn el-Qanâter, se dirigeant vers le nord : il rejoint la branche de Damiette à Mansourah.

§. V. *Restes antiques à Choubrä, Qelyoub, Ramleh, el-Choumout et Myt-Kenân.*

La position de Choubrä el-Kheymé à l'ouest d'Héliopolis, n'est pas assez éloignée des ruines pour qu'on

---

[1] *Voyez* la carte *ancienne*, etc.

s'étonne d'y trouver des morceaux antiques. J'y ai vu, ainsi qu'à Damanhour Choubrà, des fragmens de colonnes de granit, et quelques tronçons de colonnes disposés en meules coniques[1]. Qelyoub, situé à environ deux lieues et demie des restes d'Héliopolis, renferme une grande quantité de débris. En succédant à Héliopolis, comme je crois qu'elle l'a fait, cette bourgade fut sans doute bâtie en grande partie avec les matériaux de la ville égyptienne. J'y ai vu dans les rues des blocs et des fragmens de colonnes en granit, et dans la cour d'une maison, le piédestal et partie du fût d'une colonne dont les moulures sont parfaitement sculptées, et de l'époque romaine[2]. La porte de la maison avait pour seuil une pierre égyptienne, ornée de figures et d'hiéroglyphes bien conservés.

Qelyoub est une ville bâtie en pierres et en briques, de 2900 mètres (environ 1500 toises environ) de tour, située très-agréablement non loin de l'ancien canal Athribitique; celui-ci sort de l'Abou-Meneggeh, canal encore navigable, large de 40 pieds et profond de 4. Elle renferme cinq mosquées, dont une très-grande ; une école, une assez belle place, des fabriques, des bazars et des marchés fréquentés par une grande affluence de peuple : cependant elle est bien moins peuplée que son étendue ne le comporte. Les environs de la ville sont embellis par des jardins qu'ombragent des arbres magnifiques, des orangers, des citronniers, des sycomores, et abreuvés par des citernes bien entretenues.

---

[1] Voyez *E. M.*, *Arts et métiers*, pl. 1, fig. 3, pl. XII et XXVI.

[2] Voyez *Antiq.*, vol. v, pl. 27, fig. 15.

On voit quelques restes d'antiquité dans l'ouest de la province, par exemple à Qarqachaudeh près de Terseh, et à Komboutin, où sont de très-anciennes constructions en briques; vers le nord, à el-Choumout, fort village sur une des branches du canal de Felfel, où l'on voit un ancien pont en briques de trois arches, parfaitement bâti et non de construction arabe, d'environ 16 mètres $\frac{1}{2}$ sur 8; une grande digue aussi en briques, servant à élever le niveau des eaux; à Myt-Kenân, un gros village à trois mosquées, sur la même dérivation du canal de Felfel, avec un grand pont en briques de quatre arches *en plein cintre*, pont d'une très-bonne et ancienne construction, qui a été réparé grossièrement par les Arabes, et qui est long de 23 mètres, large de 6; plus loin, un autre pont semblable de deux arches, et une digue ancienne, solidement construite en briques, qui sert de chaussée en même temps qu'elle retient les eaux de l'inondation. Tout ce travail et le ciment sont de la même sorte que ceux de la digue d'Athribis, et appartiennent à la même époque; l'arrangement des briques du pont, obliquement disposées, est digne de remarque; enfin, autour du lieu sont des citernes d'un travail antique. Tous ces ouvrages d'art me paraissent fixer la place d'un des principaux cours d'eaux qui existaient dans l'antiquité. Ainsi le canal Athribitique, dérivé lui-même du Pélusiaque, donnait naissance autrefois, comme aujourd'hui, à une branche navigable, dirigée vers l'est, et s'écoulant du côté de Tanis : c'est la branche Saïtique d'Hérodote, et Tanitique des auteurs. On trouve d'ailleurs à Myt-Kenân des tronçons de colonnes de granit, des fragmens cannelés; un de ces tronçons porte une tête sculptée, un peu usée, qui paraît être celle d'un belier[1]; une des colonnes avait 2 mètres de diamètre. D'anciens murs en briques et leur ciment portent le cachet de la haute antiquité : tout porte donc à croire qu'il y avait là une ancienne position. En outre, à une lieue et demie au nord-est de Myt-Kenân, j'ai vu une longue butte de ruines, du même aspect que celles d'Atryb : les Arabes rapportent qu'il y avait là anciennement *une ville*.

§. VI. *Scenæ veteranorum, Onion, Castra judæorum.*

Les auteurs modernes ont placé *Scenæ veteranorum* en divers endroits, et l'on n'est point d'accord sur cette position : d'Anville supposait ce lieu à El-Khanqah; il en est de même du P. Sicard; mais je ne crois pas que le voyageur qui aura examiné le village de *Chybyn el-Qanâter* ou *Chybyn des Ponts*, et jeté ensuite un coup d'œil sur l'Itinéraire d'Antonin, route d'Héliopolis à Péluse, puisse hésiter sur cette question. L'itinéraire assigne une distance de xiiii milles romains entre *Scenæ veteranorum* et Héliu ou Héliopolis : or on trouve exactement ces quatorze milles entre l'obélisque d'Héliopolis et les ponts de Chybyn[2]. En second lieu, ce pont en

---

[1] J'ai cru voir d'abord autour de cette tête des rayons figurés, mais je conjecture que la pierre a été façonnée pour une meule de moulin, et que ce sont simplement des traits creusés pour faciliter la mouture.

[2] L'itinéraire donne en cet endroit xiiii, en un autre xviii, pour la distance d'Héliu à *Scenæ veteranorum*. Le choix entre ces nombres n'est pas douteux, à cause de la position par rapport à Thoûm; de plus,

pierre de taille, ayant quatre arches en plein cintre (quoiqu'inégales), est l'ouvrage des Romains; on n'en peut douter, en le comparant aux ponts de la plaine des Pyramides et de Beçous, et aux nombreux ponts arabes de la province. Les fondations et les arches sont évidemment romaines, ainsi que tout le travail, sauf les parties accessoires que les Arabes y ont ajoutées. Les piles sont garnies d'éperons saillans, en forme de prismes triangulaires; une partie du pont est en briques : le lecteur peut consulter à ce sujet les dessins gravés dans l'ouvrage[1]. On a pratiqué une digue en briques, du même travail que le pont, et qui est aujourd'hui en ruines; elle servait à retenir les eaux du canal Abou-Meneggeh du côté du midi. En troisième lieu, Chybyn renferme diverses constructions antiques qui démontrent l'existence d'une ancienne position.

Au reste, des ponts étaient indispensables en cet endroit pour traverser la branche Pélusiaque et se rendre à Phelbès, à *Vicus judæorum*, à Thoum, etc. Pour un motif que j'ignore, un second pont a été construit sur le canal, non loin du premier.

Le village de Chybyn est encore un des plus considérables de la province; il est placé au point de concours de deux canaux et auprès d'un troisième. C'est là, selon moi, que la branche Busiritique de Ptolémée sortait de la Pélusiaque. Quel était le nom antique de cette position? On l'ignore. Celui de *Scenæ veteranorum* est

l'une des unités i a pu être changée en v, comme il est arrivé souvent.

[1] Voyez *E. M*, vol. 1, pl. 74, fig. 5 : ce monument aurait pu être placé dans la partie des *Antiquités*, sans les détails modernes qui sont l'ouvrage des Arabes.

assez récent, puisqu'il indique une station militaire du Bas-Empire, les *tentes* ou le *camp des vétérans*. D'après la Notice de l'empire, des cavaliers appelés *Thamudeni* y étaient en résidence[1].

A Tahoury, près de Chybyn, j'ai vu le piédestal et partie du fût d'une colonne en granit.

De *Scenæ veteranorum* à Onion la distance était d'environ une lieue au sud-sud-est. On sait qu'il y a eu en cet endroit un temple fameux, que Ptolémée Philométor permit au pontife Onias d'élever : il fut fermé sous Vespasien. Ce nom d'Onion rappelle celui d'Héliopolis : *Ôn* était le nom du soleil en Égypte selon saint Cyrille, et la traduction latine du mot Ἡλίʉ dans la géographie de Ptolémée est *Onii*; et même Héliopolis est appelé ΩN dans la version qobte de l'Exode et dans beaucoup de manuscrits qobtes[2] : ce nom ne peut donc être sans rapport avec Héliopolis. Je regarde le lieu comme étant le même que celui qui s'appelle aujourd'hui *Tell-Yhoudyeh*, c'est-à-dire la Colline des Juifs : c'est une butte ou massif de ruines très-étendues, qui paraît composée en entier de terres rapportées, et qui forme comme un pâté isolé de toutes parts, au milieu d'une plaine : ce lieu serait excellent pour un observatoire; aussi, de ce point, j'ai relevé un grand nombre d'angles et de positions. Je n'y ai pas aperçu de constructions en pierre, mais j'y ai vu seulement des excavations et des fouilles très-considérables.

On a placé *Vicus judæorum* à Tell-Yhoudyeh, et

---

[1] *Sub dispositione viri spectabilis comitis rei militaris per Ægyptum...* EQUITES SARACENI *Thamudeni Scenis veteranorum.* (J. Pancirol. comment. in not. imp. dignit. utr p. 87.)

[2] *Voyez* d'Anville, *Mémoires sur l'Egypte*, p. 114, et les *Mémoires hist. et géog. sur l'Egypte*, par M. Et.

j'avais d'abord adopté cette opinion, mais je crois qu'il faut l'abandonner. Il me paraît qu'on s'est décidé par une simple analogie, par le seul rapport des noms : c'est ainsi qu'on a placé Selæ à Sâlehyeh, etc.; mais on n'a pas fait attention qu'il existait de ce côté trois positions appartenant aux Juifs, et pouvant donner lieu au même rapprochement : alors pourquoi placer l'une plutôt que l'autre à Tell-Yhoudyeh ? Ce sont *Onion*, *Castra judæorum* et *Vicus judæorum*. Il existe un lieu correspondant pour chacune d'elles; et, quant à la dernière, les distances de l'itinéraire s'opposent absolument à ce qu'on lui assigne Tell-Yhoudyeh pour emplacement. *Vicus judæorum* était à xxxvi milles de la Babylone d'Égypte, sur la route de Thou ou Thoum (même lieu que Pithom), aujourd'hui A'bbâçeh : c'est une condition à laquelle il faut satisfaire : or, il existe un lieu qui la remplit parfaitement, comme on le verra plus loin, qui est bien à xxxvi milles des ruines de Babylone, sur une ligne plus orientale, et cette ligne passe par el-Khanqah, lieu important sur la limite du désert, jadis plus peuplé et habité. C'est un point sur lequel je reviendrai dans le *XXII*e chapitre des *Antiquités*.

Onion[1] était, selon Joseph, distante de 180 stades de Memphis; je soupçonne qu'on a écrit cent pour deux cents, et qu'il faut lire $\sigma'\pi$ au lieu de $\rho'\pi$; la mesure de 280 stades tombe en effet juste sur Tell-Yhoudyeh, à partir de la partie sud de Memphis. C'est entre la branche Pé-

---

Quatremère, t. i, p. 420. *Voy.* aussi *l'Egypte sous les Pharaons*, par M. Champollion jeune, t. ii, p. 41

[1] *Voyez* la description des antiquités de l'isthme de Soueys, par M. Devilliers, tome v, page 138.

lusiaque et le *Trajanus canalis* (que je crois remonter à une haute antiquité), et par conséquent dans une position isolée et facile à défendre, enfin sur les ruines d'un ancien temple de la déesse Bubaste, s'il faut en croire Joseph, que le temple juif fut élevé, ainsi que les habitations contiguës. Le monument avait, dit-on, 80 coudées d'élévation.

La position de Ἡλίȣ (*Onii*) est essentiellement différente de Ἡλιοπόλις, et ici Ptolémée a été critiqué à tort par d'Anville et d'autres savans. Il donne la même longitude à ces deux villes : c'est ce qu'on reconnaîtra sur la carte comme exact [1]. A la vérité, il donne 20′ de différence en latitude, et la différence est moindre dans les cartes modernes. Au reste, pourquoi s'étonner de voir dans le même nome deux lieux différens, Ἡλίȣ et Ἡλιȣπλόις, puisqu'on retrouve dans la province, outre les ruines de ΩΝ (Héliopolis) celles de Onion, *Heliu*, indiquées par Joseph, aussi bien que par Ptolémée.

A l'égard de l'autre position des Juifs, dite *Castra judæorum*, citée dans la Notice de l'empire, je lui assigne pour place un lieu couvert de ruines, qui est peu éloigné de Tell-Yhoudyeh, vers l'est, mais sur la rive droite de l'*Amnis Trajanus*.

§. VII. *Noub, Abousyr, el-Khousous, Auleu.*

Le Qelyoubyeh ou la province de Qelyoub renferme encore plusieurs autres lieux, qui ont succédé, selon moi, à des positions antiques, mais où l'on observe peu de ruines d'antiquités. Les villages de *Noub* et

[1] *Voyez* la carte *ancienne et comparée* de la basse Égypte.

Tahâ-Noub sont dans ce cas; ils rappellent par leur nom celui de plusieurs lieux de l'ancienne géographie de l'Égypte, tels que Ch-nub-is et Ca-nob-us (terre d'Or, selon Aristide le Sophiste)[1], de *Kahi-nnoub*, ⲔⲀϨⲒ ⲚⲚⲞⲨⲂ; de là peut-être A-nub-is. Je pense qu'on rencontrera quelques anciens vestiges en ces deux endroits placés sur la branche Pélusiaque, et que je n'ai guère fait que traverser. Selon un savant orientaliste, ⲦⲞⲨϨⲞ ⲚⲚⲞⲨⲂ signifie, en qobte, le lieu de l'or[2]. J'ignore si ce mot de ⲦⲞⲨϨⲞ doit se traduire par *le lieu*, mais on ne peut nier la conformité du nom de la position qobte avec le nom actuel.

C'est sans doute encore une ancienne position qu'A-bousyr, village aujourd'hui dans le désert, auprès de Birket el-Hâggy ou du lac des Pélerins. Ce nom, on le sait, a été imposé par les Arabes à des lieux appelés jadis, soit Taposir-is, soit Busir-is, comme près d'Alexandrie, de Semennoud, de Memphis, et aussi en divers endroits de la haute Égypte. On ne peut nier que les Grecs eux-mêmes aient altéré les noms antiques, ainsi qu'ont fait à leur tour les Arabes des noms des Grecs[3]; ceux-ci n'auraient-ils pas retranché arbitrairement la première syllabe du nom du lieu, qui est Taposiri en qobte, et fait de là Busiris? Dans un autre cas, ils auraient conservé le nom tout entier, comme dans Taposir-is. Les Arabes, à leur tour, n'ont-ils point, du premier de ces mots, Busir-is, fait A-bousir, non pas pour

---

[1] *Orat. Ægypt.* t. III, p. 698. *Voyez* Jablonski, p. III, pag. 141, et le Dictionnaire de Lacroze.

[2] *L'Égypte sous les Pharaons*, par M. Champollion, t. II, p. 43.

[3] *Voyez*, dans le chap. *XXII*, un

compléter le nom un peu davantage, mais pour placer devant B-ousir l'élif initial par pure euphonie, comme ils ont fait dans E-sné, A-souân, A-chmim, A-syout, A-sfoun, etc.; ou peut-être pour introduire ici bizarrement le mot *abou* de leur langue, suivant une pratique qui leur est familière? Quoi qu'il en soit, le nom d'Osiris figure constamment dans tous ces mots, et le nom antique y subsiste, avec le retranchement, soit d'une lettre par les Arabes (A-bousir), soit de deux lettres par les Grecs (B-ουσιρ-ις), et par les Arabes, (B-ousyr').

El-Khousous est un fort village où j'ai aperçu beaucoup de fragmens antiques en granit et en grès. Je les ai crus d'abord apportés des ruines d'Héliopolis, l'obélisque en étant éloigné d'une lieue, mais, en y réfléchissant, j'ai renoncé à cette opinion. Les morceaux antiques d'el-Khousous n'ont pas été transportés d'ailleurs, et ce lieu me paraît être sur le site même des ruines d'Héliopolis. Ce point était la limite septentrionale de la ville : en effet, depuis l'aiguille jusque là, on rencontre des débris de tout genre, le terrain est souvent plus élevé que la plaine, et il y aurait continuité de sol d'un bout à l'autre, comme dans le sens de l'est à l'ouest, depuis l'Aiguille jusqu'au *Trajanus canalis*, si la terre n'avait pas été couverte de limon, et si la charrue n'avait pas nivelé plusieurs parties. Il ne faut pas borner Héliopolis à l'enceinte de chaussées ou de

---

exemple encore plus bizarre de l'altération des noms par les Arabes.

[1] *Voyez* la Description de Memphis, etc. (ci-dessus, t. v, p. 51-52), où plusieurs réflexions sur cette même question sont présentées avec de légères différences. *Voyez* aussi p. 355 ci-dessous à l'art. d'*Abousyr*.

remparts située à la partie méridionale, au milieu de laquelle se trouvait le temple et où subsiste encore l'obélisque; ni la circonscrire dans l'enceinte polygonale qui est plus loin, puisque, dans l'espace d'une lieue au-delà, tant au nord qu'à l'ouest, il y a des ruines, des décombres et des débris de toute espèce. A el-Khousous, en particulier, j'ai vu des fragmens de statues colossales et des chapiteaux d'un beau travail, qui n'ont pu être transportés. L'un de ces chapiteaux est de fort belle brèche siliceuse[1]; sa matière est le beau grès memnonien, matière dure que les sculpteurs ont trouvée peu loin de là, à *Gebel el-Ahmar*, la Montagne Rouge[2]. Il est à côtes, au nombre de huit, et rappelle ceux de Louqsor et de plusieurs autres villes; j'ai trouvé ce beau morceau auprès d'une salle de bains[3]. Au même lieu, j'ai vu une tête colossale, qui devait avoir 8 décimètres : en proportion, la figure entière avait environ 6 mètres. Du côté du couchant, je crois que la ville s'étendait jusqu'à Moutsourad ou Mytsarad, et peut-être à Behtym; enfin, à l'est, du côté du désert, il y a des ruines de peu d'importance; la plaine est sablonneuse et très-peu élevée au-dessus du sol cultivable. On peut conclure qu'Héliopolis avait du nord au sud environ 5000 mètres, et de l'est à l'ouest au moins 3000, espace qui supposerait une population de 200000 habitans, en admettant les $\frac{2}{3}$ de celle de Paris. Si l'on fai-

---

[1] Le grès dur n'a pas été travaillé en chapiteaux ou en colonnes dans la haute Égypte. Les premiers sont toujours en grès tendre ou en pierre calcaire; on doit penser que le fût de celui d'el-Khousous était aussi en grès-poudingue.
[2] *Voyez* la Description des environs du Kaire, ch. iv, §. 4, p. 480.
[3] *Voyez* pl. 27, *A.*, vol. v, fig. 2.

sait des fouilles dans cet espace, travail digne d'un gouvernement éclairé, on trouverait, je n'en doute point, des restes précieux d'une ville qui fut la troisième de l'Egypte ancienne, en grandeur et en célébrité[1].

La table Théodosienne renferme une position qui m'a long-temps embarrassé, c'est celle d'*Auleu*, nom qu'on chercherait vainement ailleurs ; elle a échappé à d'Anville : je crois avoir reconnu que ce n'est qu'un seul et même lieu avec Héliopolis. Il me paraît certain que c'est un nom corrompu, venant du mot *Heliu* de l'Itinéraire. Il est vrai que, dans la Table, *Auleu* est à la gauche de la branche Canopique, mais c'est par suite du système de construction de cette partie de la carte. Auleu, comme Heliu, était à xxiv milles de Memphis ; Babylone était au milieu, entre ces deux stations. Ce qui paraît d'ailleurs une confirmation décisive, c'est que d'Auleu à Nicii il faut xxxvi milles, suivant la table Théodosienne, et c'est ce qu'on trouve exactement entre Héliopolis et Menouf, lieu reconnu pour être le même que Nicii, ou le chef-lieu du nome Prosopites[2].

---

[1] Je dois renvoyer ici au *ch. XXI*, consacré spécialement à la description d'Héliopolis, comme je l'ai déjà fait au commencement de celui-ci.

[2] C'est ici une nouvelle application de la règle que j'ai en plusieurs fois l'occasion de signaler ; savoir, que les distances des itinéraires et même celles des anciens auteurs sont exactes, si on les prend en ligne droite, et ne sont exactes qu'en ligne droite ; d'où j'ai conclu que toutes ces distances avaient été relevées d'après une échelle, sur une ancienne carte égyptienne, mais non sur les contours d'un chemin fréquenté réellement, et ensuite converties en mesures grecques et romaines. *Voyez* les volumes d'*Antiquités-Mémoires* et *Antiquités-Descriptions*.

CHAPITRE XXII.

DESCRIPTION

DES

ANTIQUITÉS D'ATHRIBIS,

DE THMUIS

ET DE PLUSIEURS NOMES DU DELTA ORIENTAL,

Par M. JOMARD.

SECTION PREMIÈRE.

Description des ruines d'Athribis, et remarques sur les villes des nomes d'Athribis, de Busiris, de Pharbœtus et de Bubaste [1].

§. I. *Athribis, et nome Athribites.*

Quoiqu'il n'existe pas de distances itinéraires rapportées par les anciens auteurs pour fixer l'emplacement de l'ancienne Athribis par rapport à des lieux connus, il n'existe cependant aucune incertitude sur sa position. Des ruines très-étendues, situées sur la rive droite

---

[1] Pour ce qui regarde la circonscription des nomes, consultez le Mémoire sur la géographie comparée.

de la branche actuelle de Damiette et très-près du canal de Felfel, qui est l'ancien fleuve Athribitique, portant le nom d'Atryb, enfin placées à la latitude que Ptolémée assigne à la ville d'Athribis, lèvent toute espèce de doute sur la correspondance de ce lieu avec l'ancienne capitale du nome Athribitique. Ptolémée donne pour latitude 30° 30′, et dans la carte moderne le village d'Atryb est par 30° 29′, à fort peu près.

Le nom de la ville ancienne est écrit dans Étienne de Byzance d'une manière particulière, savoir : Atharrabis, Ἀθάρραβις, ce qui semble avoir fait croire à plusieurs savans que le mot *Athribis* était une contraction, les premières syllabes du mot formant le nom d'une divinité égyptienne (*Athor*). On trouve aussi dans Pline Atharrabites, et dans le même Étienne, Ἀθαράμβη. Le P. Sicard, dans sa carte, a supposé une ville sous chacun de ces deux noms. Mais ni l'une ni l'autre de ces hypothèses ne paraissent avoir de fondement, et les auteurs modernes s'accordent à regarder les noms dont il s'agit comme corrompus. On sait que bien d'autres noms rapportés dans le Traité d'Étienne de Byzance ont été altérés et défigurés.

Athribis a conservé long-temps l'importance qu'elle avait sous les anciens rois, et même elle a vu accroître sa splendeur. Chef-lieu de préfecture sous les Grecs et les Romains, elle était, à l'époque d'Ammien Marcellin, l'une des plus grandes villes de l'Égypte[1] ; long-temps elle fut, sous les chrétiens, un siége épiscopal.

[1] L. xxii, c. 16, p. 431, ed. Valesio.

D'ATHRIBIS, DE THMUIS.

Dans la Notice d'Hiéroclès, elle figure au nombre des sept villes principales de la seconde Augustamnique[1].

Hérodote ne dit rien de particulier de la ville d'Athribis; il se borne à la nommer comme le chef-lieu d'un nome[2] : il en est ainsi de Pline, mais sous le nom d'*Atharrabites nomos*, comme je viens de le dire[3]. Aucun auteur ne parle du culte qui était observé dans cette ville, si ce n'est Strabon, qui rapporte qu'on y révérait la musaraigne[4]. Le culte rendu à la musaraigne est attribué par Plutarque à ce que cet animal est aveugle, et que l'obscurité, dit-il, est plus ancienne que la lumière[5]. On voudrait pouvoir reconnaître sur les médailles frappées pour ce nome, la figure symbolique que tient en sa main la figure placée au revers comme symbole religieux; mais elle n'est pas assez grande pour qu'on puisse y discerner autre chose qu'un quadrupède à jambes hautes, qui aurait du rapport avec le chacal, s'il n'était pas presque dépourvu de queue[6]. Il ressemble au reste encore moins à la musaraigne, *sorex*, le plus petit des quadrupèdes connus[7]. A cet égard, les passages des auteurs comparés entre eux et aux monumens,

---

[1] Ἱεροκλεοῦ Συνέκδημος, V. vetera *Romanorum itineraria*. Amstelod. 1735, p. 728.

[2] L. II, c. 166.

[3] L. v, c. 9.

[4] L. xvii, p. 802 et 813.

[5] *Symposiac*. l. iv, quæst. v.

[6] La légende porte AΘPIBITHΣ. *Voy.* pl. 58, *Ant.*, vol. v, fig. 29. *Voyez* Mémoire de l'abbé Belley sur les médailles des villes et nomes d'Égypte (*Mémoires de l'Acad. des inscriptions et belles-lettres*, xxviii, page 529); Médailles impériales d'Égypte, par Zoëga, et Recherches sur les nomes d'Égypte, par M. Tochon d'Annecy.

[7] Le voyageur Olivier a figuré des ossemens de la musaraigne, qu'il a trouvés parmi les momies de Saqqârah, et qu'il a rapportés (*Voyage dans l'empire Ottoman*, etc., t. II, p. 94, et pl. 33, fig. 1).

présentent de la confusion. Nous voyons dans un auteur que les musaraignes étaient honorées à Athribis, et, dans un autre, qu'elles étaient embaumées et transportées à Buto. Hérodote, qui nous apprend ce dernier fait, ne le rapporte point pour Athribis.

Le même Hérodote nous dit que le chat était à Bubaste l'objet de la vénération, tandis que la médaille du nome de Bubaste nous montre (et c'est la seule) une figure de musaraigne, ou du moins un rat extrêmement petit. Enfin la médaille du nome de Phtheneotes, dont Buto était la capitale, a pour attribut un enfant assis sur un lotus. Pour revenir aux médailles d'Athribis, il n'y a qu'un type qui représente un quadrupède; les autres contiennent l'image d'un oiseau, où Zoëga a cru distinguer une colombe; mais cette opinion n'a pas été adoptée par les savans [1].

Un profond orientaliste s'est étendu au long sur l'histoire d'Athribis [2], et il a mis hors de doute que son nom, dans les manuscrits qobtes, est écrit constamment Athrèbi, ⲁⲑⲣⲏⲃⲓ. Je renvoie le lecteur à son ouvrage [3], et je passe à la description des restes actuels de la ville d'après mon journal de voyage; toutefois, j'emprunterai quelques mots à M. Et. Quatremère: «Au

---

[1] On peut conclure de ces rapprochemens, qu'il est bien difficile de tirer parti des attributs représentés sur certains *nomes* d'Égypte, pour l'histoire du culte. Néanmoins il en est beaucoup d'autres, comme ceux de Mendès, Léontopolis, etc., qui sont bien caractérisés.

[2] M. Et. Quatremère, Mém. géograph. et hist. sur l'Égypte, t. 1, p. 1.

[3] *Voyez* aussi *l'Egypte sous les Pharaons*, par M. Champollion, qui cite ces autres formes ⲁⲑⲣⲉⲃⲓ en dialecte thébain ⲁⲑⲣⲏⲡⲉ et ⲁⲑⲗⲏⲃⲉ, orthographe curieuse, à cause de la substitution du ⲗ au ⲣ.

rapport d'Ebn al-Kendy, dit-il, il y a en Égypte quatre districts, qui n'ont pas leur pareil sur la surface de la terre; ce sont le district d'Atryb, etc. » C'est à peu près ainsi qu'Ammien Marcellin plaçait Athribis au rang des quatre principales villes de l'Egypte. « Cette ville, dit Ebn Ayâs, avait douze milles de longueur sur autant de largeur. Ses portes étaient au nombre de douze. Les eaux du Nil pénétraient dans cette ville par un canal, et circulaient autour des habitations. » On verra tout-à-l'heure ce qui subsiste encore de cet ancien état de choses.

Les ruines encore visibles d'Athribis occupent un espace considérable, indépendamment de celles qui ont disparu sous les alluvions du Nil et le travail de la charrue. On les trouve à environ 400 mètres (200 toises) au nord de Benhâ el-A'sal, sur la rive droite de la branche de Damiette. Elles forment une sorte de pentagone dont la diagonale, dirigée au nord, a environ 2000 mètres (1000 toises). C'est une grande éminence, composée d'une suite de buttes élevées, d'une couleur noire ou rougeâtre. Elle a environ 1600 mètres (800 toises de longueur), 1020 mètres (514 toises) de largeur sur le Nil, et 1365 mètres (700 toises) dans sa plus grande largeur. Le périmètre de ces buttes de décombres est de 4824 mètres (2474 toises)[1]. Elles sont recouvertes de poteries, de briques et verreries brisées, de débris de granit et de pierres diverses, et pleines de fouilles et d'excavations. Un village du nom d'Atryb, اتريب, est bâti à l'angle nord-est, et contigu aux ruines.

[1] *Voyez* le plan des ruines, que j'ai levé géométriquement. *Ant.*, vol. v, pl. 27, fig. 3.

La grande étendue des ruines est presque le seul vestige de la splendeur d'Athribis; car tous les monumens sont renversés, et à peine trouve-t-on les parties inférieures de quelques constructions : tout a été détruit de fond en comble et anéanti à la suite d'un incendie ou de quelqu'autre catastrophe. Il subsiste cependant un assez beau vestige de la grandeur et de la régularité de la ville ancienne; ce sont deux magnifiques rues, dont la largeur n'est pas de moins de 42 mètres (129 pieds). Elles se coupent à angle droit, et partagent toute la ville en quatre parties : aujourd'hui elles servent encore de route aux paysans qui vont d'Atryb à Benhâ, et, dans l'autre sens, à Kafr Gezâr, sur la rive gauche du Nil. De chaque côté de la rue, l'on voit sur pied les restes de quelques constructions formées de briques cuites au soleil, de même que toutes celles de la ville : elles sont d'une grande dimension et liées avec de la paille.

A droite de la rue qui va au Nil, j'ai vu deux fûts de colonnes; l'un est debout et enterré, l'autre est un fragment couché à terre, de 1^{m}7 (5 pieds) de long. Au-delà de la rue transversale, j'ai remarqué une construction en briques, aussi enterrée, dont la sommité a quatre toits inclinés en forme de pyramide. La partie saillante a 20 mètres (10 toises) de longueur. Je regrette de n'avoir pu faire de fouilles en cet endroit. Le sommet du couronnement est dégradé, et les faces le sont également en beaucoup de parties. Je ne puis faire aucune autre conjecture, si ce n'est que ce petit monument était réellement une pyramide, sans pouvoir assigner

---

[1] *Voyez* pl. 27, *A.*, vol. v, fig. 3, 4.

sa destination[1]. Un peu plus loin est une salle découverte, en partie debout, et dont le plan est assez remarquable. Ses dimensions sont d'environ 7^m8 sur 5^m85 (24^{ds} sur 18^{ds})[2]. Vis-à-vis, sur le sol de la rue, gisait un bloc de granit couché, de 1 mètre de long (3 pieds) sur 0^m67 en carré (2 pieds). La matière est des plus belles; je n'y ai découvert aucune trace de figures ni d'hiéroglyphes. En suivant la grande rue, toujours vers le Nil, on arrive à un point où les ruines s'écartent à droite et à gauche : cet espace forme une sorte de triangle allongé dont la base est le bord du fleuve; c'est une plaine traversée par une dérivation du Nil, sans aucun indice de ruines. On présume que la ville était terminée en cet endroit par un port demi-circulaire; aujourd'hui cet espace est à sec et couvert d'épines[2], et le canal y apporte peu d'eau. En même temps qu'il s'est creusé, le sol s'est élevé par les alluvions du Nil et par les sables que les vents y ont charriés, de manière que l'inondation n'y atteint plus dans les crues ordinaires.

Le village actuel, comme on l'a vu, a retenu parfaitement le nom antique; il est assez peuplé et gouverné par trois cheykhs. On y voit une mosquée à minaret; il est infesté d'une grande quantité de renards, qui ont leurs repaires dans les décombres. La quantité considérable des agathes et des petits cailloux qu'on y trouve mérite d'être remarquée : comme j'ai rencontré la même chose dans les ruines des anciennes villes, et que ces cailloux sont précisément les mêmes que ceux qu'on voit à la surface du désert, c'est-à-dire des quartz rou-

---

[1] *Voyez* pl. 27, fig. 3, 5, 6.   [2] *Hedysarum alhagi*, ibid. fig. 3.

lés, colorés, transparens, opaques, etc., on pourrait en tirer une conséquence intéressante, savoir, que les lieux d'habitation ont été établis ou ont pris naissance dans le désert même, ou bien qu'on a exhaussé le sol par les sables apportés du désert. C'est pour cela que, lorsqu'on pratique des fouilles profondes, ces fouilles font reparaître les cailloux.

Sur le bord du Nil, entre Benhâ et les ruines, sont des tours en briques cuites, dont le plan est elliptique et de 8 mètres sur 4 mètres (4 toises sur 2 toises). Pour en comprendre l'usage, il faut les comparer à des puisards absolument semblables pour la forme et la construction, que j'ai vus en d'autres endroits dans l'intérieur des terres. L'eau du Nil entre par des ouvertures étroites, et de là on l'élève au moyen des roues à pots.

A l'extrémité nord des ruines, sur le Nil, est une grande construction, ouvrage antique, parfaitement exécuté avec un excellent ciment, et en briques cuites qui ont été disposées en assises régulières. Elle a sur le Nil deux pans ou faces à angles très-obtus, l'une d'environ 20 mètres (10 toises), et l'autre de 14 mètres (7 toises). On distingue dans chaque face trois arcades en plein cintre, également en briques, et qui portent le poids supérieur. Je ne doute point que cet ouvrage d'art, qui se rattachait peut-être à un système de quai, n'appartienne à l'antiquité. Un pan de muraille étant tombé, a été reconstruit, ou plutôt remplacé par un mur en briques, assez bien fait lui-même, mais avec un ciment différent, et d'un travail qui est loin d'égaler l'exécution du reste. Dans celui-ci, on reconnaît la main des Arabes, et dans l'autre, celle des anciens. Au reste, cette digue a aussi l'aspect d'une construction propre à la défense. Les modernes y ont établi une roue à pots¹.

En suivant les ruines le long du fleuve, on remarque une autre partie d'enceinte aussi revêtue et en forme de quai, depuis l'évasement des ruines jusqu'à l'angle sud-ouest. Elle est très-solide, quoiqu'on l'ait bâtie en briques crues, et que, tous les ans, elle supporte le poids d'une masse d'eau énorme et l'action d'un courant rapide : c'est ce qu'on voit d'ailleurs aux ruines de Thèbes, à Louqsor. Peut-être ce quai fait-il ici, comme à Thèbes, fonction d'éperon, tant pour soutenir les eaux que pour diriger le courant². Il paraît, d'après ces vestiges, que, dans cette partie de son cours, le Nil coule dans le même lit qu'autrefois.

On ne fait plus de fouilles depuis long-temps dans les ruines d'Athribis; c'est du moins ce que m'ont assuré le cheykh et différens habitans, et c'est par le motif que les dernières avaient été infructueuses. Cependant il est difficile de croire qu'on n'y trouvât pas, si l'on cherchait avec soin, des fragmens, des vases, des médailles, particulièrement de nome, et d'autres antiques. Quant aux monumens en pierre, si aujourd'hui on n'en voit pas pour ainsi dire de traces, pas même les matières dont on les avait construits, il ne faut

---

¹ *Voyez* pl. 27, *Ant.*, vol. v, fig. 3, 9; dans la vue, on a supposé la construction baignée par les hautes eaux du Nil.
² *Ibid.* fig. 3.

pas en être surpris, en songeant avec quel acharnement les habitans modernes ont converti en chaux tout le marbre et la pierre calcaire qu'ils ont trouvés dans les villes anciennes. On sait qu'en Égypte, et surtout dans la basse, les restes de l'antiquité, les seuls ou les mieux conservés sont ceux qui sont éloignés des habitations actuelles. La raison en est que le transport des pierres volumineuses, qui n'était qu'un jeu pour les anciens Égyptiens, est un obstacle trop difficile à vaincre pour leurs apathiques et ignorans successeurs.

Les restes aujourd'hui visibles d'Athribis ne peuvent se comparer, même pour l'étendue, aux villes de la haute Égypte; cependant je crois qu'ils méritent de fixer l'attention des voyageurs à venir, tant sous le rapport des fouilles qu'il reste à faire afin d'y trouver des fragmens d'antiquité, que pour éclaircir l'histoire d'une ville qui paraît avoir joué un rôle important pendant une assez longue suite de siècles.

Dans le *chapitre XX* ci-dessus, j'ai parlé de la branche Athribitique et de la branche Busiritique, qui forment en grande partie le nome d'Atryb. Il suffira donc ici de dire qu'une ligne dirigée de Benhâ el-A'sel à Chybin el-Qanâter (la même qui divise encore la province de Charqyeh de celle du Kaire) limitait cette ancienne préfecture au sud-ouest, et le *Busiriticus Fluvius* de Ptolémée à l'est, jusqu'à el-Tybeh التبيه. La limite à l'ouest est une ligne oblique d'el-Tybeh à la branche de Damiette, ligne qui est aussi aujourd'hui la séparation entre la province de Charqyeh et celle de Mansourah, et ensuite cette branche, en remontant jusqu'à

Benhâ. La préfecture d'Atryb était traversée par la branche Tanitique ou la Saïtique d'Hérodote prenant sa source dans l'Athribitique, à une demi-lieue à l'est des ruines d'Atryb. Cette branche se nomme à présent le canal de Moueys.

. Peut-être le point d'el-Tybeh n'est-il pas sans quelque rapport avec le mot de *dyb*, qui signifie en arabe chien-loup (l'animal d'Égypte auquel les Grecs ont donné le nom de λύκος), et par conséquent le siége d'une ancienne position : je me fonde sur les ruines de Tell-Mokhdem, situées à une lieue au nord (*Voyez*, §. II, Cynopolis).

La province Athribitique renfermait, au rapport d'Étienne de Byzance, un lieu du nom de Psenako, Ψενάκω, qui a bien la physionomie d'un nom égyptien, comme un savant l'a remarqué[1]. J'en ignore la position, à moins qu'on ne la cherche dans Senahou, reste de P-senaqou, lieu placé à égale distance de Benhâ et de Belbeys. Le nom qobte d'un autre lieu de la même province est Panaho ⲡⲁⲛⲁϩⲟ (le village du Trésor, selon le même savant)[2]. Cette dernière ville est la même que Benhâ, surnommée el-A'sel, près des ruines d'Atryb. J'y ai vu des fragmens antiques; mais peut-être y ont-ils été transportés d'Athribis. Selon un autre savant orientaliste, un manuscrit qobte fait mention d'une montagne de Panaho; comment trouver une montagne au milieu du Delta? C'est ce qu'il est difficile d'expliquer. Il est plus facile d'admettre avec lui que,

---

[1] *L'Égypte sous les Pharaons*, t. II, p. 55.

[2] *L'Égypte sous les Pharaons*, t. II, p. 47.

dès le temps de Mahomet, ce lieu, dont le surnom signifie *miel*, fut célèbre pour la qualité de cette production, et que Makaukas, gouverneur pour Héraclius, envoya au prophète un présent de miel de Benhâ [1].

§. II. *Nome Busirites.*

CYNOPOLIS, BUSIRIS, SONBÂT et autres lieux du nome et du voisinage.

La recherche de l'emplacement des lieux qui font l'objet de ce paragraphe est tellement compliquée et embarrassée de difficultés, qu'il faudrait consacrer à chacun un article spécial. Cependant les géographes ne se sont pas arrêtés à ces difficultés; on a fixé sans hésitation la position de Busiris à Abousyr près de Semennoud, et celle de Cynopolis au cœur du Delta. Il semble, ou qu'ils n'aient pas connu la situation des lieux modernes qu'ils leur assignaient, par rapport à des points bien déterminés; ou bien qu'on n'ait pas pris en considération les distances fixées par les anciens itinéraires. Ces élémens néanmoins sont les seuls certains pour établir la correspondance des lieux anciens et actuels; et dans aucun cas il n'est permis de les rejeter ou de les omettre, sans une discussion critique. Je ne pourrais déduire ici toutes les considérations géographiques qui m'ont porté à adopter une opinion nouvelle sur l'emplacement de ces deux villes : il faut donc me borner à en donner la substance, renvoyant les développemens aux Mémoires sur la géographie comparée.

[1] *Mémoires histor. et géogr. sur l'Égypte.*, t. 1, p. 107-108.

Cynopolis. — L'Itinéraire d'Antonin conduit de Péluse à Alexandrie par Tanis, Thmuis, Cynopolis, Tava, Andro et Hermopolis. La ville de Busiris n'est pas énumérée dans la liste des mansions ; mais sa position dépend, comme on le verra, de celle de *Cynopolis* : or, celle-ci était à xxv milles de Thmuis[1]. On s'est accordé à diriger cette ligne vers l'ouest, du côté de Nemreh, mais je n'en vois pas le motif, si ce n'est peut-être l'intention de se porter directement vers Alexandrie. Toutefois cette raison serait de nulle valeur, car il n'en faut pas moins revenir ensuite au sud, vers Taua et Andro, puisqu'ainsi le veut l'Itinéraire. Qu'importe donc qu'on se dirige au midi sur-le-champ en quittant Thmuis, ou bien qu'on le fasse plus tard : comment le chemin serait-il raccourci par cette dernière condition ? En second lieu, sur la ligne ainsi dirigée de Thmuis à l'ouest, il y a une station d'Isiu (*Isidis oppidum*) à xvi milles du même lieu ; cette ligne itinéraire ferait confusion avec celle de Cynopolis, sans compter que les ruines de Nemreh, qu'on a assignées à cette dernière ville, sont en effet à plus de xxviii milles de Thmuis (en ligne droite), au lieu de xxv. Il est vrai qu'un des manuscrits de l'Itinéraire porte le chiffre xxx de Thmuis à Cyno : mais il est le seul ; et d'ailleurs une autre raison doit, je pense, dissiper toute incertitude. En se portant au sud un peu ouest de Tmây el-Emdyd (reste incontestable de Thmuis), le compas, ouvert sous la mesure de xxv milles, tombe exactement sur une butte de ruines appelées aujourd'hui Tell-Mokhdem, تل محدم

---

[1] *Anton. August. itinerar.*, etc., p. 153.

entre Kafr Mokhdem et Kafr Abou Gâma'. On y trouve des blocs de granit épars. Ce lieu est à environ trois lieues sud-est de Myt Qamar, et un quart de lieue à l'est de Myt el-Qorachy. (Le nom de *Mokhdem* est celui d'un saint renommé dans le pays, dont la fête tombe le 10 de dyl-hageh, et dont on voit encore le tombeau.) Cette colline n'est qu'à une lieue de Tybeh, dénomination qui dérive peut-être, comme je l'ai dit, du mot dyb. Or, ce dernier est le nom d'un animal propre à l'Égypte, le chacal, sorte de chien-loup, que les Grecs ont traduit tantôt par λύκος loup, tantôt par κύων chien : de là λυκοπόλις et κυνοπόλις. Que ce village succédant à Cynopolis ait reçu des Arabes un nom analogue à celui de l'ancienne ville, il n'y a rien là que de conforme à ce qui est arrivé dans tous les lieux de l'Égypte où les villes détruites ont été rebâties à quelque distance de leur emplacement. Ainsi, la conformité des distances, l'analogie dans les noms, l'existence des ruines antiques, se réunissent en faveur de ma détermination; une autre raison encore vient la corroborer. De Cynopolis l'itinéraire oblige de trouver xxx milles jusqu'à Taua, et xii milles ensuite jusqu'à Andro sur la branche Canopique; c'est ce qu'on trouve exactement sur le terrain, de Tell-Mokhdem à Chouny (où sont des ruines, apparemment de Taua), et de là à Chabour, reste d'Andropolis. De plus, à partir de Tell-Mokhdem, position que j'assigne à Cyno, la ligne de route porte directement à Alexandrie. N'ayant point à m'occuper ici du nome Phthemphites, dont la capitale avait pour nom *Taua*, je ne ferai pas la recherche de ce nom de lieu, écrit quelquefois *Tafa*, et que je n'ai pas retrouvé dans la nomenclature actuelle. J'ajouterai encore, au sujet de Cynopolis, que cette ville faisait partie de l'*Ægyptus secunda*[1] : cette condition est remplie par Tell-Mokhdem, qui est séparée de l'*Augustamnica secunda* par la branche Busiritique[2].

Busiris. — La ville de *Busiris* a été généralement placée à *Abousyr*, lieu situé sur la rive gauche de la branche de Damiette, au midi de Semennoud. Si le motif en est la ressemblance des noms, ce serait une considération bien faible ; car déjà on a eu l'occasion (*chapitre XX* ci-dessus et ailleurs) de remarquer la répétition fréquente de ce même nom arabe en Égypte, par exemple aux environs d'Alexandrie, de Memphis, d'Héliopolis, de Thèbes, etc. : l'homonymie n'est donc pas un motif de placer en cet endroit Busiris. La présence de quelques ruines ne serait pas une raison plus puissante dans le cas actuel[3]. Au reste, d'autres motifs semblent s'y opposer tout-à-fait. 1°. Busiris et Sebennytus étaient deux chefs-lieux de nomes : or, Abousyr et Semennoud sont trop rapprochés pour satisfaire à cette condition ; il n'y a guère qu'une lieue entre ces deux endroits. 2°. Busiris et Cynopolis étaient dans le même district ; nous voyons que, depuis l'établissement du christianisme, elles firent partie du même évêché ; un certain Hermeon était évêque dans Cyno et Busiris

[1] *Oriens Christianus*, p. 567.
[2] *Voyez* la carte *ancienne et comparée* de la basse Égypte.
[3] MM. Jollois et Dubois-Aymé ont trouvé à Abousyr un bloc de grès avec des traces de sculptures égyptiennes, et des buttes de décombres, tome xv, page 169 (*Voyage dans l'intérieur du Delta*).

ἐν Κύνῳ καὶ Βύσιει[1] : ces deux lieux étaient donc très-voisins[2]. Un passage de Strabon, cité ci-dessus, prouve également que Busiris était peu éloignée de Cynopolis[3]. 3°. Le canal Busiritique sortait du fleuve Pélusiaque, aussi bien que l'Athribitique : il ne pouvait donc se diriger sur Abousyr, et se porter aussi loin dans l'ouest. 4°. Après avoir cité les villes de Léontopolis, *Busiris* et Cynopolis, Strabon dit que le nome Athribites y est *contigu* (aux nomes sans doute), συνάπῖει δὲ καὶ ὁ Ἀθρειβίτης νόμος ; et Abousyr ne remplit pas mieux cette condition. 5°. Le même Strabon décrit les lacs à la suite desquels sont Léontopolis, Busiris et Cynopolis; ainsi ce ne peut être à l'ouest de la branche de Damiette, au midi de Semennoud, qu'il faut chercher la deuxième de ces villes. Tout éloigne donc Busiris d'Abousyr, bien qu'on se soit accordé à les confondre ensemble[4].

Ce qui a été dit à l'article de Cynopolis et les réflexions qui précèdent semblent montrer clairement que les positions de Cynopolis et de Busiris sont liées entre elles, qu'elles ne peuvent être éloignées, et qu'on doit les trouver à proximité l'une de l'autre. Or, la place que j'assigne à la deuxième de ces villes est à trois

---

[1] *Oriens Christianus*, p. 567 et 570, et *Meletii Breviar. apud Athanas. apol. contr. Arian.*, p. 188.

[2] C'est un motif de plus pour empêcher de placer à *Nemreh* Cynopolis, quand même on prendrait Abousyr pour Busiris : car il y a six lieues de distance entre ces deux endroits, sans compter deux ou trois grandes branches qui les séparent, et de plus une grande ville qui est interposée, Mehallet el-Kebyr, autrefois Xoïs, siége elle-même d'un évêché.

[3] Strabon, l. XVII, p. 802, traduct. franç., t. v, p. 366.

[4] J'avais moi-même, dans le *ch. XVIII* ci-dessus, placé, d'après d'Anville, Busiris de la basse Égypte à Abousyr (*Voyez* tome v, page 52).

lieues au nord environ de la première, à l'ouest de la branche Busiritique, comme Cynopolis, et non loin du village d'el-Haouâber, où il y a des ruines. Cet emplacement satisfait bien au texte de Strabon. « *Près de Mendès*, dit-il, *sont situées Diospolis avec les lacs qui l'entourent* (Tell-el-Debeleh)[1]; *Leontopolis* (Tell-Tânboul); *Busiris, un peu plus loin, dans le nome de son nom* (vers el-Haouâber), *et Cynopolis* (Tell-el-Mokhdem)[2]. » Tout ce texte semble s'expliquer de lui-même, et les lieux se suivent parfaitement et sans discontinuité, en allant du nord au sud, comme on peut s'en assurer sur la carte.

Il est possible, au reste, que les ruines elles-mêmes existent à quelque distance d'el-Haouâber, et plus à l'ouest du canal, sans que le résultat qui précède en soit beaucoup modifié. Cette localité intérieure a besoin d'être reconnue de nouveau, et je présume que les voyageurs y trouveront des découvertes à faire; mais el-Haouâber, sur la route de Thmuis à Cyno, ne doit pas être éloigné de l'emplacement que l'on cherche.

Un passage de l'inscription de Rosette semble encore venir à l'appui de cette détermination. C'est celui qui place Lycopolis dans le nome Busirites[3], ΛΥΚΩΝΠΟΛΙΝΤΗΝΕΝΤΩΙΒΟΥΣΙΡΙΤΗΙ : assurément il ne s'agit pas de la ville que Strabon plaçait entre Xoïs[4] et Mendès. N'est-ce pas le cas d'appliquer la remarque précédente, sur l'embarras que les Grecs

---

[1] *Voyez* plus loin, section II.
[2] Strabon, p. 802.
[3] Voy. *A.*, vol. v, pl. 54, l. 22.
[4] Livre XVII, *loc. cit.*

ont éprouvé à dénommer le chacal, animal sacré chez les Égyptiens? De là peut-être les mots Lycopolis et Cynopolis employés quelquefois l'un pour l'autre.

Selon Hérodote, Busiris était située au milieu du Delta[1]. Voici comme il s'exprime : « Les Egyptiens regardent comme la plus solennelle de toutes, celle (la Panégyrie) qui a lieu en l'honneur de Diane, dans la ville de Bubaste; ensuite celle d'Isis à Busiris, où l'on voit un temple consacré à cette déesse. Busiris est une ville d'Egypte située au milieu du Delta, et Isis, dans la langue des Grecs, est Demeter..... J'ajouterai qu'après les sacrifices qui ont lieu dans cette fête, tous les hommes et toutes les femmes qui s'y rendent par milliers, se frappent la poitrine en signe de deuil, etc. » La position que j'assigne à cette ville est, non pas au milieu du Delta principal, mais au milieu du petit Delta, fort exactement. Si Busiris eût été sur la branche Sébennytique, ainsi qu'Abousyr, l'historien aurait sans doute exprimé cette circonstance.

J'ai dit que, sous les chrétiens, Busiris et Cynopolis ne formaient qu'un seul évêché[2]; une troisième ville leur était annexée, ce qui avait fait donner à Busiris le surnom de *Tripolis*, ou *Tripolis Ægypti* (*Ægyptus* signifiait proprement la basse Egypte). La ville est ainsi nommée dans un acte du concile de Chalcédoine, et dans la Vie de saint Antoine par Athanase. Quelle était la troisième ville de ce district que suppose cette dénomination? Je l'ignore.

[1] Liv. II, ch. LIX et LXI, traduction de M. Miot.
[2] *Oriens Christianus*, p. 570.

Il me semble que, d'après les argumens que je viens de réunir, l'opinion vulgaire qui place à Abousyr près de Semennoud la ville de Busiris, est difficile à soutenir; elle ne remplit aucune des conditions géographiques, telles que la distribution des branches du Nil, la proximité avec Cynopolis, le texte de Strabon et celui de Ptolémée. C'est, je crois, le P. Sicard qui, le premier, a fait cette supposition, à cause de la ressemblance des noms; d'Anville et tous les écrivains paraissent l'avoir adoptée par le même motif, et cependant une seule réflexion aurait dû l'écarter, c'est qu'elle forcerait à peu près de supprimer ou le nom Busirites ou le nome Sebennytes. Je conviens que le Bousyr des écrivains arabes est le même lieu qu'Abousyr près de Semennoud, ainsi qu'un savant orientaliste l'a prouvé par des raisons nouvelles[1]; mais j'ai exposé plus haut la fréquente répétition de ce nom dans l'ancienne géographie, et les diverses altérations que les Arabes lui ont fait subir[2]. Au reste, les médailles de nomes confirment faiblement ce que dit Hérodote du culte célébré à Busiris; la légende porte BOYCI, et la figure représente une femme tenant dans la main droite un quadrupède analogue à un cerf, mais trop petit pour être qualifié[3].

Quant au nom de Tasemptoti, bourg du nome de Busiris, que le savant cité tout-à-l'heure place à Son-

---

[1] Voyez *Mém. hist. et géogr. sur l'Égypte*, par M. Et. Quatremère, t. 1, p. 102. Toutes les raisons qu'il allègue sont applicables à la position que j'assigne ici.

[2] Voyez suprà, chap. XVIII, XX, et alib. Il a pu exister sans doute à Abousyr un lieu du nom de Busiris, comme en tant d'autres endroits, sans que ce fait influe sur la position du nome Busirites, et de la ville qui en fut le chef-lieu.

[3] Voyez pl. 58, fig. 33, *Ant.*, vol. v.

bât, on verra dans la carte ancienne que ce lieu est compris dans les limites de la préfecture Busiritique, telles que je les ai dessinées. En terminant ce qui regarde ce nome, je citerai encore un lieu de cette préfecture, appelé Koum Naa'mân, sur la rive droite de la branche de Damiette (la Sébennytique d'Hérodote, ou la Phatnique de Strabon), et dont le nom rappelle celui du lieu placé au sud de l'ancienne Mendès, savoir : Na-A'moun. (*Voyez* ci-dessous, IIe section, §. 1er.)

§. III. *Nome Pharbœtites.*

PHARBÆTUS, PSENETAÏ.

D'Anville a placé la ville de Pharbætus à Belbeys; c'est peut-être le plus grand déplacement qu'on trouve dans toute sa carte : l'erreur n'est pas de moins de huit lieues; il ne l'eût pas commise s'il eût connu l'existence du village nommé *Horbeyt*, هربيت, au-delà de *Hehyeh*, sur la branche Tanitique, entre la Pélusiaque et la Busiritique. Là s'élèvent les ruines d'une ville au milieu d'une plaine marécageuse. M. Malus, dans le cours de son voyage sur la branche Tanitique, y rencontra des fragmens de colonnes, des débris de granit, un tronc de statue et le pied d'un colosse. Selon les habitans, cette ville s'appelait jadis *Qourb*. Les limites du nome dont cette ville était le chef-lieu sont, à l'est, au sud et à l'ouest, les branches Pélusiaque, Busiritique, et, au nord, plusieurs dérivations. La branche Tanitique, aujourd'hui canal de Moueys, et de nombreuses ra-

D'ATHRIBIS, DE THMUIS.

mifications, arrosent cette riche partie de la province de Charqyeh. Le nom de *Horbeyt* est le reste de celui de *Pharbæt-us* (P-horbæt-us), lieu d'Horus ou appartenant à Horus. En général, les noms terminés par la même finale *beyt* annoncent une composition de noms antiques, tels que Bahbeyt du Delta, Bahbeyt des environs de Memphis, et plusieurs autres.

De plus, Ptolémée place Pharbætus à 6' de degré au sud de Léontopolis, ville située, comme on le verra bientôt, à Tânboul. Comment cette donnée a-t-elle échappé à d'Anville, quand il a mis Pharbætus à Belbeys, c'est-à-dire à 55' plus au midi? Horbeyt y satisfait, et aussi à peu près à une autre donnée tirée du même auteur, savoir, la différence de latitude entre cette ville et Tanis, laquelle est de 20'. Comme Ptolémée met la ville de Bubaste au nord de Pharbætus, tandis qu'elle est au midi, cette transposition a pu tromper d'Anville. Une autre circonstance mérite d'être mentionnée : c'est l'analogie du nom Qourb ou *Qorb* avec celui de Horbeyt ou Pharbætus. Je conjecture qu'il en est arrivé de ce nom, comme de celui d'Héliopolis, qu'on retrouve encore, selon moi, dans Qelyoub [1].

Les auteurs ne disent rien du culte célébré à Phar-

---

[1] *Voyez* ci-dessus, *ch. XX*, page 319; la lettre ق aura été substituée à l'article et à l'aspiration du mot qobte. Les Arabes auront, comme dans le cas de Qelyou-b, conservé seulement le b de la seconde syllabe de P-har-bait, en supprimant barbarement le reste. Cet exemple prouve combien il est important d'orthographier correctement les noms de lieux, puisque si l'on eût écrit *Kourb* كورب au lieu de *Qourb* قورب, on n'aurait pas même pu soupçonner l'analogie de ce nom de lieu avec le nom antique.

bætus : nous trouvons dans la médaille de ce nome, la légende ΦΑΡΒΑΙ, et un homme tenant un quadrupède assez ressemblant à un mouton, mais trop petit pour être reconnu[1].

Une ancienne ville ou bourgade, que les Qobtes ont surnommée Psenetaï, me paraît correspondre à El-Saneytah, vers le nord de cette préfecture, lieu dont le nom est seulement privé de l'article égyptien[2].

§. IV. *Nome Bubastites.*

BUBASTE, Psensiho, Sinuati (ou Smuati), Senphu, PHELBÈS, VICUS JUDÆORUM, THOUM, etc.

Le nome Bubastites est un des quatre plus grands de la basse Égypte. Il s'étendait de la rive droite de la branche Pélusiaque au désert Arabique : Bubaste, sa capitale, donnait aussi son nom à ce grand bras du Nil. Voici ce que rapporte Hérodote au sujet de Bubaste : « Lorsque les Egyptiens se rendent à Bubaste pour la Panégyrie de Diane, ils arrivent par eau sur des barques remplies de l'un et de l'autre sexes confondus ensemble; quelques-unes des femmes font résonner des crotales, et des hommes jouent de la flûte pendant toute la navigation; le reste remplit l'air de chants et de battemens de mains. Quand ils passent devant une ville, ils poussent la barque vers la terre..... Les barques étant arri-

---

[1] *Voyez* pl. 58, fig. 22, *Ant.*, vol. v.

[2] *Voyez* la *carte ancienne* de la basse Égypte. Cette détermination et la précédente sont d'accord, quant aux résultats, avec les recherches scientifiques de M. Et. Quatremère et de M. Champollion jeune. Les faits et les argumens ci-dessus, tirés des circonstances locales, me paraissent les mettre hors de doute.

vées à Bubaste, ceux qui les montaient en descendent et célèbrent la fête par de nombreux sacrifices, où il se fait une plus grande consommation de vin de raisin que pendant tout le reste de l'année. On a vu dans cette solennité, suivant ce que disent les habitans, jusqu'à 700 mille individus réunis, hommes et femmes, sans compter les enfans des deux sexes [1].....

« De toutes les villes où le sol a subi ces divers accroissemens, celle où, suivant mon opinion, une plus grande quantité de terre a été rapportée, est Bubaste, qui renferme un temple célèbre consacré à la déesse de ce nom. Beaucoup de temples peuvent être plus vastes, et avoir plus coûté à construire; mais aucun n'est aussi agréable à voir. Bubaste est l'Artemis des Grecs [2]. Le terrain où ce temple est bâti, à l'exception du chemin qui y conduit, est une île. Cette île est formée par deux canaux tirés du Nil, qui, sans se confondre, arrivent séparément jusqu'à l'entrée de l'enceinte, et de là coulent chacun d'un côté opposé. La largeur de l'un et de l'autre est de 100 pieds, et leurs bords sont ombragés par des arbres. Les propylées, dont l'élévation est de dix orgyies, sont ornés de figures sculptées de 6 coudées de haut et d'un travail remarquable. Comme ce temple est situé au centre de la ville, il est aperçu de tous les points, parce que le sol environnant s'étant exhaussé, tandis que celui où le temple repose est resté tel qu'il était anciennement, la vue plonge de tous côtés sur cet édifice. Il est entièrement ceint par une

---

[1] Hérod., l. II, ch. LX, traduct. de M. Miot.

[2] Hérod., l. II, chap. CXXXVII, traduct. de M. Miot.

muraille décorée de figures sculptées. En dehors est un vaste bocage d'arbres très-élevés, plantés autour de la grande chapelle, où la statue de la déesse est placée. La longueur et la largeur de l'enceinte sont, en tous sens, d'un stade entier. A partir de l'entrée, est une rue pavée en pierre dans l'espace de trois stades au moins, se dirigeant par la place publique vers l'orient. La largeur de cette rue est de 4 plèthres; elle est bordée des deux côtés d'arbres magnifiques, qui semblent toucher au ciel, et vient aboutir au temple de Mercure : tel est ce lieu célèbre[1]. » Tout le monde s'accorde à regarder *Tell-Bastah* comme l'emplacement de *Bubaste*. De grands amas de ruines sont placés en effet à Chobrä et Heryeh, à un quart de lieue ouest de Tell-Bastah. Aujourd'hui on ne trouve plus aucun édifice debout, tout est renversé. C'est, comme à Héliopolis, une grande étendue de décombres, où l'on ne voit plus çà et là que de faibles vestiges de l'antique splendeur de Bubaste. Mais la position même de ces ruines ne laisse point de doute, et elles correspondent à cette ville incontestablement. En premier lieu, elles sont sur la branche Pélusiaque ou Bubastique; secondement, le nom dont les Grecs ont fait Βυβάςος était en qobte ⲠⲒⲂⲀⲤⲦ, Pi-bast; or le nom actuel *Tell-Bastah* signifie colline de Bast. On y rencontre des restes de constructions égyptiennes, des fragmens de plafonds tout couverts d'étoiles à cinq rayons, des corniches en granit et d'une grande dimension avec doubles couronnemens[2], et des sculptures hiéroglyphiques. Selon Ptolémée, Bubaste était à 30'

---

[1] Hérod., l. II, c. cxxxviii.   [2] Voy. *Ant.*, vol. v. pl. 29. fig. 9.

d'Heliu prispour Héliopolis (Tell-Bastah en est à 26′ ou 27′.) Enfin, le même géographe assigne 10′ de différence de latitude entre Bubaste et Pharbætus (à la vérité en sens inverse). Cette distance convient à celle qui sépare les parallèles d'Horbeyt et de Tell-Bastah.

Feu Malus trouva dans les ruines différentes masses colossales en granit [1] avec des hiéroglyphes, toutes mutilées et entassées confusément, sans qu'on puisse deviner quelle puissance les a brisées et accumulées de cette manière. Les *fellâh* y puisent des matériaux propres à faire des meules. Tous ces débris de monumens sont au milieu d'un immense bassin dans l'intérieur des ruines, lesquelles ont 12 à 14 cents mètres (6 à 7 cents toises) en tous sens, et paraissent assises sur un massif de briques crues; ces briques ont $0^m 33$ (1 pied) de longueur sur $0^m 22$ (8 pouces) d'épaisseur. Ainsi, nulle incertitude sur l'emplacement de Bubaste, et il est à regretter qu'on ne possède point de distances itinéraires partant de cette ville, parce qu'on l'aurait pu regarder comme un point fixe et invariable, propre à appuyer les positions douteuses.

La médaille du nome représente, avec la légende ΒΟΥΒΑC, une figure de femme tenant dans la main un très-petit quadrupède, qu'on est porté à regarder comme la musaraigne : comment la concilier avec le passage d'Hérodote ci-dessus et avec les auteurs qui placent à Athribis et à Buto le culte rendu à cet animal [2] ?

---

[1] Une de ces masses peut avoir $2^m 6$ de large (8^{ds}) sur $1^m 95$ (6^{ds}) de hauteur. (Mémoire sur un voyage fait sur la *branche Tanitique*, *Déc. égypt.*, t. I. p. 134.)

[2] Voy. *A.*, vol. v, pl. 58, fig. 28.

Bubaste était le premier point de concours entre le Nil et le canal de la mer Rouge : on a vu dans le passage d'Hérodote, que le roi Nécos avait dérivé de là un canal de communication. Depuis ces temps reculés, les canaux ont pris de nouvelles directions; on ne peut plus discerner celui de Nécos : était-il tracé en ligne directe de Bubaste à Thoum (aujourd'hui peut-être A'bbaçeh), ou bien la communication avait-elle lieu plus à l'occident? Il est difficile de le décider; je me borne à renvoyer au grand Mémoire de M. Le Père sur le canal des deux Mers.

Le voisinage de Tell-Bastah présente des villages qui ont succédé à des lieux anciens. Les Qobtes avaient un endroit du nom de Psensiho (P-sensiho), situé au nord : il paraît correspondre à Chian Chia. La table Théodosienne marque deux mansions, *Senphu* et *Sinuati* (ou *Smuati*), en marchant au sud-ouest de Phacusa : je crois, malgré la différence du nombre des milles, qu'elles peuvent correspondre à deux buttes de ruines, *Tell-el-Ahmar*, *Tell-Abrâch*, placées sur cette même direction. Continuant au midi, nous arrivons à *Belbeys*, où je place, non pas Pharbætus, comme l'ont fait d'Anville et d'autres savans, mais le Phelbès des Qobtes, d'après l'analogie évidente du nom et d'autres motifs[1].

L'Itinéraire d'Antonin donne deux lignes dirigées,

[1] Un lieu du nom de Belbib est cité par les auteurs arabes dans la basse Égypte (*Observ. sur quelques points de la géogr. de l'Egypte*, par M. Et. Quatremère, p. 45) Je rap, porte ce nom à cause de son analogie avec celui de Belbeys, et comme renfermant plus distinctement le nom de l'Ibis, Bel-Hib.

l'une de Memphis à Péluse, l'autre de Babylone à Clysma. Dans la première, on remarque xiiii milles d'Heliu à *Scenæ veteranorum*, ce qui est très-exact[1], et dans l'autre xviii. Ainsi dans celle-ci le premier I aura été changé en V par un copiste ; cette erreur et l'inverse ont dû être commises plus d'une fois. De *Scenæ veteranorum*, la première ligne compte jusqu'à Thoum xxvi en une seule direction ; la seconde fournit xxiv en deux parties, xii de *Scenæ* à *Vicus judæorum*, et xii de *Vicus* à *Thoum*. Le chemin direct passe par Belbeys, mais ce ne serait pas un motif suffisant pour faire passer la route ancienne par ce même endroit : d'ailleurs, les deux nombres réunis ne font que xxiiii milles, tandis que la distance réelle en ligne droite est de xxviii. C'est pourquoi je présume que *Vicus judæorum* était sur une grande butte de ruines placée à une lieue et demie au sud de Belbeys, dans le désert, et que les deux distances marquées xii et xii à partir de *Scenæ*, doivent être rectifiées ainsi : xiii et xvi, conformément à l'exemple que j'ai cité plus haut. Il est à noter qu'un des manuscrits de l'Itinéraire porte xxii au lieu de xii : le second x n'a-t-il pas été écrit ici pour i, comme à Heliu xviii pour xiiii ? Il faudrait donc lire ici xiii, comme je l'ai supposé. Cependant, comme il manque des renseignemens, je n'ai pas cru devoir exprimer cette conjecture sur la carte (où *Vicus judæorum* a été placé provisoirement à Belbeys, sur la route directe), et je me borne à l'énoncer ici. Au reste, comme la table Théodosienne marque un lieu du nom de *Stratonicidi*, à xxxvi milles

---

[1] Voy. la *Carte ancienne*, etc.

de Babylone, sur la route de Péluse, en une seule distance, je crois pouvoir le placer à Belbeys.

C'est avec raison que Wesseling regarde *Vicus judæorum* comme un lieu distinct de *Castra judæorum*. La population juive dans l'ancienne Égypte a été exagérée[1], mais elle était réellement considérable : Onion, ville toute juive de ces environs, devait renfermer un grand nombre d'habitans.

Thoum ou *Thou* n'est qu'un seul et même lieu avec Pithoum de l'Écriture, dont le nom ne diffère du premier que par l'article égyptien mis en avant. Il était à l'entrée de la vallée de Gessen, comme aujourd'hui A'bbaçeh est à l'entrée de la vallée de Saba'-byâr. La distance de cette position à un point connu, comme *Scenæ veteranorum*, a été examinée tout-à-l'heure, et ne laisse guère de doute sur son emplacement; cependant M. Devilliers pense que Raourny, village voisin et où il y a des ruines, convient mieux. Je n'ajouterai plus rien à ce que j'ai dit du nome de Bubaste, si ce n'est, 1°. de rappeler des ruines dites *Camp des Romains*, situées à Tell-Myt el-Habyb, à Tell-Gerâd et Zeftch et d'autres déjà citées par M. Devilliers[2]; 2°. de mentionner l'île de *Myecphoris*, qui est une véritable dépendance du nome, et que cependant Hérodote a désignée comme un nome à part : c'était une île située en face de Bubaste; elle était comprise, je crois, entre les branches Pélusiaque, Busiritique et Phatnitique. On n'en connaît guère que le nom.

---

[1] Philon la supposait d'un million (*Phil. ad Flac.*, p. 971.); mais cette hypothèse est dénuée de vraisemblance.

[2] Voyez *A. D.*, chap. XXIV, tome v, page 141.

SECTION II.

Description des ruines de Thmuis, et remarques sur les villes des nomes de Mendès et de Léontopolis.

§. I. *Nome Mendésien.*

1. Thmuis.

Thmuis était l'une des quatre principales villes de l'Égypte (c'est-à-dire la basse Égypte), selon Ammien Marcellin [1], savoir : Athribis, Oxyrhynchus, Thmuis et Memphis. Quoique les auteurs modernes ne soient pas tous d'accord sur son emplacement, il n'est peut-être pas cependant une ancienne ville d'Égypte dont la position soit plus certaine. Son nom est conservé dans ceux de Tell-Tmây تل طهای, et de Tmây el-Emdyd طهای الامديد, où sont des ruines très-étendues, avec des monumens, fragmens ou vestiges considérables de l'antiquité égyptienne. Cette ville était à xxii milles de Tanis, selon l'Itinéraire d'Antonin : c'est la distance exacte qu'on trouve entre les ruines de Saïs et celles de Tmây. Une autre distance de xvi milles, entre Thmuis et *Isidis Oppidum*, la ville d'Isis, se retrouve aussi exactement entre Tell-Tmây et Bahbeyt [2]. Hérodote compte le nome *Thmuites* au nombre de ceux qui fournissaient

---

[1] L. xxii, c. 16.

[2] Ptolémée donne 30° 50′ de latitude à Thmuis et la carte 30° 58′ à Tmây : la différence n'a rien d'extraordinaire pour les positions tirées de cet auteur. Quant à Strabon, il ne parle pas de Thmuis, non plus que Pline.

les troupes appelées *Calasiries*, et il le distingue du *Mendésien*, à la différence de Ptolémée, qui donne Thmuis pour capitale à ce dernier [1].

Le village de Tmây el-Emdyd est situé au sud-est et à trois lieues de Mansourah. Auprès de ce village, à la distance d'environ un mille, on voit une grande levée de terre, qui se dessine dans le lointain comme un vaste coteau, sur une étendue de près d'une lieue, de l'est-nord-est à l'ouest-sud-ouest. Elle est couverte de débris confus de vases, de blocs de granit et de murailles de briques renversées. Ces ruines s'appellent, comme je l'ai dit, *Tell-Tmây*, la colline de Tmây [2].

Un monument remarquable y demeure debout; ce monument est du côté de l'est, au milieu des monceaux de têts de pots et de fragmens de briques, à l'extrémité d'un tertre qui paraît avoir été l'emplacement d'un grand édifice. C'est un énorme bloc de beau granit bien poli, partie rouge et partie noir, de forme quadrangulaire, et creusé en forme de sanctuaire. La hauteur du bloc est de $7^m 21$; il est large de $3^m 95$, et il a $3^m 21$ dans l'autre sens [3]. Un toit bas, en forme de pyramidion, et d'environ 3 décimètres de hauteur, forme sa sommité. Il repose sur une base ou petit socle de même granit, dont les angles sont usés et arrondis,

---

[1] Le reste de ce paragraphe a été rédigé, pour la plus grande partie, d'après les notes que M. de Chanaleilhes a bien voulu me fournir.

[2] Selon M. Pina, les ruines de Thmuis sont à une demi-lieue du village de Kafr el-A'sâynes; elles occupent deux tertres, séparés par une vallée qui renferme des plantes aquatiques (*Courrier de l'Égypte*, n°. 45). Ce village ne figure pas sur les cartes.

[3] 22 pieds 2 pouces, sur 12 pieds 2 pouces et 9 pieds 11 pouces.

et le tout est supporté par un grand piédestal également usé, formé d'un bloc de granit et de deux assises de grès, faisant ensemble une hauteur de 3^{m}48[1]. L'ouverture est tournée au levant. Les faces de ce monolithe paraissent aujourd'hui lisses, mais il a été sculpté. Les ornemens et hiéroglyphes sont peu apparens; on ne les aperçoit qu'avec peine, mais l'on reconnaît qu'ils ont été effacés, tant par le temps que par la main des hommes. Un simple cordon règne horizontalement dans l'intérieur, aux deux tiers de la hauteur. Autour de l'ouverture, se trouve une feuillure destinée à recevoir une porte. Dans plusieurs endroits, il y a des fentes profondes dont on ignore tout-à-fait l'origine, bien qu'on l'ait attribuée sans motif à un tremblement de terre. La gravure exprime les autres détails de cette masse colossale[2].

Il n'est pas hors de propos de citer ici plusieurs monolithes du même genre. Hérodote (liv. II, ch. 175 et 155) nous apprend des particularités curieuses sur les temples monolithes de Saïs et de Buto; mais il passe sous silence celui de Thmuis, apparemment comme étant moins considérable. Le premier, long de 21 coudées et haut de 8[3], était placé à la porte du temple de la Minerve égyptienne : deux mille bateliers furent employés pendant trois années, sous Amasis, au transport de cette masse de granit. Le second mono-

---

[1] 10 pieds 9 pouces. — Total de la hauteur du monument, 11 mètres, ou près de 34 pieds.

[2] *Voy.* pl. 29, *A.*, vol. v, fig. 16 à 19. On n'a pas exprimé la dégradation du monument dans le dessin, destiné seulement à donner les formes et les mesures exactes (consulter aussi l'explication de la planche).

[3] 9^{m}7 sur 3^{m}7, ou 29 pieds 11 pouces sur 11 pieds 5 pouces.

lithe était une chapelle dédiée à Latone, placée dans l'enceinte consacrée à cette déesse. Il était cubique et avait, dit Hérodote, 40 coudées en tout sens [1]. Sa toiture, formée aussi d'une seule pierre, était épaisse de 4 coudées [2]. Granger, qui a voyagé en Égypte en 1745, parle de Buto et de la chapelle de Latone comme les ayant visitées; mais on n'a rien découvert de semblable dans les derniers temps. On a rapporté ces détails pour que le lecteur puisse établir une comparaison avec ce qui subsiste à **Thmuis**.

D'après les mesures qui ont été rapportées plus haut, le monolithe de Thmuis avait environ 16 coudées de hauteur sur 8 $\frac{1}{2}$ de large et 7 de profondeur, dimensions remarquables, mais qui le cèdent de beaucoup à celles des monumens de Saïs et de Buto, ce qui n'est pas un motif cependant pour rendre ces dernières invraisemblables. Au surplus, le lecteur doit consulter, dans l'ouvrage, les monolithes de Philæ, d'Antæopolis, de Meylaouy, et les autres qui ont été figurés ou décrits : celui-ci s'en distingue par les supports ménagés de chaque côté de l'ouverture, destinés peut-être à soutenir les barreaux d'un grillage, et au nombre de sept. A cet égard, je ne me permettrai pas d'autre conjecture.

Beaucoup de morceaux de granit rouge, placés autour du bloc, attestent qu'il servait de centre à un édifice considérable, et qu'il contribuait à son ordonnance. Il y a aussi des blocs de granit noir, épars en différens endroits du voisinage; aux environs, sont trois autres

[1] 18^{m}47, ou 56 pieds 10 pouces et demi.

[2] 1^{m}85, ou 5 pieds 8 pouces un quart.

constructions dégradées, restes peut-être d'autant de monumens, dont les débris couvrent le sol.

A une petite distance du monolithe, on a trouvé vingt-huit grandes pierres, de figure ovale, creusées en forme d'auge ou de sarcophage, et de beau granit noir. Ces morceaux sont entiers et debout, mais d'un travail médiocre; tous ont les mêmes dimensions, savoir : 0^m79 de creux [1], et une longueur d'orifice de 1^m26 [2] sur une largeur de 0^m85 [3]. Le travail de ces sarcophages n'est qu'à l'état d'ébauche. Voici les autres dimensions : épaisseur du contour de l'orifice, 0^m28 [4]; longueur totale, 1^m87 [5]; largeur totale, 1^m42 [6]; hauteur, 1^m15 [7].

Ces dimensions doivent-elles faire présumer que les sarcophages dont il s'agit étaient destinés à servir à la sépulture des animaux sacrés, dont les Égyptiens embaumaient religieusement les corps? C'est une question que nous ne pouvons examiner ici; bornons-nous à dire que Thmuis appartenait au nome Mendésien, et que, dans cette préfecture, Pan, sous l'image d'un bouc, était l'objet du culte, sans doute comme emblème du principe générateur [8]. Selon saint Jérôme, le nom même de la ville, en égyptien, signifiait *bouc*; mais on n'admet pas cette étymologie du nom de Thmuis.

Un beau torse de granit noir, d'un demi-mètre, ayant la tête tronquée, a été trouvé sur les lieux, près

---

[1] 2 pieds 5 pouces 4 lignes.
[2] 3 pieds 10 pouces 6 lignes.
[3] 2 pieds 7 pouces 6 lignes.
[4] 10 pouces 6 lignes.
[5] 5 pieds 9 pouces.
[6] 4 pieds 4 pouces 6 lignes.
[7] 3 pieds 6 pouces 6 lignes.
[8] Diodore, livre 1, page 257, tome 1, *ed. Bip.*, et Suidas, *voc. Mendes.*

du monolithe. La statue est assise, tenant d'une main l'image d'un sphinx; l'autre main est ouverte et étendue. Le dossier est une plate-bande chargée d'hiéroglyphes. On a encore trouvé, sur le même lieu, une tête de granit, caractérisée par les traits de la figure des nègres, c'est-à-dire la chevelure crêpue, le nez épaté, les lèvres épaisses, et les joues exhaussées [1].

Le pays qui environne au sud l'ancienne *Thmuis* est aujourd'hui à peine arrosé; les eaux du Nil y arrivaient autrefois par un canal tiré de celui de Moueys, dont les traces se découvrent à une lieue sud-est du village de Tmây el-Emdyd. Il est remarquable que les habitans de cette contrée, loin de trouver, dans les traces de cet ancien canal, le souvenir des eaux bienfaisantes qui arrosaient et fertilisaient des terres aujourd'hui stériles; loin d'y puiser aucun motif d'émulation ou d'encouragement pour exécuter des ouvrages semblables, aient défiguré, par une fable puérile et toutefois ingénieuse, l'objet des travaux dont ils ont les restes sous les yeux. Voici la tradition qu'ils débitent à ce sujet : « Le gouverneur de Tmây, disent-ils, avait des cantons que l'inondation du Nil ne venait point arroser : il était pauvre, mais riche cependant de la possession d'une fille dont la beauté fixait tous les vœux; il mit à prix la main de cette fille unique, en la promettant à celui qui viendrait en bateau la recevoir à Tmây. Le

---

[1] Cette tête et le torse dont on vient de parler ont été apportés d'Égypte et donnés par M. de Chanaleilhes au premier consul, qui les fit placer à Malmaison.

succès allait couronner son attente; un canal, tiré de celui de Moueys, avait été entrepris par un jeune prince, qui bientôt serait arrivé à Tmây, lorsqu'un rival y parut tout-à-coup, traîné dans une barque portée sur des roues. Les dieux furent pris à témoins; la condition se trouvait remplie. C'est ainsi, dit la tradition, que le canal qui devait arriver a Tmây fut en partie creusé et aussitôt délaissé. »

Au nord de Tmây, le territoire est arrosé par le grand canal de Basserady. Au temps de l'inondation, les eaux d'un canal venant de Mansourah, se rendent près de Tmây. Enfin une grande digue, du nom de *Gam*, aujourd'hui ruinée, existait à l'est de Tmây, peut-être pour préserver les terres des eaux surabondantes de la branche Tanitique : elle est aujourd'hui ruinée; ce qui en reste a plus de 12000 mètres de long, et domine l'inondation de Daqhelyeh.

On voit aujourd'hui à Tmây el-Emdyd une petite mosquée, fameuse par le tombeau d'un santon mahométan, appelé Emyr A'bd-allah. Ses prétendus miracles attirent, au 8 du mois de dyl-hageh, un concours considérable d'Arabes et d'habitans du Charqyeh, qui, mêlant à leur dévotion une extrême cupidité, ne quittent jamais le pays sans y avoir cherché de l'or, caché, selon eux, dans l'intérieur des plus grosses masses de ruines. Les tentatives qu'ils ont faites pour briser et renverser le monolithe, sont faciles à reconnaître.

M. Girard, qui a recueilli un dessin du monolithe, a reconnu, sur les lieux, que le terrain avait été fouillé pour en tirer la pierre calcaire, employée dans la contruction d'un ancien édifice. Il paraît que le pavé était de grès : en voit des fragmens jaunâtres et rouges, de la même espèce que celui de la *montagne rouge*, près du Kaire. Le même voyageur a trouvé, dans les ruines, les traces d'un grand incendie. On y trouve, dit-il, des couches de braise et de charbon de 8 ou 10 pouces d'épaisseur, recouvertes de matières calcinées et de briques fondues. Des traces pareilles se trouvent dans beaucoup d'autres endroits des ruines, ce qui prouve que le feu a concouru à la destruction de cette ville. On y a brûlé une grande quantité d'ossemens, dont on voit encore des fragmens calcinés, mêlés avec des scories et d'autres débris à demi vitrifiés [1].

2. Mendès, Diospolis, Lycopolis.

L'emplacement de Mendès et celui de Diospolis [2] ne sont pas aussi faciles à fixer que la position de Thmuis.

En Égypte, et surtout dans le pays inférieur, une ville a succédé à une autre, après avoir été rebâtie à quelque distance du premier emplacement; de nouveaux noms ont succédé aussi aux anciens : ou je me trompe, ou telles sont les causes de l'obscurité qui règne sur plusieurs positions anciennes. Commençons par éclaircir celle des deux questions qui est la moins embarrassée. On donne aujourd'hui le nom de *Tell-el-*

---

[1] Le surnom d'el-Emdyd donné à Tmày, rappelle le lieu dont parle le père Sicard, Kemân el-Emd, les collines d'Emd, à Tekby. On ne trouve dans Golius que كَدِيد de la racine كَدَّ, *extendit*.

[2] Il y avait deux autres Diospolis, toutes deux dans la haute Égypte : *Diospolis magna*, l'ancienne Thèbes ; *Diospolis parva*, aujourd'hui *Hou*.

Debeleh à un assez grand amas de ruines placé à une lieue sud du village d'Achmoun, et à cinq lieues est de Mansourah, formant à peu près un quadrilatère long de 2000 mètres, compris entre deux canaux de Mansourah et l'inondation de Daqhelyeh. On y trouve une foule de débris qui ne laissent aucun doute sur l'existence, en cet endroit, de quelqu'ancienne ville. Comme il n'y a pas de distance itinéraire pour fixer la position de Mendès ni de Diospolis, il faut s'attacher à reconnaître les vestiges d'antiquité subsistans. Or, trouvant des ruines auprès du canal d'Achmoun, qui est l'ancienne branche Mendésienne, et dans les limites du nome Mendésien, on est autorisé, par la présence d'une ville ruinée, à y chercher la capitale. Strabon peut encore ici nous servir de guide : « Près de Mendès, dit-il, sont situés Diospolis, *avec les lacs qui l'entourent,* Léontopolis, Busiris un peu plus loin, et Cynopolis[1]. » La succession de ces points, l'ordre dans lequel ils sont nommés, ne peuvent-ils pas nous les faire reconnaître? Procédons en sens inverse de Strabon. Partons de Cynopolis, et allons vers le nord-nord-est : marchant ainsi, on trouve d'abord Busiris; plus loin, dans la même direction, Léontopolis, qui est à Tell-Tânboul (comme nous le verrons au paragraphe suivant). Ensuite, laissant Thmuis un peu à gauche, nous passons par Tell-el-Debeleh, et nous atteignons, à une lieue plus loin, la branche Mendésienne au village d'Achmoun. La correspondance se trouvera ainsi établie entre les ruines de Tell-el-Debeleh et Diospolis de

[1] L. XVII, p. 802.

Strabon. Maintenant peut-on se défendre d'un rapprochement de noms? Ce mot, *Debeleh* نزل الدبله, ne serait-il pas, comme plusieurs l'ont déjà observé, et entr'autres les auteurs de la traduction française de Strabon, une altération de Diopol-is, pour Diospol-is? Les Arabes ont défiguré d'autres noms d'une manière bien plus étrange.

Un autre motif encore me fait placer Diospolis en cet endroit. Ce sont les termes suivans de Strabon : Diospolis *avec les lacs qui l'entourent*. Ces ruines sont en effet à peu près dans une île que l'inondation de Daqhelyeh et les canaux entourent de toutes parts; je crois donc qu'on ne peut trouver mieux qu'à Tell-el-Debeleh l'emplacement de la Diospolis de Strabon[1], et par conséquent de la ville désignée dans l'Écriture sous le nom de Na-a'moun[2] : car ici, comme pour la grande Diospolis de Thèbes, Ammon, le nom égyptien de Dieu, a été traduit par Jupiter. Jupiter, dit Hérodote (l. II, c. 42), en langage égyptien s'appelle *Ammon*.

A présent quel est le site de l'ancienne Mendès? D'Anville et d'autres géographes ont choisi le lieu appelé *Achmoun* اشمون, ou Achmoum اشموم, où se trouvent trois hameaux du même nom. Quoiqu'on n'ait pas observé en cet endroit de grandes ruines, je crois qu'il n'y a rien à changer à cette détermination. En effet ce

---

[1] Sur la grande carte topographique de l'Égypte, pl. 35, on a écrit *ruines de Mendès*, au-dessus de *Tell el-Debeleh*, et l'on a oublié d'ajouter à la fin un point de doute (?).

[2] *Na - a'moun*, ... *assise sur les fleuves, l'eau l'entoure... Nahum*, III. (V. *l'Égypt. sous les Pharaons*, t. II, p. 130). Le nom du texte hébreu est traduit par Diospolis, dans un passage de la version des Septante.

lieu est situé sur la branche Mendésienne, tandis que Tell-Tmây et Tell el-Debeleh en sont éloignés ; or, il n'y a pas, je crois, d'autres ruines dans ce quartier de l'Égypte. En second lieu Achmoun est le nom du dieu générateur, de Pan, l'un des huit grands dieux de l'Egypte ; or, Hérodote s'exprime ainsi : « Mendès, en langage égyptien [1], signifie également un *bouc* et le *dieu Pan*. Les Mendésiens mettent Pan au nombre des huit grands dieux.... ; par ce motif..... (ils) révèrent donc religieusement toutes les chèvres, et surtout les mâles.... (l. II, c. 46). »

Troisièmement, le nom de la ville dédiée à Pan, dans la Thébaïde, est aujourd'hui Akhmym, nom qui a le plus grand rapport avec Achmoum, comme Pan avec Mendès : ὁ Πὰν Αἰγυπτίοις Μένδης (Hérod., liv. II, c. 46), οὕτω καλοῦσι τὸν Πᾶνα Αἰγύπτιοι (Suid. *in voc.* Μένδης); c'est ce que répète Nonnus (Voy. le *Panthéon égyptien* de Jablonski).

Enfin, non loin de là est un monticule de ruines avec des débris de poteries, et le nom de *Tell el-Ahmar*, la colline Rouge. Peut-être que les inondations de la branche Mendésienne et les travaux de la culture ont fait disparaître le reste des vestiges, et je suis porté à croire que, la ville ayant été ruinée à une époque très-ancienne, Thmuis prit plus d'importance, jusqu'à devenir la capitale du nome au temps de Ptolémée le Géographe, et une des plus grandes villes de

---

[1] Jablonski a observé avec raison, et d'autres après lui, que la lettre δ ne pouvait entrer dans un mot égyptien. (Voyez *Panth. Ægypt.*, pl. I, p. 272... Voyez aussi *l'Égypte sous les Pharaons*, t. II, p. 128.)

l'Égypte sous Ammien Marcellin; cela explique pourquoi Thmuis est seule nommée par tous les auteurs qui sont plus récens (du moins par rapport à la haute antiquité), Joseph, Aristide, Ptolémée, Ammien Marcellin, Etienne de Byzance, Suidas, et aussi les itinéraires d'Antonin et d'Hiéroclès; tandis que Pindare, Hérodote, Strabon et Plutarque, écrivant d'après d'anciennes traditions, parlent de la ville de Mendès. Pline lui-même ne fait mention que de la bouche et de la préfecture Mendésienne¹. Ici s'applique la réflexion que j'ai faite en commençant cet article : après sa ruine, Mendès aura été rebâtie à une lieue plus loin; les matériaux y auront été transportés, et le nom de Diospolis aura succédé à celui de Mendès, comme le nouveau site à l'ancien².

Le culte attribué par les auteurs aux habitans de la préfecture Mendésienne est confirmé par les médailles du nome. On voit sur la légende ΜΕΝΔΗΣΙΟΣ une figure de Jupiter tenant un bouc dans sa main droite : le petit module n'a que le buste du dieu³.

D'Anville a donné le nom d'Achmoun-Tanâh au village qui a succédé à Mendès; mais la carte présente ici deux localités différentes; l'une, Achmoun avec plusieurs hameaux, à une lieue vers le nord de Tell-el-Debeleh; l'autre, Tannâh à une lieue, vers le sud.

En résumé, l'autorité d'Hérodote étant formelle en faveur de l'existence de deux nomes différens, qui certai-

---

¹ Etienne de Byzance nomme aussi la ville de Mendès.

² Selon Ptolémée, Mendès et Thmuis auraient été placées entre les branches Busiritique et Athribitique; mais il faut entendre entre la Busiritique et la Tanitique.

³ *Voyez* pl. 58, fig. 26, *Ant.*, vol. v.

nement avaient chacun un chef-lieu, je pense, 1°. que Thmuis et Mendès ont existé séparément, que ces deux villes avaient le même culte, et qu'elles étaient situées, l'une à Tmây el-Emdyd, l'autre à Achmoun, sur la branche Mendésienne ; 2°. que Diospolis a succédé d'abord à la seconde de ces villes, en qualité de capitale du nome Mendésien, circonstance qui a achevé de causer la destruction entière de la ville de Mendès[1] ; 3°. que Thmuis est devenue à son tour, et dans les derniers temps, le chef-lieu de la préfecture Mendésienne.

Lycopolis de la basse Égypte étant placée par Strabon immédiatement avant Mendès, j'en ferai mention ici, quoique ce lieu paraisse hors du nome Mendésien. Je procéderai comme tout-à-l'heure, pour en chercher la place, que D'Anville n'a pas assignée : « Dans l'intérieur des terres (dit Strabon, après avoir parlé de Buto), au-dessus des bouches Sébennytique et Phatnique, on trouve Xoïs....., Hermopolis, Lycopolis et Mendès. » La direction de tous ces lieux est bien évidemment de l'ouest vers l'est. On peut s'arrêter à une position distante d'environ trois lieues de Tell-el-Debeleh et d'une lieue environ au sud-est de Mansourah, vers Chahâ. Cette position convient aux passages de Strabon et d'Étienne de Byzance, qui placent Lycopolis, le premier auprès de Mendès, et le dernier dans le nome Sébennytique. Étienne ajoute à Lycopolis l'épithète de παρα-

[1] Je ne place point Mendès à Tell-el-Debeleh, comme M. Gr. Le Père, parce que Strabon distingue Mendès de Diospolis, et qu'il n'y a pas d'autres ruines de ce côté.

θαλάσσιος ou maritime, tandis que le nome Sébennytique (du moins le supérieur, car il y avait le nome Sébennytique inférieur) est très-éloigné de la mer. Pindare supposait aussi Mendès *sur le bord de la mer*, παρὰ κρημνὸν θαλάσσας, méprise qui lui a été justement reprochée par Aristide le Sophiste[1], et que Strabon, qui le cite, n'avait pas relevée[2] : mais c'est cette erreur même qui explique celle d'Étienne de Byzance et prouve la proximité de Lycopolis et de Mendès. Selon une autorité plus imposante, Lycopolis appartient au nome Busirites : c'est, comme je l'ai dit plus haut (pag. 357), la PIERRE DE ROSETTE; mais je pense, et déjà j'ai eu occasion d'en faire la remarque, que les Grecs ont été embarrassés de traduire dans leur langue le nom de l'animal honoré par les Égyptiens, et qu'ils auront employé à cet effet, tantôt le mot κύων et tantôt le mot λύκος[3]. C'est la ville de Cynopolis qui faisait partie du nome Busirites. Cette conjecture concilierait le monument avec le témoignage d'Étienne.

§. II. *Nome Léontopolites.*

Il y a très-peu de détails dans les écrivains sur cette préfecture; cependant Ptolémée peut en faire deviner l'emplacement, non par la latitude, mais par la situation relative. D'après cette donnée j'avais placé le chef-lieu Léontopolis

[1] *Orat. Ægypt.* tom. II, p. 360, ed. *Jebb.*
[2] L. XVII, p. 802.
[3] Le loup, dit Diodore, a été honoré à cause de sa ressemblance avec le chien; car leurs natures diffèrent peu, et leurs espèces peuvent s'accoupler et se reproduire (liv. I, p. 260, tom. I, *ed. Bip.*).

à la grande colline qui est au sud et à 12000 mètres de Tmây, non loin du village d'el-Mengalah. Un passage de Strabon confirmait la position générale du nome de ce nom : voici ce qu'il dit : *Léontopolis, entre le canal Busiritique et le Bubastique;* ainsi Léontopolis était peu éloigné de la branche Busiritique. «Au-dessus des bouches Mendésienne et Tanitique, dit-il encore, on trouve un grand lac, les nomes Mendésien et Léontopolites, Aphroditopolis[1] et le nome Pharbœtites[2].» L'inspection de la carte fait voir que ce texte est bien expliqué par la position que j'ai donnée à ces trois nomes : on peut ajouter que, dans l'énumération du même Strabon, on voit la ville de Léontopolis précédée de Mendès et de Diospolis, et suivie de Busiris et Cynopolis, ce qui suppose une position intermédiaire au milieu de ces quatre villes. Le passage suivant de Xénophon, où la ville de Léonto est citée, n'est pas propre à donner beaucoup de lumière sur ce sujet : διελθόντες μὲν δὲ ταῦτα ἐπὶ Λεοντῷ ἔρχοντας πόλιν (liv. IV, p. 51); Hemsterhuis a lu ici ταῦτα (sans trop de motifs), au lieu de ταῦτα : car il y a un grand intervalle et même deux préfectures entre *Taua* et Léontopolis (*Anton. Aug. Itinerar.*, p. 728). Dans cette incertitude, un renseignement inespéré est venu confirmer pleinement ma conjecture. L'habile administrateur à qui je dois la plupart des renseignemens que j'ai donnés sur les restes de Tmây[3], et qui a parcouru le pays attentivement, m'a fourni aussi

---

[1] Cette Aphroditopolis est une quatrième ville de ce nom en Égypte; car il n'est pas possible de la confondre avec celle du nome Prosopites.
[2] L. XVII, p. 802.
[3] *Voy.* plus haut, p. 370, note [1].

le nom que porte la butte voisine d'el-Mengalah, que je regardais, par sa seule position, comme étant le reste de Léontopolis. M. de Chanaleilhes ajoute qu'en ce lieu sont de très-grandes ruines. Les habitans l'appellent *Tell-Tânboul* تل نانبول, colline de Tânboul, nom qui avait échappé aux ingénieurs français; de plus, deux autres villages, appelés aussi *Tânboul*, existent à une lieue environ du même point. Il me semble difficile de ne pas reconnaître ici le nom grec et le nom latin de l'ancienne ville. Je regarde Tânboul (Tônboul) comme la corruption et l'abréviation de *Leontônpolis*. Les Arabes ont, comme partout, supprimé la finale, et substitué le *b* au *p*; et de plus ils ont retranché, mais d'une manière plus bizarre qu'ailleurs, les deux premières syllabes du mot, afin de le réduire à deux : car c'est pour eux un usage, et pour ainsi dire une nécessité euphonique, de ne pas admettre des mots de plus de deux ou trois syllabes; on ne citerait guère, comme exemple du contraire, qu'Eskanderyeh ou Skanderyeh (Alexandrie). C'est ainsi que de *Naucratis* ils ont retranché *Nau* (d'où est venu le nom actuel Krât ou Kourât [1]), que de *Bubastus* ils ont fait Bastah (supposé que le nom ne soit pas directement tiré du qobte), et de *Taposiris*, Bousyr et *Abousyr*, etc.; ils ont fait aussi le contraire, en ajoutant (non plus devant le nom grec ou romain, mais devant le nom indigène) un *élif*, comme syllabe euphonique, exemples : *A-sna* ou *E-sné*, *A-hnas*, *A-khmym*, *Achmoun*, *A-soudân*, *A-scyt*, etc.; quant à la finale πόλις,

---

[1] *Voyez* les Mémoires sur la géographie comparée.

ajoutée par les Grecs, tantôt les Arabes ont ôté ις, comme ici dans Leontônpolis; tantôt deux syllabes ολις, comme au nom d'*Héliopolis* (dont ils ont fait *H-elioub*, *Q-elyoub*); et le plus souvent le mot tout entier.

La Notice d'Hiéroclès place Léontopolis dans la seconde Augustamnique, ΕΠΑΡΧΙΑ ΑΥΓΟΥΣΤΑ Β'; peut-être faut-il la ranger dans la première : c'était le chef-lieu d'un évêché. Une médaille de nome porte ΛΕΟΝΤΟΠΟΛ [1], avec un lion que tient dans sa main une figure drapée. Une autre, du plus petit module, présente un lion courant, avec ces lettres ΛΕΟΝ. Il est remarquable que cette forme est d'accord avec le nom actuel Tânboul (ou Tônbol), pour la finale; le texte de Ptolémée porte ΛΕΟΝΤΩΝ, mais dans la Notice d'Hiéroclès on lit ΛΕΟΝΤΩ: c'est ainsi qu'on trouve dans les itinéraires ΛΥΚΩ pour ΛΥΚΩΝ, ΚΥΝΩ [2], etc. Les deux expressions sont équivalentes; je crois qu'on peut s'en tenir à l'orthographe du texte de Ptolémée.

En résumé, je pense que *Tell-Tânboul* est l'emplacement du chef-lieu du nome Léontopolites: cet emplacement n'avait pas encore été assigné par les géographes [3].

---

[1] *Voyez* pl. 58, *A.*, vol. v, fig. 17.

[2] Quand on lit dans Eusèbe, parlant de l'usage qu'avaient les Égyptiens, d'imposer à leurs villes les noms des animaux vénérés, ἀπὸ τοῦ λέοντος τὴν Λεοντῶ...... (*in Esai.*, c. XXX.), il faut substituer par la pensée le nom indigène, que le savant évêque de Césarée aurait dû citer au lieu du nom grec : ou bien il n'a voulu parler que des Égyptiens de son temps; mais ce nom de Λεοντῶ était bien antérieur à lui.

[3] Le P. Sicard avait indiqué Tell-Essabé, mais j'ignore où est cet endroit : si c'est l'analogie des noms qui l'a fait désigner, il aurait fallu écrire celui-ci *Tell-es-Sebáa*.

MÉMOIRE

SUR

LES INSCRIPTIONS ANCIENNES

RECUEILLIES EN ÉGYPTE.

OBSERVATIONS GÉNÉRALES.

L'Égypte a excité, dès les temps les plus anciens, la curiosité des peuples et l'attention des philosophes. Les révolutions successives ayant ouvert aux étrangers l'accès de ce pays, qui leur était presque fermé avant Cambyse, les voyageurs et les hommes les plus illustres de la Grèce sont venus en foule contempler ses merveilles, rendre hommage à ses institutions, et recueillir les débris de ses connaissances. Les premiers rois Lagides donnèrent eux-mêmes aux Macédoniens l'exemple du respect pour les institutions égyptiennes: loin de les abolir, ils les admirent dans la religion, seul moyen qui pût assurer leur conquête et leur établissement. Les inscriptions qu'on voit gravées sur les temples d'Égypte, et portant les noms des Ptolémées, donnent de ce fait une preuve sensible et même plus certaine que les passages historiques. A l'imitation de ces rois, les simples particuliers macédoniens, et même les Grecs du dehors, ont laissé par écrit des marques de leur vénération; et ces inscriptions vulgaires sont autant de monumens qui nous attestent des faits curieux, inconnus à l'histoire. Après les voyageurs grecs, vinrent les Romains, toujours en plus grand nombre, à mesure que l'Égypte devenait plus accessible, et que ses mœurs étaient plus analogues à celles des conquérans. Cette époque était celle d'une décadence presque complète; mais, soit que la religion fût restée en honneur, soit que les merveilles propres à ce pays et les restes de sa gloire imposassent encore l'admiration, les étrangers y abondaient en foule. Généraux, savans, prêtres, législateurs, simples soldats, tous voulaient marquer l'époque de leur passage par des inscriptions. On en trouve en effet un grand nombre sur les monumens des arts; et il y en aurait bien plus, si les voyageurs eussent pu les tracer partout indistinctement, comme on le fait aujourd'hui en Europe : mais ils devaient respecter les sculptures qui recouvrent en entier la surface des temples et des palais de l'Égypte; il n'y avait, pour recevoir ces inscriptions, que des fragmens de statues, les debris épars et quelques murs lisses ou non couverts de leurs décorations.

Sur les monumens grecs ou romains, les inscriptions publiques sont plus nombreuses et plus étendues que sur les monumens égyptiens, parce que, dans ceux-ci, l'écriture héroglyphique et les scènes qu'elle accompagne recouvraient la totalité des murailles et même des colonnes. Les rois grecs et les empereurs ont donc été obligés de mettre à profit pour cet usage la seule partie de ces édifices où les Égyptiens n'ont jamais rien sculpté, c'est-à-dire le listel des corniches extérieures. Une inscription publique placée sur un monument doit occuper un endroit très-apparent de la façade : dans les temples d'Égypte, ce listel en était la seule partie lisse; et cette partie, étant très-étroite, ne pouvait contenir que deux ou trois lignes d'écriture.

Les inscriptions qu'on recueille parmi les restes de l'antiquité sont utiles pour confirmer l'histoire, ou pour apprendre des faits ignorés, ou enfin pour résoudre certaines questions épineuses d'archéologie : ce sont toujours des monumens précieux par leur authenticité. Or, les inscriptions isolées qu'on trouve en Égypte intéressent sous ces différens rapports; elles fournissent des données sur l'état de ce pays pendant les dominations grecque et romaine, et même au-delà de ces époques : en outre, elles éclaircissent plusieurs points relatifs à la religion, aux coutumes, à la géographie. On peut les ranger en quatre classes :

1°. Les inscriptions cursives en langue égyptienne, soit hiéroglyphique, soit vulgaire;

2°. Les inscriptions en langue phénicienne, persépolitaine ou éthiopienne;

3°. Les inscriptions en grec;

4°. Les inscriptions en latin.

Voici dans quels lieux on trouve les unes et les autres. On voit des inscriptions en égyptien vulgaire sur différens édifices, à Philœ, à Karnak, à Medinet-abou et aux Pyramides; elles portent le cachet d'une grande ancienneté, et paraissent appartenir à des voyageurs du temps, qui venaient rendre hommage aux plus anciens temples de Thèbes, de Philæ, etc. Les plus curieuses sont accompagnées de la forme d'un pied, tracée à la tête du texte; usage qui a été suivi par d'autres peuples. Il semble que ces inscriptions en langue vulgaire ou cursive, gravées sur les monumens égyptiens, ont servi de modèles à celles que les Grecs y ont tracées par la suite, à peu près dans le même but.

Outre les inscriptions en égyptien vulgaire gravées dans l'île de Philæ, il y en a un grand nombre en hiéroglyphes cursifs, profondément empreintes sur les rochers de granit qui entourent cette île. Les signes sont de forme irrégulière, et n'ont pas la correction de ceux qui sont gravés dans les temples; il n'est pas douteux qu'ils n'aient été tracés par des particuliers.

Les carrières et les hypogées d'*Antæopolis* renferment aussi des inscriptions en caractères cursifs, de la même nature que ceux des manuscrits égyptiens sur papyrus.

De toutes les inscriptions où l'on a fait usage de la langue alphabétique, celle qu'il faut mettre au premier rang pour l'importance, quoique non la plus ancienne, est l'inscription de la pierre de Rosette, écrite en trois langues. On sait que c'est un décret du collège de Memphis, dont le texte renferme une foule de détails de mœurs, de géographie et d'histoire.

On a distingué des inscriptions phéniciennes et éthiopiennes à Philæ, dans une petite salle qui semble avoir été le rendez-vous des voyageurs pieux; les sculptures qu'on y voit représentent la mort d'Osiris, et c'est le tombeau d'Osiris qui attirait la foule à Philæ. Aussi les murs de cette salle sont couverts d'une foule d'inscriptions en diverses langues, tracées en rouge, ou creusées dans la pierre; plusieurs sont écrites sur le plafond [1].

Les plus anciennes après celles-là remontent à la conquête des Perses, et sont en caractères persépolitains : leur objet diffère sans doute de celui des autres; mais elles sont également tracées sur des ouvrages de l'Égypte ancienne ou du style égyptien. Aux environs de Soueys, à l'endroit auquel on a attribué le nom de *Serapeum*, on trouve des fragmens en granit sur lesquels on voit ensemble des hiéroglyphes et de l'écriture persépolitaine [2]. Il paraît que ces travaux sont des ouvrages faits par les Perses, ou bien de leur temps, et portent quelque dédicace en leur langue; ils ont quelques rapports avec la petite pierre trouvée à Edfoû, et qui est l'ouvrage des Grecs [3], bien qu'elle renferme des ornemens imités du style égyptien.

Parmi les inscriptions grecques tracées sur les édi-

---

[1] On ne parle pas ici des inscriptions phéniciennes et hébraïques tracées sur le Gebel Mokatteb au mont Sinaï. MM. Rozière et Coutelle ont copié un grand nombre de ces inscriptions, dont une partie avait déjà été rapportée par Pockocke.

[2] *Voyez* les dessins qu'en a recueillis M. Rozière, planche 29, *Antiquités*, volume v. On voit aussi les deux écritures ensemble sur un vase de la Bibliothèque du roi.

[3] Cette pierre a été rapportée par M Girard. *Voyez* le ve volume d'antiquités, *Collection d'antiques*, pl. 47, fig. 2. La collection de M. de Palin, à Constantinople, renferme une pierre de la même forme, c'est-à-dire carrée, avec des ornemens gréco-égyptiens semblables, mais sans inscription grecque.

fices religieux ou sur des monumens de tout genre, les unes sont faites sous les Ptolémées, les autres sous les empereurs romains. Plusieurs de ces dernières sont de la main des chrétiens qobtes, et le plus grand nombre en est dans l'île de Philæ ou dans les hypogées de la Thébaïde; elles contiennent des noms de saints, de patriarches, d'évêques, de martyrs, d'apôtres et de solitaires.

Enfin les inscriptions latines ont été tracées par les Romains à Philæ, aux tombeaux des rois, sur le colosse de Memnon, à Damiette, à Alexandrie et en d'autres endroits.

On distingue dans toutes ces différentes inscriptions les noms de cinq rois Ptolémées; savoir, Évergète, Épiphane, Philométor, Alexandre et Aulètes[1]; ceux des onze empereurs romains, Auguste, Tibère, Claude, Domitien, Trajan, Adrien et Sabine, Marc-Aurèle, Vérus, Septime-Sévère, Alexandre-Sévère et Dioclétien, et ceux de beaucoup de fonctionnaires macédoniens et romains, tels que des généraux, des préfets d'Égypte, des tribuns militaires, des préteurs, des écrivains, des centurions, décurions et simples légionnaires. Ajoutons qu'il y en a plusieurs, soit grecques, soit latines, qui sont écrites en vers.

Je m'occuperai seulement ici des principales inscriptions des deux dernières classes, c'est-à-dire de celles

---

[1] Dans le volumineux recueil d'inscriptions de Gruter, et dans tous ceux qui lui ont succédé, on n'en trouve que très-peu qui soient relatives aux Ptolémées.

des Grecs et des Romains, en jetant un coup d'œil rapide sur leurs époques, sur les parties des édifices où elles sont gravées, sur leur destination et sur les conséquences historiques qu'on en peut déduire quant à l'antiquité des monumens : c'est dans d'autres mémoires qu'il sera question des inscriptions faites en égyptien, ou dans des langues différentes du latin ou du grec. On ne traitera pas non plus ici de l'inscription grecque du monument de Rosette.

Inscriptions tracées du temps des Grecs.

Le seul de tous les monumens égyptiens où les rois Ptolémées aient fait mettre eux-mêmes une inscription en leur nom, est celui de la ville de Qous, appelée par les Grecs *Apollinopolis parva*. Elle a été placée sur le listel du couronnement de la porte, au nom de Philométor, de sa femme et de ses enfans [1], à une époque qui doit être comprise entre l'an 176 et l'an 144 avant Jésus-Christ. Les autres inscriptions du temps des Lagides sont toutes faites par d'autres personnages que les rois eux-mêmes.

Ainsi, avant le sixième Ptolémée, les rois n'avaient pas encore osé tracer des caractères grecs sur des édifices égyptiens. On sait que les trois premiers Lagides sont les seuls que l'histoire nous présente comme des princes recommandables. Soter se distingua par sa sagesse et par sa fermeté, en maintenant l'Égypte en paix, et lui conservant sa religion et ses usages;

[1] L'inscription a été copiée par MM. Jollois et Devilliers.

Philadelphe, par son amour pour les sciences et par les efforts qu'il fit pour approfondir les connaissances de l'antiquité; Évergète, par sa bienfaisance et par cette affection pour le peuple égyptien qui lui ont valu son nom. Ces rois ont eu, à la vérité, quelques guerres à soutenir; mais tous leurs successeurs ont vécu dans des dissentions continuelles, des guerres de famille et des guerres étrangères : le plus grand nombre fut odieux aux peuples par des vices ou par des crimes, et tous par leur tyrannie. Cependant, à diverses époques du règne de Philométor, il y eut quelque tranquillité; et c'est alors sans doute qu'on aura renouvelé la dédicace du temple d'*Apollinopolis parva* au Soleil.

Sous le même règne, on consacra de nouveau à Antée le temple d'*Antæopolis;* mais l'inscription qui nous l'apprend paraît avoir été tracée seulement sous les Antonins, ou bien récrite sous ces empereurs, époque à laquelle on a fait quelque travail au portique. Une inscription de quatre lignes était trop longue pour tenir en entier sur le listel du couronnement. Peut-être aussi ce listel était-il déjà renversé. Les Romains ont pris le parti de la graver sur la frise ou architrave dans l'endroit où était le disque ailé, de telle sorte que les caractères grecs sont à fleur de la pierre et au niveau des hiéroglyphes, ainsi qu'on l'expliquera plus loin.

Sous le même Philométor, les troupes stationnées à Ombos firent tracer une inscription sur le listel d'une porte intérieure, dans une des salles du grand temple. Cette inscription marque leur reconnaissance envers les dieux égyptiens, et paraît annoncer la consécration d'un sanctuaire.

Les autres inscriptions tracées sous les Ptolémées appartiennent à de simples particuliers qui sont venus rendre hommage aux temples les plus fameux de l'Égypte : telles qu'une pierre trouvée à Canope, et consacrée à Isis[1] ; une rapportée d'Edfoû, consacrée aux dieux du pays par un fonctionnaire de l'armée, et que j'ai déjà citée ; celle que j'ai trouvée au Kaire, et qui est un monument de gratitude d'un autre employé militaire envers Ptolémée Évergète II ; enfin, celles qui sont tracées sur le pylône du vieux temple de Philæ et sur un des obélisques, et dont je ferai plus bas une mention particulière.

Avec la pierre de Rosette, voilà les principales inscriptions, soit publiques, soit privées, qui appartiennent ou se rapportent d'une manière certaine au règne des Ptolémées.

Inscriptions tracées du temps des Romains.

Sous les Romains, il a été tracé un plus grand nombre d'inscriptions publiques, soit au nom des empereurs, soit au nom des villes et des personnages en dignité. Celle d'*Antæopolis* ou Qâou el-Kebyreh est au nom des Antonins ; les deux inscriptions gravées sur les temples de Denderah, l'une sur le listel de la corniche d'une porte isolée, l'autre sur le listel du couronnement du grand temple, sont faites au nom et

[1] C'est M. Le Gentil qui l'a dessinée.

par l'ordre de la capitale de l'Égypte; celle de *Panopolis* ou Akhmym est l'ouvrage de plusieurs chefs militaires du temps de Trajan; et celle d'*Hermopolis magna* ou Achmouneyn date des Antonins.

La première de ces cinq inscriptions, celle de Qâou, paraît annoncer que les Antonins ont fait réparer une partie du temple d'Antée.

La seconde indique que, sous Auguste, on fit en l'honneur d'Isis la dédicace d'un portique de Tentyris, aujourd'hui détruit. Peut-être alors ce portique était-il déjà en ruine: on l'aura sans doute, à cette époque, réparé, et consacré de nouveau à la grande déesse.

La troisième, gravée sous Tibère, est une consécration nouvelle du *pronaos* du grand temple en l'honneur de Vénus. L'objet de la quatrième, trouvée à *Panopolis*, ne peut pas être connu d'une manière bien certaine, à cause de l'état de ruine où est la pierre; et il en est de même de celle d'*Hermopolis* ou Achmouneyn, dont je n'ai pu copier que le commencement.

Les Romains ont visité en foule les magnifiques tombeaux des rois de Thèbes; ils y ont mis, sur les peintures, beaucoup d'inscriptions grecques et latines: plusieurs appartiennent à des légionnaires, à de simples soldats, comme on le voit aussi à Philæ[1], à des hommes enfin qui ignoraient leur propre langue, ou du moins qui n'en savaient pas l'orthographe; c'est ce qu'on a vu faire de nos jours par les soldats de

---

[1] *Voyez* la Description de Philæ par feu Michel-Ange Lancret, *A. D.*, chap. I, tom 1, pag. 17.

l'expédition française, qui voulaient aussi constater leur voyage en Égypte. Un certain *Januarius* s'exprime ainsi, dans une ligne qu'il a écrite sur les murs de l'un des plus magnifiques tombeaux de Thèbes :

JANVARIVS VIDI ET MIRAVI LOCOM.

On pourrait citer d'autres barbarismes aussi choquans.

Sur le colosse de Memnon à Thèbes, les Romains ont gravé un grand nombre d'inscriptions; j'en ai compté soixante-douze, qui toutes sont tracées par des personnages plus ou moins distingués de l'Empire, comme des empereurs, des préfets et des généraux. On en voit une de l'impératrice Sabine, femme d'Adrien. Il est remarquable que la plupart sont du temps de cet empereur, qui se montra fort curieux des antiquités et de l'histoire de l'Égypte, et qui y bâtit une ville. Toutes célèbrent les louanges de Memnon, et attestent qu'ils ont entendu le son de la statue [1]. Aucune de ces inscriptions ne porte la date du temps des Ptolémées : sans doute, avant les Romains, il n'eût pas été permis de monter sur le fameux colosse et d'y graver des lettres; ce dont, en effet, on ne conçoit la possibilité, dans un pays comme l'Égypte, qu'après la chute totale de la religion et des mystères de l'antiquité [2]; mais de tous ces mystères les empereurs ou les préfets avaient apparemment voulu conserver ce-

---

[1] *Voyez* la Description de Thèbes, par MM. Jollois et Devilliers.

[2] C'est sous ces mêmes Romains qu'on élevait la colonne d'Alexandrie, et qu'on la fondait sur un fragment d'obélisque égyptien, retourné la pointe en bas.

lui-ci, qui intéressait le plus la curiosité des voyageurs, et ils avaient trouvé quelques prêtres encore au fait du mécanisme propre à faire résonner la statue.

Sur la base même du colosse de Memnon, et sur un nilomètre à Éléphantine, on a, du temps de Septime-Sévère, tracé des inscriptions qui fournissent aujourd'hui des résultats importans que les Grecs et les Romains n'ont pas prévus; sans quoi ils auraient multiplié ces inscriptions dans la partie inférieure des édifices. En effet, on tire de celles-ci des lumières précieuses pour déterminer l'exhaussement successif de la vallée et du lit du fleuve[1].

Le reste des inscriptions postérieures aux Grecs consiste dans des monumens de souvenir et de gratitude envers les empereurs ou les gouverneurs du pays, des autels funéraires et des pierres votives, qu'on trouve à Antinoé, Alexandrie, Damiette et ailleurs; enfin des inscriptions chrétiennes dont il a déjà été fait mention, et qui sont gravées soit sur les monumens, soit dans les cellules des solitaires de la Thébaïde, cellules qui avaient été de magnifiques sépultures pendant la splendeur de l'empire égyptien.

Inscriptions grecques du grand temple de l'île de Philæ.

D'après cet exposé rapide, on voit déjà quelle est l'époque et quel est l'objet des principales inscriptions que les Grecs et les Romains ont gravées en Égypte sur les monumens des arts, ou sur des pierres déta-

[1] *Voyez* le Mémoire de M. Girard sur le nilomètre d'Éléphantine.

SUR LES INSCRIPTIONS ANCIENNES.

chées, soit pour un motif de religion et de reconnaissance envers les dieux et envers les rois, soit pour des causes particulières. Ces premiers faits mettront le lecteur en état d'asseoir son jugement sur certaines inscriptions du grand pylône de Philæ; elles sont si remarquables, qu'elles méritent ici un examen particulier.

Cette île, si riche en monumens, est le point de l'Égypte où l'on voit le plus de constructions d'un caractère et d'un âge différens : les travaux des Égyptiens se distinguent au premier coup d'œil par leur couleur et leur grande proportion ; ceux des Romains, des chrétiens et des Arabes, par leur petitesse, leur état d'imperfection et leur style. C'est ainsi qu'on voit un petit arc de triompe commencé, et des salles bâties avec des matériaux égyptiens, dont les sculptures sont interrompues par des moulures grecques. Mais il est aussi certaines constructions de forme égyptienne, et qu'au premier abord on jugerait faire partie des anciens temples : on voit bientôt qu'elles ne sont pas liées avec eux, et que les époques en sont différentes.

On avait élevé à Philæ quatre obélisques : deux en granit, et deux en grès, sans hiéroglyphes ; un de ceux-ci est resté debout. Quand on en approche, on ne tarde pas à reconnaître qu'il n'est pas l'ouvrage des anciens Égyptiens : c'est le seul obélisque en grès que l'on connaisse dans ce pays ; sa hauteur était de sept mètres ou vingt-deux pieds seulement. Comment les Égyptiens, au milieu des carrières de granit, eussent-ils élevé un obélisque en grès, tandis que dans le Fayoum, à *Hé-*

liopolis, à *Tanis*, à deux cents lieues plus loin, ils en érigeaient qui étaient de granit, et qui avaient plus de soixante pieds de hauteur !

.On est donc conduit à croire qu'à l'époque de l'érection de ces aiguilles, on ne considérait plus les obélisques sous le rapport de l'ordonnance générale de l'architecture; mais qu'on y voyait simplement une décoraration, indépendante de tout système : il est plus que probable qu'on manquait alors des moyens qui ont fait élever les obélisques de Thèbes, et de cette puissance à laquelle on doit les monumens de Philæ, si célèbres par leur ancienneté. Un fait que j'ai observé en étudiant le grand temple de cette île, est de nature à jeter beaucoup de lumière sur les époques de ces travaux successifs des Égyptiens, des Grecs et des Romoins. C'est pendant que je réfléchissais sur des constructions si différentes, que je fus frappé de cette observation, opposée, en apparence, avec tout ce que j'avais vu jusque-là.

Le pylône du grand temple est décoré de figures colossales, sculptées en creux et placées sur plusieurs rangs. Si vous considérez attentivement le rang inférieur, vous apercevez des inscriptions grecques tracées négligemment l'une sous l'autre, en partie effacées, et dont on ne voit plus que ce qui est entre les figures et sur les parties lisses de la muraille : mais, comme ces figures sont en relief dans le creux, de manière que la partie la plus saillante est dans le plan du mur, on trouve encore quelques lettres de ces mêmes inscriptions vers le milieu des figures et de leurs membres. Il

SUR LES INSCRIPTIONS ANCIENNES.

y a aussi des signes hiéroglyphiques peu visibles, qui semblent mêlés et confondus avec d'autres inscriptions grecques; ces inscriptions ont été entaillées manifestement, et ont fait place aux hiéroglyphes, aux figures colossales. Cette circonstance me parut si extraordinaire, aussitôt que je l'eus remarquée, que je voulus la faire constater sur-le-champ par mes compagnons de voyage, notamment par feu M. Lancret et par M. Fourier; tous reconnurent que les inscriptions étaient interrompues, coupées et effacées par les sculptures du style égyptien[1].

Ainsi voilà des inscriptions grecques antérieures à la sculpture d'une partie du pylône, et ce fait est indépendant de toute espèce de conjectures et d'explications; mais, quand on y réfléchit un peu, on ne tarde pas à se rappeler les divers passages historiques qui attestent que les Ptolémées ont exécuté en Égypte des ouvrages d'une certaine espèce, et que les premiers d'entre eux ont protégé l'antique religion. Assurément leur intérêt y était engagé, et l'on conçoit qu'un monument comme celui de Philæ, qui était honoré par les hommages de tous les temps, comme recélant le tombeau d'Osiris, qui était en quelque sorte un lieu de pélerinage pour les voyageurs, a dû attirer les regards de ces rois. Quelques sculptures de la grande porte étant demeurées incomplètes, ainsi qu'il est arrivé à d'autres monumens, et de même qu'on le voit souvent dans nos édifices modernes, qu'y a-t-il de surprenant qu'un roi Lagide

---

[1] *Voyez* la pl. 6, *A.*, vol. 1, où l'on a figuré un exemple de ces inscriptions. *Voyez* aussi la pl. 55, *A.*, vol. v.

en ait complété la décoration dans le style des parties terminées, et en employant les artistes du pays ? Les sculpteurs ont rencontré des inscriptions que des voyageurs grecs, avant cette époque, avaient pieusement tracées sur les murs, et ils les ont fait en grande partie disparaître sous leur ciseau : ce qui en est resté ne pouvait consister qu'en de légers traits, presque imperceptibles sur des figures de quinze pieds de haut et d'un relief profond ; c'est pour cela qu'ils n'ont pas entièrement disparu.

Dans tous les autres temples de l'Egypte, il est également resté quelques endroits dépourvus de sculpture; ce qui s'explique facilement par l'immensité du travail qu'entraînait le système d'une décoration complète. A Philæ, comme ailleurs, on avait commencé par le haut la sculpture du pylône; elle fut peut-être interrompue à l'époque de quelque évènement politique, et la dernière rangée ne fut pas entièrement sculptée. C'est là que, dans la suite, des voyageurs grecs vinrent écrire leurs noms sur une muraille encore lisse, et dans une partie où il n'était pas très-difficile d'atteindre.

Il reste à connaître sous quel prince ont été tracées les inscriptions, et l'on pourra conclure à quelle époque la plus éloignée remonte l'achèvement de cette petite partie de la décoration du temple. Toutes ont le même objet et le même sens : ce sont des hommages rendus à la déesse Isis. La même formule règne dans toutes :

SOUS TEL ROI, TEL EST VENU HONORER LA GRANDE DÉESSE, etc.

Ce qui subsiste de ces caractères, comparé à différentes inscriptions, semble se rapporter à Ptolémée Évergète, plutôt qu'à aucun autre. Ce prince, connu par ses bienfaits envers les Egyptiens, et qui avait lui-même fait revenir de Perse les statues de leurs dieux enlevées par Cambyse, doit peut-être cette réputation, et son nom même, à sa piété envers ces mêmes dieux. Son exemple a nécessairement entraîné beaucoup de ses sujets macédoniens, et son règne a dû voir beaucoup de ces religieux pélerinages dans l'île de Philæ[1]. Dans la suite, quelqu'un de ses successeurs, Philométor peut-être, sous le règne duquel on a renouvelé beaucoup de dédicaces et fait des réparations, a mis à honneur de donner la dernière main à un temple comme celui de Philæ. Les artistes égyptiens n'étaient pas alors tellement inhabiles, qu'ils ne pussent sculpter quelques figures d'après des modèles établis, et les prêtres si ignorans, qu'ils ne pussent copier quelques phrases hiéroglyphiques.

Mais le génie qui avait présidé jadis à l'érection des grands monumens, avait éteint son flambeau. La puissance de Thèbes n'était plus, et l'on ne savait plus élever de grands obélisques : on ignorait même, sans doute, quelle relation devait exister entre ces aiguilles et les divers genres d'édifices, dans le système de l'architecture ancienne. Je pense donc que ce fut alors que

---

[1] Cette idée ne contredit point ce que j'ai dit plus haut (p. 393), qu'avant le sixième Ptolémée, les rois grecs n'avaient point osé graver d'inscriptions sur les monumens d'Égypte. Il s'agit ici de celles que traçaient les particuliers, et non pas de celles qui étaient faites au nom des rois eux-mêmes.

l'on éleva de petits obélisques en grès à l'extrémité des temples de Philæ, que l'on fit dans le reste de l'île plusieurs travaux analogues dans le style égyptien, et que ces travaux furent l'ouvrage tant de Ptolémée Evergète que de ses successeurs.

A la vérité, l'on pourrait hasarder une autre explication du fait que j'ai observé, et dire que, le pylône étant terminé et sculpté, l'on y appliqua un enduit sur lequel, dans la suite, les voyageurs grecs écrivirent des inscriptions; que cet enduit se brisa et tomba, et qu'il emporta avec lui la plus grande partie de ces caractères grecs dont nous voyons le reste aujourd'hui.

Mais cette supposition serait toute gratuite. Personne, en effet, n'a vu d'enduit sur cet édifice. On remarque deux sortes d'enduits sur les anciens monumens d'Égypte : le premier, dans les tombeaux et les hypogées, et même dans l'intérieur de quelques temples, où, pour peindre les figures, on appliquait un stuc fait de plâtre fin et préparé; l'autre, plus moderne et fait en chaux, a été appliqué par les chrétiens. Ils effaçaient par cette couche les figures égyptiennes, et peignaient par-dessus des images de la Vierge et des saints. Or, l'enduit que l'on supposerait dans ce cas, ne saurait être l'ouvrage des chrétiens, si les inscriptions sont aussi anciennes. Ce n'est pas non plus un enduit semblable à celui des anciens Égyptiens; car on n'en a jamais vu sur l'extérieur des temples, et il n'aurait eu aucun objet dans les parties basses des grands pylônes, où il n'y a que des figures colossales. Est-ce avant de sculpter *en creux* ces figures, ou est-ce après qu'on appliquait l'enduit? En mettait-on une couche de plusieurs pouces, et même jusqu'à six pouces d'épaisseur vers les contours des figures? ce qui eût été nécessaire pour graver une inscription dans un tel endroit. Mais, en tel cas, les Egyptiens eux-mêmes auraient empêché leurs sculptures d'être distinctes; et de plus, la situation de ces inscriptions *entre les bras et le corps des figures* suppose que toute la muraille était lisse avant qu'elles fussent tracées : car qui eût voulu choisir un endroit aussi rétréci qu'un pareil intervalle, tandis qu'à côté il y avait et il y a encore des places nettes et beaucoup plus étendues ? En un mot, si l'enduit s'arrêtait au relief de la sculpture, il n'était pas possible d'y graver une inscription; et s'il faisait une surface égale et unie, les figures égyptiennes eussent été cachées.

Reste à supposer que les voyageurs eux-mêmes, qui venaient marquer leur vénération pour Isis, auraient mis une épaisse couche de plâtre sur l'image de cette déesse, afin d'y écrire qu'ils étaient venus lui rendre hommage, et qu'au lieu de tracer leurs inscriptions à portée, ils auraient appliqué, à quinze ou vingt pieds de hauteur, un enduit tout exprès. Mais c'est là une supposition par trop invraisemblable et même absurde.

Il me paraît donc que les rois grecs ont fait achever la sculpture du rang inférieur du grand pylône de Philæ par les artistes du pays; qu'on peut leur faire honneur d'avoir érigé les obélisques en grès, et d'avoir encore fait exécuter plusieurs petits ouvrages d'un style analogue au style égyptien. Cette conséquence d'ailleurs est conforme à l'histoire, et notamment au précieux et authentique monument de Rosette. Les Grecs ont fait des réparations aux anciens édifices; après eux, les Romains en ont fait également : telle me paraît être l'origine des inscriptions publiques qui appartiennent aux uns et aux autres. Mais il est bien important de remarquer que c'est à ces ouvrages peu étendus que se bornent leurs travaux en ce genre, et que ce sont les seuls qu'ils ont pu faire en Egypte. S'ils eussent exécuté quelques ouvrages comparables aux monumens anciens, on en trouverait des restes dans les villes qu'ils ont certainement fondées, comme l'Arsinoé de la mer Rouge, et surtout à Ptolémaïs, cette grande ville de la Thébaïde, qui, selon Strabon, ne le cédait pas à Memphis elle-même : mais il ne reste rien ou presque rien des monumens qu'ils ont élevés dans le style propre de leur architecture, loin qu'ils aient laissé des monumens semblables à ceux de l'antiquité égyptienne. Par quel privilége ceux de Denderah, d'Ombos ou de Qâou subsisteraient-ils, s'ils étaient leur ouvrage? Bien plus, où faudrait-il chercher les temples que l'on sait avoir été bâtis par les Egyptiens dans ces mêmes lieux, et que toute l'antiquité allait admirer? Plus récens que ceux de Thèbes et de Philæ, pourquoi auraient-ils disparu, tandis qu'à Thèbes et à Philæ il y a tant de vestiges encore aujourd'hui intacts, grâces au soin apporté dans les constructions des anciens Egyptiens, à la grandeur des matériaux, à la solidité de l'appareil?

Les ouvrages des Grecs étaient à peu près tous dans

Alexandrie : si l'on veut avoir une idée de ce qu'ils ont fait de moins mesquin dans la manière égyptienne, et qui approche le plus de ce style, on doit étudier le bâtiment qui est à Taposiris. Cet édifice est très-curieux, en ce qu'il montre en quoi les imitateurs se sont écartés ou rapprochés des modèles.

Examen des inscriptions sous le rapport de l'antiquité des monumens.

Il faudrait sans doute n'avoir qu'une connaissance imparfaite de l'Egypte telle qu'elle est aujourd'hui, pour attribuer aux Grecs ou aux Romains des monumens comme ceux de Denderah ou d'Ombos, à cause des inscriptions qu'ils y ont gravées ; mais ce serait aussi méconnaître absolument l'histoire. Strabon, sous Auguste, parlait du temple de Tentyris : est-ce en une dixaine d'années que l'on a construit un édifice qui est un des plus grands de toute la haute Egypte, et couvert de plus de dix mille mètres carrés de sculptures, toutes d'un ciseau parfait ? Sans doute plusieurs siècles ont eu peine à produire cet ouvrage, même dans les temps de la prospérité de l'empire. Mais, sous les Grecs, et surtout sous les Romains, quand les religions se confondaient et s'entre-choquaient, quel homme eût conçu, par quels moyens eût-on exécuté le dessein d'élever aux dieux de l'Egypte le temple le plus somptueux que l'on connaisse ?

Les Ptolémées furent bien plus puissans en Egypte que les empereurs romains : mais, s'ils eussent bâti ces temples, ils auraient mis leurs noms sur les édifices; ils auraient associé (comme ils l'ont fait sur le monument de Rosette) les caractères grecs aux inscriptions en hiéroglyphes, et ils l'eussent fait sur des endroits très-apparens. La preuve qu'il n'en est rien, c'est que leurs inscriptions sont en petit nombre, et placées sur des listels étroits, seules parties nues de toute l'architecture égyptienne; et ce qui n'est pas moins digne de remarque, c'est qu'elles ne contiennent justement que le moindre nombre de mots possible, afin de s'accommoder à la place. Ce n'est pas ainsi que sont composées les inscriptions mises par les Grecs et les Romains sur leurs propres monumens.

Rien ne serait donc plus déraisonnable que d'employer les inscriptions grecques et romaines tracées sur les temples d'Egypte, pour déterminer l'âge de ces édifices : ce serait méconnaître cette suite non interrompue de monumens qui ornent la Thébaïde, ouvrages qui ont tous la même grandeur de conception et le même cachet : ce serait oublier que le génie de cette nation l'isole tout-à-fait des autres; que sa religion, ses arts, ses connaissances, dont elle a mis l'empreinte sur ses ouvrages, ne sont absolument qu'à elle, et enfin que ses moindres comme ses plus grands travaux portent tous un caractère impossible à méconnaître, et qui, s'il les distingue absolument de ceux des autres peuples, les fait différer encore plus des ouvrages des Grecs et des Romains.

L'antiquité des monumens de l'Egypte, tels que ceux de Qâou, Ombos ou Denderah, est une chose tellement manifeste et palpable pour ceux qui les ont vus, qu'il n'est venu à l'esprit d'aucun des membres de l'expédition d'en douter un seul instant. Si quelqu'un des voyageurs avait élevé le plus léger doute sur cette antiquité (ce qui n'est pas arrivé), c'est qu'il n'aurait pas fait un examen suffisant, un rapprochement complet de tous ces édifices. En effet, le même état de vétusté, la même couleur, les mêmes matériaux, la même construction, la même architecture, les mêmes procédés, enfin une similitude parfaite, voilà ce qu'on trouve dans tous les monumens qui restent de l'ancienne Egypte, et ce qu'on ne trouve que là. Et quand des ouvrages récens rempliraient toutes ces conditions, il en est une qui leur manquerait toujours et dont l'absence les ferait aisément reconnaître; c'est l'emploi des sculptures symboliques, des caractères sacrés de la religion d'Isis et d'Osiris, enfin de la langue et des signes hiéroglyphiques. Quel peuple d'ailleurs a jamais élevé des temples aux dieux de l'Egypte, autre que les Egyptiens eux-mêmes? On sent en effet qu'il n'y a rien à conclure du culte isiaque transporté à Rome sous Auguste et Tibère. Il n'existe pas le moindre rapport entre le temple d'Isis à Pompeïi et ceux des bords du Nil.

Si les Grecs et les Romains ont gravé des inscriptions sur différentes parties des anciens édifices, c'est à des époques plus ou moins récentes, et extrêmement éloignées de celle de l'érection. Toutes ces inscriptions sont en caractères maigres et difficiles à lire; plusieurs même sont effacées et devenues illisibles par le laps du temps, tandis qu'un espace de temps deux ou trois fois plus considérable n'a pas suffi pour altérer les inscriptions égyptiennes, c'est-à-dire cette multitude d'hiéroglyphes sculptés et peints sur les temples, à côté desquels sont ces lettres grecques et romaines qui ne sont que superficielles. Qu'aurions-nous dit en Egypte de celui qui, cherchant dans ces inscriptions sans autorité la date des temples, aurait attribué à Tibère la fondation de Denderah, ou aux Antonins celle d'*Antæopolis*, parce que les noms de ces empereurs y sont gravés ?

On devrait, sans doute, passer sous silence une pareille supposition, si elle ne semblait avoir acquis quelque force au moment de l'expédition d'Egypte, tant par le savoir des personnes qui l'ont proposée, qu'à cause du peu de connaissance que l'on avait encore à cette époque des véritables antiquités égyptiennes : mais ces inscriptions se trouvent liées à la question de l'antiquité des monumens de l'Egypte; et cette question elle-même, on se trouve obligé de la mettre dans le plus grand jour. Or rien n'est plus facile que de faire voir combien ces inscriptions grecques ou latines sont loin de fournir l'époque chronologique des monumens. Pas une d'elles n'indique une *fondation*, une *construction*, ni rien d'approchant : le mot qui l'indiquerait et qui n'aurait certainement pas été omis, si cette date eût été l'objet des auteurs des inscriptions, manque partout; tout ce qu'il est possible de supposer, c'est qu'il s'agit peut-être d'une *consécration* ou *dédicace* des édifices. Elles sont à peu près dans le cas de celles que les Romains ont gravées sur les monumens grecs, soit après les avoir réparés, soit pour en faire une consécration nouvelle; avec cette différence qu'en Grèce ils ont inscrit les noms des empereurs sur les frises ou sur d'autres endroits nus et spacieux, tandis qu'en Egypte on n'a écrit et pu écrire que sur des places excessivement étroites, savoir, les listels des corniches, par la raison que cette partie était la seule unie et sans hiéroglyphes. Agrippa ne sera considéré par personne comme l'auteur des propylées d'Athènes, parce que son nom est gravé, comme on le voit dans l'inscription suivante, sur l'un des grands piédestaux qui précèdent ce magnifique monument :

Ο ΔΗΜΟΣ ΜΑΡΚΟΝ ΑΓΡΙΠΠΑΝ ΛΕΥΚΙΟΥ ΥΙΟΝ ΤΡΙΣ ΥΠΑΤΟΝ
ΤΟΝ ΓΑΙΟΥ ΕΥΕΡΓΕΤΗΝ.

POPVLVS MARCVM AGRIPPAM, LVCII FILIVM, TERTIVM CONSVLEM,
CAII (*amicum*) BENEFICVM [1].

Au reste, on a fait observer avec raison que cette dédicace paraît être une flatterie que les Athéniens mirent souvent en usage, depuis qu'ils furent soumis au joug des empereurs. C'est ainsi que les Romains ont fait sur les monumens des Grecs ce que les Grecs avaient fait sur ceux des Egyptiens [2].

---

[1] Chandler, *Inscriptiones antiquæ*, pars II, c. XIV, Oxon., 1774. — *Antiquities of Athens*, vol. II, c. V.

[2] Les auteurs des *Antiquités d'A-thènes* soupçonnent que l'autre piédestal qui est devant les propylées était consacré à Auguste, comme le premier le fut à Agrippa. Cette idée est plausible.

Inscription sur la frise ou architrave du temple d'Antæopolis.

En Egypte, un seul monument porte une inscription sur son architrave; c'est celui d'*Antæopolis*[1] : les Romains y ont gravé plusieurs lignes votives, comme celles qu'ils ont tracées sur les temples d'Athènes, réparés ou consacrés par leurs mains. Une circonstance favorable se prêtait à ce dessein, c'était l'existence d'un de ces disques ailés que les Egyptiens sculptaient toujours en relief. Ici, au-dessous du globe ailé de la corniche, il y.en avait un pareil sur l'architrave, comme cela est encore au portique d'Edfoû. L'on a uni la place, et l'on y a inscrit quatre lignes de grec. Ce fait est démontré d'une manière certaine par l'existence de plusieurs restes de la sculpture égyptienne, que les auteurs de l'inscription ont négligés, et qu'ils n'ont pas fait disparaître entièrement. L'importance du fait méritait un examen attentif. Je ne me suis pas borné à faire cet examen ; j'ai voulu appuyer mon observation par celles de plusieurs autres voyageurs : je citerai donc, 1°. le témoignage de M. Fourier, qui écrivait jour par jour ses observations sur les édifices, les lisait journellement aussi à ses compagnons de voyage, et faisait ainsi constater l'authenticité de cette espèce de procès-verbal. Il y a consigné que le plan où est gravée l'inscription d'*Antæopolis*, est le

---

[1] Il est possible que l'inscription d'Achmyn, tracée par les Romains, l'ait également été sur la frise du temple.

même que celui des hiéroglyphes du reste de la frise : ce qui ne pourrait avoir lieu, si l'on n'avait pas gratté quelque sculpture en relief; car, s'il y avait eu, dans le milieu de la frise, des caractères hiéroglyphiques en creux, comme dans le reste de la longueur, il n'aurait pas été possible d'y graver des lettres grecques, infiniment moins profondes, ou bien il aurait fallu abaisser le plan de plusieurs centimètres pour faire entièrement disparaître les hiéroglyphes, et graver ensuite l'inscription. Or, c'est ce qui n'est pas; M. Fourier et tous nos collègues ont constaté que le plan de l'inscription est le même que celui des hiéroglyphes qui suivent.

Je cite, en second lieu, le témoignage de M. Jollois, qui a noté sur son journal de voyage que l'inscription grecque paraissait avoir été substituée à un globe ailé;

3°. Celui de M. Corabœuf, qui a observé des restes de *caractères égyptiens* encore subsistans, et qu'on aperçoit parmi les dernières lettres de l'inscription;

4°. Celui de M. Ripault, qui a constaté le même fait [1];

5°. Enfin celui de M. Chabrol, qui a mesuré, dessiné et décrit avec moi, dans le plus grand détail, toutes les parties qui restent du monument.

J'ai dessiné l'inscription avec soin, et j'ai constaté moi-même, sur les lieux, avec un soin extrême, qu'elle était sur le même plan que les hiéroglyphes; ce

---

[1] *Voyez* la description abrégée qu'il a insérée au *Moniteur* du 30 messidor an VIII (19 juillet 1800).

qui suppose nécessairement qu'il y avait un bas-relief égyptien sur la frise, dans la partie occupée aujourd'hui par l'inscription grecque. Ce fait est consigné dans mon journal de voyage [1], avec les expressions suivantes, que je crois devoir rapporter littéralement : « Sur la frise de la façade, où probablement il y avait jadis un bas-relief égyptien, comme le globe ailé, on voit les restes d'une inscription grecque qui aura été gravée sur la frise dépouillée du bas-relief; car elle est sur le même plan que celui où sont sculptés les hiéroglyphes voisins. »

Comme l'exemple tiré de l'inscription d'*Antæopolis* est un des plus importans dans cet ordre de faits, nous avons cru devoir y insister; et pour qu'il ne reste, sur ce qui précède, absolument aucun nuage, nous allons terminer par une remarque essentielle. Il faut savoir que les Egyptiens ont généralement sculpté, sur les frises de leurs portiques, des caractères ou des figures hiéroglyphiques en creux; et sur les corniches, de grands globes ailés en *relief*, avec des cannelures à droite et à gauche. Quelquefois ces cannelures sont entremêlées de certains ornemens également en relief. Il faut entendre par sculpture en relief sur les corniches, celle qui est saillante en dehors de la gorge; et cette gorge est formée par la nappe ou surface qui résulterait de toutes les parties carrées des cannelures, prolongées de façon à faire une surface cylindrique continue. C'est en dessus de cette nappe que le globe, les serpens et les ailes sont toujours sculptés; tandis que les hiéroglyphes,

[1] Du 3 brumaire an VIII (25 octobre 1799).

quand il s'en trouve, sont sculptés en dessous. Il en est de même de la frise : quand elle renferme au milieu un disque ailé, correspondant au-dessous de celui de la corniche, il est saillant en dessus ou bien en dehors de la surface de cette frise, tandis que les figures et les caractères sont taillés en dessous ou en dedans de ce même plan. Cela bien entendu, il est évident qu'une inscription ne peut se graver ni sur les cannelures de la gorge, ni par-dessus les hiéroglyphes de la frise. Il n'y a que deux partis à prendre : ou d'écrire sur le listel étroit qui couronne la corniche, ce qu'ont presque toujours fait les Grecs et les Romains ; ou de gratter (quand il existe) le globe ailé de la frise jusqu'au niveau du plan de celle-ci, et d'y graver ensuite l'inscription : c'est ce dernier parti qu'on a pris en traçant celle d'*Antæopolis*.

Ajoutons que cette dernière porte le nom de plusieurs princes d'âges très-différens ; les uns, rois Lagides, et les autres, empereurs romains. Deux lignes et demie font mention de Ptolémée Philométor et sa femme; et, une ligne et demie ensuite, d'Antonin et Vérus. Si Philométor avait bâti ce temple, il n'appartiendrait donc pas aux Romains ; et si ce sont les Romains qui l'ont bâti, d'où viendrait le nom de Philométor? Mais ce n'est pas ici le lieu d'expliquer comment l'on trouve dans cette inscription des époques si différentes : la discussion de ce fait singulier mènerait beaucoup trop loin ; elle aura sa place ailleurs. Il suffit d'en tirer cette conséquence, qui paraît invincible, non-seulement que la construction du temple n'est l'ouvrage ni des

Romains, ni des Grecs, mais que cette inscription elle-même, et, à plus forte raison, toutes les autres, sont contraires à l'opinion qui leur attribuerait les monumens où l'on trouve gravés des caractères grecs et latins.

CONCLUSION.

Il résulte des observations et des réflexions que je viens d'exposer, que les voyageurs grecs et les Romains ont inscrit leurs noms sur les anciens monumens de l'Egypte, à peu près comme font les voyageurs modernes qui veulent laisser des traces de leur séjour dans les lieux célèbres qu'ils ont visités; en outre, plusieurs rois Lagides, et aussi des empereurs, ont fait ou laissé inscrire leurs noms sur les temples d'une manière un peu plus solennelle, mais sans pouvoir donner autant d'extension et d'appareil à ces inscriptions qu'on le faisait sur les édifices de construction grecque ou romaine, parce que le système de l'architecture égyptienne, toute couverte de décorations et d'hiéroglyphes, s'y opposait absolument.

Deux faits dignes d'attention résultent encore des recherches qui précèdent : le premier, c'est qu'il existe en Egypte un ancien monument où des figures hiéroglyphiques ont été substituées à des inscriptions grecques; et un autre où, au contraire, l'inscription grecque a remplacé les hiéroglyphes. Ces faits curieux méritent d'être approfondis; et l'on ne peut en tirer des conséquences justes qu'en étudiant avec soin toutes les circonstances relatives aux monumens dont il s'agit. Le lecteur dont l'opinion ne serait pas suffisamment éclai-

SUR LES INSCRIPTIONS ANCIENNES.

rée par les observations précédentes, devrait donc recourir aux descriptions spéciales de ces édifices[1].

Telles sont les remarques générales que m'ont suggérées les différentes inscriptions grecques et latines recueillies en Égypte. La collection de toutes les inscriptions gravées dans l'ouvrage, sans y comprendre celle de la pierre de Rosette et celles du mont Sinaï, est de soixante-treize, grandes et petites : seize sont en langue égyptienne, ou en qobte; quarante-trois sont en grec, et quatorze en latin. Dans le nombre, il en est qui se réduisent à quelques mots seulement, et dont l'importance est médiocre ou presque nulle; le seul motif qui ait pu nous déterminer à les publier, c'est que jusqu'à présent on avait rapporté peu d'inscriptions anciennes de l'Égypte. Nous aurions pu en augmenter encore le nombre, en y joignant celles qu'ont recueillies les voyageurs qui nous ont précédés; mais nous avons cru devoir ne faire usage que de celles que nous avons vues et copiées pendant le cours de l'expédition. (Voyez *A.*, vol. v, pl. 55 et 56.)

[1] *Voyez* la Description de Philæ, A. D., *chap. I*, et celle d'Antæopolis, A. D., *chap. XII*.

REMARQUES ET RECHERCHES

SUR

LES PYRAMIDES D'ÉGYPTE,

Par M. JOMARD;

(Faisant suite à la Description générale de Memphis et des Pyramides[1].)

Pyramidum sumptus ad sidera ducti.
PROP., lib. III, eleg. I.

Regalique situ Pyramidum altius.
HORAT., lib. III, od. 30.

P<small>AUSANIAS</small> reprochait aux Grecs d'admirer davantage les ouvrages des étrangers que ceux de leurs compatriotes, et il remarquait à cette occasion que des historiens célèbres avaient décrit avec le plus grand soin les pyramides d'Égypte, tandis qu'ils avaient négligé des monumens non moins dignes d'être admirés[2]. Quelque fondé que puisse paraître ce reproche d'un écrivain

[1] *Voyez* tom. V, pag. 674.
[2] PAUS., *Bœotic. in Greav. Pyramidogr., the preface*

si recommandable, combien il est à regretter que les descriptions qu'il avait en vue ne soient pas parvenues jusqu'à nous! Leurs écrits seuls auraient pu nous diriger et nous éclairer dans l'océan de conjectures où l'on est jeté par l'incertitude de l'histoire. De tous les écrivains que cite Pline, et qui avaient traité spécialement des Pyramides, Hérodote, Évhémère, Duris de Samos, Aristagoras et huit autres avec eux, nous ne possédons que le premier : mais en outre, nous avons les passages de Diodore, Strabon, Pline, Philon de Byzance et quelques mots de Mela, Solin, Ammien Marcellin, etc. Tous nous laissent dans l'obscurité sur l'origine et la destination des Pyramides. Ces récits sur leur époque et les noms de leurs auteurs impliquent contradiction, et ils ne sont pas plus d'accord sur l'étendue des monumens.

Vouloir les concilier serait une tâche plus que difficile, et je dois m'en abstenir. Je n'établirai donc point, comme on l'a tenté souvent, un parallèle entre ces écrivains, et à plus forte raison entre les auteurs modernes; mais je citerai et je discuterai les passages des principaux historiens anciens et arabes, pour que le lecteur ait le moyen de faire lui-même les comparaisons et d'en tirer les conjectures qui en découlent naturellement. Je me propose ensuite de former quelques rapprochemens entre ces témoignages et l'état actuel des lieux; et sur ces deux ordres de faits ainsi rapprochés, sur le dernier surtout, d'étayer quelques recherches et de nouvelles explications. Si j'essaie de faire parler ces monumens muets et mystérieux, c'est seulement par l'étude de leur composition, de leur forme, de leurs proportions, de leur distribution intérieure; c'est là seulement qu'on peut espérer de puiser quelques lumières, puisqu'on n'a pas même la ressource de pouvoir consulter les inscriptions hiéroglyphiques. Pas un caractère, pas une figure, n'ont été vus sur la PREMIÈRE pyramide, ou dans les salles intérieures et ses diverses galeries. Il en est de même de toutes les autres, et ce fait singulier, qui nous prive du témoignage même des Égyptiens, et de la faible lueur qu'on aurait pu en faire jaillir, nous livre à nos seules méditations : comme si leurs auteurs avaient craint que ces monumens ne fussent pas assez mystérieux, et que l'écriture sacrée ne révélât un jour le secret de leur destination. Ainsi, forme, disposition, décoration, tout, dans ces édifices, différait de l'architecture qui fleurissait à Thèbes: jusqu'aux signes du langage en ont été bannis.

Ce n'est pas encore assez du silence de l'histoire et de celui des Pyramides : Homère ne les a pas même nommées, et cependant il a fréquenté l'Égypte, et Thèbes est célébrée dans ses chants. On se demande la cause de son silence sur ces prodigieuses bâtisses, puisqu'il n'est pas possible de supposer un seul instant qu'elles lui soient postérieures. Tout semble donc une énigme dans les Pyramides. En observant le SPHINX qui est entre elles et le Nil, les Grecs ont dit souvent peut-être, dans leur langage de fictions, qu'il était là pour proposer aux passans et aux étrangers cette énigme à deviner : les lecteurs verront bientôt que lui-même en est une offerte à leur sagacité, et non la moins intéressante à résoudre.

Laissant pour le moment la question de savoir si les Pyramides étaient des tombeaux, ou des constructions ordonnées par la politique, ou des monumens scientifiques, je passe aux témoignages des auteurs. J'examinerai ceux-ci successivement, en les comparant aux monumens et aux lieux, sous le rapport de leur construction et de leur histoire [1].

§. 1. Examen des auteurs grecs et latins.

1°. Hérodote.

« Chéops fit d'abord fermer tous les temples, et prohiba toute espèce de sacrifice. Ensuite il condamna les Égyptiens indistinctement à des travaux publics. Les uns furent contraints à tailler des pierres dans les carrières de la chaîne arabique, et à les traîner jusqu'au Nil ; d'autres à recevoir ces pierres, qui traversaient le fleuve sur des barques, et à les conduire dans la montagne du côté de la Libye. Cent mille hommes relevés tous les trois mois étaient continuellement occupés à ces travaux ; et dix années, pendant lesquelles le peuple ne cessa d'être accablé de fatigues de tout genre, furent employées à faire seulement un chemin pour voiturer les pierres, ouvrage qui ne paraît pas inférieur même à l'élévation d'une pyramide. La longueur de cette chaussée était de cinq stades, sa largeur de dix orgyes, et sa hauteur, dans la position où elle est le plus relevée, de huit ; elle était recouverte en pierres polies, ornées de divers dessins sculptés. Dix années furent donc employées à cette construction et à celle de plusieurs chambres souterraines, ménagées dans la colline où sont élevées les Pyramides. Ces souterrains étaient destinés par ce roi à sa sépulture, qu'il avait placée dans une île formée par un canal tiré du fleuve : la construction de la pyramide qui porte son nom

---

[1] Dans un *appendice* placé à la fin de cet écrit, il sera question des *mesures* de la grande pyramide, de l'*abaissement* de sa plate-forme et des *tuniques* trouvées dans les anciens tombeaux de Memphis.

coûta vingt autres années de travaux. Cette pyramide est quadrangulaire, et chaque face a huit plèthres de long sur une hauteur égale; elle est toute revêtue en pierres polies, ajustées avec le plus grand soin, et aucune de ces pierres n'a moins de trente pieds. » (Hérod., liv. II, chap. CXXIV, *traduction de M. Miot.*)

« D'après le procédé employé dans la construction de la pyramide, ses faces représentaient d'abord un escalier en forme de gradins. Quand elle eut été achevée sur ce plan, et qu'il fut question de la revêtir, on employa, pour élever successivement les pierres qui devaient servir à ce revêtement, des machines faites en bois d'une petite dimension. Une de ces machines enlevait la pierre du sol même et la transportait sur le premier rang de gradins: lorsqu'elle y était parvenue, une autre la portait sur le second, et ainsi de suite; soit qu'il y eût autant de machines que de rangs de gradins, soit que ce fût la même machine qui, facile à déplacer, servît au transport de toutes les pierres, comme l'un et l'autre m'ont été dit, je dois les rapporter. De cette manière, on commença par le revêtement de la partie supérieure, et l'on continua de travailler en descendant pour finir à la partie inférieure qui touche le terrain. Sur une des faces de la pyramide, on a marqué en caractères égyptiens la quantité de raves, d'oignons et d'aulx qui ont été consommés par les ouvriers; et si je me rappelle bien ce que mon interprète m'a dit en me traduisant l'inscription, la dépense pour ces seuls alimens a été de mille six cents talens d'argent. En supposant que tout ait été dans le même rapport, quelle a dû être la dépense pour les autres objets, tels que le fer, le pain et les vêtemens des ouvriers? et cela dans l'espace de temps pendant lequel j'ai dit que ces travaux ont duré, indépendamment de celui qui a été employé à tailler les pierres, à les conduire et à creuser les canaux; temps qui, suivant mon opinion, a dû être encore assez long. (*Ibid.*, chap. CXXV.)

« On m'a assuré qu'ayant formé le projet de laisser après elle un monument sous son propre nom, la fille de Chéops avait exigé que chacun de ceux avec qui elle avait eu commerce lui fît don d'une pierre propre à être employée dans les ouvrages qui s'exécutaient alors, et qu'elle avait fait élever avec ces pierres la pyramide qui se trouve au milieu des trois, en face de la grande. Les côtés de cette petite pyramide ont chacun un plèthre et demi de long. (*Ibid.*, chap. CXXVI.)

« Les prêtres égyptiens disent que Chéops régna cinquante ans, et qu'après sa mort l'empire passa dans les mains de son frère Chéphren. Il suivit les principes de celui auquel il succédait, et entre autres choses qu'il fit à son exemple, il éleva aussi une pyramide, qui, cependant, n'égale pas la grandeur de l'autre, comme nous pouvons l'assurer après en avoir pris nous-même la mesure. Elle n'a point non plus de chambre souterraine ni de canal tiré du Nil, se déchargeant dans l'intérieur, comme il en existe pour la première un dont les eaux, amenées du fleuve, par des conduits en maçonnerie, coulent autour de l'île où l'on dit que le tombeau de Chéops est placé. Cette seconde pyramide, élevée dans le voisinage de la grande et plus basse de quarante pieds, repose sur une première assise de pierres d'Éthiopie, variées de diverses couleurs. L'une et l'autre, au surplus, sont situées sur un monticule qui peut avoir à peu près cent pieds d'élévation. Chéphren régna cinquante-six ans. (*Ibid.*, chap. CXXVII.)

« La haine que ces deux rois ont inspirée aux Égyptiens est telle qu'ils ne veulent même pas en prononcer les noms, et qu'ils appellent les Pyramides élevées par l'un et par l'autre, les Pyramides du pâtre Philiton, du nom d'un berger qui, à l'époque de leur construction, faisait paître des troupeaux dans les environs. (*Ibid.*, chap. CXXVIII.)

« Après Chéphren, Mycerinus, fils de Chéops, régna... (*Ibid.*, chap. CXXIX). Il éleva aussi une pyramide, mais beaucoup plus petite que celle de son père ; elle est quadrangulaire ; chaque côté ayant trois plèthres moins vingt pieds ; et jusqu'à la moitié de sa hauteur elle est construite en pierre d'Éthiopie. C'est la pyramide que quelques Grecs appellent la pyramide de la courtisane Rhodope ; mais cette opinion est sans fondement. Il faut même que ceux qui l'ont avancée n'aient pas bien connu ce qu'était Rhodope ; autrement ils ne lui auraient pas attribué une dépense qui, si l'on peut s'exprimer ainsi, s'est élevée à une infinité de milliers de talens ; de plus, Rhodope florissait pendant le règne d'Amasis, et non pendant celui de Mycerinus ; ainsi elle n'a vécu qu'un grand nombre d'années après les rois qui ont fait élever les Pyramides. Du reste, elle était Thrace de nation, esclave d'Iadmon, fils d'Hephæstiopolis, citoyen de Samos, et eut pour compagnon d'esclavage Ésope le fabuliste. (*Ibid.*, chap. CXXXIV.)

« Rhodope vint en Égypte, où elle fut conduite par Xanthus le Samien..... (*Ibid.*, chap. CXXXV)... Devenue libre, elle resta en Égypte ; et, comme elle était d'une grande beauté, elle y amassa des richesses, immenses, si l'on veut, pour une Rhodope, mais non pas au point de la mettre en état de faire construire une pyramide à ses frais. » (*Ibid.*, chap. CXXXVI.)

La *situation* des trois grandes pyramides dont parle Hérodote étant fixée d'une manière incontestable, et même l'élévation du plateau qu'elles occupent étant d'accord avec sa description, il est superflu d'entrer sur ce sujet dans aucun éclaircissement, je passe donc à ce qui concerne les chaussées décrites par notre historien. Je ne crois pas qu'on puisse inférer de ses paroles qu'une chaussée a été construite dans toute la vallée du Nil, c'est-à-dire d'une montagne à l'autre, pour voiturer les pierres jusqu'au pied de la chaîne occidentale. *Les conduire dans la montagne du côté de la Libye*, tel fut le travail qui occupa les cent mille hommes pendant dix ans; or rien n'empêche que les barques chargées de pierres à Troja, après avoir traversé le Nil, aient continué leur route sur un canal dirigé transversalement au nord de Memphis jusqu'au désert Libyque; ce canal est aujourd'hui subsistant; là elles se déchargeaient au pied de la chaussée que nous voyons encore. Quoi de plus positif d'ailleurs que les mesures données par l'historien à cette chaussée ? elle avait, dit-il, cinq stades de long; or, de ce point à Troja, il y en a plus de cinquante. D'ailleurs, point de traces de cette prétendue chaussée au travers de la vallée du Nil; la digue bien plus étroite, dont font partie les deux ponts arabes, est beaucoup plus au nord, et elle n'a rien de commun avec le site des Pyramides. Son objet a toujours été de servir à l'irrigation des terres [1]. Ajoutons encore qu'il parle des canaux creusés pour conduire les pierres [2]. C'est donc une supposition absolument gratuite, selon moi, qu'une chaussée large de 10 orgyies (60 pieds), et longue de deux à trois lieues, bâtie depuis la montagne Arabique, ou depuis le Nil jusqu'à la montagne Libyque.

Celle que décrit Hérodote était revêtue de *pierres polies*, ornée de *sculptures* : nous n'avons vu ni les unes ni les autres dans les restes subsistans; on ne peut en nier cependant l'existence, et elles expliquent les dix années que dura l'opération. L'énormité des pierres de la chaussée qui se dirige sur la TROISIÈME pyramide, donne d'ailleurs une idée du travail matériel des ouvriers, seulement pour le transport. Quoi qu'il en soit, il y aurait de l'exagération à mettre cet ouvrage en parallèle avec la construction de la GRANDE pyramide, comparaison qu'on a cru voir dans Hérodote; mais l'auteur compare seulement le travail à l'*élévation d'une pyramide*.

Celle de Chéops coûta, dit-il, vingt autres années de travaux, il n'ajoute pas qu'il y avait encore cent mille

---

[1] Voyez *Description du Kaire*, ch. IV, p. 475.

[2] Hérodote, liv. II, chap. 125, *ad finem*.

hommes occupés : admettons-le, et calculons le terme moyen de l'ouvrage fait par chacun pendant ce temps. J'ai évalué à 2562576,34 mètres cubes (ou 74760602 pieds cubes) le volume de la pyramide (sans compter le socle), non déduction faite des vides connus ou inconnus. Comptant sur 74500000 pieds cubes effectifs, c'est, par chaque ouvrier, 745 pieds cubes d'ouvrage, sans distinction du granit, ou de la pierre du noyau et de celle du revêtement. Cet ouvrage ne comprend pas deux autres opérations, l'exploitation dans la montagne et l'embarquement sur le fleuve et les canaux [1]; mais il comprend le transport sur la chaussée, la taille et l'appareil, enfin l'élévation et la mise en place; ainsi chaque année, chaque homme, l'un dans l'autre, a opéré sur 58 pieds cubes seulement. Il est vrai qu'il faut défalquer la part d'ouvrage matériel pour les architectes et ingénieurs, pour les surveillans et les conducteurs, et augmenter d'autant celle des ouvriers; sur vingt ou trente hommes occupés, il y avait bien probablement un chef ou surveillant; l'on peut donc calculer que chaque ouvrier a travaillé 40 pieds cubes chaque année (nombre rond), à peine un pied cube en huit jours. Cette mesure d'ouvrage est sans doute bien modique, d'autant plus encore que les ouvriers étaient relevés tous les trois mois. Aussi, la haine que Chéops inspira, dit-on, aux Égyptiens me paraît due bien plutôt à ce qu'il ferma les temples et interdit les cérémonies du culte, qu'aux vexations occasionées par l'érection des Pyramides. D'un côté, il y a dû toujours y avoir dans l'Égypte ancienne 200000

---

[1] *Voyez* ci-dessus, p. 423.

individus et plus employés aux travaux d'architecture ; de l'autre, on sait que les Égyptiens occupaient les captifs aux ouvrages publics : cette mesure était autorisée par la justice autant que par une saine politique.

On a beaucoup disserté sur le procédé employé dans la construction, mais on pouvait s'en tenir à la description de l'historien. Le travail du revêtement seul semble offrir un sujet de doute, savoir s'il y avait par chaque gradin une de ces machines en bois qu'il dit avoir servi à élever les pierres, ou si la même servait successivement : difficulté qui n'est d'aucune importance. Il suffit de savoir que ces machines se déplaçaient aisément. On ne peut guère douter que le revêtement, c'est-à-dire le ravalement des pierres, fût commencé par le sommet ; je pourrais m'étendre sur ce sujet, mais il a été traité par M. Coutelle, et je renvoie à son mémoire. Ce serait aussi le lieu de rechercher en quoi consistait la machine à élever les matériaux, voilà un champ ouvert aux conjectures ; que ce fût une grue ou quelque autre chose de semblable, il est très-probable qu'elle était garnie de poulies. Du moins, les poulies qu'on a trouvées dans des tombeaux permettent de le supposer ; mais je n'irai pas plus loin, et je n'imiterai pas ceux qui ont donné le dessin de la machine en coupe et en élévation [1].

Rechercher la dépense totale qu'a coûtée l'érection de la grande pyramide, serait, ce me semble, un travail plus difficile encore et moins utile que le précédent. Si, d'après l'auteur, une partie seule des alimens des ou-

[1] Ailleurs je traite des moyens mécaniques employés dans l'architecture égyptienne (voy. *Rech. sur l'art en Égypte*).

vriers [1], sans compter les vêtemens et le fer des outils, a coûté 1600 talens d'argent [2], on peut, en augmentant, par exemple en triplant cette somme, supputer à peu près ce que chaque individu a consommé par année, et, de cette manière, on trouverait un peu plus de treize de nos francs [3], environ trois centimes et demi par jour l'un dans l'autre. Mais ce n'est là qu'une simple approximation incapable de satisfaire la curiosité du lecteur. Sur quelle *face* de la pyramide fut gravée l'inscription égyptienne, qui gardait, selon notre auteur, le souvenir de cette dépense, c'est un point sur lequel on n'a formé que des conjectures. J'ai dit qu'on ne trouvait aucun caractère écrit dans l'intérieur du monument; on a de la peine à admettre qu'il y en ait eu au dehors; du moins une inscription semblable, même écrite en grands caractères, n'aurait pu être lue d'aucun endroit; le revêtement d'ailleurs était tout entier de pierres polies, ajustées avec le plus grand soin; sur le socle seul on peut la concevoir raisonnablement. C'est là qu'il faudrait chercher celles que les Arabes affirment avoir vues.

Il me semble qu'on a allégué à tort le passage d'Hérodote, comme une preuve que la pyramide avait été construite *pour servir de tombeau*. Ce fait ne se voit dans aucun des treize chapitres consacrés à ces monumens. C'est même avant de parler de la pyramide de Chéops qu'il rapporte que ce roi destina à sa sépulture

---

[1] La nourriture en légumes, sans le pain.

[2] Il n'est pas question ici, je crois, de la dépense de la chaussée.

[3] J'admets ici, avec le traducteur d'Hérodote, l'emploi du talent attique, et pour sa valeur, en nombre rond, 5500 francs de notre monnaie : c'était en tout 26,400,000 francs.

des chambres souterraines ménagées dans la colline ; cette sépulture était dans une île formée par un canal tiré du fleuve, avec des conduits en maçonnerie[1]. Ainsi, la colline renfermant le tombeau est bien celle des Pyramides ; voilà tout ce qu'il y a de commun entre elles et lui : mais le souterrain du tombeau, mais l'île et le canal qui l'entourait pouvaient être partout ailleurs que sous la pyramide même. Si donc le texte d'Hérodote a été bien compris, je suis surpris qu'on ait tiré de notre auteur la conclusion dont il s'agit ; c'est sans doute parce qu'on a voulu rapprocher le fait du puits de la pyramide de celui des chambres souterraines d'Hérodote, deux circonstances qui n'ont pas une connexion nécessaire : au reste, en commentant Pline et Diodore, j'aurai occasion de revenir sur le puits.

Deux mots suffiront sur les mesures de la pyramide selon notre auteur. Elle avait, dit-il, 8 plèthres de long, et une hauteur égale. D'après la valeur du pied olympique, le même selon moi que le pied égyptien, la base de la pyramide, égale à $230^m 9$, avait 750 pieds ou 7 plèthres et demi : les 8 plèthres seraient donc un nombre rond[2]. Quant à la hauteur qui, entière, était de $144^m 19$, il y a si loin de là à 8 plèthres (800 pieds), qu'il est impossible d'expliquer ce que dit l'historien, en admettant même qu'il ait voulu parler de l'arête ; celle-ci avait $217^m 8$, la différence à $230^m 9$ est encore trop considérable. Toutefois cette hypothèse tendrait à expliquer l'erreur qui a long-temps fait croire la pyramide équilatérale.

[1] *Voyez* plus haut, p. 424.
[2] Exposition du système métrique des anciens Égyptiens, t. VII, p. 54.

SUR LES PYRAMIDES D'ÉGYPTE, §. I.

Continuons d'examiner la description d'Hérodote, toujours sans nous arrêter à ce qui n'a besoin d'aucun commentaire, et que tout lecteur attentif reconnaît de lui-même comme conforme à la description actuelle des lieux. Il parle de trois autres pyramides ; une petite élevée par la fille du roi Chéops[1], celle de Chéphren son frère, et celle de Mycerinus son neveu. L'origine de la première est si bizarre qu'on peut la regarder comme un trait de l'imagination grecque ; quant aux prêtres qui instruisirent Hérodote de l'histoire d'Égypte, on ne peut leur attribuer cette invention ; car elle s'allie mal avec leur gravité si connue. Ce motif ne devrait pas empêcher de rechercher la place de la pyramide de la fille de Chéops, remarquable par sa petite dimension d'un plèthre et demi (environ 46 mètres) ; mais comment peut-on la retrouver sur le terrain d'après cette situation vague : *au milieu des trois, en face de la grande ?* Ce lieu serait en dessous du plateau. Le texte d'ailleurs a-t-il été bien compris[2] ? Pour la mesure, on la retrouve à peu près dans la QUATRIÈME pyramide, longue d'environ 45 mètres, ou un plèthre et demi en nombre rond.

La pyramide de Chéphren, dit Hérodote, n'avait pas, comme celle de son frère Chéops, de chambres souterraines ni de canal tiré du Nil se déchargeant dans l'intérieur ; doit-on inférer de ces expressions que sous la PREMIÈRE pyramide était un tombeau souterrain[3], et que les

---

[1] *Voyez* ci-dessus, p 423.
[2] Τὴν ἐν μέσῳ τῶν τριῶν ἑστηκυῖαν, ἔμπροσθεν τῆς μεγάλης Πυραμίδος (lib. II, c. 126).
[3] Οὔτε γὰρ ὕπεστι οἰκήματα ὑπὸ γῆν, οὔτε ἐκ τοῦ Νείλου διῶρυξ ἥκει ἐς αὐτὴν, ὥσπερ ἐς τὴν ἑτέρην, ῥέουσα (Hérod., lib. II, cap. 127) J'avoue toutefois que ces mots ἐς αὐτὴν, ὥσπερ ἐς τὴν ἑτέρην.. annonceraient un canal creusé jusqu'à la première pyramide.

eaux du fleuve arrivaient jusque là ? Je ne le pense pas ; du moins une sorte d'obscurité qui règne dans le passage ne permet guère d'en tirer cette conséquence. Il est possible même d'admettre que les eaux du canal occidental ont été amenées sous la colline jusqu'à une certaine distance, sans qu'on soit obligé d'en conclure qu'elles avaient été conduites sous le centre de la pyramide.

Hérodote assure avoir pris lui-même la mesure de la seconde pyramide, et trouvé qu'elle n'égale pas en dimensions la première. Il s'agit de la base, puisque, plus loin, il dit que la pyramide est *plus basse de 40 pieds.* Cette différence peut s'expliquer de plusieurs façons : ou il s'agit de celle des deux hauteurs absolues, ou il est question seulement de celle de l'élévation des sommités : ce qui n'empêcherait pas que les hauteurs absolues ne fussent égales, les bases pouvant être à des niveaux différens. Mais il paraît que la base de la seconde pyramide n'est pas plus élevée que celle de la première; d'un autre côté les sommités actuelles sont dans un plan sensiblement horizontal. Or, il manque 8 mètres à la première et au moins 1 mètre à la seconde.

Ainsi les deux hauteurs actuelles, qui (socles compris) ont 138 mètres l'une et l'autre, faisaient autrefois environ 146 mètres et 139 mètres; différence 7 mètres en plus, ou environ 23 pieds égyptiens. Sans les socles, la différence serait de 8 mètres, ou moins de 27 de ces mêmes pieds[1], au lieu de 40 pieds dont il est fait mention

---

[1] Dans l'*Exposition du système métrique des Égyptiens*, j'avais admis pour la seconde pyramide une élévation de 132 mètres; ce qui donnait pour différence avec celle de la première, 12^{m}3 environ 40^{ds} égyptiens) ; mais cette élévation est trop petite et la différence trop grande.

dans Hérodote. La pyramide repose, dit-il, sur une première assise de pierres d'Éthiopie de diverses couleurs. Ce passage explique les blocs de granit que j'ai vus auprès du monument, et que j'ai décrits ci-dessus.

Ce que rapporte notre auteur du pâtre Philiton, à propos de ces deux pyramides, aurait grand besoin d'éclaircissemens, mais l'histoire n'en fournit aucun. Qu'un simple berger ait donné son nom à de pareils monumens, n'est-ce pas une de ces historiettes qu'Hérodote avait en vue quand il avertit, une fois pour toutes, qu'on les lui a contées, et qu'il n'en garantit pas l'exactitude.

Passons à la TROISIÈME pyramide, ouvrage de Mycerinus, fils de Chéops : elle était beaucoup plus petite que celle de son père; chaque côté avait, dit l'historien (suivant le nouveau traducteur[1]), 3 plèthres moins 20 pieds. Mais M. Larcher traduit ainsi : « il laissa une pyramide.... beaucoup plus petite que celle de son père, ayant 20 pieds de moins, et chacun de ses côtés, 5 plèthres de large[2]. » Or, j'ai trouvé 100^{m}7 à la base, ou 3 plèthres un quart, et 53 mètres environ de hauteur ou 172 pieds égyptiens. Ainsi ces dimensions ne s'accordent bien ni pour la hauteur, ni pour la base de la pyramide; mais il est évident que la différence de 20 pieds est beaucoup trop petite. J'ai proposé ailleurs de lire 420 pieds, ce qui est la différence exacte des bases[3].

Il ajoute (et Strabon est d'accord avec lui) qu'elle

---

[1] *Voyez* la traduct. de M. Miot, qui a suivi la leçon de Schweighæuser.

[2] M. Larcher croyait le texte altéré; le voici : Πυραμίδα δὲ καὶ τοῦτος ἀπελίπετο πολλὸν ἐλάσσω τοῦ πατρὸς, εἴκοσι ποδῶν καταδέουσαν, κῶλον ἕκαστον τριῶν πλέθρων, ἐούσης τετραγώνου (Hérod., l. II; c. 134)

[3] *Voy.* tom. VII, p. 57

était construite en pierres d'Éthiopie, jusqu'à la moitié de sa hauteur; on peut entendre ici *revêtue*. On a vu plus haut que des blocs de granit étaient encore en place, et qu'un grand nombre d'autres gisaient tout autour de l'édifice. L'emploi du granit dans la construction est donc un fait incontestable. Ce qu'Hérodote a vu et bien vu a cependant été contesté par Greaves, qui, apparemment, ne s'est pas assez approché de la pyramide. La dépense de ce travail était estimée à une somme très-haute par Hérodote, puisqu'il rejette par ce motif (entre autres raisons) la tradition accréditée chez quelques-uns, que la pyramide était l'ouvrage d'une certaine Rhodope, Thrace de nation; il accorde cependant qu'elle avait amassé en Égypte d'immenses richesses, mais bien au-dessous des *milliers de talens* que, selon lui, cet ouvrage avait coûté[1]. Cette courtisane, jadis esclave, était d'ailleurs contemporaine d'Amasis, c'est-à-dire que son époque appartient aux derniers temps de l'empire égyptien.

2°. DIODORE DE SICILE.

« Son huitième successeur (de Remphis, fils de Protée) fut Chemmis, né à Memphis, qui régna cinquante ans. Ce fut lui qui fit élever la plus grande des trois pyramides, qu'on met au rang des sept merveilles du monde. Elles sont du côté de la Libye, à six vingt stades de Memphis, et à quarante-cinq du Nil. Elles étonnent tous ceux qui les voient et par leur hauteur et leur

[1] « *Une infinité*, dit Hérodote, si l'on peut s'exprimer ainsi. » Quand ce ne serait que 10000 talens attiques, la dépense aurait été de 55,000,000 de notre monnaie; mais cela est exagéré, le pied cube de granit ne valant, même aujourd'hui en France, que 200 francs environ, mis en place, ou le mètre cube, 5834 francs.

beauté[1]. La base de la plus grande est un carré dont chaque côté est de sept cents pieds. La pyramide en a plus de six cents de hauteur. Ses quatre faces diminuent en s'élevant, de telle sorte qu'elles ont encore six coudées de largeur au sommet qui les termine. Elle est construite tout entière de pierres très-difficiles à travailler, mais aussi d'une durée éternelle; car bien qu'il y ait aujourd'hui mille ans, à ce qu'on dit, que la pyramide subsiste, et que d'autres même assurent qu'il y en a trois mille quatre cent, elle s'est conservée jusqu'à nos jours sans être endommagée en aucun endroit. On avait fait venir les pierres du fond de l'Arabie, et, comme on n'avait pas encore l'art d'échafauder, on dit qu'on s'était servi de terrasses pour les élever. Mais ce qu'il y a de plus incompréhensible dans cet ouvrage, est qu'étant au milieu des sables on n'aperçoit aucune trace ni du transport, ni de la taille des pierres, ni des terrasses dont nous avons parlé; de telle sorte qu'il semble que, sans emprunter la main des hommes qui est toujours fort lente, les dieux ont placé tout-à-coup ce monument au milieu des terres. Quelques Égyptiens apportent une explication de cet effet aussi fabuleuse et plus grossière que celle-là. Car ils disent que ces terrasses ayant été faites d'une terre pleine de sel et de nitre, le fleuve, en se débordant, les a fait fondre et disparaître sans le secours des ouvriers. Cela ne saurait être vrai; et il est bien plus sensé de dire que les mêmes mains qui avaient été employées à apporter ces terres, furent employées à les remporter, et à remettre le sol dans le même état qu'il était auparavant; d'autant plus qu'on dit que trois cent soixante mille manœuvres ou esclaves furent occupés près de vingt ans à ce travail.

« A Chemmis succéda son frère Cephren, qui régna cinquante-six ans. Quelques-uns disent pourtant que Chemmis avait laissé le royaume, non à son frère, mais à son fils nommé Chabruis (ou Chabryis). Mais tout le monde convient que son successeur, quel qu'il soit, ayant voulu imiter sa magnificence, éleva la seconde pyramide aussi bien faite que la première, mais un peu moins grande, vu que les côtés de la base n'avaient qu'un stade (ou 625 pieds) de longueur. On a marqué sur la grande pyramide la somme d'argent qui a été employée en légumes pour la nourriture des ou-

[1] Le grec dit l'*industrie*, le *travail manuel*. χειρόυργια.

vriers, elle passe seize cents talens. La plus petite est sans inscription, mais on a creusé un degré dans un de ses côtés. Quoique ces deux rois les eussent fait faire pour leur servir de sépulture, aucun des deux n'y a pourtant été enseveli. Car les peuples, irrités des travaux insupportables auxquels ils avaient été condamnés et des autres violences de ces deux rois, jurèrent qu'ils tireraient leurs corps de ces monumens pour les mettre en pièces. Les deux rois, qui en furent informés, recommandèrent à leurs amis de déposer leurs corps après leur mort dans des lieux sûrs et secrets.

« Après eux régna Mycerinus, que quelques-uns nomment Cherinus, fils de Chemmis, qui avait élevé la première pyramide. Celui-ci ayant entrepris d'en faire une troisième, mourut avant l'entière exécution de son dessein. Mais, comme elle était déjà commencée, les côtés de la base avaient trois cents pieds, et les faces, jusqu'à la quinzième assise, étaient de pierres noires semblables à la pierre de Thèbes (le granit thébaïque). Tout le reste devait être de la même pierre que les autres pyramides. Cette troisième aurait été, comme on voit, plus petite que les deux premières; mais elle les surpassait déjà par le choix de la pierre et par la beauté du travail. Le nom de Mycerinus est écrit sur la face qui regarde le septentrion.... (Diod. de Sicile, l. 1, §. 63, traduction de M. Terrasson, t. 1, p. 134-137; Paris, in-12, 1737.)

« .... Il y a trois autres pyramides dont les bases ont leurs côtés de deux cents pieds. A la grandeur près, elles ressemblent assez aux autres. Elles furent bâties, dit-on, par les trois rois précédens pour la sépulture de leurs femmes. On convient que ces ouvrages sont au-dessus de tout ce que l'on voit en Égypte, non-seulement par la grandeur de la masse et par les sommes prodigieuses qu'ils ont coûté, mais encore par la beauté de leur construction. Et les ouvriers qui les ont rendues si parfaites sont bien plus estimables que les rois qui en ont fait la dépense; car les premiers ont donné par là une preuve mémorable de leur génie et de leur adresse; au lieu que les rois n'y ont contribué que par les richesses qui leur avaient été laissées par leurs ancêtres, ou qu'ils extorquaient de leurs sujets. Au reste, ni les historiens ni les Égyptiens même, ne sont d'accord sur l'article des Pyramides. Car la plupart leur donnent pour auteurs les rois que nous avons nommés ; mais quelques-uns les mettent sous d'autres noms ; et ils disent que la première est d'Armæus (ou Armaïs), la seconde d'Ammosis, et la troisième d'Inaron. D'autres disent que cette troisième est le tombeau de la courtisane Rhodope, et que des gouverneurs de province, ses amans, l'avaient fait élever pour elle à frais communs. » (*Ibid.* p. 138, 139.)

Nous voyons pour la première fois le nom de *merveilles du monde* attribué aux Pyramides par Diodore de Sicile; « on y admire, dit-il, le travail et l'industrie χειρουργια, autant que la grandeur de la construction. La plus considérable est bâtie tout entière de pierres très-difficiles à travailler. » On ne peut entendre cette dernière observation que du revêtement qui en effet, comme on l'a vu, était d'une pierre plus dure que le noyau. Je ne parle pas des dimensions qu'il donne au monument, comparées à celles que rapporte Hérodote; c'est un sujet traité ailleurs : il en est de même de la plate-forme du sommet. Ainsi qu'Hérodote, il assure que les pierres ont été apportées de l'Arabie, mais il explique d'une manière beaucoup plus vague le procédé de la construction ; car on ne peut se faire une idée bien nette des terrasses qui, dit-il, ont servi à élever la pyramide, et l'on ne peut guère admettre que les Égyptiens aient ignoré l'art d'échafauder. Sur l'époque de l'érection de la pyramide, sur le nom du roi qui l'a ordonnée, sur le nombre des ouvriers qui l'ont bâtie, Diodore de Sicile n'est pas plus d'accord avec Hérodote que sur le reste. Il ne s'accorde avec lui que sur la durée du temps de la construction, sur celle du règne du roi, et sur la dépense qu'a coûté la nourriture des ouvriers. Comment supposer avec Diodore que 360000 hommes aient été constamment rassemblés sur un seul point [1], pendant vingt années entières, à côté d'un autre foyer de population aussi considérable que celui de Memphis. L'auteur ne permet pas davantage de se fixer une opinion sur l'époque du monument, puisqu'il rapporte deux traditions d'âges aussi différens qu'une date de 1000 ans et une date de 3400 ans. Un des faits les plus importans de sa description, s'il était bien constaté, serait celui-ci, *que la pyramide s'était conservée jusqu'à son temps sans être endommagée en aucun endroit;* car il prouverait que le monument n'est pas aussi ancien qu'on le suppose, et que l'absence des signes hiéroglyphiques a une toute autre cause qu'une antiquité prétendue remontant au-delà de l'invention de l'écriture. En résultat, le récit d'Hérodote est plus complet, plus satisfaisant et plus conforme à la vraisemblance.

Les rois auteurs de la PREMIÈRE et de la SECONDE pyramides, sont deux frères, dans l'histoire de Diodore comme dans celle d'Hérodote, et le nom du second de ces rois y est à peu près le même, Cephren autrement Chabruis; il régna cinquante-six ans comme le Chephren d'Hérodote.

Ce que raconte Diodore de la grandeur de la DEUXIÈME pyramide prouve qu'il ne faut pas chercher la mesure d'un stade dans le côté de la PREMIÈRE : « *Elle était*, dit-il, *un peu moins grande que la première, vu que les*

---

[1] On a vu que, selon Hérodote, dix ans de travaux furent spécialement consacrés à l'exploitation et au voiturage des pierres, indépendamment des vingt années qu'on employa pour la construction.

côtés de la base n'avaient qu'un stade de longueur. » Cette seconde pyramide était sans inscriptions.

Pour ce qui regarde la TROISIÈME pyramide, les deux auteurs s'accordent sur le nom du fondateur Mycerinus, fils de Chemmis suivant l'un, de Chéops suivant l'autre. Sa base n'avait que 3 plèthres de côté, mais elle surpassait les deux autres par la beauté de la pierre, savoir le granit thébaïque dont elle était construite jusqu'à la quinzième assise, ou jusqu'à la moitié de la hauteur. Le nom du roi était gravé sur la face du nord, dit Diodore de Sicile ; Hérodote ne parle pas de cette circonstance, mais il insiste sur l'énorme dépense du monument.

Les trois autres pyramides de 200 pieds de côté, citées par Diodore, doivent être cherchées parmi celles qui sont plus au sud, c'est-à-dire plus près de Memphis.

Le trait sans doute le plus remarquable de la description de cet auteur est cette réflexion que *ni les historiens,* NI LES ÉGYPTIENS EUX-MÊMES, *n'étaient d'accord entre eux sur les Pyramides*, et ce qui vient à l'appui, c'est la tradition qu'il cite et qui les attribue à trois princes dont les noms diffèrent tout-à-fait de ceux que nous avons nommés. Je ne fais cette remarque que pour montrer combien il est difficile, pour ne pas dire impossible, de découvrir par le seul rapprochement des autorités à quelle époque ont été bâties les pyramides, et quels furent leurs fondateurs. Tout ce qu'il est possible d'en inférer, c'est que l'érection des monumens était d'une très-haute antiquité, puisque les indigènes, comme les étrangers, étaient incertains sur leur époque et les noms de leurs auteurs. Cependant, Greaves a consacré à chacune de ces questions une dissertation que je me borne à mentionner[1], et il n'hésite pas à fixer l'époque de la fondation de la GRANDE pyramide. Selon lui, la date est de 1266 à 1216 avant J.-C. (intervalle qui est la durée du règne de Chéops), ou de 490 à 440 ans avant la première olympiade.

Pour répondre à notre objection sur l'incertitude de l'époque des Pyramides, on pourrait dire que les rois qui les ont fondées avaient plusieurs noms ou surnoms; qu'ainsi Armæus était le même personnage que Chéops, Ammosis, le même que Chephren, et Inaron, le même prince que Mycerinus : mais quelle preuve apporterait-on à l'appui de cette hypothèse? La fable de Rhodope vient ajouter encore à l'incertitude : déjà reçue au temps d'Hérodote, et réfutée par cet historien, nous la voyons reproduite par Diodore de Sicile, quatre siècles après, comme une tradition adoptée par un certain nombre. Quelle confiance est-il donc possible d'avoir pour le reste de l'histoire des rois qui bâtirent les Pyramides. Tout ce qui regarde ces rois et leurs actions semble être devenu le domaine de la fiction et l'aliment de la crédulité. La description matérielle des monumens est la seule partie de ces récits qui puisse supporter la critique et la discussion. Nous avons déjà retrouvé sur les lieux la plupart des traits des descriptions, soit d'Hérodote, soit de Diodore; la comparaison des autres auteurs nous offrira une conformité non moins satisfaisante.

D'après ces réflexions, nous ne devons pas nous arrêter à l'accusation de tyrannie et de violence, qui

---

[1] Greaves, *Pyramid.*, p. 16 et 1.

pèse sur la mémoire des rois auteurs des pyramides, pas plus qu'à l'historiette du berger Philiton, ou à la vengeance du peuple irrité qui ne permit pas que le corps de Chéops ou Chemmis fût déposé dans sa Pyramide, ni celui de Chephren dans la sienne : comme si, après s'être révolté contre Chéops et l'avoir privé de son tombeau, ce peuple avait pu souffrir le même joug pendant *cinquante-six autres années*, pour se venger encore envers son successeur de la même manière! Nous ne verrons dans ces récits confus et contradictoires que l'ignorance où l'on était au temps des Grecs, ou plutôt celle où on les a laissés de cette partie des annales égyptiennes.

Ne voyant point les restes des rois dans les pyramides que l'on supposait bâties pour leurs sépultures, on a voulu (car l'esprit de l'homme cherche toujours à découvrir la raison de tout) expliquer l'absence de ces restes, et on les a supposés confinés dans des lieux secrets, ignorés de tout le monde. Mais si les corps des rois n'y ont jamais été introduits, peut-être aussi n'ont-ils jamais dû y être placés : cette réflexion, toute simple, aurait épargné bien des suppositions peu vraisemblables. L'horreur que les deux rois inspiraient pour les fatigues imposées au peuple, fit, dit-on, maudire leur mémoire : cependant le nom de Mycerinus était solennellement écrit sur la troisième pyramide, *monument qui surpassait les deux autres par le choix des pierres et la beauté du travail*, dit Diodore : *la dépense*, dit Hérodote, *si l'on peut s'exprimer ainsi, s'est élevée à une infinité de milliers de talens; la construction*, dit Strabon, *a coûté* BEAUCOUP PLUS...; *sa dureté* (celle de la pierre) *et la difficulté de la travailler, en ont rendu l'emploi dispendieux.* Dans ce cas, que devient cette réflexion de l'un des trois historiens, que les rois n'ont contribué à ces ouvrages que par les richesses qui leur avaient été laissées par leurs ancêtres, ou qu'ils extorquaient de leurs sujets? En résumé, s'il y a vague, obscurité, contradiction dans le récit historique, il n'en est pas de même de la description : les auteurs ici sont unanimes, tous vantent la difficulté de l'exécution, la hardiesse et la grandeur de l'entreprise, la beauté du travail et de la construction; tous paient un tribut d'admiration à l'industrie et au génie des architectes.

3°. STRABON.

« A 40 stades de Memphis est un terrain élevé sur lequel sont bâties un grand nombre de pyramides, sépultures des rois. Il y en a trois considérables; deux d'entre elles sont comptées parmi les sept merveilles : en effet, elles ont un stade de hauteur; leur forme est quadrangulaire, et leur hauteur excède un peu la grandeur de chacun de leurs côtés. L'une des deux est un peu plus grande que l'autre [1]; elle a sur ses côtés, et à une élévation médiocre, une pierre qui peut s'ôter. Lorsqu'on l'a enlevée, on voit un conduit tortueux qui mène au tombeau. Ces [deux pyramides] sont près l'une de l'autre, et bâties sur un sol de même niveau : plus loin, dans une partie plus élevée du plateau, est une troisième pyramide, très-inférieure aux deux autres en grandeur, mais dont la construction a coûté beaucoup plus; car, depuis la base jusqu'à la moitié environ, elle est de cette pierre noire dont on fait aussi des mortiers, et qu'on apporte de fort loin, des montagnes de l'Éthiopie; sa dureté et la difficulté de la travailler en ont rendu l'emploi très-dispendieux. On prétend que c'est le

---

[1] Ἐισὶ γὰρ σταδιαῖαι τὸ ὕψος, τετράγωνοι τῷ σχήματι τῆς πλευρᾶς ἑκάστης μικρῷ μεῖζον τὸ ὕψος ἔχουσαι· μικρῷ δὲ καὶ ἡ ἑτέρα τῆς ἑτέρας ἐστὶ μείζων· ἔχει δ' ἐν ὕψει μέσως πως τῶν πλευρῶν λίθον ἐξαιρέσιμον.

SUR LES PYRAMIDES D'ÉGYPTE, §. I.   443

tombeau d'une courtisane, construit par ses amans. Sapho la poètesse la nomme *Doricha*.... D'autres la nomment Rhodopis.

« Nous ne croyons pas devoir passer sous silence une des choses singulières que nous vîmes aux Pyramides. Ce sont des monceaux de petits éclats de pierre élevés en avant de ces monumens : on y trouve des parcelles qui, pour la forme et la grandeur, ressemblent à des lentilles ; on dirait même quelquefois des grains à moitié déballés. On prétend que ce sont les restes pétrifiés de la nourriture des travailleurs, et cela est peu vraisemblable : car nous avons aussi chez nous une colline qui se prolonge au milieu d'une plaine, et qui est remplie de petites pierres de tuf semblables à des lentilles.... Nous avons dit ailleurs que, vers la carrière d'où ont été tirées les pierres des Pyramides, et qui est en Arabie, de l'autre côté du fleuve, en vue de ces monumens, s'élève une montagne assez escarpée, appelée *Troyenne*. » (Strab., l. XVII, p. 808, et traduction française, t. V, p. 395, 399.)

L'examen que nous venons de faire des deux principales descriptions que l'antiquité nous a laissées, dispense de développer celui de la description plus succincte de Strabon. Quant aux dimensions, on voit qu'il se borne à peu près à dire que les deux grandes ont un stade de haut, et que la hauteur est un peu plus grande que le côté. Cette dernière proposition est l'inverse de la véritable ; et même la différence de la hauteur verticale au côté est de beaucoup plus grande que ne l'expriment les mots $\mu\iota\kappa\rho\tilde{\omega}\ \mu\varepsilon\tilde{\iota}\zeta o\nu\ \tau\grave{o}\ \ddot{v}\psi o\varsigma$. Il faudrait écrire ici $\pi o\lambda\grave{v}$ au lieu de $\mu\iota\kappa\rho\tilde{\omega}$, et retourner la phrase en même temps. Telle qu'elle est, cette phrase ne pourrait même s'entendre de l'arête ; car celle-ci n'avait pas 218 mètres, et la base en a 231 [1]. Il est donc presque impos-

[1] La hauteur verticale avait 144^{m}2 ; la hauteur oblique 184^{m}7 ; l'arête, 217^{m}8 ; la base 230^{m}9.

sible de corriger le passage et de découvrir la véritable pensée de l'écrivain. Une circonstance curieuse et dont les autres auteurs n'ont pas eu connaissance, est l'existence d'une pierre mobile sur la face de la plus grande; on pouvait l'enlever à volonté. Il est évident qu'il s'agit de l'ouverture actuelle qui conduit dans l'intérieur du monument. On voudrait que l'auteur nous eût appris par quel procédé s'ôtait et se remettait cette pierre qui devait être malaisée à remuer, quand le revêtement était intact. C'était un poids d'environ trois milliers, peut-être beaucoup plus, qu'il fallait suspendre en l'air. Le texte présente ici plusieurs difficultés, les savans n'ont pu les éclaircir entièrement; peut-être ces mots ἐν ὕψει μέσως πως τῶν πλευρῶν [1], expriment-ils la position de l'ouverture un peu au-delà de *la ligne de milieu* de la pyramide ou de l'apothême; et en effet il n'y a guère que 5 mètres de distance de l'une à l'autre. La pierre mobile qui fermait la pyramide rappelle une pierre que j'ai observée dans un petit temple d'Isis à Thèbes, et qui pouvait aussi s'enlever ou se replacer à volonté [2], mais surtout celle du trésor de Rhampsinite dont il est question dans Hérodote. Quelque peu vraisemblable que soit la fable rapportée à cette occasion, on peut admettre la partie du récit relative à la pierre mobile. L'architecte avait disposé une des pierres de ce bâtiment de manière à pouvoir être facilement retirée du dehors par deux hommes, et même par un seul.

[1] Voy *Exposit. du système métrique*, t. VII, p. 51, 52.
[2] *Voy.*, plus loin, App., §. II, *de l'abaissement de la grande pyramide.*

Strabon reproduit la tradition vulgaire qui attribue la TROISIÈME pyramide à une courtisane Rhodope; ce qu'il en dit fait penser qu'il répète ce qui lui a été dit sur les lieux, et non ce qui avait été rapporté par les historiens : on voit clairement, par sa remarque exacte et judicieuse sur les pierres lenticulaires existant au pied de l'édifice, qu'il avait observé par lui-même, et qu'il parlait des petites *coquilles numismales* dont la pierre des Pyramides est en effet remplie.

4°. PLINE.

Voici l'extrait du passage où Pline traite des Pyramides :

« Parlons des Pyramides d'Égypte, démonstration vaine et insensée de la richesse des rois[1]. Le motif qui leur a fait élever ces monumens fut, disent les uns, la crainte d'abandonner leurs trésors à leurs successeurs ou à leurs ennemis ; et, selon d'autres, de laisser le peuple dans l'oisiveté. La vanité de ces hommes s'est exercée sur les Pyramides ; il existe des traces d'un grand nombre qui ne sont que commencées..... Les trois qui ont rempli la terre de leur renommée sont aperçues de toutes parts par ceux qui naviguent sur le Nil : elles sont situées sur un rocher stérile de l'Afrique, entre Memphis et ce qu'on appelle le Delta, à moins de quatre milles du fleuve et six de Memphis, non loin d'un bourg appelé Busiris, où sont des gens accoutumés à gravir sur leurs cimes. Au-devant d'elles est le sphinx...... on croit que le roi Amasis y est enseveli...... il est formé du rocher et poli[2] ; la circonférence de la tête du monstre, mesurée sur le front, est de 102 pieds ; la longueur totale est de 143 pieds ; la hauteur du ventre au sommet de la tête, 62 pieds. La plus grande des Pyramides a été tirée des carrières d'Arabie ; on prétend que 366000 hommes ont travaillé

---

[1] *Regum otiosa ac stulta ostentatio.*   [2] *Lubrica* ; on lit aussi *rubrica.*

20 ans pour la construire. Les trois ont été faites en 78 ans et 4 mois. Ceux qui ont écrit sur ce sujet sont Hérodote, Évhemère, Duris de Samos, Aristagoras, Denys, Artémidore, Alexandre Polyhistor, Butorides, Antisthenes, Démétrius, Démotélès, Apion : ils ne sont pas d'accord entre eux sur les auteurs de ces ouvrages : les noms de ceux-ci ont péri par une juste punition d'une telle vanité.

« La plus grande couvre huit jugères ; la longueur de chaque côté est de 883 pieds ; la largeur au sommet 25[1]. Les côtés de l'autre ont 737 pieds. La troisième plus petite, mais plus remarquable que les précédentes, est formée de pierres d'Éthiopie : sa base a 363 pieds. Il ne reste aucune trace des constructions qu'il a fallu faire pour les élever.... » (L. XXXVI, c. 12.)

Les remarques préliminaires de cette section et celles que je mettrai bientôt sous les yeux du lecteur à propos de la destination des Pyramides, m'autorisent à passer rapidement sur la première partie du passage de Pline, malgré cette réflexion de l'auteur : *justissimo casu obliteratis tantæ vanitatis auctoribus.* Nous avouons toutefois qu'il existe en effet, comme dit Pline, un grand nombre de pyramides qui n'ont pas été terminées, et que leurs auteurs semblent les avoir élevées à l'envi les uns des autres, par une sorte de rivalité fastueuse. Mais comme on ignore la date de ces pyramides plus récentes, il est difficile d'en tirer aucune conséquence relative à l'objet des trois plus grandes et plus célèbres pyramides, *quæ orbem terrarum implevere famâ.* La distance au Nil, selon Pline, n'est point exacte, comme on l'a déjà observé, Diodore est plus conforme à la réalité. Un fait intéressant

---

[1] *Latitudo a cacumine pedes* xxv.

que l'on doit à Pline, c'est que le village voisin renfermait des hommes habitués à s'élever au sommet des Pyramides, *in quo sunt assueti scandere illas*, ce qui n'aurait pas valu la peine d'être remarqué si elles n'avaient pas conservé de son temps leur revêtement intact, et c'est moins de la difficulté de s'élever sur cette suface polie et glissante que je veux parler, que du fait même de la conservation du monument. Il prouve que les degrés de la pyramide, au deuxième siècle de l'ère vulgaire, n'étaient pas encore à découvert; peut-être même la sommité ou la plate-forme était encore au même état qu'au temps de Diodore. Les deux premières phrases de Pline sur le grand sphinx, pour être comprises, nécessiteraient peut-être une correction que nous ne hasarderons pas : quant aux dimensions, elles sont assez exactes, selon la valeur que nous avons attribuée ailleurs, à la mesure du pied de Pline [1] :

> Contour de la tête au front, estimé à 27 mètres, et en pieds de la mesure de Pline (de 0^m2771), environ 100.
> Longueur totale du sphinx, 39 mètres [2], ou 140 pieds de Pline environ ;
> Hauteur depuis le ventre jusqu'au sommet de la tête, estimée à peu près à 17 mètres, ou 60 pieds semblables.

Pline répète avec ses prédécesseurs que les pierres de la GRANDE PYRAMIDE proviennent des carrières d'Arabie (c'est-à-dire de Torrah) : il n'est guère possible que ce fait soit révoqué en doute, d'après tout ce que j'ai dit plus haut de l'état actuel de ces carrières [3].

---

[1] Voyez l'*Exposit. du syst. métr. des anciens Egypt.*, t. VII, p. 145.
[2] *Voy.* pl. 5, *A.*, vol. V : la cote de 37^m ne comprend pas toute la croupe.
[3] *Descr. des Pyramides*, sect. III, tom. V, pag. 672.

Elle coûta, dit-il, 20 années de travail à 366 mille ouvriers, et les trois ensemble, 78 années et 4 mois. Je n'ai pas à examiner s'il y a exagération dans le nombre de 366 mille ouvriers ; mais je ferai remarquer que la durée du travail (78 ans) ne s'accorde pas avec les règnes attribués aux auteurs des Pyramides ; savoir, 106 années pour les deux premiers rois seulement. En outre, en citant douze écrivains qui ont fait mention des Pyramides, Pline ajoute qu'ils ne sont point d'accord sur ceux qui ont élevé ces monumens, *inter omnes eos non constat a quibus factæ sint.* Ainsi le récit de Pline et ses réflexions viennent confirmer tout ce que nous avons dit sur l'incertitude de ce point historique[1]. De plus, il perce dans tout le passage de Pline l'intention de rabaisser la réputation des Pyramides, même par une plaisanterie peu digne de la gravité de l'histoire ; puisque, après avoir décrit les singularités de ces monumens, de leurs mesures et de leur construction, il ajoute : «tels sont leurs prodiges, et voici le dernier ; pour que les rois ne soient pas trop fiers de leur ouvrage et de leurs richesses... la plus remarquable (*laudatissimam*) a été élevée par une simple courtisane..., merveille qui surpasse toutes les autres, que de si grands trésors aient pu être le fruit de la prostitution ! *majore miraculo tantas opes meretricio esse conquisitas quæstu.* La fable qui attribuait cet ouvrage à Rhodope, compagne d'Ésope le fabuliste, concourait trop bien au but de l'auteur pour qu'il négligeât d'en orner son récit, mais

---

[1] Pline est plus d'accord avec Hérodote sur la dépense de la nourriture des ouvriers qui ont construit la GRANDE pyramide.

comment oubliait-il qu'elle avait été réfutée six siècles auparavant par Hérodote? celui-ci reconnaît *qu'elle est l'ouvrage de quelques Grecs, et que cette opinion est sans fondement*[1]. Pline ne mérite pas plus de confiance quand il assure gravement que Thalès de Milet apprit à mesurer la hauteur des Pyramides, et de tous les corps semblables, par leur ombre[2]; ou bien quand il reproduit l'explication (déjà qualifiée par Diodore de Sicile de *fabuleuse* et de *grossière*) du mode suivi pour la construction des Pyramides, c'est-à-dire l'emploi des terrasses pleines de sel et de nitre, dissoutes après la fin de l'ouvrage par l'irruption du Nil[3]. Il est vrai qu'il ajoute, d'après une autre tradition, que le fleuve ne pouvait s'élever au niveau de ces édifices. On expliquait aussi l'absence de tout vestige de construction, en disant que les briques des massifs dont on s'était servi pour les élever avaient été distribuées entre les habitans pour bâtir leurs maisons.

Pline est le seul auteur qui nous ait parlé du puits de la GRANDE PYRAMIDE; ce puits *recevait, disait-on, les eaux du fleuve, flumen illo admissum arbitrantur*. Sa profondeur était de 86 coudées, ce qui correspond à $39^m 8$. J'ai déjà eu occasion de parler de la possibilité d'admettre ce fait quant à la mesure[4]; mais j'ai fait remarquer en même temps que le puits actuel, celui qui est connu des voyageurs, paraît trop étroit pour qu'on

---

[1] Lib. II, c. 134, et ci-dessus, p. 424.

[2] Diogène Laërte se borne à dire que Thalès de Milet mesura les Pyramides au moyen de leur ombre, ἐκμετρῆσαι φῆσιν αὐτὸν τὰς Πυραμίδας ἐκ τῆς σκιᾶς (*in vita Thaletis*).

[3] Diod., lib 1, c. 63; ed. *Bip.*, et ci-dessus, p. 435.

[4] *Voyez* tome v, p. 635.

y reconnaisse celui des anciens. A l'égard de la surface de 8 (ou plutôt 28) jugères, que Pline attribue à la Pyramide (*amplissima octo jugera obtinet soli*), et de la mesure des bases de chacune des trois principales, savoir 883 pieds, 737 pieds et demi et 563 pieds, c'est un point dont j'ai traité suffisamment dans un ouvrage spécial, où je crois avoir démontré l'exactitude de ces nombres [1]. En général, et c'est une remarque que l'on a souvent occasion de faire, il paraît que Pline a possédé des documens particuliers, des renseignemens précis et authentiques pour ce qui regarde les distances des lieux et les mesures des monumens.

5°. SOLIN, AMMIEN MARCELLIN, POMPONIUS MELA, ARISTIDE, ETC.

Une phrase a suffi à l'abréviateur de Pline pour décrire les Pyramides. « Les Pyramides d'Égypte, dit SoLIN, sont des tours élevées, plus hautes que tout autre ouvrage de la main de l'homme : comme elles excèdent la mesure des ombres, elles ne portent aucune espèce d'ombre sur la terre. » *Pyramides turres sunt in Ægypto, fastigiatæ ultra excelsitatem omnem quæ fieri manu possit : itaque mensuram umbrarum egressæ, nullas habent umbras* [2].

AMMIEN MARCELLIN a presque copié ce passage : *Pyramides ultra omnem omnino altitudinem, quæ manu confici possit, erectæ sunt turres; quarum magnitudo, quoniam in celsitudinem nimiam scandens, gracilescit pau-*

---

[1] *Exposition du syst. métriq. des anc. Égyptiens*, t. VII, p. 57 et 145.

[2] *J. Solini Polyhist. in C. Salm. Plin. exercit.*, 1629, t. I, p. 62.

latim, umbras quoque mechanica ratione consumit[1]. C'est avec raison que les deux écrivains font remarquer l'excessive hauteur de ces constructions, qui, du temps de l'un et de l'autre, étaient les monumens les plus gigantesques sortis de la main des hommes : mais comment l'erreur échappée au premier sur le défaut d'ombre, a-t-elle pu être répétée par le second un siècle plus tard?

Le même fait cependant est rapporté par CASSIODORE : l'ombre, dit-il, se consumant elle-même, ne s'aperçoit nulle part au-delà du monument. *Pyramides in Ægypto quarum in suo statu se umbra consumens, ultra constructionis spatia nulla parte respicitur.* Enfin la poésie s'est emparée aussi de ce phénomène de la consomption de l'ombre : on lit dans Ausone,

>...... *Quadro cui in fastigia cono*
> *Surgit et ipsa suas consumit pyramis umbras.*

A la vérité, l'absence de l'ombre a lieu pendant une partie de l'année, et quand le soleil passe au méridien; mais la latitude du lieu et l'inclinaison de la grande pyramide font voir que ce phénomène cesse de se produire pendant à peu près les deux derniers mois de l'automne et les deux premiers mois de l'hiver[2]. Toute l'année, durant un temps plus ou moins long avant et après midi, l'ombre de la pyramide est projetée sur le sol environnant. Ainsi les auteurs que je viens de citer, en

---

[1] Amm. Marcel., lib. XXII.

[2] Hauteur de l'équateur aux pyramides............ 60° 0′ 55″.
Obliquité de l'écliptique sous Hipparque........ 23 51 20.
Hauteur du ☉ au solstice d'hiver................. 36 9 35.
Inclinaison de la pyramide........................ 51 19 4.
Arc du méridien parcouru par le ☉. avant et après le solstice.................................. 15 9 29.

parlant de l'absorption de l'ombre, auraient dû dire seulement que ce fait a lieu pendant une partie de l'année et vers l'heure de midi.

Pomponius Mela s'exprime ainsi sur les Pyramides : *Pyramides tricenûm pedum lapidibus exstructæ : quarum maxima (tres namque sunt) quatuor fere soli jugera sua sede occupat, totidem in altitudinem erigitur* [1]. Ce texte si court a été le sujet de beaucoup de corrections proposées par les commentateurs, surtout pour les deux mots *sua sede*, qui ne semblent pas en avoir bien besoin. Gronovius dans son commentaire, après avoir cité la correction de Pintianus, *qua sedet*, d'après un manuscrit où on lit *quæ sedem*, et celle de Vossius, bien plus hardie, *quoque latere*, propose lui-même *æqua sede*, comme se rapprochant de *quæ sede* et de *quæ sedem*, donnés par deux manuscrits [2]. Quoi qu'il en soit de ces deux mots, celui de *quatuor* est plus embarrassant, surtout si on l'applique au jugère superficiel. En effet, le côté de la base étant de 7 plèthres et demi, la superficie était de 56 1/2 plèthres carrés ou 28 jugères 1/4, puisque le jugère carré valait 2 plèthres carrés. Mais, dans le cas d'une mesure linéaire, l'explication est plus facile. Je considère les *quatuor jugera* de Pomponius Mela comme une transformation des 8 plèthres d'Hérodote; en effet, le grand côté du jugère valait 2 plèthres : il serait donc inutile de suppléer à *quatuor* les nombres XXII ou XXIV et demi comme l'ont proposé les com-

---

[1] P. Mela, *de Sit. orb.*, lib. 1, c. 9, p. 55, ed. Abr. Gronov.; Lugd. Bat., 1722.
[2] D'autres manuscrits portent *quæ cede* et *quo cedat*.

mentateurs. Quant à la valeur absolue de la superficie, Pline, comme nous l'avons vu, a écrit *amplissima octo jugera obtinet soli*, et nous avons proposé de rétablir devant *octo* le mot *viginti*[1]. Cette hypothèse est préférable à celle qui confondrait le jugère avec le plèthre, puisque la première mesure est double de l'autre, soit en étendue linéaire (par la valeur de son grand côté), soit en superficie, bien que Pline n'ait pas toujours fait cette distinction.

Ce qui semble démontrer tout-à-fait l'acception que je donne aux *quatuor jugera* que Mela donne à la base, c'est ce qui suit : *totidem in altitudinem erigitur*. A la vérité, il tombe dans la même erreur qu'Hérodote, qui égalait la hauteur à la base, mais cela même détermine la manière dont le passage doit être entendu. Quant aux mots *tricenûm pedum lapidibus exstructæ*, on ne pourrait sans exagération les appliquer au monument tout entier; quelques pierres approchant de cette énorme dimension (de 20 à 25 coud.) ont bien été employées dans les assises inférieures de la pyramide, mais on n'en trouverait point ailleurs de semblables.

Selon ARISTIDE (ou plutôt d'après le rapport qu'il dit lui avoir été fait par les prêtres, λέγω δ' ἃ τῶν ἱερέων ἤκουον[2]), les Pyramides s'enfoncent autant par dessous terre que leurs sommets s'élèvent au-dessus : si je cite une telle assertion peu digne d'être réfutée, c'est afin de mettre sous les yeux des lecteurs tous les témoignages

---

[1] I. Vossius préférait dans ce passage de Pline, la leçon de *septem jugera* à celle de *octo jugera*; mais rien ne motive cette préférence.

[2] Arist. *in Orat. ægypt.*

des anciens. C'est pour ce même motif que je mentionnerai encore ici le passage où Xiphilin, l'abréviateur de Dion Cassius, prétend que Cornelius Gallus, le premier des gouverneurs envoyés en Égypte par Auguste, fit graver ses actions sur les Pyramides [1]. Il est également difficile, et d'admettre un fait aussi vague, et de faire aucune hypothèse sur le monument dont il est question, ou la manière dont on s'y était pris pour consacrer le souvenir des exploits de Gallus. Il existe d'autres passages des anciens que je n'ai pas encore allégués, ils seront cités dans le paragraphe suivant sur la destination et l'objet des Pyramides; je dirai seulement ici que Manethon [2] attribue les Pyramides à un roi, arrière-petit-fils de Ménès de la dynastie Thinites, qu'il nomme Venephès. Il dit aussi que les Pyramides furent bâties aux environs du lieu dit la ville de Cochomè, παρὰ Κώχωμην vel Κώχωνην, lieu aujourd'hui ignoré, et que j'ai déjà mentionné dans la description de Memphis.

§. II. *Examen des* AUTEURS ARABES.

Vouloir rassembler toutes les relations des écrivains arabes sur les Pyramides serait se condamner à rapporter moins de faits certains ou probables que de fables absurdes ou ridicules; on ne doit donc pas s'attendre ici à un pareil travail. Je puiserai seulement, dans les ouvrages et les fragmens traduits jusqu'à présent, plusieurs traits curieux qui s'accordent avec les faits cons-

[1] Xiph. *in Cæs. Augusto.*   [2] Sync. *chronog.*, p. 54-55.

tatés, ou qui ne choquent pas la vraisemblance, ou enfin qu'il est nécessaire de rapporter pour l'intelligence des passages des anciens.

J'extrais d'abord en peu de mots de la *Pyramidographie de Greaves* (p. 80 et suiv.), une partie du récit de l'auteur appelé Ebn A'bd el-Hokm[1], en supprimant un grand nombre de fables.

« Les Pyramides sont l'ouvrage de Saurid, roi d'Égypte, antérieur au déluge de trois siècles. A la suite d'un rêve effrayant que le prince raconta aux prêtres, ils prédirent un déluge qui devait tout détruire; alors le roi ordonna de construire des Pyramides avec un puits recevant l'eau du Nil, d'y enfermer des talismans, des pierres précieuses et des trésors, et d'y graver les préceptes et les procédés des sciences et des arts, l'astrologie, l'arithmétique, la géométrie, etc., etc. On tailla d'énormes colonnes et des pierres prodigieuses, et l'on fit les fondations des trois pyramides en pierres massives amenées de l'Éthiopie, scellées avec du plomb et du fer; les portes à 40 coudées sous terre: la hauteur avait 100 coudées royales ou 500 de nos coudées; chaque côté avait aussi 100 coudées royales.... Dans la *pyramide colorée* (ou peinte) il plaça les archives des prêtres, gravées sur des caisses de marbre noir..... Dans la pyramide occidentale, était un trésorier (gardien), statue de marbre debout, armée d'une lance avec un serpent tordu sur la tête..... Dans la pyramide de l'est, c'était une statue d'agathe noire, les yeux brillans, assise sur un trône, une lance à la main. Celui de la *pyramide colorée* était une statue assise de la pierre appelée *albut*....

« Les Coptes écrivent dans leurs livres qu'il y a une inscription gravée sur les Pyramides, portant ces mots : *Moi, Saurid, roi d'Égypte, j'ai bâti les Pyramides et je les ai finies en six ans : que mon successeur, s'il prétend m'égaler, les détruise en six siècles, et cepen-*

[1] Mohammed A'bd allah ebn A'bd el-Hokm. M. Langlès a donné une version plus complète du passage; édit. de Norden, t. III, p. 268 *et seq.*

pendant il est certain qu'il est plus facile de renverser que d'édifier. Après les avoir terminées, je les ai couvertes d'étoffes, qu'il les couvre de nattes.... Dès que le calife Al-mâmoun eût vu les Pyramides, il désira d'en connaître l'intérieur et de les faire ouvrir, ce qu'il pratiqua dans l'endroit où est l'ouverture actuelle, à l'aide du feu et du vinaigre et de divers engins, non sans une grande dépense. L'épaisseur de la muraille (du revêtement) était de 20 coudées. On trouva derrière une aiguière d'émeraude verte avec mille dynârs, chacun d'une once de nos onces.... On vit dans l'intérieur un puits carré avec des portes conduisant à une chambre de momies, et au-dessous du sommet de la pyramide, une chambre, avec une pierre creusée, dans laquelle était une statue de pierre de forme humaine, renfermant un homme qui avait sur la poitrine un pectoral d'or enrichi de pierreries, et une épée d'un prix inestimable, et sur la tête un escarboucle de la grosseur d'un œuf, brillant comme le soleil, avec des caractères que nul homme ne peut lire...... »

L'auteur primitif du récit dont on vient de lire la substance est tombé dans la même erreur qu'Hérodote en égalant le côté de la pyramide à sa hauteur; mais en donnant 500 coudées de la mesure arabe vulgaire (*cinq cents de nos coudées*) pour longueur de la base, il a rapporté un fait exact, puisque 500 fois $0^m 463$ font 231 mètres et demi, ce qui est la vraie longueur de cette ligne. Les statues portant une *lance* à la main sont sans doute des figures tenant le bâton augural, et ces mots *un serpent sur la tête* signifient l'ornement en forme de serpent dressé, qui orne le devant des coeffures égyptiennes.

Par la pyramide colorée il faut entendre la pyramide revêtue en granit noir. S'il était vrai, comme on le dit ici, qu'elle renfermât des inscriptions égyptiennes, il faudrait se féliciter de ce qu'on n'a pas encore pénétré dans l'intérieur jusqu'à présent¹ ; mais il n'y a pas un autre fondement à ce fait qu'une tradition qui se serait perpétuée parmi les Coptes jusqu'à Al-Mâmoun. J'ai dit plus haut que j'avais aperçu sur la face du nord un endroit qui paraît correspondre à cette ouverture ; il n'est pas douteux, d'après l'analogie de toutes les autres pyramides, qu'on y trouvera un conduit et des chambres intérieures. C'est aux gouverneurs de l'Égypte à tenter cette intéressante découverte.

Laissant de côté la recherche des moyens que le calife Al-Mâmoun a employés pour pénétrer dans la grande pyramide, je remarque que l'on fut obligé de percer une épaisseur de mur de 20 coudées, ou 9 mètres environ; mais le revêtement avait au plus 2 mètres : il faudrait donc supposer que le couloir, ou la galerie descendante, avait été rempli vers son extrémité supérieure. Il est difficile d'admettre que l'on ait trouvé dans la pyramide une momie d'homme enrichie d'or, avec des pierres précieuses couvertes d'inscriptions ; cette partie du récit ne peut s'appliquer à la *pierre creuse* de la chambre du roi (ce qu'on appelle vulgairement le sarcophage), car elle n'a que $2^m 14$ de long; la statue de pierre, ou caisse ayant la forme du corps humain, et renfermant un homme de taille ordinaire, n'aurait pu tenir dans cet étroit espace.

Quoi qu'il en soit, ces détails sont curieux en ce qu'ils donnent une certaine idée de l'état où le monument fut trouvé, quand on l'ouvrit pour la première fois, après tant de siècles écoulés. Cette circonstance est un fait

¹ El-Melik el-A'ziz a essayé de l'ouvrir, et de nos jours Mourâd-Bey.

historique dont la date est je crois incontestable. D'ailleurs il n'est pas impossible de dégager ce récit de ce qu'il a de romanesque, et des fables dont les Arabes ont (malheureusement presque toujours) enveloppé l'histoire : combien ils lui eussent été profitables, en rapportant sans ornement les traditions transmises d'âge en âge, avec leurs propres observations.

Je citerai, d'après M. Langlès, plusieurs autres témoignages des écrivains arabes sur les Pyramides, en commençant par Ibrâhym ben Ouessyf chah, dont le récit a le plus grand rapport avec celui d'Ebn A'bd el-Hokm, dont il vient d'être question.

« Lors de la construction des Pyramides, après avoir posé une pierre, on enfonçait dans un trou, creusé au milieu, une verge de fer, dont l'autre extrémité s'adaptait ensuite dans la pierre supérieure que l'on avait eu soin également de percer par le milieu. On scellait ensuite le tout avec du plomb fondu. On fit une porte haute de 40 coudées à chaque pyramide. La porte de la pyramide orientale regardait l'orient et se trouvait à 100 coudées du centre de la muraille de cette pyramide. La porte de la pyramide occidentale regardait l'occident et était à 100 coudées du centre de la muraille. Celle de la pyramide *peinte* était au sud, et également à 100 coudées du centre de la muraille. Si l'on creusait au-delà de cette distance, on trouverait la porte du canal qui conduirait à celui de la pyramide même.

« On éleva chaque pyramide à 100 coudées au-dessus du niveau du sol. Les 100 coudées dont nous parlons étaient des coudées royales, qui valent 500 de celles dont nous nous servons aujourd'hui. Chaque face de ces pyramides a 100 de ces anciennes coudées. Ensuite on polit la superficie à la hauteur de 300 de nos coudées. »

Avant de passer à *El-Qodâ'y*, je ferai, selon mon

usage, quelques remarques sur le récit qui précède. Ben-Ouessyf-Châh, ainsi qu'Ebn-A'bd el-Hokm attribue à Souryd, roi antidiluvien, la construction des Pyramides; elles étaient défendues, dit-il, par trois gardiens formidables. Un canal les faisait communiquer avec le fleuve; on y avait gravé les principes des sciences, les noms des principaux remèdes, la représentation des étoiles. Ici les trois pyramides sont distinguées aussi par les noms d'orientale, d'occidentale et de peinte. Dans la première, étaient représentés les mouvemens du ciel par des espèces de sphères, le lieu actuel des étoiles dans le système céleste, et le changement que ce lieu éprouve successivement; on y renferma les annales des évènemens passés et des prédictions. Dans la seconde pyramide on avait pratiqué trente magasins en granit, et on les avait remplis de richesses, de pierreries, d'outils de fer, de verre malléable, de talismans, de poisons et de remèdes. Enfin la troisième renfermait les corps des grands-prêtres dans des sarcophages de granit noir, accompagnés de leur histoire, et sur les murailles étaient représentés les produits de l'industrie et les procédés des sciences. Je ne cite ces relations où domine l'imagination exaltée des Arabes qu'à cause de leur coïncidence avec l'écrivain précédent; je les débarrasse d'ailleurs de plusieurs contes absurdes.

L'emploi des prétendues verges de fer, scellées en plomb, pour servir de lien aux pierres des pyramides, peut être regardé comme une pure fiction; puisque les angles inférieurs, complètement détruits, n'en ont laissé paraître aucun vestige. Les mots *on fit une porte haute de* 40 *coudées*, me paraissent devoir s'entendre, non pas de l'élévation de la porte, mais de sa hauteur de 40 coudées au-dessus du terrein, ce qui est à peu près la position de l'ouverture au-dessus du niveau du sol. Toutes les ouvertures trouvées jusqu'à présent aux pyramides de Gyzeh et de Saqqârah, sont tournées vers le nord, et aucune observation ne vient à l'appui du passage de l'auteur arabe qui ouvre la première pyramide au levant, la deuxième au couchant, la troisième au midi, et qui précisément ne parle pas de l'ouverture du nord, découverte par Al-Mâmoun, lorsqu'il ouvrit la PREMIÈRE pyramide. Il y a également lieu de corriger la phrase qui suit : « la porte...... se trouvait à 100 coudées *du centre de la muraille* de chaque pyramide » il faut je crois entendre ici *la muraille d'angle, la pierre d'angle*, quoique d'ailleurs la distance de 100 coudées, soit communes, soit royales, ne convienne pas à la position de l'ouverture. Cette même dimension de cent coudées est donnée pour la mesure de chaque face, et l'auteur observe qu'il s'agit de coudées royales, valant cinq coudées communes; les cent font donc 231 mètres, ce qui est bien la mesure de la base. Mais il donne à l'élévation du monument une égale mesure, tombant dans la même faute qu'Hérodote.

El-Qodâ'y[1] raconte, d'après trois traditions successives qu'il a recueillies, qu'un religieux de Qelymoun ou Kalmoun, dans le Fayoum, déchiffra un papyrus de momie, qu'on avait trouvé dans le couvent d'Abou-

---

[1] Dans l'ouvrage intitulé *El-Mo-khtâr fy Zikr el-Khotât oua el-At-sâr*, etc. (Langlès, édit. de Norden, t. III, p. 273, etc.).

Hermès près des Pyramides, en y creusant une tombe. L'écrit avait été copié, dit-il, la première année du règne de Dioclétien, sur un autre de la première année du roi Philippe, traduit d'un original écrit en lettres d'or. Ce manuscrit primitif traduit par ordre de Philippe, lui était antérieur de 1785 ans; il avait été composé 947 ans après l'arrivée des enfans de Cham en Égypte. C'est encore à Souryd ou Saurid, fils de Sahlouq, qu'est attribuée dans le papyrus la construction des pyramides dites *l'orientale, l'occidentale* et *la peinte*, la première faite pour recevoir son tombeau, la deuxième pour celui de son frère, la troisième pour celui de son neveu [1]. Il y est dit qu'on avait inscrit sur les murailles les principes de la géométrie, de la médecine, de l'astrologie, et quelle devait être la position exacte de chacune des planètes dans les signes du Zodiaque, au jour où la terre serait bouleversée et abymée de fond en comble; par exemple le soleil et la lune dans la première minute du belier, Saturne au premier degré 28′ du belier [2], etc. : El-Maçoudy, antérieur de plus d'un siècle, rapporte la même histoire [3].

Cet écrit fut traduit du qobte en arabe en 225 de l'hégire, 4321 ans solaires après la construction des Pyramides. On trouva qu'il s'était écoulé depuis le déluge, jusqu'à ce jour 1471 ans 59 jours 12 heures et une fraction [4], et l'on conclut que l'écrit avait été composé 399 ans 205 jours 10 heures et une fraction avant le déluge.

---

[1] *Voy.* leurs noms plus loin, p. 464.
[2] Ou 28° 1′, suivant A'bd el-Rachyd.
[3] *Voy.* la note 1 de la page précédente.
[4] Il faudrait 3921 ans 159 jours, etc.

El-Qodâ'y ajoute que la troisième pyramide a le bas en pierre noire et le haut en pierres nommées *Kerdân*. Chacune des trois pyramides a une porte qui conduit à un canal souterrain de 150 coudées de long ; elles renferment, dit-il, une prodigieuse quantité d'or et d'émeraudes.

Nous devons placer ici, pour servir de terme de comparaison, l'abrégé du récit d'A'bd el-Rachyd el-Bakouy[1], d'après la traduction qu'en a faite notre collègue M. Marcel.

« D'après la tradition, on trouva dans les Pyramides, l'an 225, un livre en caractères inconnus, qui furent interprétés par un vieillard du monastère de Kalmoun. On y avait inscrit *les observations célestes faites pour la construction des Pyramides*, et d'autres plus anciennes encore, relatives à la future submersion et destruction de la terre (les dernières observations ne s'accordent qu'en partie avec celles que rapporte el-Qodâ'y). Souryd, fils de Sahlouq, choisit pour son tombeau la pyramide orientale. On entrait dans ces pyramides par un édifice souterrain, long de 150 coudées. Le portique de la pyramide orientale était situé vers l'orient, celui de l'occidentale vers l'occident, et l'entrée de la troisième vers le nord. Ce fragment a été traduit du qobte en arabe. En comparant les époques astronomiques, on trouva que, depuis la fondation des Pyramides, il s'était écoulé 4331 ans, et, depuis le déluge (*Toufân*) 3941 ans : ainsi ce livre fit connaître que les Pyramides avaient été construites 390 ans avant le déluge.....

« Les deux grandes pyramides sont élevées de 317 coudées ; les quatre faces sont égales et larges à la base de 460 coudées. On assure qu'*autrefois* les Pyramides étaient couvertes de diverses sculptures, et même qu'on y lisait une inscription en caractères

---

[1] Cet auteur a achevé son ouvrage, l'an 815 (1412). Voyez, *Déc. égypt.*, espèce de géographie universelle, en t. 1, p. 256.

antiques nommés *Mousnad* ou Hemyary [1], portant que la construction de ces monumens attestait la puissance de la nation égyptienne, et qu'il était plus facile aux hommes de les détruire que d'en élever de semblables.

« Le sphinx est une statue admirable nommée *Abou-l-houlä*, ابو الهول, elle sert de talisman contre les sables pour les empêcher de pénétrer dans la contrée de Gyzeh.

« D'après l'ouvrage d'*Abou Ya'qoub Mohammed ben ishâq el-Nedym*, cité par el-Maqryzy (*fihricet el-Ou'loum*, ouvrage qui est une encyclopédie des sciences), on trouva, au centre de la grande pyramide [2], une salle avec un tombeau recouvert de pierres polies et peintes, puis deux statues remarquables et en pierre, en face l'une de l'autre, représentant un homme tenant une table couverte d'inscriptions, et une femme tenant un miroir doré et sculpté ; entre elles un vase contenant, enfermée dans du bitume, une boîte d'or qui se trouva pleine de sang liquide ; enfin, dans le tombeau, un corps d'homme dans des langes, parfaitement conservé, et, auprès, celui d'une femme ; enfin des idoles et des outils [3]. »

Le prétendu livre déchiffré par le vieillard de Qelymoun fut trouvé auprès de la Pyramide. Il est superflu de discuter les dates de sa composition, de la traduction, et des copies qui en furent faites à différentes époques : ici l'imagination des Arabes s'est donné carrière, aussi bien que dans les supputations astrologiques sur le cataclysme universel et la prédiction du déluge. Toutefois la différence des versions

---

[1] C'était l'écriture du dialecte des hemyarites (*homeritæ* de Ptolémée), habitans de l'Arabie heureuse, qui avaient fait des conquêtes en Afrique: leur langue et leurs caractères étaient également inconnus dès le temps de Mahomet (*Déc. égypt.*, t. 1, p. 257).

[2] Il y a dans la traduction, au centre de l'esplanade *qui termine* la grande pyramide. Il est douteux qu'il s'agisse ici de l'esplanade du sommet: si les mots *qui termine* sont bien conformes au texte arabe, il est peut-être question d'une salle souterraine, à laquelle fait allusion le passage d'Hérodote (*voy.* ci-dessus, p. 422).

[3] *Voyage de Norden*, t. III, p. 278 et seq.

semble montrer qu'elles viennent de sources différentes, et ce qu'il y a de commun entre elles (parmi les faits d'ailleurs conformes à d'autres récits, ou vraisemblables par eux-mêmes) pourrait n'être pas tout-à-fait dénué de fondement; par exemple, que l'année 225 de l'hégire, on a trouvé un manuscrit traduit de l'égyptien en grec, et mis plus tard en arabe, qu'il y était question d'observations célestes, relatives à la construction des Pyramides, que la troisième avait une partie de ses matériaux composés de pierres noires (granit)[1], qu'on trouva dans ces monumens des richesses, des sculptures et des statues, que les trois grandes pyramides étaient distinguées par les noms d'*orientale*, d'*occidentale* et de *peinte*, enfin qu'on rencontra dans les galeries inférieures ou salles souterraines des tombeaux avec leurs momies intactes.

Indépendamment de ces circonstances, les récits des Arabes que nous avons analysés, en offrent d'autres d'un intérêt plus direct. Quant aux noms des rois auxquels sont attribuées les trois pyramides, on remarque beaucoup d'accord entre tous les écrivains; c'est toujours à Souryd, fils de Sahlouq, que la première est attribuée, à Herdjïb la deuxième, à Kerourès la troisième; ces deux derniers princes, comme dans les écrits des Grecs, sont le frère et le neveu du premier. Ce nom de Kerourès ou Kouros est le seul qui ait quelqu'analogie avec le nom de Cherinus (Mi-cerinus), que rapporte Diodore de Sicile : ce qui regarde les dimen-

---

[1] J'ignore ce qu'on entend par l'espèce de pierre dite *kerdân*.

sions des édifices est encore plus positif et digne d'attention.

Toutes les ouvertures des pyramides découvertes jusqu'à présent sont sur la face du nord, et nous voyons que les auteurs arabes placent les portes différemment ; celles de la grande à l'est, de la deuxième à l'ouest, de la troisième au sud (un auteur dit au nord). Est-il prouvé qu'ils se sont trompés ? non sans doute, et il est presque impossible d'obtenir cette preuve à cause des masses immenses de décombres et de sables accumulés au pied de ces monumens. A l'époque d'Al-Mâmoun, elles ne s'étaient pas amoncelées à ce point, et l'on avait pu trouver les bases découvertes ou peu encombrées. D'un autre côté, les ouvertures que nous connaissons sont toutes bien au-dessus de la base, à environ 12 mètres. Il semble donc que ces écrivains, en parlant de *portes* conduisant à des galeries, à des canaux souterrains, désignent autre chose que les ouvertures semblables à celle qui est au nord de la grande pyramide, et qui n'a guère qu'un mètre en tous sens. Pour ce motif, je ne chercherai pas à apprécier l'exactitude de la mesure de 150 coudées, donnée par el-Qodâ'y et par A'bd el-Rachyd, à la longueur du canal souterrain.

Le second de ces auteurs attribue 317 coudées de hauteur à la grande pyramide, trois autres écrivains confirment cette même dimension : or, à 3/4 de coudée près, c'est la mesure exacte de son élévation totale, laquelle est d'un peu plus de 146 mètres ou 316 coudées antiques 1/4 [1].

[1] Voyez *Exposition du système métrique*, t. VII, p. 62 et suiv.

On voit aussi dans A'bd el-Rachyd que le côté est large, à la base, de 460 coudées; A'bd-el-latyf s'exprime avec plus de précision, en donnant 460 coudées *à chacun des côtés des quatre plans triangulaires qui s'inclinent sur la perpendiculaire;* d'autres écrivains cités par M. de Sacy disent, *chacun des côtés des triangles équilatéraux qui enferment les plans inclinés.* On a toujours cru en effet que les faces des Pyramides étaient équilatérales, ce qui n'est pas; or, l'arête dont il est question ici a 461 coudées 1/2 de la mesure ci-dessus[1]: il est remarquable que quatre auteurs arabes rapportent cette même mesure de 460 coudées que donne A'bd-el-Rachyd[2]. C'est encore une confirmation de la valeur que nous avons assignée à l'ancienne coudée égyptienne.

Citons encore plusieurs témoignages des écrivains arabes. Dans la pénurie où nous sommes de notions tirées des sources grecques ou romaines sur les Pyramides, et de toute autre histoire, la curiosité entraîne à consulter ces sources (plus suspectes, il est vrai), mais moins pour y puiser des faits certains que pour satisfaire cette même curiosité, et encore parce qu'au milieu de tant de fables, les Arabes ont consigné des observations intéressantes qu'eux seuls pouvaient faire au temps de la conquête et de la violation des monumens.

Si l'on en croyait Abou-Zeyd el-Balkhy, « l'inscription gravée sur les pyramides fut traduite en arabe; elle apprenait l'époque de la construction; c'est le temps

---

[1] Voy. *Exposit. du syst. métriq.*, t. VII, p. 62.

[2] A'bd-el-latyf, el-Mohalli, Joseph ben-Altiphasi, et Ebn Salamas; (traduct. d'A'bd-el-latyf, par M. Silvestre de Sacy, p. 216).

où, dit-il, la lyre se trouvait dans le signe du Cancer [1]; en calculant on trouva deux fois 36000 ans solaires avant l'hégire. »

Tous ces écrivains, au reste, sont persuadés que ces monumens ont précédé le déluge, ce qui ne prouve qu'une chose, c'est l'ancienneté immémoriale de leur construction; autrement, dit A'bd Allah ben A'bd Hokm, les hommes auraient conservé quelques notions sur ce qui les concerne [2]. L'incertitude sur leur fondation, a, comme on l'a vu, existé de tout temps; on la retrouve chez les écrivains grecs et romains, et l'on ne peut, je pense, jusqu'à présent, se décider pour aucun des systèmes, ni sur l'époque de la fondation des Pyramides, ni sur les noms des rois qui les ont fait construire. L'historien Manéthon, qui semblerait ici devoir nous servir de guide, nomme deux rois, savoir : Venephès, le quatrième de la première dynastie après le déluge, comme auteur des Pyramides [3], ainsi que je l'ai dit, et plus loin Suphis, deuxième roi de la quatrième dynastie Memphitique [4], comme auteur de la plus grande de toutes, auteur aussi d'un livre précieux et très-estimé que Manéthon dit s'être procuré : comment n'y a-t-il pas trouvé des preuves positives du fait en question ? Dans cette contradiction, nous voyons une nouvelle preuve de l'incertitude où l'on était, et où l'on a toujours été à cet égard.

J'arrive à A'bd-el-latyf, le plus judicieux peut-être des

---

[1] Cette phrase aurait besoin d'un commentaire, supposé qu'elle soit bien traduite.
[2] *Voyage de Norden*, t. III, p. 255.
[3] Syncell. chronog., p. 54, 55.
[4] *Ibid.*, p. 56, 57.

historiens arabes : je rapporterai sa description presque entière (d'après son savant traducteur), à cause de l'importance du passage, et de l'intérêt dont il est rempli[1].

« Une des merveilles de ce pays, ce sont les Pyramides : elles ont attiré l'attention d'un très-grand nombre d'écrivains, qui ont consigné dans leurs ouvrages la description et les dimensions de ces édifices. Elles sont en très-grand nombre, et sont toutes situées du même côté du fleuve que Djizeh, sur la même ligne que l'ancienne capitale de l'Égypte, et dans un espace d'environ deux journées de marche. On en voit aussi beaucoup à Bousir. Parmi ces pyramides, il y en a de grandes et de petites ; quelques-unes sont construites de terre et de briques ; la plupart sont bâties en pierres ; on en voit qui sont formées par marches ou degrés ; mais le plus grand nombre sont d'une forme exactement pyramidale et offrent des surfaces unies.

« On voyait autrefois à Djizeh une quantité considérable de pyramides, petites à la vérité, qui furent détruites du temps de Salah-Eddin Yousouf, fils d'Ayyoub. Leur destruction fut l'ouvrage de Karakousch, eunuque grec, qui était un des émirs de l'armée de ce prince, et homme de génie. (*Relation* d'A'bd-el-latyf, traduction de M. de Sacy, p. 171.)

« Pour en venir maintenant à celles des Pyramides qui ont été l'objet de tant de récits, que l'on distingue de toutes les autres, et dont la grandeur attire par-dessus tout l'admiration, elles sont au nombre de trois, placées sur une même ligne à Djizeh, en face de Fostât, à peu de distance les unes des autres, et elles se regardent par leurs angles dans la direction du levant. De ces trois pyramides, deux sont d'une grandeur énorme. Les poètes qui les ont décrites se sont abandonnés à tout l'enthousiasme qu'elles leur inspiraient ; ils les ont comparées à deux immenses mamelles qui s'élèvent sur le sein de l'Égypte. Elles sont très-proches l'une de l'autre et sont bâties en pierres blanches : la troisième, qui est d'un quart moins grande que les deux premières, est construite

---

[1] Traduct. de la *Relation d'A'bd-el-latyf*, par M. Silvestre de Sacy, p. 171 et suivantes.

en granit rouge tiqueté de points et d'une extrême dureté. Le fer ne peut y mordre qu'avec peine. Celle-ci paraît petite quand on la compare aux deux autres; mais, lorsqu'on l'aborde de près et que les yeux ne voient plus qu'elle, elle inspire une sorte de saisissement, et l'on ne peut la considérer sans que la vue se fatigue.

« La forme que l'on a adoptée dans la construction des Pyramides et la solidité qu'on a su leur donner, sont bien dignes d'admiration : c'est à leur forme qu'elles doivent l'avantage d'avoir résisté aux efforts des siècles, ou plutôt il semble que ce soit le temps qui ait résisté aux efforts de ces édifices éternels. En effet, quand on se livre à de profondes réflexions sur la construction des Pyramides, on est forcé de reconnaître que les plus grands génies y ont prodigué toutes leurs combinaisons; que les esprits les plus subtils y ont épuisé tous leurs efforts; que les âmes les mieux éclairées ont employé avec une sorte de profusion, en faveur de ces édifices, tous les talens qu'elles possédaient et qu'elles pouvaient appliquer à leur construction; et que la plus savante théorie de la géométrie a fait usage de toutes ses ressources pour produire ces merveilles, comme le dernier terme auquel il était possible d'atteindre. Aussi peut-on dire que ces édifices nous parlent encore aujourd'hui de ceux qui les ont élevés, nous apprennent leur histoire, nous racontent, d'une manière très-intelligible, les progrès qu'ils avaient faits dans les sciences, et l'excellence de leur génie; en un mot, nous mettent au fait de leur vie et de leurs actions. (*Ibid.*, p. 173.)

« Ce que ces édifices présentent de singulièrement remarquable, c'est la forme pyramidale que l'on a adoptée pour leur construction, forme qui commence par une base carrée et finit par un point. Or, une des propriétés de cette forme, c'est que le centre de la pesanteur est au milieu même de l'édifice, en sorte qu'il s'appuie sur lui-même, qu'il supporte lui-même tout l'effort de sa masse, que toutes ses parties se portent respectivement les unes sur les autres, et qu'il ne gravite pas vers un point hors de lui.

« Une autre particularité digne encore d'admiration, c'est que leur forme carrée a été disposée de manière que chacun de leurs angles fait face à l'un des quatre vents cardinaux. Or, la violence du vent se trouve rompue quand elle est reçue par un angle, ce qui ne serait pas si elle rencontrait un plan.

« Mais revenons aux deux grandes Pyramides. Ceux qui en ont pris les dimensions assurent que la base de chacune d'elles est de 400 coudées de longueur sur autant de largeur, et que leur hauteur perpendiculaire est également de 400 coudées. La coudée employée dans ces mesures est la coudée noire. Leur figure pyramidale est tronquée par le haut, et offre en cet endroit un plan de 10 coudées en tout sens. Voici une chose que j'ai observée par moi-même. Lorsque je les visitai, il y avait en notre compagnie un tireur, qui tira une flèche dans la direction de la hauteur perpendiculaire d'une de ces Pyramides et dans celle de son épaisseur (vers sa base), et la flèche tomba à peu près à la moitié de cet espace. Nous fûmes instruits que, dans un village voisin, il y avait des gens accoutumés à monter au haut des Pyramides, qui le faisaient sans aucune peine. Nous envoyâmes chercher un de ces hommes, et, pour une bagatelle que nous lui donnâmes, il se mit à monter sur une des Pyramides comme nous aurions monté un escalier et même plus vite, sans quitter ni sa chaussure ni ses vêtemens, qui étaient fort amples. Je lui avais recommandé de prendre avec son turban la mesure du plan supérieur quand il serait monté. Lorsqu'il fut descendu, nous prîmes la mesure de la portion de son turban, qui répondait à celle du plan supérieur de la pyramide; elle se trouva être de 11 coudées à la mesure de la coudée nouvelle.

« J'ai vu un homme instruit dans l'art de prendre les mesures, qui donnait à la hauteur perpendiculaire de cette pyramide 317 coudées environ, et à chacun des côtés des quatre plans triangulaires qui s'inclinent sur cette perpendiculaire, 460 coudées. Je crois qu'il y a erreur dans ces mesures, et que, pour qu'elles fussent justes, il faudrait qu'il eût donné à la perpendiculaire 400 coudées; et, si le ciel favorise mes projets, je veux en prendre les dimensions par moi-même. (*Ibid.*, p. 174, 175.)

« L'une de ces deux pyramides est ouverte et offre une entrée par laquelle on pénètre dans l'intérieur. Cette ouverture mène à des passages étroits, à des conduits qui s'étendent jusqu'à une grande profondeur, à des puits et à des précipices, comme l'assurent les personnes qui ont le courage de s'y enfoncer ; car il y a un grand nombre de gens qu'une folle cupidité et des espérances chimériques conduisent dans l'intérieur de cet édifice. Ils s'enfoncent dans ses cavités les plus profondes, et arrivent enfin à un endroit où il ne leur est plus possible de pousser plus avant. Quant au passage le plus fréquenté et que l'on suit d'ordinaire, c'est un glacis qui conduit vers la partie supérieure de la pyramide, où l'on trouve une chambre carrée, et dans cette chambre un sarcophage de pierre.

« Cette ouverture, par laquelle on pénètre aujourd'hui dans l'intérieur de la pyramide, n'est point la porte qui avait été ménagée lors de sa construction : c'est un trou fait avec effort et pratiqué au hasard. On dit que c'est le khalife Mâmoun qui l'a fait ouvrir. La plupart des personnes de notre compagnie entrèrent dans cette ouverture, et montèrent jusqu'à la chambre pratiquée en haut de la pyramide : à leur descente, elles racontèrent les choses merveilleuses qu'elles avaient vues, et elles rapportèrent que ce passage était si plein de chauve-souris et de leurs ordures, qu'il en était presque bouché ; que les chauve-souris y étaient presqu'aussi grosses que des pigeons, et qu'on y voyait, dans la partie supérieure, des ouvertures et des fenêtres qui semblaient avoir été ménagées pour donner passage à l'air et à la lumière. Dans une autre visite que je rendis aux Pyramides, j'entrai dans ce conduit intérieur avec plusieurs personnes, et je pénétrai jusqu'aux deux tiers environ ; mais, ayant perdu connaissance par un effet de la frayeur que m'inspirait cette montée, je redescendis à demi mort.

« Ces Pyramides sont construites de grandes pierres, qui ont de dix à vingt coudées de longueur, sur une épaisseur de deux à trois coudées et autant de largeur. Ce qui est surtout digne de la plus grande admiration, c'est l'extrême justesse avec laquelle ces pierres ont été appareillées et disposées les unes sur les autres. Leurs assises sont si bien rapportées, que l'on ne pourrait fourrer entre deux de ces pierres une aiguille ou un cheveu. Elles sont liées par un mortier qui forme une couche de l'épaisseur d'une feuille de papier ; je ne sais de quoi est fait ce mortier qui m'est totalement inconnu. Ces pierres sont revêtues d'écriture dans cet ancien caractère dont on ignore aujourd'hui la valeur. Je n'ai rencontré dans toute l'Égypte personne qui pût dire connaître, même par ouï-dire, quelqu'un qui fût au fait de ce caractère. Ces inscriptions sont en si grand nombre, que, si l'on voulait copier sur du papier celles seulement que l'on voit sur la surface de ces deux pyramides, on en emplirait plus de dix mille pages. (*Ibid.*, page 176.)

« J'ai lu dans quelques livres des anciens Sabéens, que, de ces deux pyramides, l'une est le tombeau d'Agathodémon, et l'autre celui d'Hermès. Ce sont, suivant eux, deux grands prophètes; mais Agathodémon est le plus ancien des deux et le plus grand. Ils disent que de toutes les contrées de la terre on venait en pélerinage à ces deux pyramides.

« Je me suis étendu, dans mon grand ouvrage, sur cet objet, et j'ai rapporté ce que d'autres ont dit de ces édifices; j'y renvoie donc les lecteurs qui désireront plus de détails; dans celui-ci, je me borne à rendre compte de ce que j'ai vu.

« Quand Mélic-alaziz Othman ben-Yousouf eut succédé à son père, il se laissa persuader par quelques personnes de sa cour, gens dépourvus de bon sens, de démolir ces Pyramides; et l'on commença par la pyramide rouge, qui est la troisième des grandes pyramides et la moins considérable. (*Ibid.*, p. 177.)

« Le sultan y envoya donc des sapeurs, des mineurs et des carriers, sous la conduite de quelques-uns des principaux officiers et des premiers émirs de sa cour, et leur donna ordre de la détruire. Pour exécuter les ordres dont ils étaient chargés, ils établirent leur camp près de la pyramide; ils y ramassèrent de tous côtés un grand nombre de travailleurs, et les entretinrent à grands frais. Ils y demeurèrent ainsi huit mois entiers, occupés avec tout leur monde à l'exécution de la commission dont ils étaient chargés, enlevant chaque jour, après s'être donné bien du mal et avoir épuisé toutes leurs forces, une ou deux pierres. Les uns les poussaient d'en haut avec des coins et des leviers, tandis que d'autres travailleurs les tiraient d'en bas avec des cordes et des câbles. Quand une de ces pierres venait enfin à tomber, elle faisait un bruit épouvantable, qui retentissait à un très-grand éloignement, et qui ébranlait la terre et faisait trembler les montagnes. Dans sa chûte, elle s'enfonçait dans le sable ; il fallait de rechef employer de grands efforts pour l'en retirer : après quoi, l'on y pratiquait des entailles, pour y faire entrer des coins, on faisait ainsi éclater ces pierres en plusieurs morceaux ; puis on chargeait chaque morceau sur un chariot pour le traîner au pied de la montagne qui est à peu de distance, et où on le jetait.

« Après être restés long-temps campés en cet endroit, et avoir consommé tous leurs moyens pécuniaires ; comme leur peine et leurs fatigues allaient toujours en croissant, que leur résolution au contraire s'affaiblissait de jour en jour, et que leurs forces étaient épuisées, ils furent contraints de renoncer honteusement à leur entreprise. Loin d'obtenir le succès qu'ils s'étaient promis, et de réussir dans leur dessein, ils n'en retirèrent d'autre avantage que de gâter la pyramide, et de mettre dans une entière évidence leur impuissance et leur faiblesse. Ceci se passa en l'année 593 (1196). Aujourd'hui, quand on considère les pierres provenues de la démolition, on se persuade que la pyramide a été détruite jusqu'aux fondemens ; mais si, au contraire, on porte les regards sur la pyramide, on s'imagine qu'elle n'a éprouvé aucune dégradation, et que d'un côté seulement il y a une partie du revêtement qui s'est détachée. (*Ibid.*, p. 178)…..

« En face des Pyramides, sur la rive orientale du Nil, on aperçoit un grand nombre d'excavations immenses et très-profondes, qui communiquent les unes aux autres, et dont quelques-unes ont jusqu'à trois étages. On les nomme *la Ville*. Un cavalier peut y entrer en tenant sa lance haute, et y faire des excursions pendant un jour entier sans les avoir parcourues en totalité, tant elles sont nombreuses et vastes, et tant elles s'étendent au loin. Il est facile de reconnaître que ce sont les carrières d'où l'on a tiré les pierres qui ont servi à construire les Pyramides. Quant aux carrières qui ont fourni le granit rouge, on assure qu'elles se trouvent à Kolzom et à Oswan.

« Auprès de ces Pyramides on voit encore des restes d'anciens édifices gigantesques et beaucoup de souterrains solidement construits ; et il est bien rare de rencontrer quelque partie de ces ruines qui ne soit couverte d'inscriptions en cet ancien caractère inconnu aujourd'hui. (*Ibid.*, p. 179.)

« A un peu plus de la portée d'une flèche de ces Pyramides, on voit la figure colossale d'une tête et d'un cou qui sortent de terre. On nomme cette figure *Abou'lhoul* ; et l'on dit que le corps auquel cette tête appartient, est enseveli sous la terre. En jugeant des dimensions du corps par celles de la tête, il doit avoir soixante-dix coudées et plus de longueur. On voit sur la figure une teinte rougeâtre et un vernis rouge, qui a tout l'éclat de la fraîcheur. Cette figure est très-belle, et sa bouche porte l'empreinte des grâces et de la beauté. On dirait qu'elle sourit gracieusement.

« Un homme d'esprit m'ayant demandé quel était, de tout ce que j'avais vu en Egypte, l'objet qui avait le plus excité mon admiration, je lui dis que c'était la justesse des proportions dans la tête du sphinx. En effet, on remarque, entre les différentes parties de cette tête, le nez, par exemple, les yeux et les oreilles, les mêmes proportions qu'observe la nature dans ses ouvrages :........ Or, il est bien étonnant que dans une figure aussi colossale, le sculpteur ait su conserver la juste proportion de toutes les parties, tandis que la nature ne présentait aucun modèle d'un semblable colosse, ni rien qui pût lui être comparé. (*Ibid.*, p. 180.)

Je ne m'arrête pas aux faits qui commencent la description, ils sont tous conformes aux observations récentes, et prouvent seulement l'exactitude d'A'bd-ellatyf. Dans l'éloge pompeux qu'il fait plus loin des Pyramides, on aperçoit avec surprise un peu d'exaltation ; cependant si un homme d'autant de jugement s'est laissé entraîner à l'admiration, il faut bien qu'il ait ressenti en effet une impression vive, forte et profonde, à la vue de ces étonnantes masses. Et, qui n'a pas été vivement frappé à leur aspect, si ce n'est les hommes prévenus par une opinion faite d'avance. Remarquons ces expressions que *la plus savante théorie de la géométrie a servi de guide aux constructeurs des trois grandes pyramides, et qu'elles nous racontent les progrès qu'ils avaient faits*

SUR LES PYRAMIDES D'ÉGYPTE, §. II.

dans les sciences, etc.; que par une propriété de la forme pyramidale, le centre de la pesanteur est au milieu même de l'édifice, en sorte *qu'il ne gravite pas vers un point hors de lui;* ne sont-ce pas les réflexions mêmes que nous ont inspirées ces monumens, quand nous étions en face, ou quand nous méditions sur leur forme et leur construction [1]?

A'bd-el-latyf présente deux versions sur les dimensions des deux grandes pyramides. 1°. On assure, dit-il, que la base et la hauteur perpendiculaire ont 400 coudées noires, et la plate-forme, 10 coudées (ou 11 coudées naturelles). 2°. Suivant *un homme instruit dans l'art de prendre les mesures,* et qu'A'bd-el-latyf a vu, la hauteur perpendiculaire d'une de ces pyramides est de 317 coudées environ, et chaque côté des quatre plans triangulaires qui s'inclinent sur cette perpendiculaire, a 460 coudées. Il est surprenant que notre auteur trouve une erreur dans ces dernières mesures, sans apporter aucun motif, si ce n'est qu'il est nécessaire de donner à la perpendiculaire 400 coudées. Ne veut-il pas parler de la perpendiculaire du triangle, c'est-à-dire l'apothême, qui avait en effet 400 coudées? n'était-ce pas là une tradition consacrée, et dont A'bd-el-latyf ne pouvait s'écarter? Quant à la base, elle a en effet 500 coudées (et non 400) de l'espèce de mesure dont la hauteur du triangle a 400, et la hauteur verticale, environ 317 : c'est là une comparaison que nous avons faite précédemment, et qui est parfaitement juste.

Il décrit avec exactitude les galeries et les communi-

---

[1] Voyez tome VII, *Exposition du système métrique*, ch. XII.

cations intérieures; il parle de plusieurs puits, quoiqu'un seul nous soit connu; est-ce parce que ce puits est en deux parties que l'auteur en indique plus d'un?

La dimension des pierres, de 10 à 20 coudées de long suivant A'bd-el-latyf ($4^m 6$ à $9^m 2$), est conforme aux dimensions que j'ai mesurées dans les assises inférieures; mais, sur la finesse extrême de la couche de mortier, on ne peut confirmer son témoignage. Quant à l'existence des caractères d'écriture dont il a vu la pyramide revêtue, on ne peut, d'après les faits connus, l'assurer ni la nier : mais il est bien difficile de révoquer en doute l'observation d'un témoin oculaire, confirmée par d'autres écrivains.

La tentative de démolition de la troisième pyramide au temps du sultan Melik el-Azyz Osmân ben Yousouf en 593 (1196), décrite avec un détail et des circonstances qui prouvent la fidélité du récit, donne peut-être une plus haute idée de la solidité de la construction et de l'exactitude de l'appareil que tout ce qu'on pourrait en dire. Quoi de plus frappant que cette conclusion *« qu'ils furent contraints de renoncer honteusement à leur entreprise...., et qu'ils mirent dans une entière évidence leur impuissance et leur faiblesse. »*

Le témoignage de notre auteur confirme encore la source des matériaux dont les pyramides ont été bâties, c'est-à-dire les excavations de la rive orientale du Nil, *qu'un cavalier, la lance haute, mettrait plus d'un jour à parcourir*. Quant au lieu d'où a été tiré le granit, il indique, outre la ville d'Asouân, celle de Kolzoum.

Il donne au sphinx 70 coudées et plus de longueur.

La mesure que nous avons prise du corps seul, égale à 29 mètres, répond à environ 63 coudées, et la partie de la croupe cachée sous les sables doit combler la différence. L'auteur insiste sur la beauté des traits de cette tête colossale et son sourire gracieux : nous n'avons pu en juger dans l'état de dégradation où est la face, le nez ayant été enlevé, et tout le visage défiguré[1]. Cependant il faut convenir que les précédens voyageurs, faute d'une attention suffisante, ou pour s'être placés trop près de la figure, l'ont dessinée avec inexactitude et incorrection; l'on est même disposé à approuver la réflexion de notre auteur sur la justesse de proportion entre le nez, les yeux, les oreilles et les différens traits de la tête, et sur la difficulté qu'a eue à vaincre le sculpteur, en travaillant dans des dimensions aussi gigantesques.

Pour compléter la relation d'A'bd-el-latyf au sujet des Pyramides, j'emprunterai à son savant traducteur plusieurs extraits de divers auteurs arabes, dont il a enrichi son commentaire. Mohalli, écrivain cité par Ed. Bernard, et un autre appelé *Ebn-Salamas*, confirment les mesures de 317 coudées pour la hauteur de la grande pyramide, et de 460 coudées pour la longueur de l'arête, dont j'ai montré plus haut la justesse : cette confirmation est très-importante. Le premier ajoute que la plate-forme supérieure a 9 coudées (au lieu de 10 ou de 11) : je reviendrai sur ce dernier point.

Suivant Ben A'bd el-Rahmàn, cité par le même savant et par M. Langlès, « *le puits est carré, profond*

[1] *Voyez* ci-dessus, t. v, p. 658.

de 10 coudées, avec quatre portes conduisant à autant de pièces, où sont déposées des momies : ce puits est au milieu d'une salle carrée par le bas, et ronde par le haut. Dans cette salle était une porte qui conduisait au haut de la pyramide, par un canal sans degrés, et qui était large de 5 achbâr (palmes). On y monta (dit-on), du temps d'Al-Mâmoun, et l'on parvint à un petit appartement qui contenait une statue d'homme en pierre verte comme une émeraude, creuse, et contenant un corps humain, couvert d'une plaque d'or fin, orné d'une grande quantité de pierres précieuses. Il avait sur la poitrine la poignée d'une épée sans prix, sur la tête un rubis gros comme un œuf de poule et qui brillait comme la flamme.... J'ai vu moi-même, dit-il, la statue d'où l'on avait tiré le cadavre, elle était auprès du palais royal de Fostât en 511 (1117) ou 611 (1214)[1]. »

Nous n'avons rien aperçu de semblable à cette description dans la grande pyramide; l'auteur arabe parlait d'après un témoin oculaire, c'est pourquoi je n'ai pas cru devoir passer ce récit sous silence. On voit qu'il renferme plusieurs circonstances décrites par A'bd-el-Hokm, et que j'ai rapportées au commencement.

El-Maçoudi, écrivain postérieur d'un siècle au khalife Al-Mâmoun (qui passe pour avoir ouvert la grande pyramide[2]), dit que « les Pyramides sont des édifices très-élevés et d'une construction merveilleuse; leur surface est chargée d'inscriptions écrites dans les carac-

---

[1] Voyez *Relat. d'A'bd el-latyf*, p. 217; édition de Norden, t. III, p. 303-304.

[2] M. de Sacy oppose à cette opinion que le patriarche Denis de Telmahre, qui écrivait vers 840, et qui accompagna Al-Mâmoun en Égypte trouva la pyramide ouverte.

tères des nations anciennes et des royaumes qui ne subsistent plus; on ne sait ce que c'est que cette écriture, ni ce qu'elle signifie. » Ce témoignage si positif qui est d'accord avec d'autres déjà cités, n'est confirmé par aucun fragment d'inscription encore subsistant parmi les débris du revêtement. Mais nonobstant l'opinion que je m'étais faite sur les lieux, après une recherche infructueuse (opinion qui était aussi celle de mes compagnons de voyage), je ne puis nier que le concert presque unanime des écrivains qui ont vu ou décrit ces monumens, il y a neuf siècles, et même beaucoup plus tard, ne prouve l'existence de ces inscriptions. Je me range donc au sentiment de M. de Sacy : il cite encore à l'appui Ebn-Haukal, voyageur et écrivain du quatrième siècle de l'hégire, et deux autres écrivains arabes, et de plus un certain *Guillaume de Baldensel,* voyageur du quatorzième siècle, qui *atteste avoir vu sur les deux plus grandes pyramides, des inscriptions en divers caractères* (trad. d'A'bd-el-latyf, p. 222). D'ailleurs le témoignage des écrivains grecs et latins n'est rien moins que contraire à celui des Arabes : une preuve négative ne saurait, en bonne critique, leur être opposée.

On lit dans la vie de Denis de Telmahre, patriarche Jacobite d'Antioche, par Grégoire Bar Hebræus, connu sous le nom d'Abou-l-faradj (IIe partie de la *Chronique syriaque*), des détails sur le voyage de ce patriarche, d'autant plus intéressans qu'ils sont d'un témoin oculaire, d'un homme qui a vu les monumens au troisième siècle de l'hégire, et que Grégoire cite ses propres paroles, les voici : « Nous avons vu en Égypte ces édifices...

(les Pyramides); ce ne sont point comme on le croit, les greniers de Josèphe, mais bien des mausolées étonnans (*naousè*)[1], élevés sur les tombeaux des anciens rois. Ils sont obliques, *c'est-à-dire* en plan incliné et solide, et non pas creux et vides. Nous avons regardé par une ouverture qui était faite dans un de ces édifices, et qui est profonde de 50 coudées, et nous avons reconnu que la bâtisse est en pierre de taille disposée par lits. Ils ont par en bas 500 coudées de large, sur une égale longueur, à la mesure de la coudée de.... [2], et leur élévation est de 250 coudées. Les pierres qu'on a employées pour les construire, ont de 5 à 10 coudées; ce sont toutes des pierres taillées; de loin ces édifices paraissent comme de grandes montagnes[3]. »

Denis de Telmâhre voyageait alors pour la seconde fois en Égypte, sous le règne d'Al-Mâmoun, et en compagnie de ce prince, l'an 214 (829 de J.-C.). Il paraît que les mesures qu'il a recueillies de la grande pyramide, sont les plus anciennes qu'aient rapportées les auteurs arabes: elles méritent donc une attention toute particulière. J'ai déjà fait remarquer plusieurs fois ce nombre de 500 coudées[4] donné à la base. Quand j'ai re-

---

[1] *Naousè*, dit M. de Sacy, est le mot dont Nowaïri et Makrizi se servent constamment en parlant des sépultures des anciens rois d'Égypte (trad. d'A'bd-el-latyf, p. 508); est-on autorisé suffisamment à le traduire ici par *mausolée*, plutôt que par *édifice religieux?* Ce mot paraît le même que ναός.

[2] « Il y a ici un mot effacé que je n'ai pas pu deviner (*note de M. de Sacy*). » Il est possible qu'il y eut, de *la coudée ancienne*, ou *des temps antiques*.

[3] Voyez *Relation d'A'bd el-latyf*, app. III°, p. 504, et *Observat. sur le nom des Pyramides* (Magasin encyclop., 6° année, t. VI, p. 497), par M. de Sacy.

[4] Voyez surtout *Exposit. du syst. métrique des anciens Égypt.* (ch. 3, §. IX). Il aurait fallu, en rapportant

cherché la valeur de l'ancienne coudée égyptienne, que je l'ai évaluée à 462 ou 463 millimètres et que j'ai trouvé à la base de la pyramide le nombre exact de 500 coudées, je n'avais aucune espèce de connaissance d'un passage aussi formel : j'étais parvenu à ces deux résultats par des données tout-à-fait indépendantes des témoignages des écrivains orientaux. En voici un, et qui est le plus ancien de ceux qui aient rapporté les mesures des Pyramides, chez qui nous lisons positivement que les pyramides ont 500 coudées de long et de large. Or, la base étant de 231 mètres, la coudée qui se déduit de là est nécessairement de 462 millimètres et une fraction[1]. L'élévation de 250 coudées ne sera pas trouvée moins conforme à la dimension réelle, si on remarque que la coudée nouvelle était alors, et est toujours égale à 1/4 en sus de l'ancienne, c'est-à-dire de 577 millimètres 1/2; c'est celle qu'on appelle aujourd'hui coudée du pays, *dera'* ou *pyk belady* (par opposition au *pyk stambouly* et au *pyk hendazy*). Or, 250 de ces coudées font 144^{m}4, ce qui est la hauteur verticale de la grande pyramide.

Notre voyageur, à l'instar de beaucoup d'autres, semble confondre ensemble la première et la deuxième pyramide, et il attribue à celle-ci la même mesure qu'à celle-là : mais la grande pyramide étant la plus célèbre, est celle dont on avait coutume de rapporter la me-

---

ce passage d'Aboul-Faradj, dire qu'il citait les paroles mêmes de Denis de Telmahre.

[1] Si l'on faisait (ce que je regarde comme impossible) abstraction du socle du monument, et qu'on prît la cinq-centième partie de la longueur totale (tout compris), la mesure qu'on en conclurait serait seulement plus grande de 2 millimètres.

sure; on ne pourrait donc par cette observation infirmer les résultats qui précèdent. Il vit une ouverture profonde de 50 coudées, et reconnut l'appareil de la construction intérieure; serait-on fondé à conclure de là que le premier canal, ou canal descendant, était alors obstrué à cette profondeur?

Un autre écrivain, cité dans les notes sur Norden, Ebn-Rodhouân [1], rapporte « qu'on mesura de son temps la première pyramide, et qu'on trouva pour chaque face 400 coudées d'architecte ou 500 coudées noires. » il est fâcheux qu'on n'ait point cité l'époque et les détails de cette opération. Quoi qu'il en soit, voilà encore une confirmation du nombre de 500 coudées pour la base de la pyramide. Ce n'est pas un rapport fortuit que celui de 400 à 500 entre deux mesurages, ou de 4 à 5 entre deux coudées. La plus petite des deux coudées, il est vrai, porte ici le nom de coudée noire; mais si la coudée d'architecte est bien le pyk belady de 577 millimètres 1/2, il s'ensuit que l'autre, qui était 500 fois au côté de la pyramide, et qui était les 4/5 de la première, avait 462 millimètres.

J'ai déjà cité plusieurs témoignages des écrivains arabes au sujet des inscriptions tracées sur les Pyramides : tous tendent à détruire l'idée, peut-être trop légèrement admise, qu'il n'y avait jadis aucun caractère sculpté sur ces monumens, jusqu'à en inférer qu'ils sont antérieurs à l'écriture égyptienne. A la vérité les auteurs orientaux, tels que el-Maçoudy (du 10e siècle), parlent d'inscriptions *grecques* au nombre de

---

[1] Médecin arabe (*Voyage de Norden*, tom. III, p. 286).

celles qui étaient gravées dans l'intérieur de la grande pyramide en lettres mousnâd et autres caractères. Selon el-Maçoudy, l'on ne connaissait pas les caractères de ces inscriptions; ce qui n'a pas empêché plusieurs de ces auteurs d'en publier des versions d'un sens absurde et peu dignes d'être rapportées [1]. Il est préférable de continuer à citer leurs récits sur ce qui fut trouvé dans la pyramide par ceux qui y pénétrèrent les premiers : ces récits en effet peuvent nous éclairer jusqu'à un certain point sur la destination du monument. Ainsi que nous l'avons vu plus haut, au temps du khalife al-Mâmoun, l'ouverture actuelle était déjà visible [2] : mais il paraît constant qu'il y fit faire les travaux nécessaires pour pénétrer jusqu'à la salle centrale dite *chambre du Roi* : on y trouva une cuve de marbre.

Voici la tradition que rapporte el-Maqryzy et dont je retranche tout ce qui est évidemment de pure invention : elle ne trouve pas d'application sur le plan actuel, tel qu'il est connu, et qu'il est gravé dans notre ouvrage : « Les ouvriers trouvèrent une salle avec trois portes qui donnaient chacune dans une pièce particulière; chacune de ces portes avait 10 coudées de haut sur 5 de large, en marbre poli et parfaitement appareillé, chargées de caractères..... Ils aperçurent à dix coudées en face de l'entrée trois colonnes de marbre creuses. Dans l'intérieur se trouvait la figure d'un oiseau (servant de talisman)..... En entrant dans la chambre du milieu, on y trouva trois strades de pierres transparentes et éclatantes..... avec trois

---

[1] *Voyage de Norden*, t. III. p. 290, 292, 307, etc.
[2] *Voyez ci-dessus*, p. 478.

morts enveloppés de robes : au-dessus de leur tête était une inscription..... On trouva dans une autre pièce..... des caisses en pierre, avec des vases d'or supérieurement travaillés et enrichis de pierres précieuses. La troisième contenait des cuves pleines d'armes et d'instrumens de guerre : on mesura une épée qui avait sept empans de long.... Al-Mâmoun fit enlever ces objets ainsi que les colonnes, et l'on referma les portes [1]. »

Ce n'est point dans la *chambre du Roi*, dont l'appareil est si parfait et si intact, qu'on peut supposer l'existence de pareilles portes. La *chambre de la Reine* présente bien à la droite, des traces d'une issue, mais je n'en ai vu ni en face de l'entrée, ni à la gauche. Il faut donc admettre qu'il s'agit d'une autre pièce dont personne n'a connaissance.

Du temps d'Ahmed ben-Touloun (au 9e siècle) on fit des fouilles dans la pyramide, et l'on trouva un bassin (en pierre) rempli de dynârs, et sur lequel était une inscription en caractères dits *barthyques*. Le titre de ces dynârs était supérieur à celui de tous les autres [2].

Sans doute la réalité de ces découvertes ne repose que sur des traditions incertaines : mais ce qui peut, selon moi, la faire présumer, c'est le projet tenté à plusieurs reprises de démolir les Pyramides et notamment la TROISIÈME. Si les Arabes ont en effet trouvé de l'or dans la GRANDE pyramide, leur avidité a été excitée, et ils ont dû faire des efforts pour en découvrir davantage. On avait conseillé à al-Mâmoun de détruire une

---

[1] *Voyage de Norden*, t. III, p. 304-305.
[2] *Ibid*, p. 307.

des pyramides, mais il reconnut combien cette entreprise était insensée et au-dessus de sa puissance. Sous Saladin on démolit les petites pyramides voisines de la PREMIÈRE; sous le fils de ce prince, de grandes dépenses furent faites pour la démolition de la pyramide revêtue de granit : j'ai dit plus haut, d'après A'bd-el-latyf, quel en avait été le résultat [1].

Ici je termine la citation et l'examen des faits que l'on doit aux écrivains arabes; ce qui me reste à citer de leurs récits trouvera place dans l'article relatif à la destination des Pyramides. Quelque peu de confiance que méritent les récits exagérés de ceux de ces auteurs qui se sont laissés aller à leur imagination, au lieu de se borner aux seuls faits positifs, je présume qu'on ne me saura pas mauvais gré d'avoir recueilli et rassemblé ici les principaux faits de cette nature, comme un supplément instructif aux récits des anciens auteurs et à la description de l'état actuel des lieux, bien que je n'aie pu toujours les dégager du merveilleux qui les accompagne : c'est au lecteur judicieux, déjà bien pénétré, par toutes les descriptions précédentes, du vrai caractère des monumens égyptiens, à reconnaître ce qui sort des limites de la vraisemblance.

§. III. *De la destination et de l'objet des Pyramides.*

Dans les deux paragraphes précédens, j'ai eu l'occasion de parler de l'époque attribuée par les auteurs à la construction des Pyramides, et en général de ce qui

---

[1] *Voyez* ci-dessus p. 473, et aussi le *Mémoire sur la population ancienne et moderne de l'Égypte*, t. IX, p. 178.

concerne l'histoire de ces monumens : je suis donc dispensé de traiter de nouveau cette question, qui jusqu'à ce jour, il faut l'avouer, n'a été éclairée d'aucune vraie lumière : le résultat le plus positif que nous ayons vu ressortir de tant de témoignages différens et de leur rapprochement, c'est l'incertitude complète où l'on est sur cette époque, mais aussi en même temps la haute antiquité de ces constructions extraordinaires. Ce qu'il y a de mystérieux dans l'origine des Pyramides, nous allons le retrouver dans la recherche de leur destination : cependant on peut arriver ici à quelques résultats moins douteux; car, suivant l'expression du judicieux A'bd-el-latyf, « ces édifices nous parlent encore aujourd'hui de ceux qui les ont élevés, et nous racontent d'une manière très-intelligible les progrès qu'ils avaient faits dans les sciences et l'excellence de leur génie [1]. »

Si nous sommes dans une obscurité presque complète sur l'époque de la fondation des Pyramides et les noms de leurs fondateurs, un voile presqu'aussi épais s'étend sur l'objet de ces édifices, et il ne pouvait guère en être autrement; car les historiens anciens et les écrivains arabes n'ont pas eu le moyen de les connaître, mieux les uns que les autres. Il était naturel que l'on considérât ces monumens comme appartenant à des tombeaux, à des mausolées. Cette idée, au fond, n'a rien que de conforme à la vraisemblance et surtout à celle qui se tire de l'analogie : puisque la montagne Libyque, à

---

[1] *Voyez* ci-dessus, p. 469. C'est aussi le jugement que nous avons toujours porté des monumens d'Égypte, dans le cours de cet ouvrage.

Memphis, ne présentait pas, comme à Thèbes, ces flancs élevés qui furent ouverts pour les sépultures des rois, n'aurait-on pas cherché à y suppléer par des constructions? peut-être encore aura-t-on voulu, par des proportions gigantesques, par les difficultés colossales de l'entreprise, rivaliser avec la richesse des tombes royales souterraines?

Mais avec cette donnée, quelque probable qu'elle soit, on n'expliquerait jamais (il s'en faut) le travail des Pyramides et tout ce qu'un examen attentif y fait découvrir, et d'abord l'idée première du choix de la forme pyramidale. Vainement on a cité les Pyramides de l'Inde pour expliquer celles de l'Egypte, trop de dissemblances les distinguent : dans les unes tant d'ornemens frappent la vue, dans les autres tant de simplicité; là tant de bizarres additions où la forme élémentaire disparaît, ici tant de soin à la conserver sans altération; d'un côté l'extrême complication des détails produisant une masse de forme *tourmentée*, de l'autre, cette pureté de lignes, caractère de la précision géométrique. Ces différences et bien d'autres ne permettent pas de considérer les Pyramides de l'Inde comme l'origine de celles de Memphis : il est d'ailleurs bien plus croyable que c'est le type le plus simple qui a été altéré par le temps et défiguré par des imitateurs.

Quoi qu'il en soit, si nous accordions que l'idée de pyramide emporte celle de tombe, serait-on fondé à conclure qu'aucune autre vue n'a présidé à l'érection de ces grands monumens? nous ne le croyons pas. Comment admettre par exemple, chez une nation aussi religieuse que l'Égypte, que la religion et ses mystères étaient étrangers au but qu'on se proposa en élevant les Pyramides? D'un autre côté, ne serait-ce pas écarter tout-à-fait l'explication que donne de ces monumens le plus profond observateur de l'antiquité, Aristote, qui les attribue à la politique des princes? Enfin, en méditant sur le choix de la forme donnée à ces édifices, sur les proportions et le rapport des parties, sur l'orientation exacte des faces et bien d'autres circonstances non moins frappantes, peut-on assurer que les sciences et des vues scientifiques n'ont pas présidé à leur construction? Ces suppositions seraient toutes également inadmissibles. Je conviens que la perfection du travail et de la construction peuvent s'expliquer par le degré auquel était parvenue alors l'architecture, et que toute espèce de monument public devait être exécuté avec la plus grande attention; mais ici il y a surabondance de soins, de précautions minutieuses pour la solidité, pour le fini de l'appareil; l'architecte a été guidé par l'astronome, et l'appareilleur par le géomètre. D'autres, avant moi, ont douté que la pyramide ait été faite pour servir de tombeau [1], mais on a eu tort de nier qu'aucune partie de l'édifice ou du voisinage ait reçu cette destination : c'est une distinction qu'il me paraît important d'établir. Après ces vues générales, exposons les faits principaux et leurs conséquences.

Diodore et Strabon avancent que les rois ont fait faire les Pyramides pour leur sépulture : mais, sur ce

---

[1] *Voyage du docteur Shaw en Barbarie*, etc., et Langlès (*Notes sur le Voyage de Norden*), t. III, p. 314 et suiv.

point, le témoignage d'Hérodote est moins direct; Chéops, dit-il, avait creusé *dans la colline où sont les Pyramides*, plusieurs chambres souterraines destinées à sa sépulture, laquelle était placée dans une île que formait un canal tiré du fleuve. Il est bien ici question de la tombe du roi, mais elle paraît étrangère au monument pyramidal lui-même, loin de supposer que celui-ci ait été construit pour celle-là. Quant à Pline, il ne dit pas un seul mot de la destination funéraire des Pyramides, il ne parle que de la renommée de ces merveilles du monde, et il les attribue à l'ostentation, ou à la prudence, ou à la politique des rois.

Les autres écrivains grecs ou latins ne parlent point non plus de cette destination de la GRANDE pyramide. Cependant Servius, parlant des Pyramides en général, et à propos d'un sépulcre décrit par Virgile, dit que l'usage d'élever des Pyramides au-dessus des morts venait d'un autre plus ancien d'enterrer les morts sous les montagnes : « *Apud majores, nobiles aut sub montibus altis, aut in ipsis montibus sepeliebantur: unde natum est, ut super cadavera aut pyramides fierent, aut ingentes collocarentur columnæ*[1]. » On ne saurait ici appeler en témoignage la description du tombeau de Porsenna, roi d'Étrurie, laissée par Pline[2] (d'après Varron), parce que les quatorze pyramides qu'il décrit paraissent plutôt ressembler à des obélisques, à en juger d'après leurs dimensions; quant à la pyramide de C. Cœstius, à Rome, c'est une imitation en petit, dont il n'est pas permis de

[1] Serv., *in Virgil. Æn.*, l. xi, v. 849 (t. ii, p. 1153, Leovard, 4°, 1727).
[2] Plin., l. xxxvi, c. 13.

conclure la destination primitive des grands monumens pyramidaux.

Il est vrai que plusieurs auteurs arabes ont regardé les grandes pyramides comme des tombeaux ; mais ils ne se sont déterminés sans doute à embrasser cette opinion qu'à cause des petites constructions pyramidales du voisinage, qui renfermaient des sarcophages et des corps embaumés, et qui ne pouvaient être en effet autre chose que des tombes. La question était, et est encore, de savoir si les constructeurs de la GRANDE pyramide ont eu quelque autre but que celui d'y déposer la momie d'un roi : nous verrons bientôt d'ailleurs que les écrivains orientaux ne sont pas tous de ce dernier sentiment.

Ainsi il reste toujours à expliquer, dans cette unique destination attribuée à la GRANDE pyramide, non pas seulement pourquoi une si prodigieuse accumulation de pierres, mais pourquoi toutes ces galeries, tout ce luxe de construction des chambres et des canaux, enfin ce puits dont on ignore l'issue ou l'extrémité inférieure ? La petite chambre centrale présente-t-elle rien qui rappelle les salles successives et les galeries des hypogées de Thèbes et toute cette distribution pompeuse des tombeaux des rois ? Cette cuve ou prisme creux en granit, avec son extrême simplicité et son étroite dimension, a-t-il quelque rapport avec eux, peut-il se comparer aux sarcophages de ces tombes royales, et a-t-il jamais eu leur destination ? Cette cuve était-elle un tombeau, ou un simulacre, ou bien était-ce une sorte de vase particulier, ayant un tout autre objet que de recevoir la momie du prince ? Admettre la supposition qu'il y ait été réellement renfermé, ne serait-ce pas abandonner le témoignage d'Hérodote, lequel dit en termes formels et positifs que le lieu de la sépulture du roi était une île formée par un canal, et pratiquée dans les souterrains creusés dans la colline des Pyramides? Et Diodore ne dit-il pas qu'aucun des deux rois qui firent faire les grandes pyramides n'y fut enseveli, et que leurs corps furent déposés dans des lieux secrets? Il n'est donc nullement prouvé que la prétendue *chambre du Roi* ait jamais renfermé le corps du prince, quel qu'il soit, à qui est due la grande pyramide. Après cela, il paraît inutile d'examiner si la figure d'une pyramide avait été choisie par les Égyptiens pour servir de tombeau (ainsi que le pensait Greaves), comme étant la forme de structure la plus inébranlable.

Tout est mystérieux, je le répète, dans la construction et la distribution du monument : les canaux obliques, horizontaux, coudés, de dimensions différentes, le puits si étroit, les vingt-cinq mortaises pratiquées sur les banquettes de la galerie haute, cette grande galerie élevée suivie d'un couloir extrêmement bas, ces trois travées singulières qui précèdent la chambre centrale et leur forme, leurs détails, sans analogie avec rien de ce qu'on connaît, l'énorme bloc de granit suspendu au milieu de l'une d'elles : tout, jusqu'à ces cavités profondes et étroites qui ont leur issue dans les parois de la salle centrale, enfin la chambre inférieure à celle *du Roi*.

Il n'y a rien d'invraisemblable sans doute à penser que, dans un tel édifice, on célébrait des mystères, ou peut-être qu'on pratiquait des initiations dans les salles inférieures, et en général des cérémonies du culte, des rites religieux;

> *Votaque pyramidum celsas solvuntur ad aras,*

dit Lucain; la distribution intérieure du monument semble même se prêter à cet objet, et mieux surtout qu'à celui d'un simple tombeau; nous ne pouvons cependant apporter aucune preuve formelle en faveur de cette destination, idée probable sans doute, mais que rien n'établit d'une manière solide. Ce serait d'ailleurs mal l'appuyer que de dire avec Greaves que les Pyramides ont pu être consacrées aux dieux, parce qu'elles n'étaient autre chose que de grands obélisques, espèce de monument qui était dédié au soleil; ou bien parce qu'on donna d'abord aux statues des dieux, avant l'art de la sculpture, la forme de colonnes pyramidales[1]; car on ne peut guère argumenter du passage de Pausanias, qui rapporte que Jupiter Melichius était représenté par une pyramide[2]. Nous n'admettrons pas davantage que les Pyramides fussent des autels élevés en l'honneur des dieux : le culte des Sabéens ou culte des astres, aboli par Mahomet, ne nous paraît pas pouvoir être allégué ici en preuve de la destination religieuse de ces édifices[3]. La conjecture du docteur Shaw sur la

---

[1] *Pyramidogr.*, etc., p. 62.
[2] Pausan., *in Corinth.*
[3] « Les Sabéens et les Mages, dit un auteur arabe, avaient coutume de faire des pélerinages aux Pyramides; ils s'y rendaient des pays les plus éloignés et allumaient des flambeaux depuis la montagne jusqu'au fleuve. » Mais ce fait est accompagné de circonstances fabuleuses (*Voyage de Norden*, édit. de Langlès, t. III, p. 316 et seq.).

cuve de la *chambre du Roi* prouve encore moins en faveur de cette opinion [1].

Les idées philosophiques se mêlaient intimement chez les Égyptiens avec les idées religieuses : de là quelques auteurs ont imaginé que ce peuple avait voulu exprimer par une pyramide *la nature des choses et la substance informe susceptible de prendre toutes les formes*, parce que, de même que la nature partant d'un seul principe indivisible, prend diverses formes et se partage en toutes sortes d'êtres ou d'espèces qui se rattachent à une même origine, de même la pyramide, commençant par un point, s'étend, s'élargit peu à peu, de tous les côtés, et finit par embrasser un espace immense [2]. Ajouterons-nous que chez Platon l'âme est comparée à une pyramide, et même qu'elle en a pour ainsi dire la forme, étant d'une nature ignée et adhérente au corps, comme la pyramide tient à sa base, comme le feu au corps combustible [3].

Les Pyramides témoignent-elles, comme l'ont soutenu aussi quelques personnes [4], de l'existence d'une doctrine philosophique, d'une opinion religieuse, particulièrement du dogme de l'immortalité de l'âme? Pour le prouver, on s'est fondé sur ce que ces monumens étaient des tombeaux, et que les princes qui en

---

[1] Il suppose vaguement qu'elle servait au culte d'Osiris, et que c'était un coffre sacré, ou bien encore que c'était un réservoir pour l'eau consacrée ou des cérémonies (Shaw, t. II, p. 146, 152).

[2] *Anonym. in Pierii hieroglyphe.* Voyez Greaves, *Pyramid.*, p. 60.
[3] Greav., *Pyr.*, p. 61, et le Tim.
[4] *Mém. sur les Pyramides d'Égypte et leur système religieux*, par M. Gratien Le Père.

firent leur sépulture, croyant à la destruction du monde et à la résurrection générale, voulaient que leurs corps embaumés, déposés dans ces masses énormes, réputées indestructibles, y fussent à l'abri de la ruine universelle, et conservés intacts jusqu'au jour de la résurrection.

En convenant que les Égyptiens croyaient à l'immortalité de l'âme et à la métempsychose [1], et sans rechercher ici le vrai motif de la pratique de l'embaumement, il suffit d'observer qu'il n'est point prouvé que les Pyramides aient été proprement des tombeaux. Cette simple réflexion dispense d'examiner les argumens tirés des prétendues colonnes élevées dans le même but par les enfans de Seth, et des Stèles ou Syringes, et de la tour de Babel érigée contre un second déluge, etc. Ainsi, que telle ait été l'intention des fondateurs des Pyramides et l'origine de ces monumens, c'est ce qu'il n'est pas possible d'appuyer autrement que par des hypothèses.

Il est temps d'examiner deux autres opinions sur l'objet des Pyramides. Les fondateurs ont-ils été guidés par une intention politique, ou bien ont-ils eu un but scientifique? Aristote a émis la première de ces opinions, et Pline paraît y abonder. Le premier regarde les Pyramides comme ayant été élevées par une puissance tyrannique, afin d'occuper le peuple et de prévenir les rebellions [2]; le second les attribue, comme on l'a dit, à une vaine ostentation, ou à l'appréhension de l'oisiveté dans le peuple, ou à la crainte qu'avaient les rois de voir leurs richesses tomber aux mains

---

[1] Hérod., l. II, c. 123.
[2] *Voyez* ci-dessus le texte de Pline (l. XXXVI, c. 12).

d'ennemis puissans et ambitieux. Les écrivains modernes se sont partagés sur cette question : ceux-ci envisagent les Pyramides comme l'ouvrage du despotisme et la preuve que l'Égypte était soumise à une complète servitude ; ceux-là pensent qu'elles ont été élevées par la vanité ; les autres, jugeant leurs auteurs plus favorablement, croient qu'ils voulaient exercer une influence heureuse sur la santé du peuple, en lui imposant des travaux réglés, et empêcher les habitans de tomber dans l'oisiveté. Il faut convenir que le témoignage d'Aristote est favorable à cette dernière opinion [1], et j'avoue que son autorité me paraît faite pour décider les bons esprits : cette idée est d'ailleurs conforme à toutes celles que nous suggèrent les monumens d'Égypte.

A la vérité une telle politique des rois et des colléges de l'Égypte n'a été exposée par les anciens historiens dans aucun texte formel, mais elle est écrite en quelque sorte dans les immenses travaux des Égyptiens, et elle explique trop bien l'existence de ces constructions si multipliées, si colossales, pour ne pas être regardée comme l'une des causes qui présidèrent à leur érection. En effet, sous un climat brûlant, sur une terre aussi féconde, existait-il un moyen plus sûr d'arracher l'homme à l'apathie, à l'oisiveté, de développer en lui de l'énergie et de la vigueur, de l'exciter à la pratique salutaire du travail, enfin de l'attacher à la patrie en le faisant participer à des ouvrages glorieux et

---

[1] ...πρὸς τὸ καθ' ἡμέραν ὄντες, ἄσχολοι ὦσιν ἐπιβουλεύειν. Παράδειγμα δὲ τούτου αἱ τε πυραμίδες αἱ περὶ Αἴγυπτον. (Arist., *de Rep.*, l. v, c. xi.)

durables? Nous ignorons jusqu'à quel point la liberté et la dignité humaines ont été respectées dans ces longs et pénibles travaux, et si ce sont des nationaux contraints par la force, ou des captifs, des prisonniers de guerre [1], ou enfin des hommes condamnés à des peines corporelles, qui ont essuyé ces grandes fatigues; ou bien si, au contraire, ces monumens ont été élevés par les mêmes moyens que ceux de la Thébaïde, que personne n'a regardés comme le signe de l'oppression des peuples. Dépourvus des lumières de l'histoire, nous ne pouvons concevoir sur ce point aucune opinion bien éclairée, et il nous faut juger seulement sur les résultats : cependant, nous le croyons, aucune personne attentive, qui aura soigneusement observé et étudié les monumens d'Égypte, et qui aussi, aura long-temps médité sur ces étonnans ouvrages, n'embrassera de préférence le premier sentiment, même pour ce qui regarde les Pyramides. Il y a trop de soin et d'art, au moins dans la construction de la plus grande de toutes, pour ne pas être porté à reconnaître que c'est la science qui a présidé à l'ouvrage, et non pas une folle ostentation [2], ni un aveugle despotisme. Nous soumettons au lecteur ces considérations comme un doute, mais comme un doute suggéré par la comparaison des monumens, et par une longue étude de celui dont il s'agit : les découvertes qui restent à faire dans l'intérieur de l'édifice mèneront sans doute un jour à la solution entière

---

[1] Hérod., l. ii, c. 108.
[2] Si ceux qui élevèrent les Pyramides furent des insensés, que penser de la folie de ceux qui ont voulu les renverser?

SUR LES PYRAMIDES D'ÉGYPTE, §. III.

du problème, à défaut des lumières dont nous prive l'ignorance ou l'obscurité des historiens.

Ici une réflexion vient naturellement aux esprits attentifs : que les Pyramides en général aient un rapport de réalité ou d'analogie avec les tombeaux, c'est ce qu'on ne peut nier, et je n'ai point avancé le contraire dans le cours de ces Remarques; que les rois de Memphis aient voulu rivaliser avec les rois de Thèbes, c'est encore ce qu'il serait déraisonnable de contester. Cela posé, si l'on découvrait dans les Pyramides des traits qui se rapportent à la science astronomique, faudrait-il s'en étonner? En effet, plusieurs des tombeaux des rois à Thèbes sont ornés de toutes sortes de sujets qui touchent à l'astronomie : tantôt ce sont des peintures isolées, tantôt de vastes plafonds formant une grande composition astronomique; les constellations, les signes du zodiaque, des ciels d'azur parsemés d'étoiles y sont peints fréquemment : qu'y aurait-il de surprenant, d'après tout ce qu'on vient de dire, si les Pyramides offraient, non pas des représentations matérielles comme à Thèbes, mais des indications relatives à la science, et la preuve d'observations célestes qui auraient été exécutées lors de la construction? Et si on la trouve en effet cette preuve, comme cela est incontestable, pourrait-on soutenir que tout but scientifique est resté étranger à cette construction, et que son unique destination était la sépulture d'un roi?

Or, qui peut nier l'orientation exacte et précise de la GRANDE pyramide[1], et la difficulté qui existe de tracer

[1] *Voyez* tome v, page 601.

avec justesse une méridienne d'une aussi grande étendue? Non-seulement il a été difficile d'exécuter cette opération (et il le serait encore aujourd'hui), pour ne dévier que de quelques minutes de degré sur une longueur de 716 pieds 6 pouces ; mais il n'est pas invraisemblable de penser que les auteurs de ce travail voulaient fournir, dans la suite, un moyen de juger de l'invariabilité du pôle ; et du moins, si telle n'a pas été leur intention, c'est le fait ; car nous avons acquis la certitude par ce monument (et c'est le seul sur la terre qui puisse la procurer), que, depuis trente siècles ou davantage, la position de l'axe terrestre n'a pas varié d'une manière sensible.

L'erreur même où sont tombés quelques auteurs [1] sur le phénomène de l'absorption de l'ombre dans la Pyramide, est la preuve, et même le reste d'une tradition locale. Il était connu que pendant une partie de l'année, à midi, cette masse ne projetait aucune ombre ; or ce n'est que sous le tropique et au midi du tropique que les corps ne jettent point d'ombre à midi. Si les proportions des lignes de la pyramide sont capables de produire un tel effet, n'est-ce pas à dessein qu'on lui a donné les dimensions qu'elle a, et que ces mesures ont été ainsi combinées et calculées? Sans doute, ce n'est pas là un moyen exact pour l'observation du solstice ou de l'équinoxe, et il n'est nullement probable qu'on ait voulu en déterminer l'instant précis par l'époque de l'absorption, attendu l'incertitude de la pénom-

---

[1] *Voyez*, ci-dessus, p. 450, et l'*Exposition du système métrique*, etc., tome VII, page 461.

bre, et d'autres motifs encore; mais c'était une approximation, et aussi un spectacle pour le peuple; c'était une sorte de calendrier partiel à son usage; il savait qu'en comptant tant de jours, à partir de celui où le phénomène commençait à se manifester, l'équinoxe du printemps avait lieu, et le solstice d'été, trois mois après.

En adoptant une autre inclinaison des faces, les auteurs de la pyramide auraient pu obtenir un résultat plus utile, plus précis pour l'observation des équinoxes, mais ils avaient aussi d'autres conditions à remplir. Entre les deux lignes principales de la pyramide, l'apothême et le côté de la base, ils voulaient établir un certain rapport, celui du nombre *quatre* au nombre *cinq*; et ce rapport y existe en effet avec précision, comme je l'ai montré plus haut [1]; or la différence absolue de ces deux lignes donnait le côté même de l'*aroure*, l'unité de la mesure agraire, la mesure nationale par excellence, et qui servait à partager les héritages. Il est bien difficile de croire que ce rapport géométrique n'ait pas été choisi avec intention. La surface de la base faisait précisément vingt-cinq aroures; chaque face en avait juste dix. Ici je me borne à ces seuls rapports, parce que la question a été l'objet d'un mémoire spécial [2].

Ainsi, 1°. le côté de la base était dirigé selon l'axe de la terre, de manière à pouvoir constater sa variation (s'il devait en subir un jour); 2°. la hauteur, aujourd'hui bien connue par des mesures exactes, nous a con-

---

[1] *Voyez* tome v, page 613.
[2] *Exposit. du syst. métriq. des anc. Égypt.*, etc, t. VII, ch. 3 et 12.

servé une grande unité métrique; 3°. par suite de l'inclinaison résultant de cette hauteur, le phénomène de l'absorption de l'ombre, à midi, avait lieu à une certaine époque de l'année, à un intervalle connu du jour de l'équinoxe.

S'il est difficile de se refuser à l'évidence de ces faits, indépendamment de toute conséquence, il ne serait pas moins déraisonnable de regarder les Pyramides comme des observatoires. On l'a déjà remarqué, était-il besoin de s'élever à près de quatre cent cinquante pieds, et de gravir une surface polie et glissante pour apercevoir l'horizon, dans un pays aussi découvert que l'Égypte, sur un plateau déjà très-élevé et isolé de toutes parts? Assurément on observerait aussi bien les astres de ce plateau, ou de quelques vingts mètres au-dessus. C'est la fausse idée d'un observatoire établi sur une plate-forme qu'on a cru avoir existé au sommet de la pyramide, dès l'origine de la construction [1], qui a détourné de bons esprits de toute recherche sur la destination astronomique du monument. Je suis loin cependant d'accorder que la pyramide n'ait pas pu servir à observer les astres : ce n'était pas à la cime sans doute qu'on se transportait pour le faire, mais voici des indices propres à faire conjecturer quel fut le lieu de l'observation. Il existait, comme on l'a vu (page 384 ci-dessus), une pierre mobile, au rapport de Strabon, vers le milieu de la face de la pyramide, $\mu\acute{\varepsilon}\sigma\omega\varsigma\ \pi\tilde{\alpha}\varsigma\ \tau\tilde{\omega}\nu\ \pi\lambda\varepsilon\nu\rho\tilde{\omega}\nu$; cette pierre pouvait s'enlever ou se retirer à vo-

---

[1] A quoi devait servir cette plate-forme, puisque, même sous les Romains, c'était encore un tour de force que de gravir la pyramide?

lonté, λίθον ἐξαιρέσιμον. La position indiquée par l'auteur paraît bien se rapporter à l'ouverture actuelle du premier canal descendant, qui débouche sur la face du Nord.

Ce canal est très-étroit; il a une inclinaison de 26° à 26° 1/2; la latitude du lieu est de 29°59'6"; l'axe du canal, qui est déjà exactement dans le plan du méridien, ne fait donc qu'un petit angle avec une parallèle à l'axe de la terre et un rayon visuel dirigé du fond du canal à l'ouverture extérieure, embrasse la région voisine du pole. Ainsi on pourrait du point inférieur voir passer les étoiles circompolaires au méridien, et observer exactement l'instant du passage.

En troisième lieu, le canal est très-long ($22^m 36$), et en proportion très-étroit (1^m en carré). Il formait donc un véritable tube, à l'issue duquel il serait possible, je le présume, d'apercevoir les étoiles pendant le jour.

Maintenant ne faut-il pas, de toute nécessité, ou admettre que ces rapports multipliés sont tous fortuits, ne résultent d'aucun dessein, d'aucune combinaison? ou bien, au contraire accorder qu'ils sont le résultat d'une conception scientifique, et qu'une vue assez importante a présidé au choix de la forme de la pyramide, à la détermination de ses dimensions, au tracé, à l'exécution et à la construction du monument[1]?

C'est à tort qu'on a pensé que l'un des objets que s'étaient proposé les auteurs de la GRANDE pyramide était

---

[1] Il est très-remarquable que les ouvertures des Pyramides sont toutes au Nord : peut-être pourrait-on en apporter divers motifs plausibles; mais aucun ne le serait davantage que la direction même des canaux vers la région polaire.

l'observation du jour de l'équinoxe : il eût fallu pour cela donner à la face une inclinaison de 60°0′55″; mais l'angle des faces est de 51°19′4″; la différence est de 8°41′51″; l'équinoxe n'arrivait, comme je l'ai dit, que trente-trois jours environ après celui où le soleil commençait à illuminer, à midi, la face septentrionale.

Si de la considération des rapports entre les lignes principales de la pyramide, nous passons à celle de leur grandeur absolue, nous trouvons un autre résultat non moins curieux que ceux qui précèdent. La base contient précisément quatre cents fois la coudée égyptienne actuelle, dite *pyk belady*, c'est-à-dire *coudée du pays*, dont la valeur est de 577 millimètres et demi (231^m : 400 = 0^{m}5775); ce qui fait cinq cents de la coudée vulgaire ou naturelle. En outre elle correspond à 60 cannes agraires, puisque la mesure du qasab, ou perche légale, aujourd'hui déposée dans la mosquée de Gyzeh, est de 3^{m}85. Mais de plus cette même mesure de 231 mètres est la 480e partie du degré terrestre propre à l'Égypte, ce degré étant égal, comme je l'ai montré ailleurs, à environ 110833 mètres; d'où il suit encore que la hauteur oblique de la pyramide, ou 184^{m}72, en est la 600e partie très-exactement. Or, le stade le plus connu de l'antiquité était de 600 au degré : ne serait-ce pas là cette mesure du grand stade qui, suivant Hérodote, faisait 6 plèthres, 100 orgyies, 600 pieds, enfin 400 coudées de 6 palmes chacune [1]? En effet la 500e partie du côté de la base est égale à 462 millimètres, ce qui est la longueur de la coudée vulgaire de 6 palmes ou

[1] Liv. II, chap. 149.

24 doigts : coudée avec laquelle la *coudée du pays* est en rapport parfait, puisqu'elle vaut une coudée vulgaire plus un quart (ou 6 doigts). Strabon donne un *stade* de hauteur aux deux grandes pyramides : or Strabon s'est généralement servi, dans la description de l'Égypte, du stade de 600 au degré ou de 184^m,72 : cette mesure s'applique très-bien à la *hauteur de la face* de la GRANDE pyramide (seule dimension, avec la base, sur laquelle on pouvait appliquer la mesure), mais nullement à la hauteur verticale du monument, dimension inaccessible à la mesure, et ligne incommensurable avec la base. Si le stade avait 400 coudées, comme le dit Hérodote et tous les auteurs avec lui, on aura donc la valeur de la coudée antique en prenant la 400e partie de 184^m, 72, ce qui revient encore à 462 millimètres.

On pourrait objecter que les deux grandes pyramides n'étaient pas de même élévation, et que Strabon a eu tort de leur donner à toutes deux un stade de hauteur : peut-être (et ce n'est ici qu'une conjecture), s'agit-il de deux stades différens; la hauteur de la face, dans la DEUXIÈME pyramide, fait 171 mètres environ [1], mesure qui, à quelques mètres près, correspond au stade de 240,000 à la circonférence, et équivaut à 360 coudées égyptiennes.

Il résulte de ce qui précède que le périmètre de la GRANDE pyramide faisait une demi-minute du degré terrestre, j'entends du degré *propre à l'Égypte*. En faisant le tour du monument douze fois, on parcourait l'étendue du schœne égyptien; et en le faisant cent vingt

[1] *Voyez*, ci-dessus, tome v, page 643.

fois, celle du degré égyptien. Le stade d'Égypte se déduit de même des dimensions de la pyramide : il forme la hauteur même de la face; l'on en conclut avec précision la longueur de la coudée.

Quel que soit le mode employé par les anciens colléges de l'Égypte pour connaître la valeur du degré moyen dans ce pays, ou pour en obtenir la mesure; soit qu'on l'ait conclue de la topographie exacte qu'ils possédaient par suite de l'arpentage exécuté pour le cadastre, et qu'ils l'aient appuyée sur des observations célestes; soit qu'on ait effectué une opération trigonométrique quelconque, plus ou moins parfaite pour le temps, les instrumens et leur usage; soit qu'on ait employé toute autre méthode que nous ignorons; peu importe. D'un côté, le témoignage formel d'un auteur grec porte que *les Égyptiens les premiers ont mesuré la terre* [1]; d'un autre côté, deux autorités irrécusables, et que rien ne saurait altérer, semblent déposer du fait; savoir, la valeur absolue du degré terrestre, et les dimensions principales de la pyramide : il suffit, indépendamment de tout système, de comparer ces deux élémens invariables; or, celui-ci est partie aliquote de celui-là, et aussi rigoureusement exacte que le permettent de telles dimensions. Au reste, quelqu'opinion que l'on veuille se former de la GRANDE pyramide et de l'objet qu'on s'est proposé en l'élevant, c'est un point constant que la grandeur du degré terrestre, est pour ainsi dire écrite dans celle de cette pyramide; et un

[1] *Voyez* Ach. Tatius, *in Uranolog. Petaw.*, page 121, et ci-dessus, tome VII, page 469.

autre fait est que les mesures nationales de longueur et de superficie, sont conservées dans ses dimensions : d'où l'on est porté à conclure que le système des mesures a été fondé sur une base invariable, prise dans la nature. Ainsi, à moins de supposer le concours, sans exemple, d'une multitude de circonstances fortuites, le type d'une ancienne mesure de la terre existe réellement dans les Pyramides ; c'est un résultat que ne peuvent obscurcir, ni les combinaisons hasardées de ceux qui l'ont supposé sans preuve, ni les assertions contraires de ceux qui croient, contre l'autorité des Fréret et des Laplace, que les anciens n'ont pas même possédé des connaissances de géométrie et d'astronomie élémentaires. Les modernes ont mesuré le globe avec toute la précision de leurs instrumens et par des travaux dignes d'admiration ; mais ils avaient été précédés par les Arabes, ceux-ci par les Grecs ; et leurs maîtres à tous, ceux du moins qui ouvrirent la carrière, furent les Égyptiens.

Ce serait sortir du sujet que d'entrer ici dans aucun développement pour démontrer la solidité des hypothèses précédentes (je me sers de cette expression pour distinguer les faits qui ne résultent pas des témoignages directs des auteurs anciens, mais qui se déduisent de la considération des monumens mêmes). Cette tâche a été remplie dans un mémoire spécial, et je ne puis qu'y renvoyer en ajoutant ici que d'autres argumens viennent fortifier les résultats que j'y ai exposés. Je préfère donner quelques aperçus non moins curieux sur les propriétés géométriques renfermées dans la GRANDE pyramide : j'entends par-là, des propositions de géométrie dont selon moi elle suppose la connaissance, ou dont elle présente des exemples. Le choix des proportions des lignes du monument a déjà été l'objet de quelques remarques; il s'en présente une autre qui n'est pas indigne d'attention. On pouvait adopter des lignes telles que la superficie de la base et celle de la face n'auraient pas été commensurables entre elles, c'est-à-dire, n'auraient eu aucune mesure commune : ici nous voyons que ces deux surfaces sont exactement entre elles comme les nombres 10 et 4, ou bien 5 et 2. Cette relation résulte nécessairement du rapport même qui existe entre le côté de la base et celui de l'apothême. J'imagine que cette pyramide était considérée non pas seulement comme un monument, mais aussi comme une figure de géométrie en grand, dont les propriétés étaient l'objet des exercices et des études géométriques, et cette idée n'est peut-être pas purement hypothétique. Il n'était pas indifférent de choisir des lignes dont les rapports étaient simples et permettaient des calculs faciles. Cette considération explique peut-être pourquoi l'on ne s'est pas arrêté à une pyramide équilatérale. Au reste, je crois superflu d'insister sur l'habitude où étaient les membres des colléges d'Égypte, de se livrer aux spéculations de la géométrie : c'est un fait qui résulte des témoignages de l'antiquité [1], quoiqu'on n'ait guère songé à en tirer des conséquences pour rechercher quel fut l'état des sciences et des arts chez les Égyptiens.

La pyramide n'avait que deux dimensions commensurables; les autres étaient irrationnelles; ainsi ceux

---

[1] Voyez tome VII, *Exposition du système métrique*, ch. XII.

qui calculaient les valeurs des différentes lignes visibles ou inaccessibles du monument, y trouvaient nécessairement l'exemple des lignes irrationnelles. On est donc surpris de voir attribuer à Démocrite la découverte de cette espèce de lignes géométriques ; mais ce philosophe avait voyagé en Égypte, y avait séjourné et étudié; il en rapporta, sans doute, cette connaissance avec beaucoup d'autres.

On calcule la superficie d'un carré, en mesurant le côté et le multipliant par lui-même. Cette proposition n'était-elle pas ici évidente? L'on savait que la surface de la base de la pyramide était de 25 aroures ou mesures agraires ; or, voyant d'autre part que le côté de cette base était égal à cinq fois le côté de l'aroure, on concluait que cette surface n'était autre chose que le produit du nombre des unités contenu dans un des côtés de la base, multiplié par ce même nombre.

Il en est de même de la surface d'un triangle : la superficie de la face était connue pour être de 10 mesures agraires; or, la hauteur étant de quatre fois le côté de cette mesure et la base cinq fois, il s'en suivait que pour avoir en général la surface d'un triangle isocèle, il fallait multiplier la base par la moitié de la hauteur ($5 \times \frac{4}{2} = 10$). De même de tout triangle. Or, toute figure rectiligne pouvant se diviser en triangles, on avait par-là le moyen d'en calculer la superficie. On pouvait également en déduire la mesure du trapèze.

D'autres propriétés sont attachées à la figure de la GRANDE pyramide, telle qu'elle a été choisie par les constructeurs. Le rapport de 5 à 4 est à la fois le rapport du côté de la base à l'apothême, celui de la surface de cette même base au double de la face, et celui du carré de la diagonale au quadruple de la face. On sait que les lignes homologues dans les triangles semblables sont proportionnelles, et que les triangles semblables sont proportionnels aux carrés des lignes homologues; la démonstration de ces deux théorèmes est facile à déduire de la figure de la pyramide [1].

Il faut faire attention que la chambre dite *du Roi* n'est pas placée à une hauteur arbitraire. Le faux plafond est précisément au tiers de la hauteur totale, de manière que le plan horizontal passant par ce point partage la face en deux parties comme 25 et 20, ou 5 et 4; et que le plan passant par ce même point et un côté de la base, étant prolongé, divise la face en deux parties qui sont entre elles comme 1 et 3 [2].

Plusieurs autres théorèmes de géométrie sont encore apparens dans les lignes de la pyramide : que la somme des trois angles d'un triangle est égale à deux angles droits, que le volume de la pyramide a pour mesure la surface de la base multipliée par le tiers de la hauteur; que le carré de l'hypothénuse d'un triangle rectangle isocèle (et par suite de tout autre triangle rectangle) est égale à la somme des carrés des deux autres côtés. Au reste le TRIANGLE ÉGYPTIEN rectangle, cité dans Plutarque, le même que celui dont parlent les anciens livres chinois, dont les côtés sont comme les nombres 3, 4, 5, prouve directement que les Égyp-

---

[1] *Voyez* t. VII, *Expos. du syst. métr. des anc. Égypt.*, ch. XII, §. 1.
[2] Voyez *ibid.*, ainsi que la figure, page 406.

tiens connaissaient la propriété du carré de l'hypoténuse; la somme des carrés faits sur 3 et 4 (ou 9 plus 16) étant égale au carré fait sur 5, c'est-à-dire 25 [1].

On peut encore remarquer que la pyramide renferme une solution mécanique du problème de la duplication du cube. En effet, pour doubler le cube de l'apothême, il suffit de prendre le cube du côté du socle; problème inverse de celui qui consiste à partager une pyramide en deux parties de volume égal.

Enfin on sait que le centre de gravité d'un triangle isocèle est au tiers de sa hauteur; c'est à cette même élévation que se trouve la chambre centrale.

Ainsi le rapport des lignes principales de la GRANDE pyramide, c'est-à-dire le rapport de 5 à 4 entre la base et l'apothême, semble avoir été choisi à cause des propriétés géométriques de cette figure : la face et la base sont commensurables entre elles; la 15e partie de la différence était égale à la mesure agraire, et la racine de ce nombre à 100 coudées. La forme de la pyramide est telle qu'elle présente des exemples de certaines figures géométriques, et la démonstration évidente de plusieurs théorèmes. La salle dite *chambre du Roi* est au tiers de la hauteur de la pyramide et au centre de gravité de

---

[1] Cette figure donne lieu à d'autres considérations très-curieuses, qui sont exposées dans le même mémoire, et auquel je renvoie pour ne pas trop prolonger celui-ci. Pour le même motif je me bornerai à dire que j'ai trouvé dans le sarcophage du Kaire des signes hiéroglyphiques représentant un triangle rectangle, dont les trois côtés sont entre eux comme les nombres 3, 4 et 5.

Dans le livre chinois dit *Tcheoupey*, il est question positivement de ce triangle large de 3, long de 4, ces deux côtés étant joints par une ligne égale à 5 (septième texte, *Lettres édifiantes*, etc., tome 26, in-12, 1783, Paris) : tout le passage des *Lettres édifiantes* mériterait d'être cité.

sa coupe triangulaire. Ajoutons que toutes les dimensions de la pyramide sont données par le *triangle égyptien*[1].

Nous ne sommes point éclairés sur l'origine ou l'usage, sur l'utilité ou le motif quelconque des galeries et canaux divers des pyramides[2]; mais en savons-nous davantage, ou sur le puits, ou sur les vingt-huit mortaises ou petites cavités, pratiquées avec art le long de la haute galerie ascendante[3], ou sur d'autres points mystérieux du système suivi dans la construction?

Ce que j'ai dit plus haut, et aussi dans un autre écrit, sur les rapports de la GRANDE pyramide avec les notions astronomiques, me dispense d'entrer ici dans d'autres développemens. Les traditions qu'ont recueillies les Arabes sur les lieux, lors de la conquête, quoique mêlées de merveilleux et altérées par la crédulité, ne sont pas à rejeter entièrement, et on en peut tirer des inductions, elles sont toutes favorables à ces mêmes rapports. Nous devons aussi remarquer que l'axe du grand sphinx des Pyramides est précisément tourné vers le levant d'été; n'y a-t-il pas, dans ce fait, un rapport marqué avec l'observation du lever du soleil, le jour du solstice

---

[1] *Voy.* t. VII, p. 423, et la figure.

[2] Je ne m'arrêterai pas à la supposition que l'angle du plan de la galerie haute avec celui de la galerie horizontale, forme une figure qui a trait à la statique, et se rapporte au levier ou principe de l'équilibre, ou à la théorie du *plan incliné*. Il n'est pas sans doute impossible que les constructeurs aient connu le principe du levier; mais quelle preuve pourrait en fournir une aussi faible analogie?

[3] On a pensé qu'elles ont servi à faciliter le transport de la cuve ou sarcophage de bas en haut, jusqu'à la *chambre du Roi*. Mais, dans cette idée, à quoi bon le travail fini et achevé qu'on remarque dans toutes ces cavités prismatiques, et pourquoi les aurait-on pratiquées au fond de la banquette, au risque de rompre les cordages par des arêtes vives, au lieu de les mettre sur le bord, ou mieux encore sur le sol même du canal?

d'été, et par conséquent l'observation du solstice? Cette longue ligne qui n'a guère moins de 120 pieds, est inclinée de 18° 1/2 ' au Nord, sur la ligne E-O. Or, d'après les observations faites aux Pyramides par les astronomes français en 1800, l'azimuth du soleil au solstice d'été (le 22 juin) et au lever de l'astre, est de 71°50', compté du Nord, ayant égard à la parallaxe et à la réfraction à l'horizon : complément 18°10', ce qui diffère bien peu de l'inclinaison de la ligne du sphinx. L'excavation pratiquée sur la tête, a passé pour être l'ouverture d'un puits, conduisant sous terre jusqu'à la GRANDE pyramide ; le fait est qu'il n'a qu'une très-petite profondeur : mettait-on là quelque signal pour servir d'alignement, afin d'observer l'azimuth?

Comme je l'ai déjà dit, les diverses pyramides étaient ouvertes du côté du nord ; le canal aboutissant à l'ouverture était toujours un couloir étroit, dirigé vers l'étoile polaire, ou la région voisine du pole. Il est difficile d'expliquer par le hasard seul ces singulières coïncidences.

On s'est demandé comment les Égyptiens s'y étaient pris pour orienter leurs pyramides; c'est une question qui mérite en effet qu'on cherche à la résoudre. Il est possible qu'ils se soient servis des levers et des couchers d'une étoile, ou bien des levers et des couchers du soleil au solstice, et même à l'équinoxe. Cependant l'inégalité du sol n'admettait pas une précision parfaite dans l'observation des ombres solsticiales ou équinoxiales. Comment donc se fait-il que l'orienta-

---

[1] *Voyez* tome v, page 662.

tion de la GRANDE pyramide soit exacte, à quelques minutes près ? Je dis quelques minutes parce qu'il n'est pas prouvé que la différence de 20', trouvée par M. Nouet, ne puisse provenir en partie de la difficulté même de son observation [1]. Les Égyptiens, s'ils ont opéré par les ombres au solstice, étaient parvenus à savoir que les quatre ombres solsticiales opposées deux à deux, formaient une ligne droite très-exactement. Or, ce n'est que par des observations attentives, long-temps répétées avec une extrême patience, qu'ils ont pu découvrir ce fait astronomique. Une fois les directions de ces ombres assurées sur le terrain, il ne leur a pas fallu moins d'attention pour tracer sur le sol les quatre lignes des faces du monument, sans déviation sensible, et dans une longueur de 231 mètres (716^{ds} 1/2). Ayant pris des points à égale distance du gnomon, ils ont dû mener des parallèles et des perpendiculaires, aux lignes joignant ces points, et par conséquent mesurer ces bases avec une grande justesse.

Les deux ombres équinoxiales, d'après les calculs de M. Delambre [2], font entre elles un petit angle qui peut produire sur la direction de la ligne méridienne une différence de 7 à 14', ou moindre encore. Ainsi l'une et l'autre méthode ont pu fournir aux astronomes égyptiens, avec exactitude, la direction cherchée. Proclus, qui connaissait l'astronomie égyptienne, dit qu'on peut

---

[1] Voyez *Décade égyptienne*, tome III, page 105. On sait que Chazelles fut envoyé en Égypte par l'Académie des sciences, et trouva la grande pyramide parfaitement orientée (Mémoire de Lacaille, dans le *Recueil de l'Académie des sciences*).

[2] *Histoire de l'astronomie*, par M. Delambre, tome I, page 31.

tracer une méridienne par le moyen des ombres correspondantes, c'est peut-être à l'observation des ombres solsticiales qu'il fait allusion. Suivant le même Proclus (*Comment. in Tim. Plat.* lib. 1), les Pyramides servaient à déterminer la longueur de l'année.

Quant à la méthode par l'observation des levers et couchers d'une étoile, telle que Sirius, Canope ou toute autre, les Égyptiens, s'ils l'ont suivie, ont dû tracer sur le sol un alignement sur l'étoile à son lever, un autre sur l'étoile à son coucher, et porter sur ces lignes une même mesure à partir du lieu de l'observation : la perpendiculaire à la ligne qui joint les deux extrémités, est une méridienne. La précision serait plus grande, en prolongeant les deux directions observées, et prenant sur ces prolongemens une mesure égale : on a ainsi quatre points formant un rectangle, dont les côtés sont orientés exactement. Enfin les Égyptiens ont peut-être déterminé la direction cherchée par le passage d'une étoile au méridien du lieu.

Négligeant ce qu'ont rapporté plusieurs auteurs arabes, savoir que des observations astronomiques ont été faites lors de la construction des Pyramides, je terminerai ce peu de mots sur les rapports de la GRANDE pyramide avec les connaissances astronomiques des anciens Égyptiens, par une seule réflexion. Personne ne conteste aux Égyptiens l'honneur d'avoir connu le vrai mouvement de Mercure et de Vénus : comment n'auraient-ils pas été en état d'observer et de déterminer la direction de la ligne méridienne? et comment pourrait-on supposer un seul instant que la direction des faces des Pyramides sur les points cardinaux est un résultat fortuit, et non celui de quelques observations célestes et d'une opération scientifique ? Objecterait-on que les auteurs grecs et latins n'en ont pas parlé dans leurs récits ? Mais combien ont-ils omis d'autres faits curieux qui prouvent les progrès et l'avancement des Égyptiens dans les sciences et dans les arts ? Nous croyons devoir borner ici nos recherches sur le but scientifique des Pyramides, et, à plus forte raison, passer sous silence l'absurde destination que certains auteurs, abusant peut-être d'une fausse étymologie¹, leur ont assignée, c'est-à-dire d'avoir servi de greniers à blé. A l'égard du puits, nous ne pouvons émettre aucune conjecture solide sur l'usage auquel il a pu servir. Conduisait-il à un canal débouchant sur la campagne ? Communiquait-il avec un bassin recevant les eaux du Nil ? Enfin le puits que l'on connaît aujourd'hui est-il bien celui dont parlent les anciens ? Ce sont autant de questions que les découvertes futures résoudront peut-être, mais qui sont encore enveloppées d'obscurité.

CONSIDÉRATIONS GÉNÉRALES.

Il me reste à envisager les Pyramides sous un rapport particulier, celui de leur situation en Égypte. C'est une

---

[1] Savoir, de Πυρὸς, froment, ou πυραμοῦς (sous-entendu ἄρτος), pain de miel et de froment. Le moine Dicuil ne désigne pas autrement les Pyramides que par le mot de *greniers de Joseph : septem horrea quæ sanctus Joseph fecerat... tanquam montes viderunt* (voyez le paragraphe suivant, p. 52). Dans *le grand étymologique* et le voyageur Benjamin de Tudèle, elles sont désignées de la même manière (voyez *Recherches géographiques et critiques* sur le livre *De mensurâ orbis terræ*, pages 10, 14, 16 des prolégomènes, et page 24 du texte).

considération d'où il peut jaillir quelques lumières sur celle de la destination des monumens : ainsi, quoique très-générale, elle ne sera peut-être pas sans utilité.

Quel est le site qui a été choisi pour l'établissement des Pyramides, quelle est leur position topographique?

Ce point est à l'origine de la Thébaïde ou de la Haute-Égypte, et au sommet de l'évasement triangulaire, qui existe entre la mer et les deux montagnes constituant le bassin de l'Égypte inférieure. Au-dessus, les montagnes Libyque et Arabique suivent fidèlement le cours du fleuve à une distance presque constante, et elles sont garnies de rochers nus, dont les flancs s'offrent partout à l'exploitation.

Au-dessous, les montagnes s'abaissent en même temps qu'elles s'éloignent; elles finissent même par se confondre avec le sol et disparaître. Le terrain fertile compris dans ce vaste triangle est plus étendu, plus peuplé que tout le reste du pays, et il l'a toujours été au temps de la prospérité de l'empire.

Dans la Thébaïde il était aisé de mettre en pratique l'usage prescrit pour les funérailles, c'est-à-dire de transporter les morts dans les hypogées de la montagne, là où leurs restes ne pouvaient être troublés par les débordemens du Nil, tandis que, dans la basse Égypte, cette condition était très-difficile à remplir. Cette habitude est tellement inhérente au pays et d'accord avec les idées des habitans, qu'aujourd'hui même, après tant de siècles et de révolutions religieuses, les tombes sont encore dans les terrains sablonneux ou au-dessus du niveau des inondations. Quand la montagne est plus près d'une rive que de l'autre (comme je l'ai vu à Saouâdy), on transporte les morts de l'autre côté du fleuve : jamais ils ne sont déposés dans le terrain fertile, si l'on en excepte cependant quelques rares tombeaux de santons qu'on a élevés dans la plaine, et qui sont placés exprès sur les chemins comme objet de la dévotion des musulmans ; encore souvent sont-ils élevés sur des buttes factices, à l'abri des eaux du Nil.

En réfléchissant à l'origine de cette pratique, consacrée depuis par un si long usage, il semble manifeste que par là on voulait tirer parti d'un terrain perdu, toujours improductif, savoir les sables et les montagnes, et en même temps ne perdre aucune portion du terrain cultivable. Creuser des catacombes dans le rocher, c'était encore employer un grand nombre de bras ; c'était fournir des matériaux aux monumens publics, c'était occuper beaucoup d'hommes que réduisait à l'inaction le débordement annuel.

Chaque ville de la haute Égypte avait ses hypogées creusés dans les rochers du voisinage : dès qu'on voit, en effet, des catacombes en quelque point de cette vallée, on est assuré de trouver tout près de là des vestiges d'habitations anciennes ; et réciproquement, si l'on aperçoit des buttes de ruines quelque part, on découvre en même temps des grottes dans les montagnes voisines : c'est ce que j'ai vu partout. Cette pratique a été suivie pendant un grand laps de siècles ; car les villes ruinées dont il s'agit appartiennent à des époques successives d'une durée plus ou moins longue. Or, il n'est aucunement vraisemblable que le pays inférieur se soit écarté d'une habitude aussi universelle en Égypte que l'embaumement et la sépulture souterraine. Suivant les temps et les lieux elle a pu avoir certains règlemens particuliers; mais en un point aussi capital on ne peut admettre qu'une partie des habitans se serait écartée de la loi commune. Maintenant, dans une étendue de terrain limoneux qui a 50 lieues sur 40, comment creuser des catacombes durables? Et dans quel lieu déposait-on les morts pour satisfaire à l'usage général?

Je conjecture que c'est le local des Pyramides qui peut avoir servi de sépulture à la basse Égypte. Tout ce désert est rempli de tombes et d'excavations: depuis les plus simples jusqu'aux plus somptueuses, le nombre en est immense: personne n'a vu la fin des tombes dont le sol est jonché. On venait de l'intérieur des deux Deltas, et des autres parties du pays inférieur, par le moyen des canaux et des branches du Nil, et l'on entrait dans le prétendu *Achéron* qui coulait près des Pyramides[1]. C'était le dernier canal à traverser. Au-delà, rien que la mort; le champ de mort s'étendait indéfiniment. Le transport des morts à travers les canaux du Nil devait employer un grand nombre d'hommes; et c'était encore là une institution politique. La multitude des barques funèbres qui étaient nécessaires à ce transport, explique celles qu'on voit partout sur les papyrus, dans les peintures des

---

[1] Voy. *Descr. de Memphis et des Pyramides*, sect. 11ᵉ, t. v, p. 556. Nous ne prétendons pas toutefois que ce local fut l'unique cimetière de toute la population de l'Égypte inférieure. Le Delta pouvait avoir ses tertres funéraires, artificiellement élevés au-dessus de l'inondation; et les déserts à l'est de la branche Pélusiaque, à l'ouest de la Canopique, étaient propres à recevoir les corps embaumés. On a vu dans la *Descr. d'Athribis*, A.D., c. xx, que les ruines renferment des vestiges de momies.

grottes, dans les cérémonies funèbres et sur presque tous les monumens.

Ce local était commodément et heureusement situé à l'évasement de la vallée d'Égypte, c'est-à-dire au point de concours de tous les bras et canaux de l'Égypte inférieure; on ne pouvait en choisir de plus favorable à ce dessein. S'il en est ainsi, dès les temps les plus reculés et pendant une longue suite d'années, le plateau qui est au nord de Memphis fut fréquenté par toute la population, et le rendez-vous de la basse Égypte. C'est ainsi qu'il acquit cette célébrité qui le fit choisir pour y élever les Pyramides, et peut-être cette circonstance n'est-elle pas étrangère aux causes qui ont présidé à l'érection même de la ville de Memphis.

A la vérité, il résultera comme conséquence de cette explication, une relation manifeste entre les Pyramides de Memphis et l'idée de tombeau : mais comment contester un fait, que j'ai admis d'ailleurs dans tout le cours de ces recherches ? On ne saurait nier ce rapport, il est établi sur la tradition. Or, s'il est constant, comment d'autres faits certains ne concourraient-ils pas à le confirmer? et quelle conjecture, si elle est plausible, pourrait y être contraire? On ne peut donc prétendre avec fondement que l'idée de tombeau ait été étrangère à l'érection des pyramides en général : ce que j'ai soutenu est que les *grandes Pyramides* ont été assujéties dans leur construction à des conditions particulières, que la science s'en est emparée, et qu'elle y a déposé, peut-être même voulu cacher des résultats importans[1], que la méditation découvre aujourd'hui. Dans ces monumens, et dans la PREMIÈRE pyramide surtout, la destination funéraire n'est pas, il s'en faut de beaucoup, l'objet principal, et il n'est pas même prouvé que jamais aucun roi y ait été placé après sa mort.

Chez presque tous les peuples on voit des constructions pyramidales : doit-on en conclure que tous, en les élevant, avaient en vue un dessein commun, et chercher à découvrir ce dessein ? ou bien faut-il admettre qu'ils les ont élevées à l'imitation les uns des autres ? Cette dernière opinion, jusqu'à un certain point soutenable pour l'ancien continent, n'a plus d'application dès qu'on songe aux pyramides mexicaines[2]. Quant à la première, elle ne sera jamais qu'une source de doutes insolubles. Il faut donc renoncer à ces hypothèses, malgré leur apparence de probabilité. Qu'y a-t-il d'étonnant

[1] Qui sait si le génie mystérieux qui semble avoir présidé aux travaux scientifiques des colléges d'Égypte, n'a pas lui-même créé la tradition qui a fait passer LA GRANDE pyramide pour la sépulture d'un roi ?

[2] Mon dessein était de comparer les pyramides de Memphis avec celles de plusieurs autres lieux de l'Égypte, tels que Mohameryeh dans la Thébaïde, Atryb dans le Delta, et même avec les imitations que les Romains en ont faites au tombeau de Porsenna et dans la pyramide de Cestius, surtout avec celles de l'Inde et du Mexique, quelque différence qu'il y ait entre les unes et les autres. J'aurais cherché s'il y avait quelque rapport entre les pyramides et les obélisques. Enfin, j'aurais cité de petits monumens, portatifs et votifs sans doute, auxquels les Égyptiens ont donné la forme exacte des pyramides pures : mais ce travail exigerait seul un mémoire entier ; c'est un vaste sujet de recherches auquel je ne pourrais me livrer sans faire sortir cet écrit des bornes qui lui sont assignées. Par le même motif, je n'introduirai pas dans l'Appendice, comme l'avait demandé mon compagnon de voyage, M. Gratien Le Père, des détails anecdotiques sur le site des Pyramides, les tribus arabes qui le fréquentent, et les faits historiques dont il a été le théâtre ; je renvoie, pour ces derniers, à l'histoire militaire de l'expédition française.

que partout le génie de l'homme, après s'être exercé dans les travaux des arts, ait cherché à porter ses ouvrages à une hauteur la plus grande possible, et comme pour rivaliser avec ceux de la nature? Je parle ici de l'idée primitive, de la pensée originelle des inventeurs, (s'il y en a eu), et non de ce qu'elle est devenue, au moment où l'on projetait l'érection de la GRANDE pyramide, après avoir été élaborée, perfectionnée par le collége de Memphis, pour tourner à l'utilité des sciences.

L'Égypte ne présente point dans ses montagnes ces pyramides naturelles qui frappent les yeux des voyageurs dans les grandes chaînes de l'Asie, de l'Europe et de l'Amérique. Il existe dans celles-ci des pyramides parfaites pour la régularité et la symétrie[1]. Quel plus beau spectacle, quoi de plus majestueux et de plus imposant que ces inébranlables masses? Quelle image plus frappante d'une solidité indestructible? Les Indiens, les Américains ont eu ces types sous les yeux, n'auraient-ils pas été inspirés par de pareils modèles? Mais les Égyptiens, où ont-ils puisé celui de leurs pyramides? A la vérité l'Éthiopie supérieure renferme, au milieu de ses chaînes de montagnes primitives, des pics élevés, des pitons élancés et se détachant des masses voisines à une grande élévation. Ainsi les Égyptiens ont pu imiter un type naturel existant vers les sources du Nil; ou bien ils auront adopté, comme dans le choix de la figure des obélisques, une forme qu'ils comparaient aux rayons du soleil[2], rapproche-

---

[1] *Lettres de Deluc*, t. v, p. 415.
[2] *Plin. Hist. nat.* l. xxxvi, c. 8: Trabes ex eo (syenite lapide) fecere reges quodam certamine, obe-

ment qui est bien dans les idées religieuses de la nation. Nous laissons au lecteur à préférer, entre ces dernières explications, celle qui lui paraîtra la plus vraisemblable.

C'est aussi ce que nous devons faire à l'égard des autres questions qui viennent d'être agitées sur l'objet et la destination des Pyramides, principalement sur la fin pour laquelle la GRANDE pyramide fut érigée. S'il est presque impossible d'assigner cette fin d'une manière certaine, il ne le serait guère moins de prouver que la destination de l'édifice était uniquement de servir de tombeau. C'est au lecteur à juger de la valeur des argumens et des considérations qui sont sous ses yeux, et de les comparer avec les faits et les observations. Il tirera d'abord lui-même de tous ces faits, deux conclusions : la première, que ce grand monument ne fut pas destiné à un usage unique ; la seconde, que les dimensions de la pyramide sont des parties aliquotes de la grandeur du degré terrestre en Égypte. De ces deux résultats, qui semblent incontestables, le lecteur déduira peut-être ensuite cette conséquence, que la pyramide paraît avoir reçu les dimensions qu'elle porte, non pas fortuitement, mais par suite du dessein de constater la valeur du degré, et la longueur des mesures usuelles en Égypte[1].

Quelques mots sur l'origine du mot *pyramide* finiront cette partie du mémoire : comme c'est un point

---

liscos vocantes, solis numini sacratos. Radiorum ejus argumentum in effigie est, et ita significatur nomine Ægyptio.

[1] Voyez tom. VII, *Exposition du système métrique des anciens Égyptiens*, principalement chapitres 3 et 12.

déjà traité avec de grands développemens par un profond orientaliste [1], je ne dois pas m'étendre sur ce sujet.

§. IV. *De l'origine du nom des Pyramides.*

Beaucoup d'explications du mot pyramide ont été proposées : quelques-unes d'entre elles ne supportent pas la discussion; d'autres, quoique non aussi absurdes, sont inadmissibles; plusieurs enfin, présentées par des savans très-recommandables, laissent l'esprit incertain, parce que leur degré de vraisemblance est à peu près le même. Nous ferons ici une remarque applicable à d'autres cas analogues : c'est qu'on a cherché dans le mot telle ou telle racine, suivant le but ou l'objet qu'on supposait à la pyramide; mais, selon nous, la voie contraire est celle qu'il faudrait suivre : découvrir la véritable racine du mot pour nous éclairer sur la destination du monument. Autrement c'est expliquer l'inconnu par l'inconnu, c'est supposer ce qui est en question.

Cette difficulté n'est pas la seule, il en existe une autre encore plus grande. Cherchera-t-on le sens du mot dans le grec, ou dans le qobte, ou dans les racines communes aux langues orientales, parlées par des peuples qui ont eu beaucoup de rapports avec l'Égypte, telles que l'hébreu et l'arabe? Ainsi, pour bien juger de la convenance étymologique du mot dont il s'agit, il faudrait être parfaitement certain de l'objet des Pyramides, et aussi de la langue à laquelle leur nom appartient. Par

[1] *Observations sur l'origine du nom donné par les Grecs et les Arabes aux Pyramides d'Égypte*, par M. S. de Sacy (*Magasin. encyclop.*, tom VI, p. 446 à 503).

ces réflexions, nous ne prétendons rien diminuer du mérite ou de l'utilité des recherches savantes qui ont été faites à ce sujet; mais accepter pour incontestable telle ou telle étymologie, après tout ce que nous avons dit plus haut sur le but et la destination de ces monumens, c'eût été admettre, contre notre conviction, que la GRANDE pyramide n'était autre chose que la sépulture d'un roi, ou adopter toute autre opinion également exclusive.

Dans sa Relation de l'Égypte, A'bd-el-latyf cite une prétendue étymologie du nom des Pyramides par Galien, qui, dit-il, dérivait leur nom du mot *harm*, signifiant *vieillesse décrépite*[1]. Le savant traducteur d'A'bd-el-latyf a fait voir l'erreur de cet écrivain; il montre qu'au contraire Galien dérivait le mot qui signifie *vieillard décrépit* du nom même des Pyramides[2], et que le traducteur arabe de Galien avait substitué une étymologie arabe à l'étymologie grecque du texte, en tirant le mot *haram* de *ahrâm*, les Pyramides. Du reste il ne voit point d'accord entre l'idée de la décrépitude et l'état des Pyramides, puisqu'elles ont résisté à tous les efforts du temps[3]; cependant on pourrait dire qu'il ne s'agit ici que de l'ancienneté, et non pas de l'état de caducité.

On sait que plusieurs écrivains ont dérivé le mot *pyramis* de πῦρ, feu, à cause de la ressemblance de la figure géométrique avec la figure de cône que la flamme a coutume d'affecter: *quæ figura apud geometras ideo*

---

[1] *Relat. de l'Ég.*, par Ab'd-el-latyf, trad. de M. Silv. de Sacy, p. 205. هرم, *decrepita senectus* (Golius).

[2] *Relat. de l'Égypte*, par Ab'd-el-latyf, p. 293.

[3] *Observations sur le nom des Pyramides*, p. 455 (*Voy.* note 1, p. 522).

sic adpellatur, quod ad ignis speciem, τȣ̃ πυρὸς, *ut nos dicimus, extenuatur in conum*, dit Ammien Marcellin[1]. Comment admettre une telle origine sur une si faible analogie? D'ailleurs il manque à la racine au moins une ou deux lettres essentielles.

Plus haut j'ai cité l'étymologie absurde tirée de πυρὸς, froment, d'après l'*Etymologicon magnum*, où on lit que les Pyramides sont les greniers royaux que Joseph a fait construire,.... Πυραμίδες δὲ πάλιν λέγονται ὡρεῖα βασιλικὰ σιτοδόχα, ἃ κατασκεύασεν Ἰωσήφ[2]. Quoique Étienne de Byzance[3], Dicuil et des auteurs arabes aient produit cette bizarre origine, ou supposé aux Pyramides une telle destination, on ne peut s'y arrêter sérieusement. Je pense au reste que le passage de l'itinéraire de Benjamin de Tudèle ne prouve pas que lui aussi ait regardé les Pyramides comme les greniers de Joseph; car il dit seulement que les greniers de Joseph se voient dans l'ancien Masr, ou Mitzraïm[4]. Voici peut-être la solution de cette difficulté. Le vieux Kaire, qui a succédé à Fostât, renferme un ancien édifice de 3 à 400 mètres de tour : c'est une enceinte découverte, garnie de murs épais, fortifiée, où l'on dépose les blés provenant de la haute Égypte. Maillet et Norden, ainsi que Niebuhr, citent les greniers de Joseph au vieux Kaire, où l'on verse les blés qui sont le tribut payé par l'Égypte

---

[1] L. XXII, c. 15.
[2] *Etymologic. magnum*, voc. Πυραμίς.
[3] *De Urbibus*, in voce Πυραμίς.
[4] *Quin etiam Josephi horrea ibidem* (Mitzraïm) *plurima. Eodem loco pyramis quædam est magica arte structa ; cui nulla in toto orbe sive ullibi terrarum par reperitur. Illa vero* (scilicet horrea) *e calce et lateribus firmissima structura fuere ædificata* (Itinerar. Benjam. Tudel. edidit Lempereur; Lugd. Batav., 1633, p. 119).

SUR LES PYRAMIDES D'ÉGYPTE, §. IV.   525

à la Porte ottomane[1]. Si l'on veut consulter le plan du vieux Kaire[2], on y verra en effet la place de cet édifice que nous avons reconnu, et qui porte, par tradition ou autrement, le nom de *harâmât Yousef,* هرامات يوسف[3], et que les voyageurs appellent *greniers de Joseph.* On a confondu sans doute le mot *harâmât* avec le mot *heram* ou *haram,* هرم ; au pluriel أهرام, *ahrâm*[4], nom des Pyramides. Dans Golius, هرم, est aussi traduit par *arx*, lieu de sûreté. Cette confusion ne pourrait-elle pas servir à expliquer, et l'origine attribuée au mot πυραμις, et la prétendue destination qu'on a supposée à ces monumens, et enfin le nom du patriarche Joseph mêlé à cette histoire comme constructeur des Pyramides. En effet, il y avait à Fostât, l'ancienne Babylone, des greniers à blé, comme il y en a encore ; ils s'appelaient *harâmât Yousef* ; il se trouve que ce mot *harâmât* a de l'analogie avec *haram* et *ahrâm,* nom des Pyramides ; or, les voyageurs qui sont allés à Fostât ont dit qu'ils y avaient vu les *harâmât* de Joseph, et les commentateurs ont imaginé qu'il s'agissait des *pyramides* de Joseph, et en ont conclu, puisque le patriarche a fait construire des greniers en Égypte,

---

[1] *Voyage de Norden*, t. 1, p. 79, et Maillet, p. 211. Ce dernier ne parle à tort que d'un mur nouvellement bâti ; toutefois cette enceinte fortifiée paraît bien être l'ouvrage des Arabes. Niebuhr décrit aussi cette enceinte, qu'il regarde comme moderne, et qu'il appelle, dans la légende de son pl. n, le prétendu magasin aux blés de Joseph (*Voy. en Arabie et en Egypte,* tome I, p. 99).

[2] Pl. 16, *É. M.*, vol. 1, n°. 50, et t. XVIII, 2e partie, *Description du Kaire*, pag. 166 et 185.

[3] On écrit au Kaire le mot par ﺓ, mais Golius donne حرامة, *custodia, conservatio.*

[4] هرم, *pyramis ægyptia,* plur. أهرام, ou هرام : *ahrâm,* ou *harâm* (Golius).

que ces pyramides avaient été des greniers à blé. Ce n'est là qu'une conjecture que je soumets au lecteur.

Il n'est pas inutile de rappeler que le texte de la Genèse ne dit rien qui puisse justifier la prétendue tradition. Nous y voyons que Joseph conseille à Pharaon d'amasser *dans les greniers publics* la cinquième partie des fruits de la terre; que, par les soins de Joseph, le blé fut serré *dans les greniers de l'Égypte;* qu'on mit aussi en réserve *dans toutes les villes* cette grande abondance de grains; enfin, que pendant la durée de la famine, Joseph, ouvrant *tous les greniers*, vendait du blé aux Égyptiens [1].

J'extrais ici le passage de Grégoire de Tours sur le même sujet, déjà cité par un savant helléniste : *Super ripam vero ejus (Nili)...... Babylonia de qua supra meminimus, sed..... Babylonia altera civitas collocatur, in qua Joseph horrea miro opere, de lapidibus quadrante cæmento ædificavit, ita ut ad fundum capaciora, ad summum vero constricta sint ut per parvulum foramen ibidem triticum jaceretur, quæ horrea usque hodie cernuntur* [2]. Ces mots n'exigent pas, ce semble, qu'on transporte les greniers de Joseph au local des Pyramides, puisque c'est à Babylone que Grégoire les place; et en effet,

---

[1] ...*Qui constituat præpositos per cunctas regiones : et quintam partem fructuum.... congreget in horrea, et omne frumentum..., condatur servetur que in urbibus* (Gen., c. 41, v. 34, 35). *Et in manipulos redactæ segetes congregatæ sunt in horrea Ægypti* (v. 47). *Omnis etiam frugum abundantia in singulis urbibus condita est* (v. 48). *Crescebat autem quotidie fames in omni terra, aperuitque Joseph universa horrea, et vendebat Ægyptiis* (v. 56), (version de la vulgate).

[2] Voy. *Gregor. Turon.*, ed. Ruinart, Paris, 1699, et *Rech. geogr. et crit. sur Dicuil*, p. 14 et suiv. La description de Grégoire de Tours s'appliquerait très-bien aux caves romaines d'Amboise, et à ce qu'on appelle *silo*.

comme je l'ai dit, ils y étaient au temps de Benjamin de Tudèle, et ils y sont encore aujourd'hui. Cependant Grégoire paraît persuadé que l'on introduisait du blé dans l'intérieur de la pyramide; mais la confusion des *harâmât* de Babylone, avec les deux *haram* qui sont à deux lieues de là, mais précisément en face, expliquerait cette erreur singulière. Il n'est donc pas étonnant que même en Égypte elle ait été commise; non pas que je croie que sur les lieux on ait ignoré l'existence des *harâmât* de Joseph au vieux Kaire, ce qui est impossible; mais une opinion s'est répandue dans le pays que les Pyramides avaient servi de greniers, et que ces greniers étaient ceux de Joseph. Au reste, l'existence de cette tradition est attestée, en même temps que le fait est démenti, par le témoignage formel du patriarche Denis de Telmahre que cite Abou-l-faradj dans sa Chronique, ainsi que nous l'apprend M. Silvestre de Sacy [1]: « Ce ne sont point (dit-il, en parlant des Pyramides) les greniers de Joseph, *comme on le croit*, mais bien des mausolées [2] étonnans, élevés sur les tombeaux des anciens rois : ils sont obliques (c'est-à-dire en plan incliné) et solides, et non pas creux et vides, etc.... » : ce témoignage est du temps du khalife al-Mâmoun. Ainsi c'est une erreur dans laquelle on a long-temps persévéré.

Au reste, il est probable que le *Joseph* dont il s'agit est le même qui a donné son nom au fameux puits et

---

[1] *Observ. sur le nom des Pyramides*, loc. cital., p. 497, et *Relat. de l'Egypte* d'A'bd-el-latyf, p. 292.

[2] *Voyez* ci-dessus, relativement à ce mot *mausolée* du passage d'Abou-l-faradj, pag. 480.

au vieux palais du château du Kaire, personnage souvent confondu avec le patriarche, c'est-à-dire le célèbre Salah el-dyn Yousef, ou Saladin.

Par le motif que j'ai exprimé au commencement de cet article, je ne dois mentionner que rapidement les différentes étymologies qui ont été proposées, outre les trois citées plus haut. Volney tire de l'hébreu le mot *pyramide*, qu'il écrit *Bour-a-mit*, et traduit par *le caveau du mort*. M. de Sacy admet avec raison, avec d'autres savans orientalistes, Wilkins, Wahl, Michaelis, Lacroze, Jablonski, Adler, Zoëga, et quelques autres, que c'est l'article qobte ou égyptien ⲡⲓ qui commence le mot pyramide; cette supposition est infiniment plus probable que la racine πῦρ, et il est naturel de chercher l'origine du mot dans l'ancienne langue égyptienne; mais pouvait-on avec une ombre de vraisemblance dériver ce mot de πίρωμις, surnom des grands prêtres égyptiens suivant Hérodote[1], ainsi que l'a fait Perizonius (*Ægypt. origin.*, etc., t. 1, p. 447).

Jablonski approuve Lacroze pour l'étymologie de ⲡⲓ-ⲡⲏ-ⲟⲩⲉ, c'est-à-dire *solis splendor*, faisant allusion à la signification de *solis radius* que Pline donne au mot *obélisque*[2] : cette idée supposerait que, dans le passage, Pline a eu en vue les Pyramides comme les obélisques; mais, comme le fait très-bien observer M. S. de Sacy, il n'y est pas question du nom des Pyramides[3] : toutefois on ne peut refuser à ces deux espèces de monumens une certaine analogie.

[1] Lib. II, cap. 143.
[2] *Voy.* ci-dessus, p. 520, note 2.
[3] *Observ. sur le nom des Pyramides*, loc. citat., p. 465.

Selon Adler, le mot vient de *pi-rama*, parce que *rama* en hébreu signifie *la hauteur;* il y a de plus un mot qobte ⲣⲁⲙⲁⲟ, qui veut dire *riche*, sens dérivé du premier¹. Je trouve la même idée dans l'ouvrage de I. Rossi, qui traduit ce mot par *sublimitas*². Mais le savant français objecte que cette étymologie ne rend pas raison du nom donné aux Pyramides par les Arabes : ce nom, comme je l'ai dit, est *heram* ou *haram* et au pluriel *ahrâm*. Il en préfère une autre également tirée de l'hébreu et aussi de l'arabe HᵃRᵃM, *consacré à Dieu*, d'où *haram, harem*, حرم, c'est-à-dire *chose sacrée, lieu saint, défendu;* il se fonde sur l'aspiration que les Arabes ont sans doute retenue de l'ancien nom égyptien, tandis que les Grecs n'ont pu l'exprimer. On peut opposer, et le savant auteur de cette étymologie va lui-même au devant de l'objection, que les Arabes écrivent le nom des Pyramides par un ه, tandis qu'on écrit le mot qui veut dire *sacré, consacré*³, par un ح, *hh*, aspiration beaucoup plus forte, حرم ; mais la lettre, dit-il, pouvait être aspirée plus doucement en Égypte qu'ailleurs. Quant à la syllabe ΠΥ, écrite au lieu de ΠΙ, il observe, avec Jablonski, que les Grecs ont écrit tout exprès ainsi, à cause du mot ΠΥΡ d'où ils croyaient le nom dérivé⁴.

Il existe une autre étymologie proposée par M. Langlès. Le mot ⲡⲓ-ⲭⲣⲱⲙ, *le feu*, lui paraît l'origine de πυραμις : l'analogie de sens avec l'étymologie

---

¹ *Observ. sur le nom des Pyramides*, loc. citat., p. 467.

² Rossi, *Etymologiæ ægyptiæ*, p. 159.

³ حرم *prohibuit, vetuit;* حرم *vetitum, nefas* (Golius).

⁴ *Observ. sur le nom des Pyramides*, loc. citat., p. 473, 474.

donnée par les anciens eux-mêmes[1], paraît l'avoir déterminé; mais elle souffre quelque difficulté : indépendamment du peu de rapport qui existe entre le feu et sa prétendue image, les Grecs auraient sans doute écrit πιχρωμὶς ou πιχωμὶς et non pas πυραμὶς. Je passe plusieurs autres étymologies citées par le savant traducteur d'A'bd-el-latyf.

Maintenant le lecteur peut choisir entre ces différentes étymologies, du moins entre les deux plus plausibles de toutes, savoir : *pi-rama, le monument élevé,* selon Adler et Rossi, et *pi-hharam, le lieu sacré,* selon M. Silvestre de Sacy. Il ne nous est pas permis, après les recherches de tant d'hommes renommés pour leur savoir, d'en hasarder encore une nouvelle, ou de l'opposer en aucune manière à celles qui précèdent? Cet article a pour unique but de donner au lecteur une idée des opinions des savans sur une question au moins curieuse. Ne sommes-nous pas d'ailleurs trop peu fixés sur la destination des Pyramides pour admettre de préférence un sens exclusif? et faudrait-il rejeter toute étymologie qui s'écarterait de celle d'Ammien Marcellin, ou d'autres opinions qui ne sont guère plus satisfaisantes? Ici, nous soumettrons au lecteur quelques réflexions générales qui ne sont point étrangères au sujet. On a soutenu avec raison que les Grecs avaient beaucoup emprunté à l'Égypte; plus les connaissances s'étendent sur cette contrée, plus le fait semble prouvé. Mais il eut été à désirer pour l'histoire, que leurs emprunts n'eus-

---

[1] Amm. Marcell., l. xxii, c. 15. *Voyez* ci-dessus, p. 523.

sent pas corrompu et dénaturé les monumens et les origines. Les noms surtout ont beaucoup souffert de ces altérations. Sous la main des Grecs, les noms des villes et des lieux ont pris une forme nouvelle, souvent méconnaissable. La nécessité de plier des sons étrangers aux formes et aux sons de leur langue, les a forcés, ici de retrancher des élémens essentiels, là d'ajouter une lettre ou davantage. Si plusieurs d'entre eux ont connu la langue et l'écriture égyptiennes, ce ne peut être que ceux qui ont voyagé et résidé dans le pays, Solon, Thalès, Pythagore, Hérodote, Démocrite, Platon, Eudoxe, Eratosthène, Diodore, Strabon et quelques autres, sans parler des Orphée et des Homère, qui appartiennent pour ainsi dire à la mythologie; mais quel est celui d'entre eux qui nous ait laissé la preuve de ses connaissances dans l'art de lire et d'interpréter l'écriture égyptienne? Depuis la décadence de l'empire sous Psammétique, on jugea utile d'établir des interprètes[1] pour l'usage des deux nations; ces hommes, sans nul doute, furent pour les Grecs la source de toutes les notions qu'ils rapportèrent de leurs voyages. Le seul Démocrite paraît avoir possédé la langue égyptienne; il avait même composé un livre sur leur écriture, et la perte en est irréparable. De ce fait même on doit inférer que Démocrite, philosophe et mathématicien, curieux observateur de la nature, avait senti la nécessité de faire une étude spéciale et approfondie de la lan-

---

[1] Il paraît aussi par la Genèse qu'il y avait des interprètes en Égypte pour l'hébreu; il y est dit, cap. 42, v. 23, que *Joseph parlait à ses frères par un truchement* (vers. de Lemaistre de Sacy).

gue des Égyptiens, afin de comprendre leurs ouvrages scientifiques[1].

S'il y avait eu parmi les Grecs des connaissances de ce genre, n'auraient-elles pas été surtout en honneur dans l'école d'Alexandrie, cultivées et florissantes jusqu'à la conquête de Jules César, et n'auraient-elles pas passé des Romains jusqu'aux Arabes et des Arabes jusqu'à nous? Que l'incendie de la bibliothèque d'Alexandrie ait anéanti sans exception, s'il y en avait, les livres de cette espèce avec tous les autres, c'est-à-dire ceux qui pouvaient servir à l'interprétation des caractères sacrés; est-ce une raison pour que l'intelligence même de ces caractères ait péri en même temps, si elle eût été répandue parmi les Grecs d'Égypte pendant trois à quatre siècles? En effet ils l'eussent transmise en Europe, dans la Cyrénaïque, en Asie, et partout où les Grecs avaient porté leurs armes et leurs établissemens. Le profond Aristote n'aurait-il pas puisé à cette mine de connaissances, pour écrire sur les animaux et les productions de l'Afrique et de l'Ethiopie?

Mais, dira-t-on, Hérodote, Diodore et d'autres avec eux, assurent avoir consulté les archives du pays. Est-ce un motif pour qu'ils aient su lire les écritures hiéroglyphique et démotique? Non, puisqu'il y avait des interprètes qui leur expliquaient en grec des fragmens des anciennes traditions. Ainsi, que de causes de corruption pour les noms des lieux, des hommes et des choses, noms traduits en grec et consignés par les voyageurs sur leurs tablettes! 1°. altération de la part des interprètes

---

[1] Voyez, t. VII, *Exposit. du syst. métr. des anc. Égypt.*, ch. XII.

égyptiens pour les transporter des hiéroglyphes, ou de l'écriture vulgaire dans la langue grecque; 2°. altération de la part des Grecs pour les écrire avec leurs caractères; 3°. altération provenant de ce que les sons diffèrent dans les deux langues, et même de ce que certains sons égyptiens manquaient tout-à-fait à l'alphabet grec.

Peut-on douter, en ce qui regarde les Pyramides, que le nom de ces monumens ait été dénaturé en passant dans le grec, et est-il surprenant que les premiers voyageurs qui entendirent prononcer ce nom, l'aient modifié comme ils ont fait de tous les autres, aient réuni plusieurs mots en un seul, enfin, comme c'est l'usage chez toutes les nations[1], l'aient rapproché de quelque mot significatif dans leur propre langue. Je ne parle pas de la finale ισ ou σ que les Grecs ont ajoutée partout; mais l'article égyptien Π qu'ils ne séparaient pas de la syllabe suivante formait un groupe qui se rapprochait du mot grec ΠΥΡ; et de là *pyramis,* au lieu de *pirami* ou *peremi.* Peut-être le nom du monument avait-il quelque rapport avec la racine ⲈⲘⲒ, *scientia.* Je remarque que Zoëga interprète le nom d'Hermès par Ⲉⲣ-ⲈⲘⲒ, *pater scientiæ*[2], père, origine, source de la science; avec l'article et la finale grecque, on a *pere-*

---

[1] Pour ne pas prolonger ces réflexions, je me borne à renvoyer ici aux exemples que j'ai cités en plusieurs endroits de cet ouvrage. Pendant l'expédition française, nos soldats et les Égyptiens altéraient les uns et les autres les mots de la langue qu'ils n'entendaient pas, de manière à en former à peu près des mots français ou arabes.

[2] *V.* Zoëga, *De usu et origin. obel.,* pag. 224. Toutefois Zoëga n'ajoute aucun développement qui appuie cette étymologie, et le vocabulaire de Lacroze ne donne d'autre signification à Ⲉⲣ, que *facere, esse, fieri.*

mis. Les Grecs peuvent avoir substitué l'Υ à l'ε, pour avoir le mot ΠΥΡ. Il n'y a point d'aspiration dans ce mot, mais le grec n'en a pas davantage. Ici l'objection opposée par M. Silvestre de Sacy contre l'étymologie de Lacroze et de Jablonski, ⲠⲒ-ⲢⲎ-ⲞⲨⲈ, ou *solis splendor*, savoir que le régime en égyptien ne précède pas le nominatif, ne peut être faite, car les mots sont placés dans l'ordre qui leur convient. Ce que les Grecs avaient fait, les Arabes l'auront fait à leur tour, en rapprochant le mot *eremi* d'un mot arabe tel que *heram* (avec l'aspiration douce), exprimant dans leur langue l'idée d'une très-grande ancienneté : peut-être aussi le mot ⲈⲢ était-il légèrement aspiré dans le nom antique. Ils ont d'ailleurs mis l'article arabe à la place de l'article égyptien. Nous ne chercherons point à justifier le sens de *origo scientiæ* par aucun argument; car il ne faut pas faire les étymologies pour un système, et il faut au contraire que tout système raisonnable soit confirmé par la véritable valeur des mots; mais si cette dénomination est fondée, elle expliquerait le nom d'ΕΡΜΗΣ, l'inventeur des sciences, nom qui, selon Jablonski[1] et Zoëga, est plutôt égyptien que grec. Nous sommes loin de présenter avec confiance cette origine du mot PYRAMIDE, mais nous pensons que ni les Grecs, ni les Arabes n'ont traduit l'ancien nom égyptien, et qu'ils ont rapproché ce nom des mots significatifs dans leurs langues respectives. Au reste, on doit avouer qu'une des plus plausibles de toutes ces étymologies,

[1] Il traduit le mot ⲈⲢ-ⲞⲨⲈϢ par *qui complementum dat*, etc., Panth. æg., pars III, p. 189.

pi-hharam, est sujette à difficulté, à cause du ح, ou de l'aspiration forte, qui manque dans le mot grec aussi bien que dans le mot arabe.

En terminant cet article nous ne pouvons négliger de signaler à l'attention du lecteur une question qui, déjà peut-être, s'est offerte à son esprit : comment est-il arrivé que ces monumens extraordinaires, et la figure appelée *pyramide* en *géométrie*, aient porté un nom commun? Les Égyptiens nommaient-ils déjà ainsi cette figure, avant de construire les monumens et de leur en donner le nom? ou bien ont-ils, après les avoir construits, appelé du nom commun de *pyramide* toute figure de géométrie de la même forme, ou bien ayant pour base un polygône quelconque?

On peut demander aussi d'où les mathématiciens grecs ont emprunté le nom de *pyramide* pour le donner à la figure géométrique?

Si on y réfléchit, on verra que cette question n'est pas tout-à-fait oiseuse. Dans le premier cas il est tout simple que les Égyptiens aient donné aux monumens le nom commun des figures de même espèce; le sens des mots ⲉⲣ-ⲉⲙⲓ s'explique très-bien dans cette idée, car les propriétés de cette figure sont en très-grand nombre, et il en découle une multitude de propositions et de théorèmes de géométrie, et d'applications à l'arithmétique et aux sciences, *pater, origo, fons scientiæ*. La seconde supposition n'est peut-être pas aussi vraisemblable, puisque, nécessairement, la figure était connue, et par conséquent devait être nommée, avant qu'on élevât des constructions de cette forme; mais l'al'adoption de cette hypothèse ne serait pas contraire à l'étymologie proposée, puisque, du monument considéré comme un grand modèle de la figure de géométrie, il découlait également une foule de faits scientifiques.

Quant à l'emploi que les Grecs ont fait du mot, ils nous paraissent en cela, avoir imité les Égyptiens. Supposons qu'il s'agisse d'une autre figure de géométrie, *le cône*, par exemple; si l'on venait à construire de grands monumens de cette forme, il serait tout simple de les désigner par ce nom; en les appelant *les cônes*, ce serait sous-entendre les mots *par excellence*. N'avons-nous pas précisément en France un exemple analogue, dans *les cônes* de Cherbourg? Il en serait de même des cubes, des sphères et des cylindres, s'il prenait fantaisie à un peuple d'élever des édifices construits selon ces différentes formes.

APPENDICE.

§. I. *Observations sur les mesures de la grande pyramide et sur le socle du monument.*

Dans le cours de la *Description des Pyramides* (ci-dessus, tome v), je n'ai pas cru devoir parler des mesures prises par nos devanciers : c'eût été non-seulement tomber dans des redites sur un sujet déjà rebattu, mais confondre l'exposé des faits observés par nous, avec la critique des observations antérieures. Ici je ne me livrerai point non plus à cette discussion : mon but est principalement de comparer celles de John Greaves avec celles que nous avons prises : ce rapprochement ne sera point sans utilité, parce que Greaves était muni de bons instrumens, et qu'il était versé dans les mathématiques et la métrologie. Le résultat de ses opérations jouit pour ce motif d'une réputation d'exactitude. Depuis son temps jusqu'à celui de l'expédition française, aucune autre mesure ne semble avoir été prise avec les mêmes soins ; c'est pourquoi il importe de faire cette comparaison, afin de fixer ses idées sur les différences des résultats. Je commencerai par établir le rapport du pied anglais avec les mesures françaises.

Comparant diverses mesures avec le pied de sa nation, Greaves divise celui-ci en mille parties, et trouve que le pied romain (de Cossutius) contient 967 de ces parties; le pied de Paris (le pied de roi), 1068; le pied espagnol, 920; le pied vénitien, 1062; le pied du Rhin, 1033, etc., et le dera'h du Kaire, 1824[1]. En donnant ces valeurs, Greaves a pour but de faire retrouver en tout temps le *pied* usité chez différentes nations à l'époque de son voyage, et même la longueur du pied anglais, à l'aide duquel il a mesuré avec précision la chambre centrale de la grande pyramide. « Si les anciens mathématiciens, dit-il, avaient pris la même précaution, nous ne serions pas si embarrassés pour découvrir les mesures des Hébreux, des Babyloniens, des Egyptiens, des Grecs et des autres nations. » Je ne ferai remarquer qu'en passant la différence réelle du dera'h du Kaire avec la grandeur que Greaves lui donne, puisque 1824 millièmes du pied anglais ne feraient que 555 millimètres et demi, tandis que la mesure légale et authentique, exactement déterminée au Kaire par M. Costaz, est de 577 millimètres et demi. A cette observation on pourrait ajouter que la proportion de 1068 à 1000 pour le rapport du pied français au pied anglais, tel que Greaves l'avait déterminé, n'est pas conforme à celui que l'on connaît aujourd'hui. En effet, notre pied valant $324^{\text{millim.}},84$, le pied anglais d'après Greaves équivaudrait à $304^{\text{millim.}},19$, tandis qu'il vaut en effet $304^{\text{millim.}},6$: c'est par ce dernier nombre que je multiplierai les résultats du voyageur anglais pour les comparer à ceux que nous avons obtenus.

Greaves, dans sa préface et dans le cours de l'ou-

[1] Greave's *Pyramidograph.*, London, 1646, in-12, p. 94, note *b.*

vrage [1], rapporte qu'il a visité les Pyramides en 1638 et en 1639 (ou 1048 de l'hégire); qu'il était muni d'un excellent *radius* de dix pieds de long, très-correctement divisé, et de plusieurs autres instrumens. Pour mesurer le *côté nord* du monument, il choisit deux différentes stations, *comme les mathématiciens ont coutume de faire quand quelque obstacle empêche d'approcher*. Sur les autres côtés, le terrain étant mal nivelé, il ne put placer ses instrumens à une distance convenable. Il n'entre point dans d'autres détails sur son opération, ne dit point quelle base il a mesurée, ni comment il a déterminé la hauteur; négligeant toutes ces données, il se borne à indiquer les résultats suivans :

Le côté nord de la base, 693 pieds anglais;

La hauteur perpendiculaire, 499 pieds [2].

L'arête (car c'est ce qu'il faut entendre par ces mots, *the line subtending the severall angles*), égale à la base, c'est-à-dire 693 pieds. Greaves, persuadé de cette égalité, y revient à la page suivante, et dit que si on imagine, sur les côtés de la base qui est parfaitement carrée, quatre triangles *équilatéraux*, se joignant en un point, ayant chacun 2079 pieds de tour (en outre de la largeur d'une petite plate-forme au sommet), on aura une idée juste des dimensions et de la figure de la pyramide. Le périmètre de la base est ainsi de 2772 pieds, et sa surface 480,249 pieds carrés ou 11 acres $\frac{1089}{43560}$.

Converties en mètres, les mesures ci-dessus équi-

---

[1] Greaves, *Pyramidogr.*, p. 68.
[2] *Ibid.*, p. 69. L'édition citée ici porte 481 pieds.

valent, savoir, la base à 211^{m}09[1], la hauteur verticale à 151^{m}99, l'arête à 211^{m}09. Quant au *périmètre* de la face et à celui de la base, il suffit de multiplier la première de ces mesures par 3 et par 4; la superficie est le carré du même nombre.

Or on a vu, dans la *Description*[2], que nous avons trouvé la base (mesurée aussi sur le côté nord) égale à 227^{m}32. Nous citons cette dimension, et non pas l'intervalle qui existe entre les angles des encastremens opposés, parce que la première est celle qui est comprise entre les extrémités de tout temps visibles, tandis que l'autre n'a été connue que par les fouilles récentes. La hauteur de la plate-forme existante au temps de l'expédition a été trouvée de 138^{m}30. Comment expliquer une telle discordance avec les mesures de Greaves? Y aurait-il une telle incertitude sur la mesure que nous avons trouvée pour le côté? Mais l'opération, répétée deux fois, a donné le même résultat; mais la mesure de MM. Le Père et Coutelle, effectuée un an après la première, avec un soin extrême, a pleinement confirmé la première; car elle l'excède de 5 mètres, ou de 2 mètres et demi environ à chaque bout, ce qui est en effet la distance des angles de l'encastrement aux extrémités visibles du noyau de la pyramide. L'astronome Nouet a donc bien fait d'établir ses calculs sur cette base de 227 mètres un quart. Quand il s'agit d'une différence de SEIZE MÈTRES, plus de 49 pieds, et que d'un côté on n'a aucun des détails des opérations, tandis que de l'autre nous possédons ces détails, et que

---

[1] M. Girard a trouvé pour le même calcul, 211^{m}36 (voyez *A. M.*, t. VI, page 53); la différence est légère.

[2] *Voyez* ci-dessus, t. V, p. 605.

SUR LES PYRAMIDES D'ÉGYPTE, APP.

l'opération a produit trois fois le même résultat, peut-on balancer? D'ailleurs, ainsi que l'a calculé M. Girard, la moyenne des mesures prises par cinq voyageurs va à près de 234 mètres : celle des mesures rapportées par quatre autres, Monconnys, Chazelles, Perry, Niebuhr, s'élève encore à 228^{m}68. Aucune n'est aussi faible que celle de Greaves : toutes sont supérieures de 10 mètres au moins. Il est donc moralement impossible qu'il ne se soit pas glissé une erreur considérable ou dans les opérations de Greaves ou dans la transcription des nombres : c'est un résultat qu'il faut abandonner tout-à-fait.

Son calcul de la hauteur est-il du moins plus exact que celui de la base?

On a vu que nous avons trouvé par trois mesures différentes et bien concordantes, 138^{m}30 (428^{ds} 3^{po}) pour la hauteur du monument, du sol à la plate-forme[1]. Depuis le temps de Greaves jusqu'à l'an 1800, c'est-à-dire dans l'espace de 161 à 162 ans, la pyramide s'est abaissée, et la plate-forme s'est élargie. Cette plate-forme avait 30^{ds} 6^{po} de côté au temps de l'expédition, et Greaves qui en a pris la mesure, a trouvé seulement 13^{ds}, 28 ou 12^{ds} 6^{po} en pieds français. Cet accroissement dans la largeur de l'esplanade suppose, d'après un calcul très-simple, une diminution dans la hauteur du monument de 3^{m}7 (environ 11^{ds} 5^{po}). Ainsi à l'époque de Greaves, la hauteur était de 141^{m}7, tandis que si l'on s'en rapportait à son texte, elle aurait eu alors 151^{m}99 ou 10$^m\frac{3}{10}$, plus de 31^{ds} et demi en sus : différence énorme, absolument inexplicable, si ce n'est par une forte

[1] *Voyez* ci-dessus, t. v, p 609.

erreur qui se sera glissée dans le calcul du voyageur anglais, ou bien dans l'impression. Il ne met d'ailleurs sous les yeux du lecteur aucun des élémens de ce calcul; on lit seulement ces mots et rien de plus : *which* (*the altitude*) *if we measure by its perpendicular is foure* (sic) *hundred ninety nine feet*[1]. Greaves a donc trouvé une hauteur beaucoup trop grande, une base beaucoup trop étroite; son évaluation des périmètres de la face et de la base pêche aussi en moins, et il en est de même de celle de la superficie. S'il eût calculé le volume, il y aurait eu une sorte de compensation. Ce qui achève de montrer l'erreur, c'est qu'il assure que la face de la pyramide est un triangle équilatéral, or, cette donnée suffit pour déterminer la hauteur qui dans ce cas est égale à la base multipliée par $\sqrt{\frac{1}{2}}$ ou 0,707 ; le calcul donne, pour 693^{ds} anglais de base, moins de 490 de hauteur à la pyramide, et comme il manquait plus de 8^{ds} à la pointe, reste à 481,9 au plus, au lieu de 499. S'il faut adopter la variante de 499, la mesure est inadmissible : si c'est 481, tout annonce que le nombre provient d'un calcul et non pas de l'observation.

L'on ne serait pas trop surpris de ces dissemblances entre nos résultats et les nombres produits par l'auteur anglais, si l'on examinait avec soin plusieurs autres de ses assertions, également différentes des nôtres. Je ne m'attacherai pas à les relever; il est préférable d'engager le lecteur de la *Pyramidographie*, quand il remarquera ces différences au milieu de beaucoup d'observa-

---

[1] *Pyramid.*, p. 69 : on trouve aussi dans une édition *eighty one*. Cette mesure de 481^{ds} anglais ferait encore près de 15^{s} français de trop.

tions parfaitement exactes, à recourir à la description qui précède, et à porter lui-même un jugement; les détails des opérations faites par les ingénieurs français pourront servir à fixer son opinion. Rappelons un seul exemple : c'est un fait que j'ai déjà eu occasion de citer [1].

En décrivant la troisième pyramide, Greaves s'étonne de ce que Diodore, Pline, Strabon et tous les auteurs modernes ont commis la même erreur qu'Hérodote, en prétendant qu'elle était en partie revêtue de pierres d'Éthiopie ou de granit noir. Il blâme sévèrement tous ces auteurs, et trouve qu'il n'y a aucune excuse à leur méprise, quand, *avec un peu de peine et d'attention,* ils auraient pu corriger l'erreur d'Hérodote : « Toute la pyramide, dit-il, paraît être d'une pierre claire et blanche : *the whole pyramid seemes; to be of cleere* (sic) *and white stone, etc.* » Nous nous dispenserons ici de toute réflexion.

Examinons à présent quelques mesures de l'intérieur de la pyramide, rapportées par le même voyageur. Greaves a observé aussi l'angle d'inclinaison du premier canal, de 26°; il a mesuré l'ouverture de ce canal, qui est carré, et des suivans, et l'a trouvée de 3,463 pieds anglais et sa longueur de 92 pieds. Voici les autres principales mesures : la galerie, 110 pieds; le canal horizontal, 110 pieds; la galerie haute, 154 pieds; la même, prise sur le pavé du sol, un peu moins; la hauteur de la galerie, 26 pieds; sa largeur, $6^{ds},870$, comprenant au milieu un chemin large de $3^{ds}435$; la hauteur de la banquette, 1^d717; la longueur du vestibule qui précède la *chambre du roi,*

---

[1] *Voyez* ci-dessus, t. v, p. 650.

24 pieds, la longueur de cette chambre du côté du sud, mesurée au deuxième rang des assises, 34^{ds} 380; la largeur du côté de l'ouest, au même rang d'assises, 17^{ds} 190; enfin, la hauteur, 19^{ds} 1/2. Greaves donne à la cuve 7^{ds} 3^{po} 1/2 de longueur extérieure, 3^{ds} 3^{po} 3/4 d'épaisseur, et autant de largeur. En dedans, il mesura la longueur du côté de l'ouest de 6,488 pieds, la largeur du côté du nord de 2,218 pieds, la profondeur de 2,860 pieds.

Je vais comparer dans un tableau ces différentes mesures réduites en mètres, avec celles qui ont été prises par les Français lors de l'expédition.

MESURES de Greaves.		MESURES de MM. Le Père et Coutelle.	OBSERVATIONS.
ds. anglais.	mètres.	mètres.	
3 463	1 055	a) 1 110	a) Perpendiculairement à la direction du canal.
92 000	28 023	b) 22 363	b) Jusqu'à l'ouverture actuelle du canal.
110 000	33 506	c) 33 134	c) En ajoutant le palier inférieur; si on joignait le palier supérieur, on aurait 47,154.
154 000	46 908	45 597	
26 000	7 910	8 121	
6 870	2 093	2 092	d) Similitude complète. L'auteur observe que ces proportions de la chambre et celles du sarcophage ont été mesurées par lui avec autant de précision, de soin et d'attention qu'il lui a été possible de le faire, dans l'intention de les transmettre à la postérité.
3 435	1 046	1 088	
1 717	0 523	0 571	
24 000	7 310	6 828	
34 380	10 472	d) 10 472	
17 190	5 236	e) 5 235	
19 500	5 940	5 858	e) Voyez la pl. 14, A., vol. v, les deux côtés diffèrent; ces deux mesures sont transposées.
7 3p.1/2	2 221	2 301	
3 3p.1/2	1 009	f) 1 137	f) La cuve devait être au contraire plus épaisse au temps de Greaves.
3 3p.1/2	1 009	g) 1 092	
6 488	1 976	1 977	g) Largeur extérieure de la cuve.
2 218	0 676	0 678	
2 860	0 871	0 948	

Nota. Greaves ne donne pas les autres mesures. *Voyez* les pl. 14 et 15, *A.*, vol. v, de la *Description de l'Égypte*, pour la galerie conduisant à la chambre dite *de la Reine*, les dimensions de cette chambre, etc.

Au premier coup d'œil jeté sur ce tableau, l'on voit que la discordance est plus grande pour les mesures données par Greaves en pieds de compte rond et sans fractions; mais entre les autres mesures données en millièmes de pied et les nôtres correspondantes, on devrait trouver un accord plus exact. Il faut cependant faire une exception pour la longueur de la chambre dite du Roi : la conformité est complète; de même pour la longueur et la largeur de la cuve; et elle l'est pour la largeur de la chambre à un millimètre près. Il est vrai que Greaves avertit qu'il a pris ces deux mesures de la chambre avec un soin extrême, avec l'intention de les transmettre à la postérité. Cet accord prouve que l'on connaît aujourd'hui avec une précision parfaite, la longueur et la largeur de cette salle, et que l'on peut s'appuyer avec certitude sur ces dimensions pour les recherches métrologiques. Mais il ne faut pas perdre de vue que les quatre côtés de la chambre ne sont pas exactement égaux deux à deux : nous devons cette remarque importante à MM. Le Père et Coutelle; elle avait échappé à Greaves et aussi à Newton lorsqu'il fit la recherche de l'ancienne coudée d'après les mesures rapportées par son compatriote.

Il paraît par les termes de la relation de Greaves qu'il est demeuré peu de temps sur l'emplacement des Pyramides, à chacune de ses deux excursions. Cela pourrait expliquer plusieurs des remarques précédentes sur la différence de nos mesures avec les siennes; au reste il nous eût mis à même de mieux apprécier celles-ci, s'il eût décrit les opérations et s'il eût produit les données qui ont servi de base à ces résultats.

On a fait différens calculs sur la mesure du volume de la pyramide, et l'on s'est amusé à chercher quelle étendue de pays pourrait couvrir un mur uniquement bâti avec les pierres dont elle est formée. Ces calculs supposent que le massif est entièrement plein. Quoique je ne sois pas de ceux qui pensent que le monument a considérablement de parties vides, de salles et de galeries, et d'espaces vides quelconques ménagés dans toute la masse, néanmoins il est évident qu'il faut au moins retrancher du cube de la pyramide, les quatre canaux connus et les deux chambres, ainsi que la partie du puits au-dessus du roc, ou du niveau de la base. Mais après ces retranchemens faits, il est certain qu'on pourrait faire un mur d'un pied d'épaisseur, d'environ six pieds de haut, capable d'enceindre la France entière, le périmètre de celle-ci étant supposé, avec tous les contours, de 1000 lieues : que serait-ce en calculant le volume de la deuxième et de la troisième pyramides ? Dans ce calcul n'entre pas le socle, qui était formé presque tout entier par le rocher.

A cette occasion, je ferai quelques remarques sur le socle de la GRANDE pyramide. Il me paraît impossible de douter de l'existence d'un socle, stylobate ou soubassement quelconque, servant de base au monument. Aujourd'hui même, on distingue bien la partie taillée dans le roc de celle qui est bâtie par assises : c'est cette première partie qu'il faut regarder comme le socle ; sa hauteur est de $1^m 849$, et elle est égale à la centième partie de l'apothême. La partie antérieure, probablement composée de pierres taillées, a disparu, surtout vers les angles. C'est celle qui donnait le plus de prises à la démolition, travail que les Arabes ont entamé et poursuivent toujours avec constance, depuis des siècles.

Si on révoquait en doute l'existence du socle de la PREMIÈRE pyramide, je citerais l'exemple de la SECONDE, qui a un stylobate très-apparent, sur les faces du nord et de l'ouest[1] : on aperçoit aussi celui de la TROISIÈME. Les sables encombrent les bases des autres. On peut citer ici, comme une imitation des Pyramides d'Égypte, celle de Cestius à Rome : elle repose sur un socle. Le dé de granit que nous avons trouvé en fouillant sous les obélisques de Louqsor, est le socle de ces monumens[2], et toutes les fois que les obélisques sont représentés dans les hiéroglyphes, ils sont posés sur un socle[3]. Les obélisques d'Héliopolis et d'Alexandrie ont un socle et un dé[4]. On observe un socle sous tous les monolithes de Philæ, de Qous, de Meylaouy, de Mehallet el-Kebyr, de Thmuis[5]. Il en est de même des colosses de Thèbes. Il n'est aucun palais, temple ou monument, parmi ceux sous lesquels on a fait des fouilles, où l'on n'ait trouvé un soubassement. En un mot, il serait difficile de concevoir un monument égyptien sans un socle ou stylobate.

Au nombre des signes hiéroglyphiques, on remarque la figure d'une pyramide, posant aussi sur un socle[6].

[1] *Voyez* pl. 16, *Ant.*, vol. v, fig. 1 et 2.
[2] Voy. *Ant.*; vol. III, pl. 11-12.
[3] *Ibid.*, vol. v, pl. 50.
[4] *Ant.*, vol. v, pl. 26 et 33.
[5] *Ant.*, vol v, pl. 29 et 30.
[6] *Voyez* Hamilton, *Ægyptiaca*, pl. XXI, fig. 3, sujet dessiné d'après un monument souterrain. Cette figure n'est pas celle d'un outil; elle ressemble aux petites pyramides votives des tombeaux.

548   REMARQUES ET RECHERCHES

§. II. *De l'abaissement de la grande pyramide.*

J'ai annoncé plus haut que je ferais un examen particulier de la question relative à la plate-forme de la GRANDE pyramide, déjà traitée sommairement dans un mémoire sur le système métrique des Égyptiens. Cette plate-forme devait-elle exister dans le plan primitif de la construction? quel a été son élargissement graduel, et en même temps l'abaissement du sommet[1]?

Les auteurs qui ont décrit le monument, ne font pas tous mention d'une plate-forme. Hérodote n'en parle pas ni Strabon davantage. Selon Diodore de Sicile, la largeur de cet espace était, de son temps, de 6 coudées (ou $2^m 77$[2]). Il paraît que Pline lui donnait 15 pieds et demi ($4^m 30$[3]); du moins c'est le sens le plus vraisemblable du passage. L'angle des faces de la pyramide sur le plan de la base, étant connu pour être de $51°19'4''$, il est facile de calculer la différence en hauteur qui résulte de ces deux différentes largeurs de la plate-forme; le calcul donne un mètre, or cette mesure équivaut à deux assises, d'après la valeur des deux assises supérieures

---

[1] Ces questions ont déjà été traitées par le savant auteur du Commentaire sur Dicuil; cependant il reste encore incertain si la plate-forme a existé de tout temps.

[2] Rech. géogr. et crit. sur le livre *De mensura orbis terræ*, p. 90 et sequent.

[3] L'auteur du commentaire que je viens de citer a fort bien prouvé que la leçon xv, *P. S.* des anciens manuscrits et des éditions les plus anciennes, est préférable à la leçon xxv, qui se voit dans la plupart des éditions. Quant au mot *altitudo*, tout le monde est à peu près d'accord qu'il faut lire *latitudo*; on ne pourrait laisser *altitudo a cacumine*, qu'en supposant qu'un D aura disparu devant xv *P. S.*; car 515 pieds et demi de la mesure de Pline font $142^m 85$, ce qui s'éloigne peu de la hauteur totale du monument ($144^m 19$): mais ce n'est là qu'une hypothèse.

actuellement existantes : voilà déjà un indice de l'exactitude des deux mesures rapportées par Diodore de Sicile et par Pline[1]. Un second résultat est que le sommet du noyau de la pyramide est de niveau avec la plate-forme du temps de Diodore, le revêtement ayant pour épaisseur à la plate-forme actuelle 1^{m}46, comme on l'a vu plus haut.

A'bd-el-latyf dans sa relation de l'Égypte, rapporte qu'il chargea un de ces hommes accoutumés à monter au haut des pyramides de prendre avec son turban la mesure du plan supérieur, et que cette mesure se trouva être de onze coudées, à la mesure de la *coudée naturelle* : cette grandeur donne 5^{m}08, et pour la différence de hauteur avec la plate-forme du temps de Pline, un demi-mètre ; c'est encore juste une hauteur d'assise : l'accord de ce résultat avec les précédens ne laisse rien à désirer.

Si le revêtement avait toujours continué de subsister malgré l'abaissement de la pyramide, la première mesure postérieure à A'bd-el-latyf aurait été supérieure à la sienne[2] ; mais c'est ce qui n'est point arrivé. Greaves, en 1638, mesura la plate-forme avec précision ; il trouva 13^{ds}28, ou 4^{m}o46 : on en conclut une différence de hauteur, avec l'époque d'A'bd-el-latyf en 1200, de 1^{m}2 quantité équivalente à 2 degrés ou assises : ainsi, en 438 ans, deux assises de la pyramide avaient été renversées. La mesure de César Lambert, quoique antérieure de dix ans à celle de Greaves, est plus grande

[1] En même temps, cet accord confirme la valeur de 0^{m}2771 que j'ai assignée au pied de Pline.
[2] Cette remarque appartient à l'ouvrage que je viens d'indiquer, ainsi que plusieurs des citations de ce paragraphe.

(20 pans ou $5^m 008$), et se rapporte assez bien à l'assise qui est au-dessous de celle dont Greaves a donné la largeur. Il en est de même de celle de Monconnys prise en 1647 (16 pieds), de celle de Le Bruyn prise en 1675 (16 à 17 pieds environ), et de celle du père Fulgence prise en 1690 ($16^{ds} 8^{po}$, ou $5^m 4$).

En 1738, un siècle juste après son compatriote, Richard Pococke mesura le plan supérieur, et trouva pour la largeur 26 pieds anglais ($7^m 92$); il paraît évident que l'assise qu'il mesura est la supérieure des deux ruinées que nous trouvâmes, en 1799, vers le centre de la plate-forme. Ces deux assises étant élevées de $1^m 117$ au-dessus de la plate-forme de cette dernière époque, il s'ensuit que le côté devait être d'environ 8^m, au lieu de $7^m 92$; ou bien le bord de l'arête était usé et arrondi de quelques pouces. Ainsi, depuis Pococke jusqu'à nous, deux assises avaient été fortement endommagées, mais non renversées dans toute leur étendue.

On peut aisément construire une figure assujétie à toutes ces données; or il résulte, soit de ce tracé (que je crois superflu de figurer ici), soit des remarques précédentes, qu'il a pu exister neuf assises de plus entre l'assise supérieure actuelle et le niveau de la plate-forme qui existait au temps de Diodore, ce qui porte le total à 210 assises sans compter le socle taillé dans le rocher.

On peut encore conclure, 1°. que la largeur de $1^m 46$ que nous avons attribuée au revêtement, à la hauteur de la sommité actuelle, est conforme aux données ci-dessus; 2°. que la valeur assignée par nous à la coudée de Diodore de Sicile, savoir $0^m 462$ (et la même valeur à la *coudée naturelle* d'A'bd-el-latyf[1]), est parfaitement d'accord avec ces mêmes données; 3°. que le pied dont a usé Pline est bien de 0^{m}2771.

De tout ce qui précède peut-on inférer que la pyramide ait été terminée dans l'origine par une pointe aiguë? Ou bien est-on autorisé à conclure que la plate-forme de 6 coudées ait toujours existé? J'avoue que les faits et les conséquences qui viennent d'être exposés ne sont pas plus favorables à une hypothèse qu'à une autre : ils peuvent également s'appliquer à toutes deux : tout se réduit à peu près à se figurer, sur la plate-forme de Diodore de Sicile, une petite pyramide, haute de 1^{m}7, large de 2^{m}77, et formée probablement d'une pièce. Dans l'un et l'autre cas, la hauteur totale et complète de la pyramide, jusqu'à l'angle du sommet, est toujours la même, c'est-à-dire de 144^{m}19 au-dessus du socle ou, avec le socle, de 146^{m}04. Ce qu'il y a de certain, c'est que Diodore n'a point dit que cette plate-forme ait été formée à dessein par les constructeurs du monument, qu'il se borne à en rapporter la mesure, et que la disparition de la petite pyramide supérieure au temps de Diodore étant admise, les termes dont il se sert pour nous apprendre que *toute la structure de l'édifice* était alors bien conservée, ne perdraient rien de leur justesse. Voici le texte même : Συναγωγὴν δ'ἐκ τῦ

---

[1] J'ai rapporté plus haut la mesure de 11 *coudées naturelles*, prise par l'ordre même d'A'bd-el-latyf; il avait dit auparavant, d'après des mesures antérieures, que le haut de la pyramide offre un plan de dix coudées en tout sens; mais il n'exprime pas la nature de cette coudée. *Voy.* la note 13, sur le chapitre 4 de la *Relation de l'Égypte* d'A'bd-el-latyf, par le savant traducteur de cette relation, p. 215.

κατ᾿ ὀλίγον λαμβάνουσα μέχρι τῆς κορυφῆς, ἑκάστην πλευρὰν ποιεῖ πηχῶν ἕξ : *paulatim ad verticem usque contrahens, latera senis cubitis absolvit* (*Diod. sicul. Bibl. hist.*, lib. 1, ed. Bip., t. 1, p. 186). Les mots qui suivent ne prouvent pas que la pyramide était intacte au sommet... οἱ λίθοι τὴν ἐξ ἀρχῆς σύνθεσιν καὶ τὴν ὅλην κατασκευὴν ἄσηπτον διαφυλάττοντες, *saxa pristinam compagem totamque structuram adhuc incorruptam servant* (*ibid.*).

Plusieurs auteurs parlent d'une *pointe très-aiguë* en décrivant la GRANDE pyramide; mais ils sont tous plus récens que Diodore de Sicile; s'ils ont employé des expressions telles que συνάγεται τὸ πᾶν ἔργον εἰς πυραμίδα [1] (*Philon de Bizance*[2]), *in summitates acutissimas desinentes* (Amm. Marcellin, lib. XXII), *gracile acumen* (Dicuil[3]), il n'en est pas moins prouvé que du premier siècle avant l'ère chrétienne au quatrième et au huitième siècles de cette ère, la pyramide s'est abaissée (comme le passage de Pline ne permet pas d'en douter) : à plus forte raison, au temps de Diodore, on pouvait regarder la pyramide comme finissant en pointe, malgré l'existence d'une plate-forme de 6 coudées.

C'est une idée trop répandue en Europe, même chez les plus savans artistes, que les obélisques avaient une sommité obtuse : cette erreur provient de ce que les obélisques de Rome, ayant eu le pyramidion brisé, soit lors de leur

---

[1] Voyez *Rech. géog. et crit... sur Dicuil*, p. 91 du commentaire.

[2] J'ai cité ailleurs (*Expos. du syst. métr.*, etc., t. VII, pag 58) la mesure donnée par cet auteur à la pyramide, savoir 6 stades de tour, ce qui est exact en stades de 700 au degré; ce passage aurait dû être rappelé ci-dessus, p. 454.

[3] *Rech. géogr.*, etc.. *sur Dicuil*, p. 24 du texte.

chute en Égypte, soit par suite du transport, les architectes romains, anciens et modernes, ont tronqué ces sommités encore davantage, et les ont taillées sous un angle obtus. On ne pouvait y apporter un changement plus contraire au style des obélisques, à l'essence et à la nature de cette espèce de monument. En France et ailleurs, on s'est malheureusement habitué à cette forme bâtarde et inélégante, et c'est peut-être par suite de cette idée fausse qu'on est disposé à refuser aux pyramides une sommité en pointe. Mais quelle difficulté y avait-il pour l'architecte égyptien à faire tailler un bloc pyramidal sous un angle, au sommet, d'environ 78°? Enfin, la DEUXIÈME pyramide a encore la pointe très-peu émoussée. Je le répète, rien ne prouve qu'il en ait été dans la PREMIÈRE ainsi ou autrement; et, soit que l'extrême cime ait été supprimée dans l'exécution, soit qu'on l'ait posée, la hauteur de l'édifice, comme figure pyramidale complète, n'en changerait pas pour cela. Quant à supposer une statue placée sur un si étroit espace, et d'une si petite proportion, et cela à 450 pieds de hauteur, c'est une idée peu en harmonie avec le caractère de grandeur de l'architecture et de la sculpture égyptiennes; rien de semblable ni d'analogue n'existe dans toute l'Égypte[1].

[1] Qu'il nous soit permis, à propos de la grandeur et de la majesté qui font le caractère des grandes pyramides, et en terminant ici les remarques qu'elles suggèrent, de citer les beaux vers qu'elles ont inspirés au chantre de l'*Imagination*. Ils dédommageront le lecteur de l'aridité de ces recherches, et le reporteront aux impressions qu'excite l'aspect de ces monumens; le poète pouvait-il mieux choisir? quel sujet appartient plus au domaine de l'imagination?

O colosses du Nil, séjour pompeux du deuil,
O que l'œil des humains vous voit avec orgueil!

§. III. *Tunique trouvée à Memphis.*

Il est temps de reposer le lecteur, fatigué sans doute de tous les développemens minutieux où nous venons d'entrer; nous nous hâtons de terminer ce mémoire par l'exposé d'une découverte faite dans les tombeaux des environs des Pyramides, et celui des recherches auxquelles elle a donné lieu dans le sein de l'institut de France. Il s'agit d'une *tunique égyptienne*, trouvée intacte, et rapportée de Memphis par les soins du général Reynier, qui l'avait soumise à ce corps savant. Il a été décidé par la Commission des sciences et arts que le rapport fait à l'Institut sur ce curieux objet d'antiquité, serait publié dans la *Description de l'Egypte* avec la lettre dans laquelle le général Reynier rend compte de la découverte : il servira à compléter et à rendre beaucoup plus intéressante la courte explication que nous avons donnée de la planche 5 du ve volume des *antiquités* de l'ouvrage, planche

> Devant vos fronts altiers s'abaissent les montagnes ;
> Votre ombre immense au loin descend dans les campagnes.
> Mais l'homme vous fit naître, et sa fragilité
> Vous a donné la vie et l'immortalité.
> Que de fois à vos pieds m'asseyant en silence,
> J'évoque autour de vous tout cet amas immense
> De générations, de peuples, de héros,
> Que le torrent de l'âge emporta dans ses flots ;
> Rois, califes, sultans, villes, tribus, royaumes,
> Noms autrefois fameux, aujourd'hui vains fantômes !
> Seuls vous leur survivez. Vous êtes, à la fois,
> Les archives du temps et le tombeau des rois,
> Le dépôt du savoir, du culte, du langage,
> La merveille, l'énigme et la leçon du sage.....
>
> Poëme de l'*Imagination*, chant III,
> OEuvres de Delille, t. VIII, p. 166, in-8°.

où cette tunique a été représentée dans tous ses détails et avec ses ornemens : l'antique elle-même est conservée au palais de l'Institut, dans sa bibliothèque : nous ferons précéder cette pièce par quelques réflexions sur les tuniques égyptiennes en général.

En étudiant la forme des tuniques dont sont revêtus les *harpistes* des tombeaux des Rois à Thèbes [1], et les comparant avec la tunique moderne des femmes égyptiennes, je trouve qu'on peut en concevoir la coupe de la manière suivante : qu'on se représente une pièce d'étoffe double, de 1^{m}7 de long (5 pieds environ) sur 1^{m}4 de haut, presqu'en forme de sac, ayant au milieu une ouverture pour passer la tête, les deux côtés ouverts pour passer les bras, le bas ouvert près des angles en deux endroits, pour laisser passer les jambes, qu'on serrait sans doute avec une coulisse. L'étoffe devait retomber en plis bouffans par-dessus, et la tunique remontée sur l'épaule, devait également former de riches plis. Telles sont les formes de la tunique des *harpistes*, autant qu'on peut les deviner sur des dessins sans perspective : c'est du moins ce que m'a fait penser l'examen des tuniques aujourd'hui en usage en Égypte. Je renvoie au surplus à ce que j'ai dit du costume et des étoffes des anciens Égyptiens, dans le tableau des hypogées de la ville de Thèbes [2].

---

[1] *Voyez* pl. 91, vol. II.
[2] *A. D.*, t. III, p. 59 et suiv. *Voy.* aussi t. V, 1re sect. de la *Descr. de Memphis et des Pyramides*, p. 20 et suiv.

Rapport fait à l'Institut sur une tunique égyptienne, extrait du procès verbal de la séance du vendredi 28 brumaire an xi.

« Au commencement de l'an x, le général Reynier, membre de l'Institut d'Égypte, fit don à l'Institut national d'une tunique et de débris de vêtemens, trouvés dans des fouilles à Saqqârah. La classe des sciences mathématiques et physiques nomma, pour lui faire un rapport sur ces objets précieux, les citoyens Berthollet, Monge et Mongez présens à sa séance : sur son invitation, la classe des sciences morales et politiques leur adjoignit les citoyens Gossellin, Poirier; et la classe de littérature et beaux-arts, les citoyens Ameilhon, Moitte et Gibelin. Ainsi formée, la commission nomma pour rapporteur le citoyen Mongez, qui remplit aujourd'hui cette fonction.

La commission des fonds fut invitée à faire renfermer entre des glaces ces étoffes égyptiennes ; à sa prière, le ministre de l'intérieur fit donner les glaces, et le citoyen Jacob exécuta, sous la direction de notre confrère Peyre, le cadre élégant porté par des griffons, dans lequel elles sont renfermées hermétiquement. A peine le cadre fut-il achevé, que l'état de destruction prochaine où se trouvaient les étoffes, fit hâter le scellement. Ces opérations et l'absence du général Reynier, à qui l'on s'est adressé pour obtenir des renseignemens sur la découverte de ces antiquités, ont retardé long-temps le rapport qui vous est fait aujourd'hui.

La tunique n'est point entière ; elle est détruite dans la partie inférieure, et sa hauteur actuelle réduite est de 0^{m}75, mais elle est raccourcie par un large pli qui la traverse comme une ceinture. On l'a laissé subsister parce qu'il paraît aussi ancien, et parce qu'il est cousu avec une substance de même nature. Ce pli qui est double et qui a de hauteur 0^{m}1, doit être ajouté à la hauteur actuelle de la tunique. De là résulte une hauteur totale de 0^{m}95. La largeur réduite est précisément de la même quantité.

Les manches de cette tunique ont de longueur 0^{m}4. On estimerait difficilement leur largeur, parce qu'elle est diminuée sur toute la longueur par un repli. Ce repli paraît aussi ancien que la tunique, car la double broderie qui orne chaque manche est interrompue aux deux extrémités du repli. Une ouverture oblongue de 0^{m}3, pratiquée en haut de la tunique et susceptible d'être resserrée par des liens qui subsistent encore, servait à passer la tête.

Les ornemens de cette tunique sont très-remarquables. On les voit ici développés dans les dessins qui sont joints au rapport. Il y en a de trois sortes. Ceux qui ont une forme rectangulaire n°s. 1, 2, 3 et 4, ont été cousus à la tunique sur les épaules, et au bas, par-devant et par-derrière. Les parties de la tunique sur lesquelles on les a appuyés, ont été enlevées; peut-être pour diminuer l'épaisseur. Ces broderies ont de hauteur 0^{m}1 et de largeur 0^{m}09. Les broderies de la seconde sorte, n°s. 5 et 6, descendent de chaque côté des extrémités de l'ouverture pratiquée pour passer la tête, sur une longueur de 0^{m}27. Elles ont d'abord 0^{m}03 de largeur, puis elles se rétrécissent jusqu'à un tiers; enfin elles se terminent en une plaque circulaire de plus de deux-tiers de largeur. Cette seconde sorte de broderie est cousue sur la tunique. Il en est de même de la troisième sorte. Ce sont deux bandes, 7, 8, 9 et 10 qui entourent les manches vers leurs extrémités, laissant entre elles le même intervalle qui se trouve entre la dernière et cette extrémité. Leur largeur est de 0^m045.

La couleur de la tunique est un jaune souci. Les broderies sont puce ou brun foncé. Leur dessin est vague, insignifiant, n'a aucun rapport à des objets naturels, ni à des caractères d'écriture, ni encore moins aux hiéroglyphes. L'étoffe de la tunique a été tissue au métier; mais les broderies paraissent avoir été faites à *fils comptés*, c'est-à-dire suivant les procédés de la tapisserie au petit point.

Quant à leur nature, les chimistes ont reconnu que l'étoffe jaune de la tunique était de matière animale. Dans les broderies, au contraire, le tissu jaune ou le canevas est de matière végétale; mais le fil brun est de matière animale. Il serait téméraire de s'expliquer d'une manière moins vague sur la nature de ces substances; car il n'existe encore aucun moyen de reconnaître à qui de la brebis, de la chèvre ou du chameau, ont appartenu les matières animales, ni de reconnaître lequel du coton, du chanvre ou du lin a fourni la matière végétale.

A la tunique s'est trouvé joint le débris d'une autre étoffe de même couleur, mais plus foncée, ornée d'une broderie semblable. Ce débris est tissu de matière végétale. Il a de hauteur 0^m4, et une largeur égale. La largeur de la broderie est de 0^m2.

Ici se termine la description de ces précieux restes des

Égyptiens. Voici ce que le général Reynier nous a appris sur leur découverte, dans sa lettre du 12 brumaire, an XI :

« Je ne puis, dit-il, vous donner de renseignemens que sur le lieu où cette tunique a été trouvée. Afin de le désigner plus clairement, je joins un croquis du terroir, que je fais de mémoire.

« En frimaire an IX, je m'établis pendant trois jours à Saqqârah, avec quelques membres de l'Institut d'Égypte, afin de visiter la partie du rocher libyque, appelée la plaine des momies, et afin d'y faire des fouilles. Les lieux des sépultures ont été tellement remués à la superficie, depuis les fouilles commencées par les Grecs et les Romains, et continuées depuis, que ce n'est qu'après des recherches longues et bien dirigées, qu'on pourra en découvrir d'intactes. Les habitans du pays, craignant que les étrangers ne découvrent les trésors qu'ils y supposent enfouis, s'appliquent à leur cacher les lieux d'où ils tirent les objets qu'ils leur vendent; ni les promesses, ni les menaces ne purent les engager à nous donner des renseignemens. Aussi, nos fouilles ne nous procurèrent que quelques momies communes ou imparfaites et d'autres morceaux peu intéressans. Nous fûmes donc bornés à la reconnaissance du terrain, et à former des projets de fouilles plus considérables, qui auraient eu des résultats plus intéressans, si les circonstances et d'autres obstacles n'avaient empêché de les effectuer. J'engageai, par l'espoir du gain, les habitans des villages voisins à m'apporter tout ce qu'ils découvriraient, et quelques jours après, j'eus d'eux une belle momie d'homme bien conservée dans un cercueil de bois de sycomore, sculpté et peint; cette tunique, des vases de poterie antique, ainsi que des petites statues et d'autres figures emblématiques de terre cuite, qu'on trouve dans ces tombeaux. Ils me dirent qu'ils avaient tiré tous ces objets d'un caveau rempli de sable, qu'ils avaient déblayé. Ainsi, il paraît que cette tunique avait été déposée avec d'autres objets, et avec les figures emblématiques que les anciens Égyptiens plaçaient à côté des momies. Si elle avait servi de vêtement à un ouvrier, employé jadis aux inhumations, ou dans des temps postérieurs, à fouiller ces tombeaux, il n'est pas probable qu'elle fût chargée de broderies qui doivent avoir été réservées aux classes supérieures à celles des ouvriers.

« Je vous ferai observer sur ces broderies que les principaux habitans des villages, portent en hiver des robes de laine noire, très-amples, et chargées sur le dos de broderies analogues à celles de cette tunique, mais que le tissu et la coupe de ces robes sont très-différens.

« Je regrette bien qu'on n'ait pas fait les fouilles que nous avions projetées, particulièrement vers des ruines que je présume être celles de *Serapeum*, et à un grand puits dont le déblai avait été commencé et qui, suivant les probabilités, aurait conduit à des caveaux de quelque grande famille.

« Nous visitâmes aussi des pyramides situées au sud de Saqqârah, et qui n'ont pas été bien observées par les voyageurs; l'une d'elles, qui est fort grande, est ouverte; ses corridors et pièces intérieures présentent une distribution différente de celle de la pyramide de Gyzeh. Nous voulions y retourner avec des échelles, pour examiner des salles où nous n'avions pu monter. Nous projetions aussi de déblayer le conduit, encore ouvert, d'une autre pyramide plus intéressante que les autres ; elle n'a, en effet, été visitée par aucun voyageur, parce que, d'après une opinion superstitieuse, les Arabes mêmes l'évitent ; enfin, parce que le revêtement des deux faces est encore conservé, et qu'elle est d'une construction un peu différente. Mais les événemens qui nous ont fait perdre une colonie aussi précieuse, ont empêché ces recherches auxquelles mes occupations militaires m'ont moins permis de me livrer que je l'aurais désiré.

« Ces renseignemens sont bien faibles, etc., etc. »

Nous n'avons que des conjectures à présenter sur le temps où cette tunique a été tissue et sur le personnage qui l'a portée.

A-t-elle appartenu à un Grec sous le règne des rois macédoniens, ou à un Égyptien, soit à la même époque, soit pendant les siècles qui se sont écoulés avant l'établissement des Grecs en Égypte? D'abord, on ne peut croire qu'elle ait été à l'usage d'un Macédonien, parce qu'elle a de longues manches. La tunique grecque n'avait en effet ordinairement point de manches proprement dites ; lors même qu'elle en était garnie, ces manches n'atteignaient pas le coude, et celles de la tunique trouvée à Saqqârah, descendent presque jusqu'au poignet ; elles ont $0^m 4$ de longueur.

D'ailleurs, il ne paraît pas que la tunique des Macédoniens différât de celle des autres Grecs, non plus que leur chaussure, quoique leur chlamyde fût plus longue, et qu'ils portassent une coiffure particulière appelée *causia*. C'est ainsi, en effet, que leur habillement est caractérisé par Plutarque (*Briani*, in-4°, v, page 120), dans la vie d'Antoine, lorsqu'il décrit l'habillement d'un de ses fils, de Ptolémée qu'il avait déclaré roi de Phénicie, de Syrie, de Séleucie..... « Il portait, dit-il, des crépides (chaussure propre aux Grecs), la chlamyde et une *causia*, ceinte du diadême; car c'était le costume des rois qui avaient succédé à Alexandre. Πτολεμαῖον δὲ κρηπῖσι καὶ χλαμύδι καὶ καυσίᾳ διαδηματοφόρῳ κεκοσμημένον. αὕτη γὰρ ἦν σκευὴ τῶν ἀπ' Ἀλεξάνδρυ βασιλέων. De même Hérodien (liv. IV, ch. 13), peignant la folie de Caracalla, qui voulait ressembler à Alexandre, dit que, « il paraissait en public, portant l'habillement macédonien, coiffé avec la *causia* et chaussé avec les crépides. » προῄει δὲ αὐτος ἐν Μακεδονικῷ σχήματι, καυσίαν τε ἐπὶ τὴν κεφαλὴν φέρων, καὶ κρηπίδας ὑποδύμενος.

Dans ce texte et dans plusieurs autres semblables, il n'est fait aucune mention de la tunique. Nous croyons en pouvoir conclure qu'elle ne différait point de celle des autres Grecs, et que par conséquent elle n'avait pas de longues manches. Il paraît donc évident que la tunique trouvée à Saqqârah n'a point été portée par un Macédonien, ni par un Grec établi en Égypte.

Il est probable que même sous l'empire des Grecs, les Égyptiens qui n'étaient point attachés à leur service, conservèrent l'habillement propre à la nation. C'est pourquoi en attribuant la tunique à un Egyptien, nous n'assignerons aucune époque précise. Nous dirons seulement qu'on ne saurait remonter plus loin, qu'au temps où Thèbes ayant été abandonnée, Memphis acquit un haut degré de splendeur. Alors sans doute on creusa les grottes de Saqqârah qui sont à un myriamètre environ des ruines de Memphis. Ce fut dans le sixième siècle avant l'ère vulgaire que Cambyse ravagea Thèbes, qu'il la dépouilla de ses richesses et de ses ornemens. Le siècle le plus reculé que l'on puisse assigner pour le temps où la tunique égyptienne fut tissue, est donc le cinquième ou le quatrième avant le règne d'Auguste.

Nous ne pouvons pas mettre plus de précision dans ce que nous avons à dire sur le personnage qui l'a portée. Il n'était certainement pas de l'ordre sacerdotal; car il était défendu aux membres de cet ordre de se vêtir de laine. Hérodote (liv. II, p. 12) dit expréssement « les prêtres portent un seul vêtement fait de lin, et des chaussures de papyrus. Tout autre vêtement, toute autre chaussure leur sont interdits. Ἐσθῆτα δὲ φορέυσι οἱ ἱερέες λινέην μύνην, και ὑποδήματα βύβλινα· ἄλλην δὲ σφι ἐσθῆτα ἐκ ἔξεστι λαβεῖν, οὐδὲ ὑποδήματα ἄλλα.

Ils observèrent religieusement cette loi tout le temps qu'ils existèrent; et, sous l'empire des Romains, les prêtres d'Isis furent encore désignés, par la matière de leurs habillemens, *linigera turba*, la troupe vêtue de lin. C'est aussi des prêtres égyptiens que Pythagore avait adopté la manière de se vêtir. Jamblique dit, dans sa Vie (cap. 28) : « Son habillement était blanc, sans aucun ornement qui fût d'une autre couleur, et telles étaient les étoffes qui couvraient son lit. Les uns et les autres étaient tissus de lin, car il ne se servait jamais des dépouilles des animaux. Il persuada à ses disciples de l'imiter dans cet usage.» Ἐσθῆτι δὲ ἐχρῆτο λευκῇ καὶ καθαρᾷ· ὡσαύτως δὲ καὶ στρώματι λευκοῖς καὶ καθαροῖς· εἶναι δὲ καὶ τὰ τοιαῦτα λινᾶ. κωδίοις γὰρ ἐκ ἐχρῆ7ο· καὶ τοῖς ἀκροαταῖς δὲ τετὸ τὸ ἔθος παρέδωκεν.

Nous pouvons donc assurer que la tunique trouvée à Sakkârah, et qui est tissue de matière animale, n'a point servi à un prêtre égyptien.

Si nous étions mieux instruits sur les costumes des anciens habitans de l'Égypte et de leurs classes diverses[1], nous ne serions pas réduits à ne proposer dans ce rapport que des doutes et des inductions; mais nous ne possédons aucun ouvrage écrit en Égypte avant l'empire qu'y fonda Ptolémée, et nous ne connaissons les hommes qui l'habitaient avant cette époque que par les écrits de quelques Grecs qui les avaient visités. Hérodote est celui qui nous a transmis le plus de détails; c'est lui qui va nous instruire (l. II, p. 120, édit. Wesseling): « Les hommes, dit-il, ont deux vêtemens, les femmes un seul..... Ils portent des vêtemens de lin, et ils veillent soigneusement à ce qu'ils soient récemment lavés.»

Il dit ailleurs (ibid. p. 141) : « Les Égyptiens sont vêtus de tuniques de lin, garnies de franges autour des jambes, qu'ils appellent *calasiris*. Ils placent sur ces tuniques des vêtemens de laine blanche; mais ils ne portent pas les habillemens de laine dans les temples, et on ne les enterre point avec des vêtemens de cette matière, ce qui serait regardé comme malhonnête.»

[1] *Voyez* ci-dessus les notes de la page 555.

SUR LES PYRAMIDES D'ÉGYPTE, APP.   565

Ἑιμαῖα, τῶν μὲν ἀνδρῶν ἕκαστος ἔχει δύο. τῶν δὲ γυναικῶν ἓν ἑκάστῃ.... ἑιμαῖα δὲ λίνεα φορέυσι αἰεὶ νεόπλυῖα, ἐπιτηδεύοντες τῦτο μάλιστα.... Ἐνδεδύκασι δὲ κιθῶνας λινέυς, περὶ τὰ σκέλεα θυσανωτοὺς, ὃυσ καλέυσι καλασιρις. Ἐπὶ τύτοισι δὲ εἰρίνεα ἕιμαῖα λευκὰ ἐπαναβληδὸν φορέυσι· οὐ μέν τοι ἔσ γε τὰ ἱρα ἐσφέρεῖαι ἐιρίνεα, οὐδὲ συγκαταθάπτεταί σφι· οὐ γὰρ ὅσιον...

La tunique de Saqqârah n'a donc pu appartenir à une femme, puisque les Égyptiennes ne portaient qu'un seul vêtement tissu de lin. A la vérité, le second vêtement des hommes, celui qui se plaçait sur *la cabisiris* ou tunique de lin, était de laine; mais cette laine était blanche. Ainsi donc, à la rigueur, on ne peut dire que la tunique de Saqqârah a été portée par un Égyptien, car elle est jaune.

Il est cependant possible qu'elle doive cette teinte jaune à sa vétusté, ou que cette couleur fût la marque distinctive de quelque dignité. Hérodote n'ayant parlé que des Égyptiens en général, cette dernière supposition n'est pas invraisemblable.

Enfin ce que l'on doit conclure avec certitude du texte d'Hérodote, c'est que la tunique de Saqqârah n'a point été transportée dans les souterrains avec un cadavre qu'elle aurait enveloppé, puisque la matière animale dont elle est faite l'eût rigoureusement empêché de faire partie de l'appareil des sépultures. Donc, ou ces souterrains n'ont point été destinés à servir de tombeaux, ou, si telle fut leur destination (ce qui est certain), la tunique y a été cachée avec d'autres effets dans un temps de guerre et de dévastations.

Pour résumer nos conjectures, nous dirons :

1°. Que la tunique trouvée dans les souterrains de Saqqârah paraît avoir été tissue, au plus tôt, dans un siècle postérieur à Cambyse, c'est-à dire environ quatre siècles avant que l'Égypte ait fait partie de l'empire romain, mais au plus tard, avant le quatrième siècle des l'ère vulgaire ;

2°. Qu'elle n'a pu appartenir à un prêtre ni à une femme ;

3°. Que celui qui la portait était de la classe commune des Égyptiens, si c'est à sa vétusté qu'il faut attribuer la couleur jaunâtre de l'étoffe; mais qu'il occupait un rang distingué, si la tunique a été ainsi teinte à dessein.

4°. Enfin qu'elle n'a point été déposée avec un cadavre dans les grottes de Saqqârah, ces souterrains ayant servi de tombeaux, parce qu'il répugnait aux Égyptiens d'être ensevelis dans des tissus de laine; mais que dans ce cas elle y aura été portée avec d'autres richesses que l'on voulait soustraire à des ennemis.

C'est à ce court exposé que se réduit notre travail. Loin de blâmer notre réserve et notre brièveté, on nous en saura peut-être quelque gré, si l'on se rappelle combien les fictions et les systèmes ont d'attraits pour la plupart des hommes.

L'Institut connaît trop le prix des antiquités égyptiennes, dont le général Reynier lui a fait don, pour qu'il soit nécessaire de proposer ici de lui adresser des remercîmens avec une copie du rapport.

Mais nous lui proposons de donner à la Commission,

qui recueille et publie les observations et les découvertes faites en Égypte par nos compatriotes, communication de ce rapport, afin qu'il complette son précieux recueil.

Signé à la minute, Berthollet, Monge, Gossellin, Poirier, Ameilhon, Moitte, Gibellin et Mongez, *rapporteur.*

L'Académie approuve le rapport et en adopte les conclusions.

EXPLICATION SOMMAIRE

DE

PLUSIEURS PLANCHES D'ANTIQUITÉS

ANNEXÉES AU TEXTE[1].

I°.

SEIZE PLANCHES FORMAT IN-F°. REPRÉSENTANT L'INSCRIPTION INTERMÉDIAIRE DE LA PIERRE DE ROSETTE.

La pierre de Rosette est le premier monument qui ait fait concevoir en Europe la possibilité d'interpréter l'écriture hiéroglyphique : son importance mérite que l'on consigne ici les détails de la découverte qui en a été faite ; on les a puisés dans le *Courrier de l'Égypte*, recueil périodique publié au Kaire au temps de l'expédition française[2].

Pendant qu'on faisait des fouilles, par ordre du chef de bataillon du génie d'Hautpoul, à l'ancien fort de Rosette, situé sur la rive gauche du Nil à environ 6000 mètres du boghâz (dans le courant du mois d'août 1799),

---

[1] L'explication des sept autres planches annexées aux *Mémoires d'antiquités* est comprise dans les mémoires *respectifs*. (*Voir* la Table du tome IX.)

[2] *Courrier de l'Égypte*, n°. 37

M. Bouchard, officier de ce corps, trouva dans les fouilles une pierre de forme rectangulaire, en granit noir, écornée dans la partie supérieure, d'un grain très-fin et très-dur; ses dimensions étaient d'environ 1 mètre[1] de hauteur, de 0^{m}76[2] de largeur, et de 0^{m}26[3] d'épaisseur[4]. La face bien polie offrait trois inscriptions gravées et séparées en trois bandes parallèles. On remarqua que la première ou supérieure était composée de caractères hiéroglyphiques, bien formés, écrits en quatorze lignes, mais dont une partie considérable avait disparu par des fractures. La seconde, ou *inscription intermédiaire*, était en caractères inconnus, et composée de trente-deux lignes. La troisième ou inférieure était écrite en grec; on y comptait cinquante-quatre lignes de caractères, d'une écriture fine, sculptés avec soin et bien conservés comme ceux des deux autres inscriptions. D'après le désir du général Menou, on traduisit une partie de l'inscription grecque, M. Bouchard fut chargé de faire transporter au Kaire ce monument, et on le remit à l'Institut d'Égypte, qui ne tarda pas à reconnaître tout l'intérêt que cette pierre présentait pour l'étude des caractères hiéroglyphiques, peut-être même pour parvenir à trouver la clef de cette écriture.

On en tira sur-le-champ plusieurs empreintes pour les envoyer en France, et c'est ainsi que la première copie parvint en Europe : c'est M. le général Dugua qui l'offrit à l'Institut de France. Quant à la pierre

---

[1] 36 pouces.
[2] 28 pouces.
[3] 9 à 10 pouces.
[4] *Voir* la planche 54, *A.*, vol. v, pour les dimensions précises de la pierre.

même, elle tomba au pouvoir des Anglais par une des clauses du traité conclu à Alexandrie, et fut déposée au *British Museum*, à Londres. La gravure, qui fait partie du ve volume des planches d'antiquités, a été exécutée avec le soin le plus attentif et le plus minutieux : l'inscription intermédiaire et l'inscription grecque, d'après deux soufres rapportés par M. Raffeneau; et l'inscription hiéroglyphique, d'après l'empreinte en plâtre que j'en ai prise à Londres, en 1815. Plusieurs années ont été consacrées à ce travail.

La découverte de ce monument éveilla au Kaire l'attention des membres de l'Institut d'Égypte et de la Commission des sciences et arts, d'autant plus qu'on avait lu dans les dernières lignes du grec qu'une pierre semblable, et renfermant le même texte en trois caractères, devait être déposée dans chaque temple de l'Égypte. Et en effet, environ un an après (à la fin de septembre 1800[1]), M. Caristie, ingénieur des ponts et chaussées, découvrit dans une mosquée du Kaire nommée *Gama' Emyr Khour* ou *Nâsryeh* (du nom du quartier où elle est située), une pierre de granit noir, formant le seuil d'une porte de la mosquée. Il y reconnut aussi trois inscriptions en caractères différens. Le général en chef Menou permit que la pierre fût enlevée et transférée à l'Institut.

Cette pierre était fendue et séparée dans la moitié de sa longueur : ses dimensions étaient de 6 pieds de hauteur, 15 pouces[2] de largeur et 11 pouces d'épaisseur;

---

[1]. *Courrier de l'Égypte*, n°. 108.
[2] Ou plutôt 25 pouces : mon journal de voyage porte 2 pieds de large sur 5 de haut.

le granit, d'un grain très-fin. La première inscription ou la supérieure était en caractères hiéroglyphiques, composée de 26 lignes encadrées. La seconde était en caractères semblables à ceux dont les enveloppes de momies sont quelquefois couvertes, et que l'on soupçonnait être l'écriture cursive ou vulgaire des Égyptiens; on y comptait aussi vingt-six lignes. La dernière inscription était en grec et avait soixante-et-quinze lignes. Malheureusement les caractères des trois inscriptions étaient très-altérés et presque tous illisibles. A la partie supérieure de cette pierre, aussi fracturée, était sculptée une aile déployée, comme celles des globes ailés qui se voient sur les frontispices des temples égyptiens; ce symbole ornait donc le haut de la pierre; au-dessous on reconnaissait plusieurs des personnages qu'on remarque ordinairement dans les processions égyptiennes. Elle était évidemment du même genre que la pierre trouvée dans le fort de Rosette, et plus grande; mais à peine pouvait-on y déchiffrer quelques mots de suite. On reconnut cependant qu'elle appartenait au temps des Ptolémées. Ce monument est resté dans le palais de Hasan Kâchef, où l'Institut tenait ses séances.

Un troisième monument de la même nature a été découvert à Menouf; comme il a été décrit par M. Jollois dans le *Voyage dans l'intérieur du Delta*, nous renverrons à cet écrit, qui se trouve parmi *les Mém. d'État moderne*, tome xv, page 184.

INSCRIPTION INTERMÉDIAIRE

DE LA PIERRE DE ROSETTE.

Feu M. Raige, secrétaire interprète du gouvernement pour les langues orientales, et attaché en cette qualité à l'expédition d'Égypte, avait consacré plusieurs années à l'examen de *l'inscription intermédiaire* de la pierre de Rosette. Sa mort, arrivée en 1810, a suspendu ce travail, que l'auteur avait le dessein d'introduire parmi les *Mémoires d'antiquités*. D'après les premiers résultats qu'il avait obtenus, il proposa de faire graver *au trait,* séparément, tout le texte de cette inscription, afin d'en rendre l'étude plus commode. Cette proposition fut adoptée, tant dans l'intérêt de la science que pour servir au mémoire préparé par cet orientaliste. En effet, malgré le soin extrême apporté à la gravure *au fini* de la pierre de Rosette (Voyez *Ant.*, vol. v, pl. 51, 52 et 53), une gravure *au trait* (espèce de *fac simile* sans ombres) devait présenter quelque chose de plus net encore, et de moins sujet aux incertitudes de la lecture, attendu que l'original est fracturé en plusieurs endroits, et qu'on avait imité scrupuleusement dans le dessin *fini,* tous les accidens de la pierre.

En conséquence, l'inscription a été gravée dans le format petit *in-folio,* en seize planches, destinées à être annexées au texte, et renfermant chacune deux lignes de l'inscription : chaque ligne est coupée en quatre ; l'auteur a fourni lui-même l'indication de ces coupures, de manière à correspondre, selon lui, à la fin d'un mot :

c'est ce travail qui est sous les yeux du lecteur. La Commission regrette de ne pouvoir joindre à ces planches que l'alphabet et non les recherches de M. Raige : les manuscrits qu'il avait laissés ne sont pas à sa disposition. L'alphabet lui-même est incomplet, et il contient quelques erreurs ; il n'était pas sans doute arrivé au point d'exactitude que l'auteur croyait pouvoir atteindre ; au reste il diffère de celui qui a été publié par feu M. Akerblad. Toutefois, la Commission a pensé qu'elle ne devait pas priver le public de cette collection de planches gravées depuis long-temps, et qui sont propres à faciliter l'étude d'un des monumens les plus précieux de l'antiquité égyptienne.

E. J.

(*Voyez* le tableau ci-joint.)

ALPHABET DE L'INSCRIPTION INTERMÉDIAIRE.

FRANÇAIS.	HÉBREU.	ARABE.	INITIALES.	MÉDIALES.	FINALES.
A.	א	ا	1, 2	1	1
B.	ב	ب	. . .	3, 4	. . . .
G.	ג	ج	. . .	. . .	. . . .
D.	ד	د	. . .	5, 6	7
H.	ה	ه	. . .	7	8
O, ou.	ו	و	9	10, 11	12, 13
Z.	ז	ز	. . .	.	. . . .
Hh.	ח	ح	. . .	14, 15, 16	17, 18
Tt.	ט	ط	. . .	19	. . . .
I, y.	י	ى	20	21, 22, 23, 24, 25	26, 27, 28
K.	כ	ك	. . .	29	. . . .
L.	ל	ل	. . .	30, 31 (ll.)	32
M.	מ	م	33, 34	35, 36	37
N.	נ	ن	. . .	38	39
S.	ס	س	. . .	40	. . . .
A', E'.	ע	ع	41	. . .	. . . .
P, ph, f.	פ	ف	42, 43	2	44
Ss.	צ	ص	. . .	45, 46, 47	. . . .
Q.	ק	ق	. . .	. . .	. . . .
R.	ר	ر	48	49 douteux.	50
Ch.	ש	ش	51, 52	53, 54	55
T.	ת	ت	56	57, 58, 59	. . . .
Dd.	ץ	ظ	. . .	douteux.	. . . .
Kh.	ח	خ	. . .	60	. . . .
X.	. . .	. . .	. . .	61	. . . .

Valeurs de vingt-un des Signes ci-dessus, selon M. Akerblad.

1, 31, Ε; 2, Β; 4, Φ; 5, Ψ; 13, Η; 13, Γ; 14, Χ; 14, Θ; 20, Ο; 22, 24, Η, 31, ΕΙ, Ι;
27, Ι; 29, Γ; 29, Κ; 31 (la ligne oblique seulement), Λ; 32, Ⲙ; 33, Ⲙ; 40 (avec trois traits), Ϲ;
43, Π; 48 (sans la barre droite), Π; 50, Ρ; 54, Ϣ; 58, Ϭ; 59, Δ; 59, Τ; 59, Β; 61, Σ.

II°.

PLANCHE FORMAT PETIT IN-F°., REPRÉSENTANT DES MÉDAILLES DE SYRIE

Recueillies par M. DE CORANCEZ.

Explication sommaire de la planche.

Fig. 1.   CLÉOPATRE, reine de Syrie, coiffée comme dans la fig. 2.

Fig. 2. Æ.   Tête diadèmée d'Antiochus VIII, et tête de Cléopâtre, reine de Syrie, coiffée d'un voile : Victoire ailée.
ΒΑΣΙΛΙΣΣΗΣ ΚΛΕΟΠΑΤΡΑΣ ΘΕΑΣ ΚΑΙ ΒΑΣΙΛΕΩΣ ΑΝΤΙΟΧΟΥ, avec l'époque $\overset{T}{\underset{\Sigma}{H}}$.
(Voir la médaille phénicienne d'Aradus, ou de Marathus, avec la même tête de Cléopâtre au revers.)

Fig. 3. Æ.   Tête de Vespasien, VESPASIANUS CAISAR.
Médaille semblable de Parium ; au-dessous, AVGVSTVS.

Fig. 4.   QVINTVS PACVVIVS RVFVS LEGATVS (Parium).

Fig. 5. Æ.   Tête d'Antiochus IV radiée ; Apollon debout, lançant une flèche.
ΒΑΣΙΛΕΩΣ ΑΝΤΙΟΧΟΥ ΘΕΟΥ ΕΠΙΦΑΝΟΥΣ (revers extraordinaire).

Fig. 6. 8. Æ.   Médailles des Perses en Syrie.

Fig. 7.   *Voyez* fig. 10.

576 EXPLICATION DES PLANCHES D'ANTIQUITÉS.

Fig. 10. Æ. Ƽ. Antiochus 1er, roi de Syrie. Ces médailles sont précieuses pour le caractère de la tête du roi [1].

Fig. 11. Ƽ. Médaille phénicienne trouvée à Gebel (Gabala).

Fig. 12. Æ. Figure debout dans un temple; tête de Plautilla. ΓΑΒΑΛΕΩΝ — ΑΥΓΟΥΣΤΑΝ ΦΛΟΥΙΑΝ. (de Gabala.) Même figure debout, et même épigraphe avec la tête de Pescennius Niger. ΝΙΓ. ΑΥΓ.

Fig. 13. Médaille phénicienne. *Voyez* fig. 8.

[1] Il y avait deux de ces médailles; on n'en a gravé qu'une seule.
Nota. L'indication du métal manque pour plusieurs médailles.

III°.

PLANCHES GRAND-FORMAT, RELATIVES A LA GÉOGRAPHIE COMPARÉE.

CARTE ANCIENNE ET COMPARÉE DE L'ÉGYPTE :

Carte générale de l'Égypte à l'échelle de 1 pour 1500000[1], et Carte particulière de la basse Égypte, à 1 pour 500000.

L'ESPACE représenté sur la première de ces cartes comprend les lieux suivans : 1°. vallée du Nil, partie située entre la mer et l'ancienne Talmis, au-dessus de la dernière cataracte; 2°. la portion adjacente du désert de Libye jusqu'au 27e degré à l'est du méridien de Paris; 3°. le pays compris entre le Nil et la mer Rouge; 4°. la péninsule du mont Sinaï, et l'isthme de Soueys jusqu'à la Méditerranée; 5°. une partie de la Palestine jusqu'à Jérusalem, et une portion de l'Arabie jusqu'au 35e degré et demi de longitude est. Ce travail repose presque en entier, soit sur les opérations topographiques faites par les ingénieurs de l'armée française pendant le cours de l'expédition, soit sur la carte générale en trois feuilles, rédigée par le colonel Jacotin dès l'année 1803 [2]. De là vient que l'on y a conservé,

---

[1] Le rapport de l'échelle de *la carte générale* est de 2 à 3 avec celle de la carte d'Égypte en trois feuilles, et de 1 à 15 avec celle de la grande carte topographique en quarante-sept feuilles; la *carte particulière* est à une échelle trois fois plus grande.

[2] Le travail sur lequel sont appuyées ces cartes a été présenté à la Commission d'Égypte le 22 août 1814, et les cartes terminées, à l'Institut de France, quelques années après.

comme dans la carte de d'Anville, les deux branches du golfe d'el-Aqabah, l'ancien *Ælanites sinus*. Toutes les autres parties de la carte sont également restées telles qu'elles avaient été construites et rédigées, à l'exception de deux, savoir : les positions de la petite et de la grande Oasis, et une bande du désert à l'est du Nil, comprise entre les 24ᵉ et 25ᵉ parallèles [1]. Il serait inutile d'entrer dans d'autres détails sur les matériaux ou sur la *construction* de la carte, puisqu'on aurait à répéter ce que le colonel Jacotin a développé dans son Mémoire sur la construction de la carte d'Égypte ; mais nous devons expliquer la cause de l'omission d'un grand nombre de lieux qui sont connus pour exister dans cet espace. En général, on n'a inscrit parmi les noms des lieux actuels que ceux qui correspondent à d'anciennes positions ; les autres ont été élagués. Sans cette condition, la nomenclature de la carte aurait été beaucoup plus étendue ; mais elle aurait fait double emploi avec la grande carte d'Égypte [2].

Le but qu'on s'est proposé a été, 1°. d'indiquer quelles furent autrefois dans la vallée du Nil, et à différentes époques, la place des villes et des autres lieux occupés par la population égyptienne, et celle des canaux, branches et embouchures du fleuve ; de montrer les grandes divisions du pays et les circonscriptions des nomes ou provinces, et, dans les parties adjacentes,

[1] Pour ces deux parties on s'est servi des observations faites par M. Frédéric Cailland en 1819, qu'on a eu le temps d'introduire dans la carte avant l'impression.

[2] *Voyez* la carte topographique en quarante-sept feuilles et la carte en trois feuilles.

l'emplacement des principales positions connues des anciens, ainsi que des stations, des montagnes, des lacs, des ports, des golfes, des îles; 2°. de rassembler toutes les distances appelées itinéraires, et les autres intervalles exprimés par des mesures de diverses espèces et que nous ont transmis les auteurs grecs et romains : en conséquence, on a tracé des lignes d'un point à l'autre, et au milieu de ces lignes on a inscrit la mesure en milles, en schœnes ou en stades [1].

Plusieurs échelles ont été gravées au bas de la carte, pour servir à comparer les longueurs des intervalles, et à les évaluer en mesures des différentes espèces, c'est-à-dire qu'en portant le compas sur deux points dont la distance est exprimée en milles, par exemple, ou bien n'a pas été inscrite, on voit aisément combien il y a entre eux de mètres ou de lieues, ou de stades et de schœnes de différens modules.

Les noms des villes et stations anciennes, des anciens noms et bras du fleuve, etc., sont en lettres *capitales* ou *romaines;*

Les noms des lieux modernes, en lettres *italiques;*

Les accidens du sol, les vallées, montagnes, lacs, îles, etc., en lettres dites *anglaises*. Quelquefois on a placé des villages modernes sans nom antique au-dessus; c'est lorsque celui-ci est ignoré, mais que le lieu renferme des ruines.

Les nombres inscrits *entre parenthèses* sur les lignes ou bases qu'on a tracées d'un lieu à l'autre, sont des

---

[1] Les chiffres romains, sans autre indication, indiquent toujours des milles romains.

corrections des nombres placés les premiers (ou à la gauche), corrections expliquées et justifiées dans le Mémoire général[1].

Avant d'entrer dans d'autres développemens sur *la carte ancienne*, nous devons prévenir l'objection qu'on pourrait élever contre l'utilité d'un pareil travail, venant après celui de d'Anville, qui est si justement estimé. On demandera peut-être aussi pourquoi nos cartes présentent la géographie de plusieurs époques; ce qui pourrait amener de la confusion, surtout dans un pays qui a tant de fois changé de maîtres. Enfin l'on remarquera peut-être que plusieurs des noms mentionnés dans les auteurs, ne figurent pas sur ces cartes.

Il est vrai que les cartes de d'Anville et ses mémoires géographiques sur l'Égypte jouissent, et à juste titre, d'une haute réputation; il n'est pas un voyageur, pas un érudit, à qui ces travaux n'aient été du plus grand secours. Sa carte a été un guide presque toujours sûr pour l'expédition française; elle a servi au général, à l'astronome, à l'ingénieur, à l'artiste, à l'antiquaire : aussi

---

[1] Le *Mémoire sur la géographie ancienne de l'Égypte* n'a pu trouver place dans cette collection, à cause de son étendue et du temps qu'aurait demandé l'impression, temps qu'il n'a pas été possible d'y consacrer après celui qui a été donné à la publication de la *Description de l'Égypte*. Si le public approuvait ces cartes et l'exposition succincte qu'il a sous les yeux, son suffrage nous déciderait à mettre la dernière main à ce mémoire, et à le publier séparément. La même observation s'applique à plusieurs écrits annoncés dans les volumes précédens sur les bas-reliefs astronomiques et sur différens sujets d'antiquité et de géographie. Ces recherches seraient suivies du compte rendu de l'exécution de l'ouvrage, et j'y ajouterais les notices biographiques qu'on devait joindre d'abord aux portraits de MM. Conté, Lancret, Monge et Berthollet, comme un tribut payé à leur mémoire, comme un juste hommage rendu à d'éminens services.

nous avons toujours payé un tribut d'admiration au
mérite de cette production, que l'auteur affectionnait
d'une manière particulière. Malgré les changemens considérables que les observations astronomiques, et les
opérations des ingénieurs français, ont apportés à la
carte d'Égypte de d'Anville, n'est-ce pas en effet un sujet d'étonnement qu'il ait pu, de son cabinet, démêler
si bien la vérité, malgré les contradictions des écrivains, et même, qu'il ait su distinguer et écarter les
témoignages des voyageurs inexacts? Si le cours du
Nil dans la haute Égypte y est d'un degré trop à l'ouest,
on reconnaît, d'un autre côté, que la longitude de
Soueys est parfaitement exacte, ainsi que la latitude
d'Alexandrie et de Canope; la distance d'Alexandrie à
Péluse est exacte aussi, et il en est de même de la position
de Damiette par rapport au Kaire. Mais Péluse et
Soueys sont trop au nord de dix minutes; Alexandrie,
Péluse et Taposiris sont trop à l'est de dix-huit minutes; le véritable cours du Nil et son cours suivant D'Anville, se coupent plus de dix fois, etc.; on ne peut donc
regarder comme superflue la publication d'un travail
sur la géographie comparée de l'Égypte.

En second lieu, la confusion des différentes époques
de la géographie de l'Égypte sur nos cartes n'est qu'apparente. Puisque la carte d'Égypte est peu chargée, ne
valait-il pas mieux y porter ces différentes indications,
que de le faire sur quatre ou cinq cartes composées pour
l'époque d'Hérodote et de Diodore, pour celles de Strabon, Pline et Ptolémée, pour le moyen âge, pour les
temps des Arabes et les temps modernes? Avec une

légère attention, il n'est pas difficile de discerner ce qui appartient à chacune de ces époques différentes. On a donc cru devoir appliquer ici toutes les désignations antiques, afin que les lecteurs pussent suivre sur une même carte les descriptions des divers auteurs grecs et latins qui ont traité de l'histoire de l'Égypte jusqu'au VIe siècle de l'ère vulgaire. Un simple tableau classé par époques et par dénominations établira la distinction des âges, et complétera les notions fournies par la carte, dont la nomenclature fondamentale est formée des anciens noms qu'ont transmis Hérodote, Diodore et Ptolémée.

Enfin, si l'on ne trouve pas ici tous les noms de lieux quelconques dont ont fait mention les divers écrivains de l'antiquité, depuis les plus anciens temps jusqu'à celui de la Table Théodosienne, c'est qu'il en est qui se rapportent à des lieux dont la position est tout-à-fait ignorée. Il est même de ces noms dont l'écriture est très-incertaine; c'est pour ce motif que nous avons omis plusieurs noms de la Table Théodosienne, évidemment corrompus. Plus de cinquante noms de villes et de lieux sont cités par Étienne de Byzance, Héliodore, la Notice de l'Empire, etc., sur lesquels on n'a pas plus de lumières. D'un autre côté, il existe en Égypte une multitude de ruines sans application d'aucun nom antique ou moderne; ordinairement les habitans les appellent d'un nom banal, *Koum el-ahmar*, la montagne Rouge, parce que c'est à peu près la couleur des débris de briques dont étaient formées les habitations; nous avons posé sur la carte et désigné toutes ces ruines et tous les vestiges d'antiquités, pour qu'on puisse étendre un jour la comparaison de l'état moderne avec l'état ancien. L'*Index géographique de l'Égypte*, ou *Liste générale des noms de lieux de l'Égypte*, que nous avons inséré dans une autre partie de l'ouvrage [1], sera d'un utile secours pour compléter ce rapprochement.

Les noms de lieux en qobte n'ont été employés qu'en petit nombre; il eût fallu en quelque sorte une carte spéciale pour la géographie qobte.

Nous ne pouvons donner ici que des indications sommaires pour chaque partie du travail de la géographie comparée de l'Égypte, mais qui suffiront pour en faire connaître les bases ainsi que la marche suivant laquelle nous avons procédé.

I. ÉTAT PRÉSENT de l'ÉGYPTE (2). *Étendue, limites, superficie, positions astronomiques des lieux* (3); *cours du Nil et ses variations; irrigation; nombre des villes et villages, index géographique général, provinces et circonscriptions actuelles* (4); *population* (5). Ces bases sont le véritable fondement de la géographie ancienne.

II. EXAMEN DES AUTEURS. 1°. *Distances des lieux, rapportées par les auteurs des divers âges, et dans les anciens itinéraires; distances exprimant les grandes dimensions de l'Égypte; distances à l'équateur ou distances astronomiques;* 2°. *Descriptions géographiques des auteurs propres à faire connaître la position et les noms des lieux, à défaut de mesures expresses.*

III. APPLICATION DES DISTANCES SUR LE PLAN DE L'ÉGYPTE. *Valeurs des mesures anciennes, déduites des intervalles bien*

---

[1] Voyez tome XVIII, 3ᵉ partie, p. 35.

[2] Pour l'année 1800.

[3] Ces quatre points forment le sujet des publications de M. le colonel Jacotin et de M. Nouet, astronome de l'expédition.

[4] Voyez l'*Index géographique*, tome XVIII, 3ᵉ partie.

[5] Tome IX, page 103.

connus et appliqués à tous les autres. *Exactitude de ces distances, quand on les prend sur la carte moderne, à vol d'oiseau, ou en ligne droite; intervalles itinéraires. Ancienne carte topographique ou cadastrale en Égypte, source des mesures citées par les auteurs grecs et latins.*

IV. SUITE DE L'ARTICLE PRÉCÉDENT. *Canevas du plan de l'Égypte entière, du Delta et de la basse Égypte; sorte de réseau ou chaîne formée par des lignes ou bases continues, d'un bout de l'Égypte à l'autre.*

V. EMPLACEMENT DES ANCIENS LIEUX. *Correspondance des lieux anciens et modernes, ou nomenclature comparée; détermination des chefs-lieux, des villes secondaires et de troisième ordre, des stations, montagnes et autres lieux de la vallée, des golfes, ports et îles de la mer Rouge et de la Méditerranée. Noms de lieux tirés des médailles. Altérations diverses que les noms ont subies sous les Grecs, les Romains et les Arabes. Noms conservés de l'antiquité. Tableau des noms classés selon les différentes époques et dominations.*

VI. DIVISIONS ADMINISTRATIVES. *Circonscription des grandes divisions de l'Égypte, des nomes ou préfectures sous les anciens rois, les Perses, les Grecs et les Romains, des évêchés sous les chrétiens, enfin des provinces arabes comparées aux anciennes.*

VII. BRANCHES DU NIL, CANAUX et EMBOUCHURES. *Recherche des anciens bras du Nil, des canaux naturels ou artificiels existant à différentes époques, et des embouchures du fleuve: comparaison des branches du Nil suivant les différens auteurs. Lacs et eaux stagnantes.*

VIII. EXAMEN DES DIFFÉRENTES CARTES ANCIENNES PUBLIÉES SUR L'ÉGYPTE. *L'on essaiera d'assujétir la carte de Ptolémée au véritable plan de l'Égypte, qu'il semble avoir méconnu*[1]; *quant aux cartes que l'on pourrait, sinon construire exactement, du moins couvrir de noms d'après Hérodote, Diodore de Sicile, Strabon et Pline, elles*

---

[1] Toutefois, voyez ci-dessous, page 598.

sont, pour ainsi dire, toutes réunies dans les deux cartes qui sont sous les yeux du lecteur.

L'état présent de l'Égypte (I) a été traité dans les mémoires spéciaux [1]; la correspondance des lieux actuels avec les anciens (V) et l'examen des cartes anciennes (VIII) ne peuvent ici trouver place; nous ne traiterons que des cinq autres articles, et succinctement; et d'abord nous ferons l'application sur le sol de plusieurs des distances principales rapportées par les auteurs.

(II, III, IV) Hérodote cite une de ces distances, qui était à ce qu'il paraît bien connue des habitans : *l'intervalle entre la mer et Thèbes*: cet intervalle était, dit-il, de 6120 stades [2]. Une telle mesure n'a aucun rapport avec le contour du Nil, d'abord de Thèbes à Memphis, puis par le Delta jusqu'au golfe Pélusiaque : et cela, de quelque mesure qu'on fasse usage. Mais il est constant, d'après les observations astronomiques ou géographiques faites en ces deux endroits, que *l'arc terrestre de Thèbes à la mer (bouche Tanitique)* comprend exactement 6120 petits stades d'Égypte (ou de la mesure d'Hérodote) [3]. Remarquons que ce n'est pas

---

[1] *V.* ci-des., p. 588, notes 3, 4, 5.

[2] Voici le texte : Ἀπὸ δὲ Ἡλιουπόλιος ἐς Θήβας ἐστὶ ἀνάπλοος ἐννέα ἡμερέων. Στάδιοι δὲ τῆς ὁδοῦ ἐξήκοντα καὶ ὀκτακόσιοι καὶ τετρακισχίλιοι, σχοίνων ἑνὸς καὶ ὀγδώκοντα ἐόντων. Οὗτοι συντεθειμένοι στάδιοι Αἰγύπτου, τὸ μὲν παρὰ θάλασσαν, ἤδη μοι καὶ πρότερον δεδήλωται ὅτι ἑξακοσίων τέ ἐστι σταδίων καὶ τρισχιλίων· ὅσον δέ ἐστι τῆς ἀπὸ θαλάσσης μέχρι Θηβαίων μεσόγαια ἐστὶ σημανέω. Στάδιοι γάρ εἰσι εἴκοσι καὶ ἑκατὸν καὶ ἑξακισχίλιοι. Τὸ δὲ ἀπὸ Θηβαίων ἐς Ἐλεφαντίνην καλεομένην πόλιν στάδιοι εἴκοσι καὶ ὀκτακόσιοι εἰσί. Liv. II, ch. IX, éd. Gale, Lond. 1679.

[3] J'ai pris toutes les mesures sur la grande carte topographique en quarante-sept feuilles.

là un nombre rond, comme si l'on eût dit 6000 stades.

Péluse est un peu moins éloigné de Thèbes, et sa distance est seulement de 6000 stades. Si l'on croyait devoir préférer ce point de départ (ou bien le point de la côte où aboutit le méridien de Thèbes), cette différence ne pourrait atténuer ce qu'il y a de frappant dans le rapprochement; il suffirait à lui seul pour montrer que les grandes distances rapportées à Hérodote par les indigènes, ne sont pas des mesures itinéraires. Il paraît évident que ceux qui indiquaient ces distances aux voyageurs grecs, les empruntaient à un plan de l'Égypte, et ce plan devait être d'une grande exactitude, à en juger par la conformité presque parfaite de ces nombres avec ceux que fournit la géographie moderne.

L'interprétation donnée par les traducteurs français à ce passage important, n'est pas plus fondée sur les expressions mêmes de l'auteur que sur la connaissance du local; le sens de l'auteur y est dénaturé, et commenté en conséquence; Hérodote dit seulement que *sur le Nil*, on compte d'*Héliopolis à Thèbes* neuf journées de navigation; qu'il y a 4860 stades de chemin et que ces stades sont des stades d'Égypte.... et qu'en se dirigeant *à travers, les terres*, [μεσόγαια ou ἐς μεσόγαιαν], depuis la mer jusqu'à Thèbes, il y a 6120 stades. Il est manifeste que cette dernière mesure est prise à vol d'oiseau, tant elle diffère de la distance que supposerait la navigation sur la branche Pélusiaque et sur le Nil jusqu'à Thèbes, ou bien un chemin de terre voisin du cours du fleuve. On ne pourrait d'ailleurs choisir ces lignes sans arbitraire, tandis que la distance en li-

GÉOGRAPHIE COMPARÉE.   587

gne droite ne souffre aucune équivoque¹. Le plan de
l'Égypte prouve donc, selon moi, que la distance *directe* de Thèbes à la mer était connue des Égyptiens
avec exactitude; en effet les 6120 stades expriment l'arc
terrestre d'un point à l'autre, ou à très-peu près la différence en latitude.

Il en est de même de la distance entre Thèbes et Éléphantine, qui, dans le texte, vient immédiatement
après; cette distance était, dit-il, de 820 (ou plutôt
de 1820) stades ²; or, on trouve très-exactement 1820
stades égyptiens entre le parallèle de Thèbes et celui
d'Éléphantine; ce nombre est donc encore la différence
des lieux en latitude : il n'a pas plus d'application que
le précédent au cours du Nil, quoique le fleuve ait ici
moins de contours.

Il en est encore ainsi de la distance entre Héliopolis
et la mer, assignée par Hérodote, toujours d'après les
mêmes autorités. Au chapitre vii du ii⁰ livre il rapporte
que la distance de la mer à Héliopolis est de 1500 stades, complets, nombre qui suivant lui différait en plus,
de 15 stades, de celle d'Athènes à Pise : πληροῖ ἐς τὸν

---

¹ On pourrait objecter sans doute
que la mesure de 4860 stades est
exacte aussi en ligne droite, mais non
pas comptée sur le fleuve; car ce
nombre est précisément égal à la
distance des parallèles de Thèbes et
d'Héliopolis, ou à la différence en
latitude; mais est-il certain que ces
deux membres de phrase ἐστὶ ΑΝΑ-
ΠΛΟΟΣ ἐννέα ἡμερέων, et στάδιοι δὲ
τῆς ΟΔΟΥ ἑξήκοντα καὶ ὀκτακόσιοι καὶ
τετρακισχίλιοι.., doivent être enten-
dus dans un même sens, ainsi que

l'ont admis les traducteurs? Il pourrait y avoir neuf journées de *navigation* sur le Nil, entre Héliopolis et
Thèbes, et cela sans rapport avec
les 4860 stades de chemin ou de distance directe d'un point à l'autre :
j'omets d'autres remarques sur ce
chapitre important du livre ii.

² Après στάδιοι εἴκοσι καὶ ὀκτακόσιοι, il faut suppléer καὶ χίλιοι. C'est
ce qui résulte nécessairement de la
carte moderne.

ἀριθμὸν τοῦτον· or, prenant sur l'échelle une ouverture de compas de 1500 stades d'Égypte, et une pointe du compas étant placée sur le centre des ruines de Péluse, l'autre pointe tombera exactement sur les ruines d'Héliopolis [1].

Citer ici toutes les grandes distances qui donnent lieu à la même observation, et en faire voir la conformité avec le plan de l'Égypte, serait s'engager dans de trop longs développemens et anticiper sur le mémoire dont il a été parlé : cependant je ferai encore mention de plusieurs de ces intervalles. Tandis que le contour du fleuve et des canaux, depuis Alexandrie jusqu'à Syène, est de 750 ou 800 milles romains, on trouve entre ces deux villes, en ligne droite, cinq cent soixante-dix milles : or, ce nombre de cinq cent soixante-dix milles est justement celui qui est cité dans Pline, mais donné à la vérité pour une longueur itinéraire. Un arc terrestre aussi étendu, est comme une base immense à l'aide de laquelle on pourrait construire la carte ancienne de l'Égypte. En effet, on sait que la différence de latitude entre ces deux villes était connue pour être de 5000 stades de 700 au degré, et cette mesure est très-exacte; on conclut de ces deux données une différence en longitude exactement égale à celle qui a été observée de nos jours.

Je mentionnerai aussi une mesure de 817 stades entre Arsinoë et la bouche Pélusiaque, c'est la mesure précise de l'isthme de Soueys en stades, enfin les dis-

[1] Voyez la *carte ancienne générale* ainsi que la *carte particulière* de la basse Égypte.

tances de la tête du Delta à Péluse et à Alexandrie, de 25 et de 28 schœnes, suivant Artémidore cité par Strabon. Toutes ces distances et un grand nombre d'autres, présentent la même remarque, savoir, que comptées en ligne droite, elles sont rigoureusement exactes, tandis que mesurées sur les contours des chemins ou des canaux, elles n'ont plus d'application possible.

De là se tire cette conséquence, que les mesures citées par les auteurs grecs et romains étaient des nombres empruntés à une carte antique, probablement à un ancien cadastre ou table topographique du pays, et qui ont été rapportés aux voyageurs par les indigènes, la plupart du temps en mesures mêmes du pays, c'est-à-dire en schœnes et en stades; ces nombres sont conformes aux distances *directes* des lieux, mesurées sur la carte moderne. On peut faire la même observation pour les distances en *milles* des itinéraires romains, que je regarde la plupart comme des nombres de grands stades égyptiens convertis en milles (à raison d'un mille pour 8 stades); ces nombres, sauf ceux qui ont été dénaturés dans les manuscrits, sont généralement exacts, pourvu qu'on les compte en ligne droite [1].

Toutes ces distances ont été mesurées et comparées par moi, sur la grande carte topographique de l'Égypte à *un cent-millième*, laquelle assemblée, forme une grande feuille longue de 27^{ds} sur 15^{ds} de large; et non

[1] Les mesures qui diffèrent des distances vraies pèchent ordinairement par défaut ; ce serait le contraire si ces mesures étaient des distances itinéraires.

pas sur une réduction qui n'aurait pas permis d'apprécier l'accord ou les différences.

On objectera peut-être qu'en changeant le module des mesures, par exemple supposant des stades de 500 au degré, au lieu de stades de 600 au degré, on aurait des lignes plus longues d'un cinquième, et par conséquent de véritables routes itinéraires. Mais le mille romain est nécessairement de 75 au degré; or, les mesures en milles sont exactes en ligne droite; ainsi un intervalle direct de dix milles, par exemple, représente et suppose une mesure, directe aussi, de 80 stades de 600 au degré. De plus, comment expliquerait-on que les longueurs des chemins, si variables, toujours modifiées par les circonstances locales, par les nombreux canaux, et le défaut de ponts, étaient constamment et invariablement d'un cinquième en sus de la distance directe? Il en est ainsi des mesures de stades.

Il suit encore de ce qui précède, que la suite des lignes dont il s'agit forme une espèce de chaîne ou de réseau, une sorte de canevas géométrique, presque continu, dont tous les points feraient découvrir la place des anciens lieux, si elle n'était pas connue par des ruines ou vestiges. Par exemple, les deux extrémités de l'Égypte, Syène et Alexandrie, seraient déterminées par les deux distances de 5000 stades et de 570 milles; le sommet du Delta, par les deux distances d'Alexandrie et de Péluse à ce point, de 28 et 25 schœnes; Héliopolis, par la différence en latitude avec Syène, égale à 1820 plus 4860 stades, et sa distance à Péluse égale à 1500 stades; Thèbes, par sa distance au parallèle de

Syène, de 1820 stades, et sa distance à la mer de 6120 stades : le fond du golfe Arabique (vers Arsinoë ou Héroopolis) par les distances à Péluse et à la bouche Pélusiaque, etc. Partant de ces points, on retrouverait les points secondaires avec la même facilité, au moyen des distances plus petites, puisées dans les sources historiques, et l'on remplirait graduellement tous les intervalles, à l'aide des nombres tirés des itinéraires anciens.

Cette marche est nécessairement l'inverse de celle que nous avons suivie et dû suivre, les noms antiques de la carte ayant été d'abord inscrits sur les ruines ou à côté des lieux modernes, et d'après des considérations différentes. C'est en portant sur les lignes qui joignent toutes ces positions, les nombres de stades et de milles conservés dans les auteurs, que nous avons remarqué leur conformité frappante avec les distances vraies des lieux. Nous croyons donc que l'on reconnaîtra la réalité de ce fait, intéressant pour l'histoire de la géographie, savoir la conformité des nombres qui expriment les distances en stades et en milles, avec le plan de l'Égypte. Par l'impossibilité de l'expliquer autrement, on sera amené à conclure que tous ces nombres sont empruntés à une ancienne carte cadastrale ou topographique de l'Égypte. Nous espérons aussi que les cartes suppléeront au peu de développemens de ces résultats, et que les géographes reconnaîtront qu'ils ne sont pas sans fondement : bien des années de recherches et de réflexions n'ont rien ôté de notre conviction à cet égard, et l'ont au contraire de plus en plus confirmée.

592 EXPLICATION DES PLANCHES D'ANTIQUITÉS.

Le trait ci-joint donne une idée de cette sorte de charpente de l'ancienne carte attribuée par nous aux Égyptiens : les positions sont extraites de la carte moderne, et les mesures sont fournies par les auteurs.

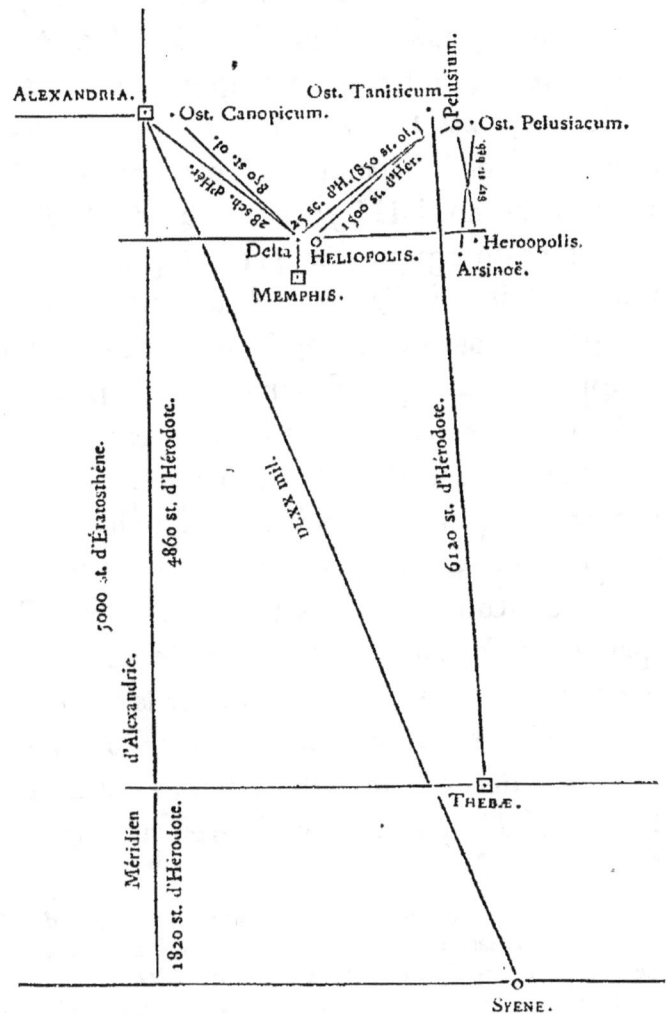

A l'échelle de $\frac{1}{7500000}$.

La question des *circonscriptions administratives* de l'Égypte (VI) est encore pleine d'obscurités : autant il est aisé de reconnaître à cet égard certains points incontestables, autant il est difficile de généraliser les résultats. Tout le monde connaît 1°. la division du pays en haute et basse Égypte (aujourd'hui *Sa'yd* et *Ryf* [1]), ayant pour limite, autrefois Memphis, et dans les temps modernes, Fostât et le Kaire; 2°. la subdivision du pays supérieur en Thébaïde et Heptanomide [2], confinant ensemble au nord de Lycopolis ou Syout; 3°. enfin celle de la basse Égypte, en petit et grand Delta, avec les deux régions à l'est et à l'ouest des bras du fleuve, jusqu'au rivage de la mer Méditerranée. Il n'est personne qui ne sache que chacune de ces parties de l'Égypte était partagée en nomes ou préfectures; mais quelle était la circonscription de ces nomes? Quels ont été leur nombre et leurs limites précises, à chacune des époques historiques, sous les anciens rois, sous les Grecs, sous les Romains, sous le Bas-Empire? C'est ce que personne n'a encore déterminé. Je ne présente donc le travail dont on voit le résultat sur la carte, que comme un faible essai, susceptible d'être modifié et amélioré par des découvertes ultérieures, et je ne puis y attacher plus d'importance qu'il n'en mérite : ici

---

[1] C'est toute la basse Égypte, d'après Abou-l-fedâ; mais les auteurs arabes ne sont pas d'accord sur l'étendue du Ryf : il comprend, selon les uns, le *Hauf*, partie orientale de l'Égypte inférieure; selon d'autres, il en est distinct. Voyez *Recherches sur la langue et la littérature de l'Égypte*, par M. Étienne Quatremère, et les notes de la *Relation de l'Égypte d'A'bd-el-latyf*, traduct. de M. de Sacy.

[2] *Ouestány*, Égypte moyenne.

je me bornerai à dire en peu de mots quelle marche j'ai suivie.

Pour diminuer la difficulté qu'offre ce problème, j'ai considéré d'abord l'analogie qui existe entre les divisions générales du pays, dans les temps anciens et dans les temps modernes : j'en ai conclu que la plupart des provinces avaient pu aussi conserver les mêmes limites. Cette donnée, d'abord hypothétique, a été confirmée dans l'application. C'est ainsi que la province d'Héliopolis correspond à celle de Qelyoub, et que la même correspondance existe entre celles d'Aphroditopolis et d'Atfyeh, de Lycopolis et de Manfalout, de Crocodilopolis et du Fayoum, d'Oxyrynchus et de Bahnasé, d'Hermopolis et d'Achmouneyn, etc.[1]. Ces divisions sont comme ineffaçables, puisque aujourd'hui même que de nouvelles villes se sont élevées et sont devenues chefs-lieux, les arrondissemens ont conservé le nom des anciennes métropoles; par exemple, les deux derniers que je viens de citer, dans lesquels les villes de Beny-Soueyf et de Minyeh ont succédé à Bahnasé et Achmouneyn, mais sans changement dans les noms des provinces, qu'on appelle toujours *Oulâyet* (ou *Aqlym*) *Bahnasé* et *Oulâyet Achmouneyn*.

Une seconde donnée m'a servi de guide ; les digues et les canaux sont des divisions naturelles qui ont existé de tout temps; il est presqu'impossible qu'un territoire formant un seul bassin, c'est-à-dire placé entre deux digues transversales et arrosé en même temps lors de l'irrigation annuelle, ait appartenu à deux provinces, à deux

---

[1] *Voyez* les chapitres *XVI, XVIII, XX* et *XXII*, A. D., t. IV et V.

GÉOGRAPHIE COMPARÉE. 595

préfectures. Du moins, l'administration des nomarques aurait souvent été embarrassée par la confusion des limites. A la vérité, les digues ont pu être déplacées quelquefois par le laps du temps, selon l'exhaussement successif du sol, et les variations des pentes de la vallée [1].

En troisième lieu, les auteurs fournissent des renseignemens qu'on peut mettre à profit, sur l'étendue et l'importance relative de plusieurs anciens nomes; il en est même dont ils définissent les limites de manière à les bien reconnaître.

La position des villes capitales qui donnaient leur nom aux préfectures vient encore au secours du géographe qui cherche les limites de ces provinces; si l'on observe, à peu près à égale distance de deux chefs-lieux, un canal important, une digue du premier ordre, ou *gesr soultâny* comme disent les Arabes, on est porté à penser que cette ligne a servi de démarcation aux deux nomes.

En général, et de préférence à des lignes arbitraires, on a choisi pour limites le cours des bras ou des canaux du Nil. On a consulté aussi avec fruit la division des évêchés et métropoles dépendant de l'ancien patriarchat d'Alexandrie. Telles sont à peu près les considérations qui nous ont servi à tracer les limites probables des anciennes provinces [2].

Il resterait à expliquer pourquoi le nombre total des

---

[1] *Voyez*, sur la distribution des eaux et le partage de la vallée en bassins successifs, les Mémoires de M. Girard, dans les volumes d'*État moderne*.

[2] Il serait facile, nous l'avouons, de modifier plusieurs de ces démarcations, par exemple, celles du nome Sébennytes et d'autres encore, qui semblent tracées un peu arbitrairement; c'est au temps à les rectifier.

nomes ainsi tracés est plus grand qu'à aucune époque de l'histoire en particulier ; mais, outre que ce serait aborder une longue discussion qui ne peut trouver place ici (par le motif déjà connu du lecteur), je dois rappeler l'un des points de vue qui ont présidé à la composition de cette carte, savoir, de rassembler à la fois les faits géographiques de plusieurs époques différentes, persuadé que le peu de complication de la carte, surtout dans la haute Égypte, permettait de le faire sans causer de la confusion.

C'est pour ce même motif que l'Égypte inférieure est partagée à la fois selon les préfectures qu'indiquent Hérodote, Strabon, Pline, Ptolémée et les médailles des nomes, et selon les grandes divisions qui n'ont été connues que sous le Bas-Empire, comme *Ægyptus Prima et Secunda*, ayant pour capitales Alexandrie et Cabasa, *Augustamnica Prima et Secunda*, chefs-lieux Péluse et Léontopolis; *Arcadia*, chef-lieu Oxyrynchus; *Libya*, etc. [1].

L'Égypte a eu, dans les temps anciens, 27, puis 36 nomes ; plus tard 48, et jusqu'à 57 différens nomes [2], sans compter deux annexes (les oasis). La basse Égypte seule a eu 10 nomes d'abord, dans les temps les plus anciens ; 24 à 27 à une époque plus récente, et plus tard 35, sans parler de plusieurs enclaves et dépendances, qui ne doivent pas être comptées pour des nomes à part, quoique Hérodote leur ait donné cette qualification. Ce

---

[1] *Voyez* Amm. Marcel., l. xx, c. 16 ; *Notit. utriusque imperii* ; *Hierocl. Synecdem. Or. christ.* ; *Varia sacra*, etc.

[2] D'Anville en compte 53.

n'est pas ici le lieu de faire l'énumération de tous ces nomes, de les comparer ensemble dans les différentes sources historiques, et d'en assigner la position : je ne puis à cet égard que renvoyer aux deux cartes de l'Égypte ancienne, et je passe à ce qui regarde les ramifications du Nil.

La difficulté de reconnaître sur les lieux, et de marquer sur la carte les *branches du Nil* et ses dérivations selon les anciens écrivains (VII), ne le cède pas à celle qui consiste à tracer les circonscriptions. La cause en est à la fois, et dans les révolutions physiques du sol, et dans les changemens de nom apportés par le temps, et dans l'insuffisance ou l'obscurité des passages des auteurs; enfin, il faut l'avouer, dans les lacunes des observations topographiques modernes. On peut comparer l'ensemble des branches et canaux de la basse Égypte selon les auteurs anciens à un véritable labyrinthe. La description de Ptolémée surtout semble d'abord inextricable : le lecteur jugera si notre carte aura contribué à l'éclaircir, en essayant, cette carte à la main, de suivre le texte ancien d'un bout à l'autre. Quoique la plus embrouillée au premier abord, et bien que l'auteur ne parle que de six branches avec sept embouchures, cette description est, selon moi, la plus instructive de toutes, la plus propre à faire comprendre les autres, et à lever les difficultés qui naissent de leur contradiction. C'est par la détermination des branches et des embouchures du Nil d'après Ptolémée, qu'on parvient à les tracer d'après les autres auteurs, principalement Hérodote, Diodore de Sicile, Pline et Strabon, de manière à pouvoir suivre leurs passages sur la carte, presque sans difficulté[1]. Je me bornerai à donner ici le résultat de ces différens tracés : on verra qu'ils sont d'accord avec les textes et avec les localités. Je les ai d'abord construits séparément ; mais ensuite, malgré la différence des époques, je les ai tous indiqués sur une seule carte, par le motif ci-dessus expliqué.

Hérodote nous a fait connaître que la branche Bolbitine était l'ouvrage de l'art ; il en est de même de la Bucolique. On remarque en effet sur le plan de l'Égypte, que ces deux cours d'eaux tendent plus directement à la Méditerranée que les autres, que leur direction vers la mer est perpendiculaire, et suit la ligne la plus courte : ce qui annonce que le travail des hommes n'a fait qu'aider et achever ce que la pente naturelle aurait amené graduellement.

Position et cours des branches du Nil, et ses embouchures.

PTOLÉMÉE.

Fleuve Agathos Dæmon, de Beyçous à Marqâs, près de Rahmânyeh, et lac d'Edkou jusqu'à l'embouchure.

Fleuve Tali, de Marqâs au Boghâz de Rosette.

Fleuve Thermutiaque, du ventre de la vache (tête actuelle du Delta), à la bouche de Bourlos, par Chybyn el-Koum et le canal de Melyg.

Fleuve Athribitique, d'un point du fleuve Bubastique au nord de Beyçous, à Atryb (par le canal Filfel[2], branche de Da-

---

[1] Je dois renvoyer ici, comme je l'ai fait en commençant, au mémoire de M. Du Bois Aymé ; il a suivi au reste une marche différente, et que les lecteurs trouveront peut-être préférable.

[2] Entre la prise d'eau et le canal de Filfel, la culture a fait dispa-

GÉOGRAPHIE COMPARÉE. 599

miette jusqu'à Bahbeyt, et le canal d'Achtoun-Gammaseh jusqu'à la mer.

Fleuve Busiritique, de Chybyn el-Qanâter à Mansourah, par Tybeh (el-Haouâber) et Tanboul, et la branche de Damiette. (Il se confond avec une petite partie de la branche Tanitique, à l'ouest de l'île Myecphoris.)

Fleuve Bubastique, de Beyçous à Bubaste et Péluse.

Les *bouches* correspondantes sont appelées *Canopique, Bolbitine, Sébennytique, Pineptimi, Phatmétique, Pélusiaque;* plus, entre la troisième et la quatrième, une fausse bouche appelée *Diolcos.*

HÉRODOTE.

Branche Canopique, de Beyçous à Marqâs et lac d'Edkou.
Branche Bolbitine, de Marqâs à la bouche de Rosette.
Branche Sébennytique, du point ci-dessus désigné (au nord de Beyçous) à Atryb; ensuite branche de Damiette jusqu'à Bahbeyt, et de là, le canal d'Achtoun-Gammaseh.
Branche Bucolique, de Bahbeyt au Boghâz de Damiette; de là sortait la Mendésienne.
Branche Mendésienne, de Mansourah à la bouche de Dybeh, par Achmoun.
Branche Saïtique, le canal de Moueys, à partir du confluent du canal de Filfel, jusqu'à la bouche d'Omm-Fâreg.
Branche Pélusiaque, de Beyçous à Bubaste et Péluse.

Ces noms sont aussi ceux des embouchures.
La description de *Diodore de Sicile* est toute conforme

raître les traces du cours d'eau. Il en est de même pour la branche suivante entre le canal de Basserady et Mansourah.

La courte communication entre le fleuve Thermutiaque et Atryb (aujourd'hui partie de la branche de Damiette), était peut-être du temps de Ptolémée un simple canal; il en est de même de la communication entre l'Athribitique et le Busiritique à Mansourah (qui fait aussi aujourd'hui partie de la branche de Damiette).

à ce qui précède, en changeant seulement deux noms, *Bucolique* en *Phatnitique*, et *Saïtique* en *Tanitique*.

Celle de *Pline* ne diffère pas non plus de celle d'Hérodote; c'est encore le même ordre, et ce sont les mêmes noms. Pline écrit *Phatnitique*, ainsi que Diodore. Le nom de l'embouchure s'écrit aussi *Phatmétique*.

La description de *Strabon* est presque dans le même cas que celle de Diodore; mais il écrit bouche *Phatnique*, au lieu de *Phatnitique*. La *Canopique*, dans cet auteur, porte le nom de *Héracléotique*. La principale différence consiste dans la position de la Sébennytique; je la regarde (la Sébennytique de Strabon) comme se confondant tout-à-fait avec le fleuve Thermutiaque de Ptolémée [1]. La *Phatnique* de Strabon est la même que la *Sébennytique* d'Hérodote jusqu'à Bahbeyt, et ensuite la branche Bucolique du même.

Strabon parle de plusieurs autres canaux et embouchures de moindre importance.

———

Hors du grand Delta et de la basse Égypte, on ne trouve point de grands canaux, et le fleuve coule constamment dans un lit unique, il existe de nombreuses dérivations, mais elles sont toutes locales; leur destination est d'arroser des arrondissemens d'une médiocre étendue; séparées entre elles par des digues transversales à la vallée, elles sont toutes l'ouvrage de l'industrie. On

[1] La communication de la Sébennytique de Strabon à celle d'Hérodote est une partie de la branche de Damiette jusqu'à la tête du canal actuel de Moueys.

doit seulement excepter 1°. l'ancien canal des deux mers (ou les canaux qui en tiennent lieu), ayant pour extrémités le *Trajanus canalis* et le *Ptolemœus canalis*, et 2°. le *Bahr-Yousef*, ancienne branche du fleuve, improprement appelée *Canal de Joseph*. Le premier a été l'objet d'un travail important et étendu, et je dois y renvoyer[1]. Le second mériterait une description et des recherches spéciales qui ne seraient pas sans intérêt pour l'histoire du pays : j'en ai déjà traité ailleurs succinctement[2], et je regrette d'être empêché de les produire ici, par la nécessité de terminer ce volume : bornons-nous à quelques réflexions.

Le Bahr-Yousef est censé tirer son origine du Nil, près de Darout el-Cheryf, aux limites de l'Égypte moyenne et du haut Sa'yd; de là il prend son cours à l'ouest, et coule sur le revers de la vallée au pied de la montagne Libyque; puis à cinquante lieues plus bas, il entre, à el-Lâhoun, dans le bassin du Fayoum, qui sans lui resterait privé d'eau et condamné à une perpétuelle stérilité. Est-ce un canal creusé de main d'homme, ou bien est-ce une branche naturelle? Cette question n'en est pas une pour les écrivains arabes ni pour la plupart des voyageurs : de ce que le Fayoum lui doit aujourd'hui sa fertilité, on en a conclu généralement qu'il avait été creusé pour procurer à cette province le bienfait de l'inondation; mais si l'on consulte le relief et la nature du sol, on en jugera autrement.

Ce n'est pas proprement à Darout el-Cheryf que com-

[1] *Voy.* le Mém. de M. Le Père aîné, t. xi; *voy.* aussi t. v, A. D., ch. XX.
[2] *Voyez* le Mémoire sur le lac de Mœris, t. vi.

mence le canal, et ce n'est pas à el-Lâhoun qu'il finit. Il existe tout le long de la chaîne libyque, depuis la plaine de *Diospolis parva* et d'*Abydus,* un berceau qui est partout visible, reste d'un ancien cours d'eau, rapproché du lit actuel seulement à la montagne de Syout, se continuant vers la branche de Rosette, et jusqu'au lac Maréotis, où il porte encore des eaux. Le Bahr-Yousef n'est qu'une partie de cette ancienne branche; mais elle en est la plus importante, et celle que l'on a le mieux entretenue, à cause de sa destination. Il est probable que la petite portion qui joint le Nil au Bahr-Yousef, vers Darout-el-Cheryf, est celle qui a été creusée de main d'homme, et cela, pour augmenter le volume d'eau destiné à arroser le Fayoum; de là l'origine attribuée au canal entier.

On objectera peut-être que l'entrée du Fayoum, trop élevée pour recevoir des eaux du point du Nil le plus voisin, n'en reçoit que parce qu'on a creusé exprès un canal, dont le niveau est plus élevé que le fleuve, et qui a une moindre pente; mais l'on peut donner de ce fait une autre explication plus probable. Un véritable bras du Nil paraît avoir coulé, dès les temps les plus anciens, dans l'emplacement du canal occidental, au moins depuis *Abydus.* Pour rapprocher les eaux d'une direction plus voisine de l'axe de la vallée, il suffisait de profiter de leur différence de niveau avec cette ligne moyenne; or, si elles n'avaient pas été supérieures à cette ligne, on n'aurait pas pu effectuer l'opération qu'Hérodote attribue à Menès, lequel détourna le cours du Nil de l'ouest à l'est, vers l'emplacement de Memphis, et le fit couler à égale distance des deux montagnes[1]. Dès les premiers temps historiques, le fleuve dut être ainsi partiellement et successivement amené à suivre une direction plus centrale ; cet état n'a pas persévéré, car aujourd'hui le Nil affecte une pente constante de l'ouest à l'est, et il se porte de plus en plus vers la chaîne arabique ; c'est ce qu'on voit partout en naviguant ou marchant auprès de la rive droite. Ainsi l'opinion la plus vraisemblable est que, dès l'origine, les eaux avaient un cours naturel auprès de la montagne Libyque, que leur niveau était supérieur au Fayoum, et que cette province les reçut aussitôt que la gorge d'el-Lâhoun eut été ouverte et suffisamment abaissée[2]. J'ajouterai que quiconque suit les bords du Bahr-Yousef, reconnaît à son aspect, à sa profondeur, à ses nombreux détours, à ses plis et replis, qu'il n'a pas été creusé de main d'homme.

Il est remarquable qu'on trouve de grandes villes auprès de cet ancien bras ; d'abord, Memphis ; après Memphis, ce sont Héracléopolis, Oxyrynchus, Hermopolis magna, Abydus, etc., sans compter d'autres moins importantes. Les auteurs qui nous peignent ces villes comme Méditerranées, et placées à l'écart du fleuve, sont tous bien postérieurs à l'époque où le Nil fut rejeté vers la partie droite de son cours. On doit penser, au reste, que, dès ces premiers temps, il existait vers la montagne Arabique une branche au lieu même où le fleuve a son lit, et qu'elle n'a fait que s'a-

---

[1] *Voyez* A. D., *chapitre XVIII*, tome V.

[2] Cette ancienne direction serait encore appuyée par les traditions des arabes sur le *fleuve sans eau* (*bahr belá má*), et sa communication avec le bassin du Fayoum : mais ce dernier point n'est pas encore établi.

grandir par les pertes de l'autre; de manière que ces deux cours d'eau, indépendamment des circonstances du sol et de quelques canaux de jonction résultant des pentes locales, semblent seulement avoir subi entre eux une sorte de permutation.

Les villes placées vers la partie orientale de la vallée ou sur le cours actuel, sont moins considérables: Panopolis, Antæopolis, Acoris, Aphroditopolis, et plusieurs encore moindres; d'autres enfin sont plus nouvelles, telles que Ptolémaïs et Antinoë.

On ne doit pas conclure de ce qui précède que nous regardons comme récent le cours actuel du fleuve, dans l'Égypte supérieure : au contraire, à quelques variations près, dont nous pourrions citer des exemples[1], nous pensons que ce cours représente celui qui existait au temps des anciens rois. C'est à l'époque la plus reculée de la monarchie égyptienne que le bras occidental a perdu son importance, et la seule partie de cette branche qui en ait conservé un peu est le Bahr-Yousef; mais ce qui nous paraît incontestable, c'est que toutes sont l'ouvrage de la nature. Au reste, on traduit mal le mot *Bahr* (dans *Bahr-Yousef*) par *Canal* : il faudrait dire *Nil* ou *fleuve*. Quant à l'origine du nom de Joseph, on n'a que de vagues traditions. Que le patriarche ait donné son nom au canal, ou bien Saladin (Salah-el-dyn Yousouf ben Ayoub) l'un de ses noms, ce ne pourrait être que pour l'avoir fait communiquer avec le lit principal du fleuve.

[1] Le fleuve passait à Meylâouy le siècle dernier, c'est-à-dire à une lieue du lit actuel.

Il nous reste à dire un mot sur les lacs ou eaux stagnantes. L'Égypte supérieure ne renferme qu'un seul lac, celui du Fayoum, si célèbre sous le nom de lac Mœris : telle est du moins l'opinion que nous avons conçue sur les lieux. Cette opinion ne fut pas celle de d'Anville et d'autres savans académiciens [1]; mais par une étude attentive du local, on parvient à reconnaître dans le Fayoum presque tous les traits des descriptions laissées par les anciens auteurs, et à concilier leurs contradictions apparentes.

Le lac Maréotis, les lacs Amers, le lac Sirbon, le lac Menzaleh, le lac d'Edkou, celui d'Aboukir, et le lac Bourlos, sont les principaux de la basse Égypte. Le *lac Maréotis* est le seul qui paraisse avoir existé, dès les temps les plus anciens, avec son étendue actuelle; de grands canaux, qui s'écartent des branches du fleuve, n'ont cessé de conduire les eaux de l'inondation dans ce grand réceptacle d'eau douce, récemment converti en lac salé par suite des évènemens militaires. Les *lacs Amers* recevaient jadis leurs eaux de la mer Rouge, au temps où un canal faisait communiquer cette mer avec le Nil. Le *lac Sirbon* tire toujours les siennes de la Méditerranée : ces trois lacs sont les seuls qui appartiennent proprement à l'antiquité. Les autres, jadis de simples marécages, ou des terres basses et humides servant aussi de pacages, *bucolia*, ont acquis une proportion considérable par l'irruption de la mer; cette irruption fut l'effet de la rupture de l'équilibre entre la mer et le fleuve,

---

[1] MM. Gibert, Le Roy, etc. Voyez le *Mémoire sur le lac de Mœris*, t. vi.

à des époques sur lesquelles l'histoire garde le silence. Ils reçoivent toujours des eaux du Nil, mais en trop petite quantité pour que l'eau salée n'y soit pas dominante. Tout ce qui regarde la position et l'étendue de ces eaux, considérées dans leurs rapports avec l'état antique de l'Égypte, doit être renvoyé aux mémoires sur la *Géographie comparée* [1].

Nous terminons cette courte explication des deux cartes anciennes, en répétant que la description laissée par chacun des anciens auteurs peut sans doute prêter matière à une carte spéciale, et qu'on pourrait ainsi tracer l'Égypte d'Hérodote et de Diodore, celle de Strabon et celle de Pline, enfin celle de Ptolémée; et c'est en effet le travail que nous avons fait dès le commencement de nos recherches. Mais bientôt nous avons reconnu que tous ces tracés, modifiés et corrigés l'un par l'autre de leurs erreurs respectives, pouvaient se fondre dans un seul, et qu'il était superflu de les produire séparément. A quoi d'ailleurs pouvait servir de figurer des positions entièrement inexactes? Ne valait-il pas mieux se borner à discuter dans le mémoire les passages obscurs, erronés ou contradictoires? Les cartes que le lecteur a sous les yeux étant le résultat de tous les rapprochemens, et de la discussion des passages, nous ont paru suffire pour tout lecteur qui voudra suivre l'histoire d'Égypte sur une carte; quant aux géographes, ils discerneront sans peine la part de matériaux que chacun

---

[1] Consultez aussi le Mémoire de M. Gratien Le Père sur les lacs de l'Égypte.

des historiens et des écrivains de l'antiquité a fournie à ce résultat [1].

[1] Le graveur a oublié de placer dans le nome *Hermopolites* de l'Heptanomide, la ville de *Tunis de la haute Égypte*, à côté de *Touneh-el-gebel* (Touneh *de la montagne* ou *du désert*), sur la rive gauche du Bahr-Yousef et à l'ouest d'Hermopolis, lieu où j'ai trouvé des restes d'antiquité. Il a écrit *Koum Kachaouyn*, dans le lac de Bourlos, au lieu de *Koum Nachaouyn*.

E. J.

FIN DU TOME NEUVIÈME.

TABLE

DES MATIÈRES DU TOME IX.

ANTIQUITÉS—MÉMOIRES.

	Pages.
RECHERCHES sur les sciences et le gouvernement de l'Égypte, par M. FOURIER.	1
INTRODUCTION, contenant les résultats généraux.	Ib.
Article premier.	Ib.
I. Objet de cet ouvrage.	Ib.
Article deuxième. Sphère égyptienne.	4
II. Année civile.	Ib.
III. Premier lever de l'étoile d'Isis Période cynique.	6
IV. Observations des planètes.	7
V. Division du jour; noms donnés aux heures.	Ib.
VI. Période de sept jours; noms donnés aux jours; période de sept ans.	8
VII. Date du style égyptien.	9
VIII. Marche des saisons.	10
IX. Mesure du temps, division de l'écliptique. Observation des levers et des couchers des astres.	11
X. Division en signes et en degrés. Lieu du soleil, usage des périodes.	12
XI. Déplacement des solstices. Année tropique; année astrale; année caniculaire.	13
XII. Ouvrages qui traitent de la sphère égyptienne.	15
Article troisième. Division de l'ouvrage.	17
XIII. Énumération des questions traitées dans chaque mémoire.	Ib.
1er MÉMOIRE. Description des monumens astronomiques.	Ib.
2° MÉMOIRE. Origine des constellations zodiacales.	18
3e MÉMOIRE. Établissement de l'année caniculaire.	Ib.
4e MÉMOIRE. Époques historiques données par les monumens.	Ib.

TABLE DES MATIÈRES.

	Pages.
5° MÉMOIRE. Année sidérale............	19
6° MÉMOIRE. Période isiaque............	Ib.
7° MÉMOIRE. Discours sur le gouvernement, les mœurs et les arts de l'Égypte..................	20

Article quatrième. Conséquences principales de l'examen de ces questions.................................... 21

- XIV. Origine du zodiaque grec. Noms que les Égyptiens donnèrent aux constellations, et rapports de ces signes avec les saisons......... *Ib.*
- XV. Époque de cette institution...... 22
- XVI. Monumens égyptiens où l'on trouve les constellations du zodiaque.. 23
- XVII. Image de l'année agricole gravée dans les temples. — Premier et dernier signes................ 25
- XVIII. Durée de cette année d'Isis, et période cynique................. *Ib.*
- XIX. Précession du point qui répond à la première apparition de Sirius. 26
- XX. Observation que les Égyptiens ont faite de ce mouvement........ 27
- XXI. Variations remarquables dans la durée de l'année caniculaire et de la période sothique........ 28
- XXII. Rapport de la position de Sirius avec la latitude de Tentyris.... 29
- XXIII. Durée de l'année sidérale observée par les Égyptiens............ 30
- XXIV. Tradition conservée par Hérodote sur la conversion des levers et des couchers du soleil ; explication de ce récit.............. 31
- XXV. Déplacement séculaire de la sphère égyptienne................... 32
- XXVI. Observation qui en a été faite par leurs astronomes............. 33
- XXVII. Époque historique donnée par cette observation................. 35
- XXVIII. Conséquences qui résultent de la chronologie égyptienne et de l'institution des périodes sothiques.. *Ib.*
- XXIX. Comparaison de ces époques avec celles qui sont données par les annales des Hébreux......... 37
- XXX. Résultats généraux de l'étude des monumens................... 38
- XXXI. Objet du discours sur l'Égypte ancienne...... 41

PREMIER MÉMOIRE *sur les monumens astronomiques de l'É-gypte.*... 43

   I. Énumération des monumens...................... *Ib.*

		Pages.
II.	Portique du grand temple à Tentyris............	46
III.	Portique du temple du nord à Esné................	50
IV.	Portique du grand temple d'Esné	52
V.	Disposition commune aux zodiaques rectangulaires.....	54
VI.	Zodiaque circulaire de Tentyris	56
VII.	Remarque générale sur l'ordre des figures...........	60
VIII.	Distinction des constellations zodiacales............	Ib.
IX.	Remarques diverses...........................	62
	1°. Monumens où se trouvent des constellations zodiacales............................	Ib.
	2°. Direction de l'axe des édifices................	65
	3°. Caractères des sculptures....................	66
	4°. Origine du zodiaque grec....................	68
	5°. Résumé du Mémoire.......................	72

REMARQUES *sur les signes numériques des anciens Égyptiens, accompagnées d'un tableau méthodique des hiéroglyphes*, par M. JOMARD.. 75

Tableau général des hiéroglyphes divisés par classes.......... 80

Explication de la planche............................... 97
    1°. Partie hiéroglyphique de l'inscription de Rosette....... Ib.
    2°. Chiffres des bas-reliefs égyptiens.................... Ib.
    3°. Anciens chiffres des Chinois........................ 100

MÉMOIRE *sur la population comparée de l'Égypte ancienne et moderne*, par M. JOMARD................................ 103

Article premier. Superficie de l'Égypte.................... 105

Article deuxième. Nombre des lieux habités................ 114

Article troisième. Calcul de la population d'après celle de plusieurs lieux de l'Égypte............................ 118
    1°. Province de Minyeh (Égypte moyenne). Ib.
    2°. Villes et chefs-lieux en général...... 121
    3°. Le Kaire .... Ib.

Article quatrième. De la proportion des deux sexes, et de la fécondité des femmes........................ 128

Article cinquième. Production et consommation............. 132
    Résumé.. 138

Article sixième. Examen des auteurs, et rapprochemens entre l'état ancien et l'état moderne du pays.... 141

APPENDICE. *Recherche de la population de l'Égypte à l'époque des Arabes, d'après la capitation ou imposition personnelle.* 168

NOTES ET ÉCLAIRCISSEMENS............................. 180
(A) *Cadastre de Melik el-Nasr*........................ Ib.
    Égypte septentrionale............................ 181
    Égypte méridionale.............................. Ib.
(B) *Dénombrement approximatif des villages de la province de Minyeh, dans la haute Égypte*................. 184
(C) *De la population et de la mortalité au Kaire*........... 187
(D) *Sur la production, la consommation et l'exportation en Égypte*.. 188

TABLE DES MATIÈRES.

Pages.

(E) *Superficie cultivable et habitée dans la haute et la basse Égypte, et repartition de la population du pays* 189
(F) *Etendue et superficie de la ville de Thèbes* 192
(G) *Principe de population; rapport de la population aux naissances et à la mortalité; proportion des sexes; population absolue et relative de plusieurs contrées* 194
(H) *Sur un passage de Pomponius Mela* 206
(I) *Sur deux passages de Diodore de Sicile* 207
(K) *Du nombre des lieux anciens, que nous avons reconnus sur le sol de l'Egypte* 210

NOTICE *historique de l'art de la verrerie, né en Egypte*, par M. BOUDET, pharmacien en chef d'armée en Egypte, membre de l'Institut d'Égypte et de la Légion d'honneur 213

NOTES *additionnelles* 238

Verre ou cristal factice 251
Vitres . . . . *Ibid.*
Laterna cornea 252
Laterna ex vesica . . . . *Ibid.*
Glaces-miroirs 253
Miroirs multiplians . . . . *Ibid.*
Verres colorés 254
Lustres . . . . *Ibid.*
Prismes 255
Lentilles 256
Lunettes . . . . *Ibid.*
Microscope 257
Lunettes à longue vue, télescopes . . . . *Ibid.*
Vaisseaux et instrumens de chimie et de physique . . . . *Ibid.*
Horloges 258
Verroterie 259

OBSERVATIONS *sur les pyramides de Gyzeh, et sur les monumens et les constructions qui les environnent*, par M. le colonel COUTELLE, chevalier des Ordres royaux et militaires de la Légion d'honneur et de St.-Louis, membre de la Commission d'Égypte. 261

§. Ier. Entrée de la grande pyramide; galeries et chambres intérieures 264
§. II Vide au-dessus de la chambre sépulchrale 269
§. III. Le Puits 271
§. IV. Base et dimensions de la grande pyramide 275
§. V. Tombeaux 278
§. VI. Démolition d'une pyramide 279
§. VII. Du genre de construction 281
§. VIII. Le sphinx 288

Tableau des hauteurs de toutes les marches de la grande pyramide, à partir du sommet 289

TABLE DES MATIÈRES.

Pages.

SUITE DES ANTIQUITÉS-DESCRIPTIONS.
(*Renvoi du tome v*^{e}.)

CHAPITRE XX. 297
Description des antiquités de la ville et de la province du Kaire,
 par M. JOMARD... Ibid.
SECTION PREMIÈRE. *Antiquités du Kaire*..................... 299
 §. Ier. Obélisques.. Ibid.
 §. II. Cippe égyptien.. 301
 §. III. Sarcophage de Qala't el-Kabch....................... 302
 §. IV. Sarcophage trouvé sur les bords du Nil à Boulâq..... 307
 §. V. Colonnes, inscriptions et fragmens antiques........... 309
SECTION DEUXIÈME. *Antiquités de la province du Kaire*...... 318
 §. Ier. Du site et du nom de la province............... Ibid.
 §. II. Canal dit de Trajan................................... 321
 §. III. Du village appelé *Delta*, correspondant à Beyçous.. 324
 §. IV. Branche Pélusiaque, branche Athribitique, et canal de
   Felfel.. 326
 §. V. Restes antiques à Choubrâ, Qelyoub, Ramleh, el-Chou-
   mout et Myt-Kenân................................... 329
 §. VI. *Scenæ veteranorum*, *Onion*, *Castra Judæorum*...... 332
 §. VII. Noub, Abousyr, el-Khousous, AULEU................... 336
CHAPITRE XXII. 341
Description des antiquités d'Athribis, de Thmuis et de plusieurs
 nomes du Delta oriental, par LE MÊME...................... Ibid.
SECTION PREMIÈRE. Description des ruines d'Athribis, et remar-
   ques sur les villes des nomes d'Athribis, de
   Busiris, de Pharbœtus et de Bubaste............... Ibid.
 §. Ier. Athribis, et nome Athribites..................... Ibid.
 §. II Nome Busirites... 352
 §. III. Nome Pharbœtités..................................... 360
 §. IV. Nome Bubastites.. 362
SECTION DEUXIÈME. Description des ruines de Thmuis, et remar-
   ques sur les villes des nomes de Mendès et
   de Léontopolis..................................... 369
 §. Ier. Nome Mendésien................................... Ibid.
 §. II. Nome Léontopolites..................................... 382

MÉMOIRE *sur les inscriptions anciennes recueillies en Égypte*,
 par LE MÊME... 387
OBSERVATIONS générales....................................... Ibid.
 Inscriptions tracées du temps des Grecs...................... 393
 Inscriptions tracées du temps des Romains.................... 395
 Inscriptions grecques du grand temple de Philæ............... 398
 Examen des inscriptions sous le rapport de l'antiquité des mo-
  numens... 407

TABLE DES MATIÈRES.

	Pages.
Inscription sur la frise ou architrave du temple d'Antæopolis..	412
Conclusion.	416
REMARQUES et recherches sur les Pyramides d'Égypte, faisant suite à la description générale de Memphis et des Pyramides, par LE MÊME.	419
OBSERVATIONS générales sur l'incertitude de l'histoire des Pyramides.	Ibid.
§. Ier. Examen des passages des auteurs grecs et latins, sous le rapport de la situation des monumens, de leurs dimensions, de leur construction, et de leur époque...	422
1°. Hérodote.	Ibid.
2°. Diodore de Sicile.	434
3°. Strabon.	442
4°. Pline.	445
5°. Solin, Ammien Marcellin, Pomponius Méla, Aristide, etc.	450
§. II. Examen des passages des auteurs arabes.	454
A'bd el-Hokm.	455
Ibrâhym-ben Ouessyf-Châh.	458
El-Qodâ'y.	Ibid.
A'bd el-Rachyd el-Bakouy.	462
A'bd el-Latyf.	467
Ben A'bd el-Rahmân.	477
El-Maçoudy.	478
Aboul-Faradj et Denys de Telmahre.	479
El-Maqryzy.	483
§. III. De la destination et de l'objet des Pyramides.	485
La grande pyramide a-t-elle servi de tombeau?..	490
Servait-elle au culte?	491
A-t-elle un rapport avec les doctrines philosophiques?	493
L'a-t-on construite pour un but politique?...	494
Ses rapports avec les connaissances astronomiques des Égyptiens.	497
Ses rapports avec leurs mesures et avec la grandeur du degré terrestre.	502
Ses rapports avec leurs connaissances en géométrie.	505
CONSIDÉRATIONS générales.	514
Position topographique du site choisi pour l'érection des Pyramides.	515
Type des Pyramides.	520
§. IV. De l'origine du nom des Pyramides.	522
Des greniers dits de Joseph.	524
Réflexions sur l'altération des noms égyptiens sous les Grecs.	530
APPENDICE.	537
§. Ier. Observations sur les mesures de la grande pyramide, et sur le socle de l'édifice.	Ibid.
Comparaison des mesures de Greaves avec celles des voyageurs français.	538
Du socle de la Pyramide.	546

TABLE DES MATIÈRES.

	Pages.
§. II. De l'abaissement de la grande pyramide	548
§. III Tunique trouvée à Memphis.	554
Rapport *fait à l'Institut sur une tunique égyptienne.*	556

EXPLICATION *sommaire de plusieurs planches d'antiquités relatives au texte*, par LE MÊME. 569
   I°. Seize planches, représentant l'inscription intermédiaire de la pierre de Rosette. . . . . *Ibid.*
   Alphabet de l'inscription intermédiaire 574
   II°. Planche représentant des médailles de Syrie, recueillies par M. de Corancez. 575
   Explication sommaire de la planche. . . . . *Ibid.*
   III°. Planches relatives à la géographie comparée. 577
      Carte ancienne et comparée de l'Égypte. . . . . *Ibid.*
      Division du Mémoire sur la géographie comparée. . . 583
      Application des distances sur le plan de l'Égypte. . . . 585
      Divisions administratives de l'Égypte. 593
      Branches du Nil. 597
         Position et cours des branches du Nil, et ses embouchures. 598

FIN DE LA TABLE.

ERRATA.

Page 147. Note 1. Cette note doit être portée à la page 206, ligne 19.
      206. Ligne 19 : Après les mots 700 myriades d'hommes (Ϙ), placez la note 1 de la page 147.
      304. Ligne 26 : et de vingt cinq au-dedans; *lisez* et de vingt et un, etc.
      306. Ligne 16 : il y a aussi un hiéroglyphe qui présente ; *lisez* qui représente.
      310. Ligne 10 : la brèche universelle, et la surface était, etc. ; *lisez* la brèche universelle, la surface étant, etc.
      326. Ligne 4 : près des miroirs d'Eudoxe ; *lisez* près de l'observatoire d'Eudoxe. Le grec dit Εὐδόξου σκοπάς. Généralement on a traduit ces mots par *miroir* d'E doxe, de même que pour Περσέου σκοπὴ, qui se traduit bien par *Persei specula* ; mais c'est le singulier de *specula, æ,* c'est-à-dire *vigie*, guérite, etc., et non *specula*, pluriel de *speculum* et signifiant *miroir*.
      354. Ligne 9 : or ce dernier est le nom d'un animal propre à l'Égypte, le chacal, sorte de chien-loup, que les Grecs ont désigné etc. ; *lisez* or ce dernier est le nom du loup : mais il existe un animal propre à l'Égypte, que les Grecs ont désigné, etc.
      362. Ligne 6 : Sancytah ; *lisez* Seneytah.

ERRATA.

Page 364. Ligne 1 *a fine* : à 30′ d'Héliu pris pour Héliopolis (Tell-Bastah en est à 26′ ou 27′) ; *lisez* à 30′ d'Héliu (pris pour Héliopolis), Tell-Bastah etc.
366. Ligne 15 : Chian Chia ; *lisez* Chianchià.
Ib. Ligne 17 : *sinuati* (ou *smuati*) ; après ces mots *ajoutez la note suivante* : les cinq jambages qui suivent l's présentent cette incertitude.
379. Note [1] : Voyez *Panth. ægypt.*, pl. 1 ; lisez *Panth. ægypt.*, pars 1[a].
410. Ligne 12 : sans doute ; *lisez* sans nul doute.
447. Ligne 12 : *après ces mots*, au temps de Diodore ; *ajoutez ceux-ci*, à une assise près.
Ib. Note [2] : Voyez pl. 5 etc. ; *lisez* Voyez pl. 6 etc.
451. Note [2] : Mettez une barre entre la deuxième et la troisième lignes, et une autre entre la quatrième et la cinquième, pour indiquer deux soustractions.
453. Ligne 19 : (de 20 à 25 coud.) ; *lisez* (elles ont de 20 à 25 coudées).
457. Ligne 17 : que l'on ait trouvé dans la pyramide ; *lisez* que l'on ait trouvé dans la chambre centrale de la pyramide.
489. Ligne 27 : C. Cœstius ; *lisez* Cestius.
Ib. Note [1] : Leovard, *lisez* Leovard.,
500. Ligne 25 : page 384 ; *lisez* page 444.
501. Ligne 15 : (1^m en carré) ; *lisez* (1^{m}11 en carré).
504. Note [1] : Petaw ; *lisez* Petav.
526. Ligne 18 : ... *Babylonia* etc. ; lisez ... *non Babylonia* etc.
527. Ligne 6 : mais précisément en face ; *lisez* et précisément en face.
533. Ligne 18 : formait un groupe ; *lisez* contribuait à former un groupe.
535. Ligne 1 : est sujette à difficulté ; *lisez* est sujette à la même difficulté.
Ib. Ligne 26 : ...et aux sciences, *pat r*, etc. ; *lisez* ...et aux sciences, ce qu'indiqueraient les mots *pater*, etc.
540. Ligne 20 : a pleinement confirmé la première ; *lisez* l'a pleinement confirmée.
547. Ligne 16 : on observe un socle sous tous les monolithes de Philæ, de Qous, de Meylaouy, de Mehallet el-Kebyr, de Thmuis ; *lisez* on observe un socle sous les monolithes de Thmuis et de Mehallet el-Kebyr.
562. Ligne 12 : διαδηματοπορῳ ; *lisez* διαδηματόφορῳ.
565. Ligne 3 : μαλιστα ; *lisez* μάλιστα.
565. Les trois premières lignes de la citation grecque jusqu'à μάλιστα doivent être reportées à la page 564, ligne 7 en remontant, après les mots : à ce qu'ils soient récemment lavés.
565. Ligne 11 : *Cabisiris* ; lisez *Calasiris*.
566. Ligne 6 : 4e siècle des l'ère vulgaire ; *lisez* de l'ère vulgaire.
585. Note [1] : *V.* ci-des., p. 588, etc. ; *lisez V.* ci-des., p. 583, etc.
Ib. Note [2], ligne 3 : avant Στάδιοι placez *un point*.
Ib. Note [2] : τϵτραπισχίλιοι ; *lisez* τϵτρακισχίλιοι.

www.ingramcontent.com/pod-product-compliance
Lightning Source LLC
Chambersburg PA
CBHW051323230426
43668CB00010B/1130